Schulentwicklungsarbeit in herausfordernden Lagen

Beiträge zur Schulentwicklung

herausgegeben von
der Qualitäts- und UnterstützungsAgentur –
Landesinstitut für Schule des
Landes Nordrhein-Westfalen

(QUA-LiS NRW)

Veronika Manitius, Peter Dobbelstein (Hrsg.)

Schulentwicklungsarbeit in herausfordernden Lagen

Waxmann 2017
Münster • New York

Bibliografische Informationen der Deutschen Nationalbibliothek
Die Deutsche Nationalbibliothek verzeichnet diese Publikation in der Deutschen Nationalbibliografie; detaillierte bibliografische Daten sind im Internet über http://dnb.dnb.de abrufbar.

Beiträge zur Schulentwicklung

herausgegeben von der Qualitäts- und UnterstützungsAgentur – Landesinstitut für Schule des Landes Nordrhein-Westfalen (QUA-LiS NRW)

ISSN 2509-3460
Print-ISBN 978-3-8309-3526-1
E-Book-ISBN 978-3-8309-8526-6

www.waxmann.com
info@waxmann.com

Redaktion QUA-LiS: Dr. Veronika Manitius, Peter Dobbelstein, Bernd Groot-Wilken, Hermann Meuser
Umschlaggestaltung: Pleßmann Design, Ascheberg
Satz: Stoddart Satz- und Layoutservice, Münster
Druck: Hubert & Co., Göttingen

Gedruckt auf alterungsbeständigem Papier, säurefrei gemäß ISO 9706

MIX
Papier aus verantwortungsvollen Quellen
FSC® C016439

Printed in Germany

Inhalt

III ERFAHRUNGEN UND ERKENNTNISSE

IV DISKUSSION UND PERSPEKTIVEN

Vorwort

Die Qualitäts- und UnterstützungsAgentur – Landesinstitut für Schule (QUA-LiS NRW) ist die zentrale Einrichtung für pädagogische Dienstleistungen im Geschäftsbereich des Ministeriums für Schule und Weiterbildung in Nordrhein-Westfalen. Kern der Arbeit ist es, die Schulen und Einrichtungen der gemeinwohlorientierten Weiterbildung des Landes bei der Qualitätssicherung und Qualitätsentwicklung systematisch zu unterstützen. Dies geschieht für die Schulen des Landes u.a. durch die Entwicklung von Kernlehr- und Bildungsplänen, die Bereitstellung von Aufgaben für die zentralen Prüfungen, durch die Qualifizierung und Professionalisierung der Lehrerfortbildung und des Leitungspersonals, aber auch durch die Unterstützung in bildungspolitisch aktuellen Handlungsfeldern wie z.B. der inklusiven Bildung in der Schule, das gemeinsame längere Lernen im Ganztag oder der interkulturellen Schulentwicklung. Bei allen Angeboten ist es der QUA-LiS NRW ein wichtiges Anliegen, den Schulen für die herausfordernden Prozesse der Schul- und Unterrichtsentwicklung die entsprechenden Unterstützungsangebote bereit zu stellen.

Einen Beitrag dazu stellt die Publikationsreihe „Beiträge zur Schulentwicklung" dar. Dieses Publikationsformat greift zum einen aktuelle fachliche, unterrichtsfachliche und fachdidaktische Diskurse auf und stellt diese interessierten Leserinnen und Lesern für die Diskussion zur Verfügung. Zum anderen richtet sich das Publikationsformat unter dem Label „Praxis" gezielt an die schulischen Akteure vor Ort und bietet Schülerinnen und Schülern, Lehrerinnen und Lehrern, Eltern und Erziehungsberechtigten konkrete Unterstützungsmaterialien für die Anwendung in Schule und Unterricht an.

Der vorliegende Band versteht sich als eine wissenschaftsnahe Publikation, die ein informatives Angebot für die Diskussionen der Akteure aus Schule, Bildungsadministration, Wissenschaft und für andere interessierte Leserinnen und Leser zu dem Themenkomplex „Schulentwicklungsarbeit in herausfordernder Lage" darstellt. Er geht der Frage nach, wie für die Schulen, die in ihrer schulischen Performanz zurückbleiben und durch eine spezifische innerschulische und außerschulische Problemlage gekennzeichnet sind, adäquate Unterstützungsansätze entwickelt und welche entsprechenden Maßnahmen ergriffen werden können.

Mit den wissenschaftsnahen Bänden der Reihe „Beiträge zur Schulentwicklung" möchte die QUA-LiS NRW die fachlichen Debatten um aktuelle, wichtige und andauernde Themen wie die Frage nach gelingender Qualitätssicherung und Qualitätsentwicklung in Schule und Unterricht bereichern. Mein Dank gilt allen Autorinnen und Autoren für ihre Beiträge, die uns mit ihrer Mitwirkung am vorliegenden Band in diesem Vorhaben unterstützt haben.

Eugen L. Egyptien
Direktor der Qualitäts- und UnterstützungsAgentur – Landesinstitut für Schule (QUA-LiS NRW)

Veronika Manitius & Peter Dobbelstein

Die doppelte Herausforderung: Schulentwicklungsarbeit in herausfordernden Lagen unterstützen

Einhergehend mit den bildungspolitischen Bemühungen um die Reduzierung bildungsbezogener Ungleichheiten rücken zunehmend auch die Schulen in den Blick, die u.a. aufgrund ihrer Lage in benachteiligten Quartieren in besonders herausfordernden Handlungskontexten agieren. Dieses vermehrte bildungspolitische wie -administrative Interesse an Schulen in „schwieriger Lage" sowie an der Frage nach der adäquaten Unterstützung solcher Schulen drückt sich beispielsweise darin aus, dass spezifische Unterstützungsprogramme (z.B. „Schulentwicklung im System" in Hamburg, vgl. Herrmann, 2013) aufgelegt oder Maßnahmen und Projekte im Kooperationsverbund mit Land, Stiftungen und Wissenschaft (z.B. „Potenziale entwickeln – Schulen stärken" in NRW, vgl. Hillebrand & Bremm, 2015) initiiert und durchgeführt werden. Auch die überarbeitete KMK-Gesamtstrategie zum Bildungsmonitoring akzentuiert als eines ihrer zentralen Themenfelder die Herausforderung, Wirkungen und Strategien der Schulentwicklung auch im Hinblick auf Unterschiede zwischen Schulen zu identifizieren (vgl. KMK, 2015). Hintergrund dieser Schwerpunktsetzungen ist es dabei nicht nur, die Schulentwicklungsarbeit solcher Schulen zu unterstützen, sondern auch die Unterschiede, beispielsweise in der prozessualen Gestaltung von Schulen, die in ähnlichen sozialräumlichen Kontexten arbeiten, aufzuspüren und z.B. unter Schuleffektivitätsgesichtspunkten zu analysieren.

Der Sammelband setzt an diesem Themenkomplex „Schulentwicklungsarbeit in herausfordernden Lagen" an und möchte den derzeitigen wissenschaftlichen Erkenntnisstand hierzu bündeln sowie konkrete aktuelle Ansätze und Projektbeispiele vorstellen und diskutieren. In der Planung dieses Bandes zeigte bereits die Recherche nach relevanten Projekten und Programmen und auch nach Forschungsaktivitäten im deutschsprachigen Raum zweierlei: Zum einen finden sich bislang noch wenig Projekte und programmatisch konzipierte Unterstützungsaktivitäten in den Bundesländern, die explizit die Qualitätsentwicklungen von sehr belasteten Schulen adressieren; wobei die wenigen Länder, die hier bereits entsprechende Unterstützungsmaßnahmen ergriffen haben, diesbezüglich auch schon eine längere Tradition aufweisen (z.B. Hamburg, Berlin). Auch Forschungsbemühungen sind in diesem thematischen Feld zumindest im deutschsprachigen Raum eher erst in jüngerer Zeit auszumachen, etwa initiiert durch die wissenschaftliche Begleitung einzelner Maßnahmen (z.B. zum BONUS-Programm in Berlin). Zum anderen fällt sowohl bei Sichtung der wissenschaftlichen Literaturlage als auch bei näherer Beschäftigung mit Struktur und inhaltlicher

Akzentuierung z.B. in Projektkonzeptionen auf, dass die Verständnisweisen dessen, was überhaupt eine „belastete" Lage einer Schule charakterisiere und was die zentralen schulentwicklerischen Ansatzpunkte seien, die als vielversprechend für eine gelingende Qualitätsentwicklung oder aber für einen erforderlichen „Turnaround"[1] dieser Schulen gelten können, nicht eindeutig sind.

Diese Vielfalt findet sich auch in der jeweils gewählten sprachlichen Regelung dessen wieder, wie die besonders belastete schulische Lage zu attribuieren ist (vgl. Tabelle 1), wobei die jeweilige Bedeutung, die mit zum Teil identischen Formulierungen verknüpft sind, variieren kann. So kann die Definition der „kritischen Lage" sich allein auf Kontextmerkmale, wie etwa den sozioökonomischen Hintergrund der Schülerschaft, beschränken oder aber auch auf innerschulische Kennzeichen, wie etwa ein desolates Führungsverhalten, beziehen. Entscheidend ist angesichts dieser Differenzen, dass sich der Diskurs darüber, wie solche Schulen gelingend unterstützt werden können, über die jeweilige Enge oder (zu) große Offenheit im Begriffsverständnis bewusst sein muss, da sich Bemühungen um die Qualitätsentwicklung hieran ausrichten können. Anders formuliert, wäre es sicher ein aus schulischer Sicht unmögliches Unterfangen, das sozioökonomische Kapital der Schülerschaft zu verbessern, so dass die Behebung einer so definierten kritischen Lage andere Ansatzpunkte finden muss. Hierfür spricht auch, dass eine kritische Lage, etwa gemessen an der unzureichenden schulischen Performanz (z.B. schlechtes Abschneiden in Vergleichsarbeiten oder der Schulinspektion, hohe Anteile an Abgängen ohne Schulabschluss), durchaus auch Schulen betrifft, die sich in privilegierteren Stadtteilen befinden, oder aber es auch Schulen gibt, die gemessen an ihren sozioökonomischen Lage-Kennzeichen erwartungswidrig gut abschneiden. Insofern erscheint es hilfreich, das „Failing" von Schulen zunächst von der jeweiligen Belastung zumindest analytisch zu trennen, um dann in schulentwicklerischer Absicht genauer herauszuarbeiten, ob und inwiefern die belastenden Faktoren das schulische Scheitern bewirken.

Die tabellarische Zusammenschau zeigt auf, dass die jeweils angeführten Kennzeichen einer herausfordernden schulischen Lage sich auf den schulischen (Miss-)Erfolg beziehen, der anhand entsprechender Ausprägungen in der Prozess- und Ergebnisqualität erkennbar wird (siehe Holtappels et al. in diesem Band), welche wiederum auch durch Faktoren des sozialen Kontextes, in dem die Schule sich befindet, beeinflusst wird. Insgesamt ist jedoch davon auszugehen, dass es sich hier um Schulen handelt, die „einen Unterschied im negativen Sinne machen, weil sie dauerhaft hinter den an sie gestellten Erwartungen zurückbleiben und gravierende Probleme aufweisen, die nicht einfach ihrer sozialen Umwelt angelastet werden können" (Quesel et al., 2013, S. 9). Insbesondere der Hinweis, dass sich die Ursachenzuschreibung nicht auf das städtische Setting dieser Schulen beschränken sollte, scheint zielführend für die Bemühungen darum, geeignete Unterstützung für die Schulentwicklungsarbeit solcher Schulen zu schaffen. Gleichzeitig werden die Herausforderungen dieses Unterfangens

1 Mit „Turnaround" wird der Prozess verstanden, der dazu führt, dass Schulen, die in ihren Ergebnissen (schlechtes Abschneiden in Schulleistungstests, hohe Abgänge ohne Schulabschluss usw.) wieder erfolgreich sind, was sich in entsprechende verbesserter Ergebnisqualität der Schule zeigt (vgl. Huberman, Parrish, Hannan, Arellanes & Shambough, 2011, s. auch Brauckmann & Böse in diesem Band).

Tabelle 1: Überblick zu den Verständnisweisen von Schulen in herausfordernder Lage

Bezeichnung	**Kennzeichen**	**Beispielquellen**
Failing schools	Gravierende Leistungsdefizite und Führungsprobleme Interne Merkmale: fehlende Kompetenzen bei Lehr- und Leitungspersonal, Arbeitsmoral und Teamgeist defizitär Externe Merkmale: Armut, soziale Segregation, städtisches Setting	Murphy & Meyers, 2007
Besonders belastete Schule	Komplexes Zusammenwirken dysfunktionaler Beziehungen in der Schule, erkennbar z.B. durch Führungsprobleme, mangelnde Zusammenarbeit im Kollegium, Defizite im Klassenmanagement und Unterricht, Fluktuation im Kollegium	Huber & Mujis, 2012
Schule in kritischer Lage	Problematische Zusammensetzung der Schülerschaft (sozialschwach, häufig Migrationshintergrund, geringe Lernbereitschaft), resigniertes Kollegium hoher Ausfall von Unterricht, unzureichendes Führungsverhalten Identifizierter Entwicklungsbedarf durch die Schulinspektion, schwache Ergebnisse in Vergleichsarbeiten, hohe Fehlquote von SuS, hohe Delinquenz, viele Schulabgänge ohne Abschluss	Arnz, 2012
Schule in schwieriger Lage	Hoher Anteil an Schülerinnen und Schüler mit belasteten sozioökonomischen Hintergrund	Herrmann, 2013
Schule in wenig begünstigter Lage	Ungünstige Kontextbedingungen wie einem hohen Anteil an sozial benachteiligten Schülerinnen und Schüler aus bildungsfernen Elternhäusern mit und ohne Migrationshintergrund Auswirkung dieser Kontextbedingungen auf Schulleistung: schlechtes Abschneiden in Vergleichsarbeiten, höhere Anteile an Abgängen ohne Abschluss Schlechter schulischer Ruf und schwache Position in Schulkonkurrenzen	Racherbäumer et al., 2013
Schule in Krisenlage	Vorliegende Beziehungskrisen: Führung und Personalentwicklung beeinträchtigt, Angst und Misstrauen beherrschen den Schulalltag mit langfristiger Auswirkung auf die Unterrichtsqualität (unzureichende schulische Performanz)	Strittmatter, 2013
Schwache Schule	Unterschreiten einer bestimmten Schulqualitätsnorm, definiert über den Schulqualitätsrahmen und identifiziert über die Schulinspektion	Schwank & Sommer, 2013
Schule mit Entwicklungsbedarf	Über die Schulinspektion identifizierte schwache Ergebnisse in Schulleistungsuntersuchungen, gravierende Mängel im Schulmanagement, schwache Bewertungen hinsichtlich der Unterrichtsqualität	Schmittke, 2012
Schule in herausfordernder Lage	Je spezifische Problemlagen, die zumeist multifaktoriell bedingt und komplex miteinander verwoben sind. Bestimmte Kernprobleme treten an diesen Schulen häufig auf und sind über innerschulische wie außerschulische Faktoren auszumachen, z.B. unzureichendes Führungshandeln, unzureichende Unterrichtsqualität, unzureichende Lehrerkooperation, defizitäre Schulentwicklungskompetenz, Bildungsferne der Elternhäuser	Manitius & Groot-Wilken (in diesem Band)
Disadvantaged schools	Fehlendes oder unpassendes Eingehen auf Schülerbedarfe, fehlende Unterstützung für Lehrerkollegien, defizitäres Schulmanagement, fehlende systemische Unterstützungsmaßnahmen, mangelnde Schulentwicklungskompetenz	OECD, 2012

nicht weniger, wendet man sich der innerschulischen Lage auf der Suche nach möglichen Ansatzpunkten zur Unterstützung zu. Sowohl das komplexe Zusammenwirken unterschiedlichster Faktoren auf Schulebene als auch die defizitäre Forschungslage dazu, was gelingende Ansatzpunkte für eine verbesserte Qualitätsentwicklung dieser Schulen sind, erschweren entsprechende Unterstützungsabsichten. Forschungswissen wird dabei vor allem aus dem internationalen Kontext, vor allem aus der Forschung zu so genannten erfolgreichen „Turnarounds“, also zu Schulen, die ihre Qualitätsbemühungen deutlich gesteigert haben, bemüht (vgl. Huber in diesem Band).

Für die inzwischen beobachtbaren zunehmenden Bemühungen in vielen Bundesländern, explizit den Schulen die „einen Unterschied im negativen Sinne machen", adäquate Unterstützung zu bieten, scheint ein Diskurs zwischen Praxis, Administration und Wissenschaft vielversprechend, der sich gestützt von Erfahrungswissen und empirischer Forschung zum Beispiel folgenden Fragen widmet: Welche normativen Maßstäbe sind anzulegen, um den „Unterschied im negativen Sinne" zu erfassen? Über welche Verfahren lassen sich Schulen in herausfordernder Lage identifizieren? Inwiefern können präventive Maßnahmen z.B. im Sinne eines Frühwarnsystems ergriffen werden? Was kennzeichnet die Wechselwirkungen der internen und externen Bedingungskonstellation der herausfordernden Lage? Welche Maßnahmen sind erfolgsversprechend angesichts welcher „kritischen" schulischen Kennzeichen? Welche Akteurskonstellationen erweisen sich in den Unterstützungsbemühungen als günstig? Wann ist ein „Turnaround" als aussichtslos einzustufen und welche Konsequenzen ergeben sich hieraus? Welche Interventionen sind bei Schulen zu ergreifen, die sich nicht freiwillig unterstützen lassen?

Der vorliegende Sammelband möchte zu einem solchen Diskurs einen Beitrag leisten und gliedert sich in vier Teile:

Im ersten Teil wird in grundlegenden Beiträgen in das Themenfeld Schulentwicklungsarbeit in herausfordernder Lage eingeführt. *Heinz Günter Holtappels, Tanja Webs, Eva Kamarianakis* und *Isabell van Ackeren* tragen den Forschungsstand und Schulentwicklungsstrategien zusammen und bieten eine Typologie zur differenzierten Betrachtung von Schulen in herausfordernden Lagen. *Stephan Huber* arbeitet in seinem Beitrag vor allem den internationalen Erkenntnisstand zu Merkmalen und Dynamiken des „Failings" auf und beschäftigt sich mit den Entwicklungsmöglichkeiten solcher Schulen. Schließlich zeichnen *Rick Mintrop* und *Esther Dominique Klein* unterschiedliche Schulentwicklungsansätze und -phasen aus den USA nach und diskutieren, inwiefern hieraus für die deutsche Praxis gerade mit Blick auf die Schulentwicklungsarbeit in herausfordernder Lage gelernt werden kann.

Der zweite Teil des Bandes widmet sich unterschiedlichen Aspekten von Schulentwicklungsansätzen mit besonderem Fokus auf die jeweilige Bedeutung für eine Schulentwicklungsarbeit in herausfordernden Lagen. Hierzu werden empirisch und konzeptionell gestützte Überlegungen angestellt zur Rolle der Schulleitung in „Turnarounds" von *Stefan Brauckmann* und *Susanne Böse*, zur Rolle von Kooperation angesichts schulischer Herausforderungen von *Kathrin Fussangel* und *Dirk Richter* sowie zur Bedeutung der Lehrer-Schüler-Beziehung an Schulen in sozial benachteiligten Lagen durch *Kathrin Racherbäumer*. Der Beitrag von *Nina Bremm, Sarah Eiden, Christine Neumann, Tanja Webs, Isabell van Ackeren* und *Heinz Günter Holtappels* diskutiert anhand eines Projektbeispiels einen evidenzorientierten Unterstützungsansatz für Schulen in herausfordernden Lagen. Schließlich diskutiert *Kathrin Dedering* mögliche Unterstützungsleistungen durch externe Beratung.

Im dritten Teil stehen unterschiedliche Maßnahmen und Projekte sowie damit verknüpfte Erfahrungen aus verschiedenen Bundesländern im Mittelpunkt, die verdeutlichen, welche Schwerpunktsetzungen in administrativen Unterstützungsaktivitäten für

Schulentwicklungsarbeit in herausfordernden Lagen getroffen werden, wie entsprechende Programme konzipiert sind und welche (empirischen) Erfahrungen mit ihnen gemacht wurden. Diese Beiträge stammen von *Susanne Böse, Marko Neumann, Therese Gesswein* und *Kai Maaz* (Berlin), *Cornelia von Ilsemann* und *Maike Reese* (Bremen), *Elisabeth Heid* (Berlin), *Joachim Herrmann* (Hamburg) sowie *Veronika Manitius* und *Bernd Groot-Wilken* (NRW).

Abgeschlossen wird der Band durch zwei Beiträge, zum einen von *Wolfgang Böttcher* und zum anderen von *Nils Berkemeyer*, die einerseits mit Blick auf die Einzelschule als Organisation und andererseits mit einem steuerungstheoretischen Fokus auf das (systemische) Unterstützungspotential für Schulentwicklungsarbeit in herausfordernden Lagen auch vor dem Hintergrund möglicher Perspektiven kritisch-konstruktive Diskussionen vornehmen.

Mit dieser thematischen Vielfalt, die sich aufspannt zwischen theoretischen Grundlegungen, der Aufarbeitung empirischer Erkenntnisse sowie der Zusammenstellung von Erfahrungswissen aus der Unterstützungspraxis in den Bundesländern, versteht sich der Band keineswegs als vollständiger Diskussionsbeitrag zum Themenkomplex Schulentwicklungsarbeit in herausfordernder Lage. Jedoch bietet diese Zusammenstellung die Möglichkeit, Ansatzpunkte für den weiteren fachlichen Diskurs zu identifizieren und Impulse für die doppelte Herausforderung, Schulentwicklungsarbeit in herausfordernder Lage zu unterstützen, aufzugreifen. Wir möchten allen Beteiligten herzlich für ihre vielfältigen Beiträge zum Gelingen dieses Bandes danken.

Literatur

Arnz, S. (2012). Turnaround von Schulen in kritischer Lage. *SchulVerwaltung spezial, 14* (2), 17–19.

Herrmann, J. (2013). Erfahrungen aus einer Unterstützungsmaßnahme für „Schulen in schwieriger Lage“ in Hamburg. In C. Quesel, V. Husfeldt, N. Landwehr, P. Steiner (Hrsg.), *Failing Schools. Herausforderung für die Schulentwicklung* (S. 77–94). Bern: der Bildungsverlag.

Hillebrand, A. & Bremm, N. (2015). Potenziale entwickeln – Schulen stärken. Ein Forschungs- und Entwicklungsprojekt in der Metropole Ruhr. In *Pädagogik 67* (6/15), S. 58.

Huber, G., Mujis, R. (2012). Die Dynamik des Scheiterns. Die Schieflage rechtzeitig erkennen. SchulVerwaltung spezial. *SchulVerwaltung spezial, 14* (2), 7–9.

Hubermann, M., Parrish, T., Hannan, S., Arellanes, M. & Shambaugh, L. (2011). *Turnaround Schools in California: Who Are They and What Strategies Do They Use?* Verfügbar unter: http://www.air.org/sites/default/files/downloads/report/CA_CC_Turnaround_School_Report_11-30-11_0.pdf [18.10.2016].

KMK = Kultusministerkonferenz (2015). *Text der überarbeiteten Gesamtstrategie zum Bildungsmonitoring.* Berlin. Verfügbar unter: https://www.kmk.org/fileadmin/Dateien/pdf/Presse UndAktuelles/2015/Gesamtstrategie_Endfassung_DOK.pdf. [16.11.2016].

Murphy, J. & Meyers, C. V. (2007). *Turning Around Failing Schools. Leadership Lessons from the Organizational Sciences.* Thousand Oaks, CA: Corwin Press.

OECD (2012). *Equity and Quality in Education: Supporting Disadvantaged Students and Schools*. OECD Publishing. Verfügbar unter: http://dx.doi.org/10.1787/9789264130852-en [13.10.2016].

Quesel, C., Husfeldt, V., Landwehr, N. & Steiner, P. (Hrsg.) (2013). *Failing Schools. Herausforderungen für die Schulentwicklung*. Bern: hep Verlag.

Raucherbäumer, K., Funke C., van Ackeren, I. & Clausen, M. (2013). Datennutzung und Schulleitungshandeln an Schulen in wenig begünstigter Lage. Empirische Befunde zu ausgewählten Aspekten der Qualitätsentwicklung. *Die Deutsche Schule, Beiheft 12*, 226–254.

Schmittke, B. (2012). Prozessberatung von Schulen mit Entwicklungsbedarf. Das Berliner Modell proSchul. *SchulVerwaltung spezial, 14* (2), 35–37.

Schwank, E. & Sommer, N. (2013). Krisendiagnose und Veränderungsdruck. Schulentwicklung zwischen Erst- und Nachinspektion in Niedersachsen. In C. Quesel, V. Husfeldt, N. Landwehr, P. Steiner (Hrsg.), *Failing Schools. Herausforderung für die Schulentwicklung* (S. 95–122). Bern: der Bildungsverlag.

Strittmatter, A. (2013). Schulen in Krisenlagen. In C. Quesel, V. Husfeldt, N. Landwehr, P. Steiner (Hrsg.), *Failing Schools. Herausforderung für die Schulentwicklung* (S. 179–194). Bern: der Bildungsverlag.

I
GRUNDLAGEN

Heinz Günter Holtappels, Tanja Webs, Eva Kamarianakis & Isabell van Ackeren

Schulen in herausfordernden Problemlagen – Typologien, Forschungsstand und Schulentwicklungsstrategien

Lange Zeit richtete die Schulqualitäts- und Schulwirksamkeitsforschung ihre Aufmerksamkeit hauptsächlich auf Studien und Forschungsbefunde, die imstande waren, zu beschreiben, unter welchen Bedingungen Schulen zu hoher Schulqualität gelangen (vgl. Holtappels, 2003). Eher rar blieben die Befunde zur Problematisierung der Situation weniger erfolgreicher oder gar scheiternder Schulen. Vor allem Metastudien förderten als wirksam vorgefundene Schlüsselmerkmale der Schulqualität auf Schul- und Klassenebene und Gelingensbedingungen für den Erfolg von Schulen zu Tage (vgl. Purkey & Smith, 1983; Mortimore et al., 1988; Sammons et al., 1995). Dabei bestand offenbar die Annahme, dass diese Qualitätsmerkmale zugleich auch für die Vorhersage von Minderqualität und Misserfolg gelten könnten. Erst später konnten erste Studien zu nicht effektiven Schulen verdeutlichen, dass zwar die in der Schulwirksamkeitsforschung ermittelten Einflussfaktoren durchaus für alle Schulen Bedeutung haben, bei *Failing Schools* jedoch offensichtlich noch weitere Bedingungen hinzukommen, die Misserfolg oder Scheitern maßgeblich herbeiführen (vgl. Muijs et al., 2004; Holtappels, 2008; Racherbäumer et al., 2013b).

Im Rahmen dieses Grundlagenbeitrags sollen Bedingungen für Schulen in herausfordernden Lagen auf der Basis des vorhandenen theoretischen und empirischen Erkenntnisstandes systematisch aufgearbeitet werden. Dabei werden theoretische Ansätze Erklärungszusammenhänge liefern, Typologien die unterschiedliche Situation von Schulen verdeutlichen und relevante Einflussfaktoren für die Entstehung und die Bewältigung von Schulproblemen und fehlender Schulwirksamkeit benannt. Darüber hinaus greift der Beitrag erste Schulentwicklungsstrategien für Schulen in herausfordernden Problemlagen auf.

1. Systematisierung und Typologien von Problemlagen und *Failing*

Zunächst scheinen zur Systematisierung der Phänomene verschiedene Begriffsklärungen für die Situationsbeschreibung von Schulen, die sich in Schwierigkeiten befinden, erforderlich: Mit der im englischsprachigen Raum gebrauchten Bezeichnung *Failing Schools* wird festgestellt, dass Schulen gesetzte Ziele oder den geforderten Bildungserfolg für die Lernenden zumindest teilweise verfehlen oder nur unbefriedigend erreichen; verstanden wird darunter ein relatives bzw. partielles Scheitern oder Schulversagen. *Schulen in herausfordernden Lagen* bzw. *challenging circumstances* sind dagegen Schulen, die mit anspruchsvollen Problemkonstellationen konfrontiert werden, welche ihnen hohe Anstrengungen abverlangen und sie bei unzureichenden Problemlöseansätzen in Schwierigkeiten oder in eine kritische Lage, letztlich auch zum *Failing* oder Scheitern, bringen können.

Worauf bezieht sich *Failing* oder die schwierige Herausforderung? Im Wesentlichen wird auf die Dimension Erfolg oder Misserfolg von Schulen fokussiert. Die relative Zielverfehlung wird somit an der Ergebnisqualität, also an Lern- und Sozialverhalten, Lerndispositionen und Einstellungen, Kompetenzen und nicht zuletzt am Schulerfolg der Lernenden in Bezug auf Noten und Abschlüsse festgemacht. Schulerfolg bezieht sich demnach nicht nur auf die Schulqualität insgesamt, sondern auch auf die Wirksamkeit von Schulen und das Erreichen oder Verfehlen von Bildungszielen. Die US-amerikanische Schulqualitätsforschung verengt sogar den Blick eher auf die Leistungseffektivität, wenn von *high* oder *low performing schools* die Rede ist.

Werden auch Aspekte der Gestaltungs- und Prozessqualität der Schule – im Sinne von Variablen der Schulgestaltung und Lernkultur, die den Erfolg bewerkstelligen sollen – in die Betrachtung einbezogen, dann liegt der Fokus eher auf der Frage, ob Schulen als entwickelt oder unterentwickelt anzusehen sind und deshalb effektiv oder ineffektiv sind. Dabei wird die Wirksamkeit umfassender beurteilt, nämlich als Beziehung zwischen Faktoren der Prozessqualität und Indikatoren der Ergebnisqualität. Solche Ansätze nehmen vielfach Bezug auf komplexe Qualitätsmodelle, wie etwa das *CIPO*-Modell, bei dem die Schule die Prozessqualität allein verantwortet, nicht aber die Ergebnisqualität, da der außerschulische soziale Kontext die Bildungsergebnisse ebenfalls entscheidend beeinflusst. Hinzu kommen Inputfaktoren (z.B. Rahmenvorgaben, Richtlinien und Ressourcen), die die System- und Steuerungsqualität ausmachen und die Möglichkeiten der Gestaltungs- und Prozessqualität der Einzelschule in gewissem Maße bestimmen (vgl. auch Holtappels, 2007). Somit können indirekt auch Bildungsergebnisse beeinflusst werden.

Für eine grundlegende Typologisierung von Schulen in schwierigen Lagen kann das Schulqualitätsmodell von Stufflebeam (1972) als Hintergrundfolie dienen, um mit den Dimensionen von Input-, Prozess- und Output-Qualität die möglichen Problemkonstellationen genauer bestimmen zu können (vgl. auch Holtappels & Voss, 2006). In Abbildung 1 sind zudem die Einflüsse des sozialen Kontextes für außerschulische Bedingungen sowie die Anstrengungen der Schulentwicklungsarbeit ausgewiesen.

Dass zahlreiche Schulen mit besonderen Problemlagen aufgrund ihres Standortes und der damit zusammenhängenden lernspezifischen und sozialen Schülerkomposition konfrontiert sind, ist aus bisherigen Studien hinlänglich bekannt (vgl. auch Teddlie et al., 2000).

Neben diesen *schulexternen Bedingungen* wird die Schulwirksamkeit ebenso von *schulinternen Bedingungen*, also der Gestaltungs- und Prozessqualität der Schul- und Lernkultur, bestimmt. Oft liegt das Problem des Versagens oder der mangelnden Effektivität der Schule nicht oder nicht allein im Schulkontext, sondern auch oder gar allein im Entwicklungsstand der Schul- und Unterrichtsqualität.

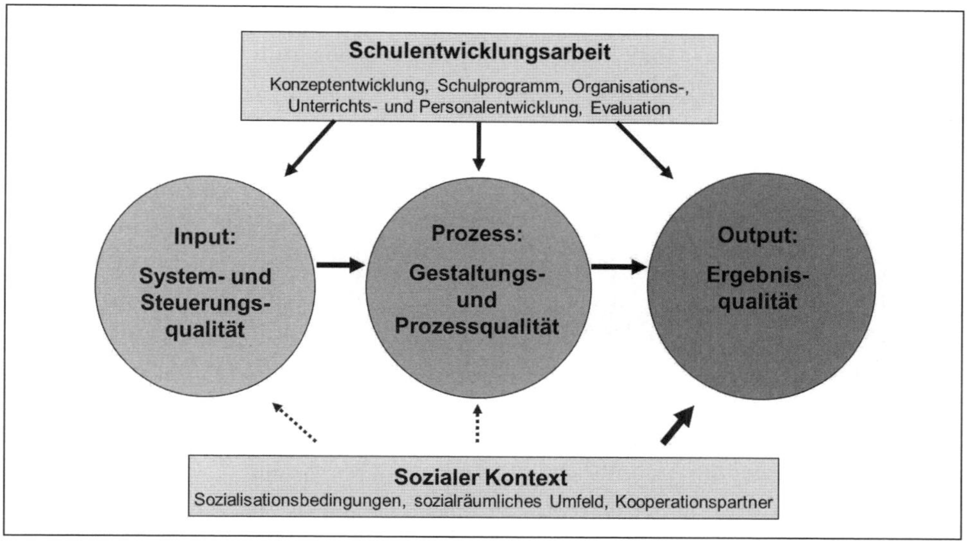

Abbildung 1: Rahmenmodell für Schulqualität, Quelle: Stufflebeam, 1972; Holtappels & Voss, 2006

Eine erste Typisierung (vgl. Abb. 2) nimmt auf das CIPO-Modell Bezug und betrachtet den möglichen Bildungserfolg von Schulen aufgrund des Zusammenhangs zweier Dimensionen: der Variation von außerschulischen Kontextbedingungen einerseits und des Ausmaßes der erzielten Ergebnisqualität wie Lernleistungen, Lernverhalten und soziale Kompetenzen andererseits (vgl. Holtappels, 2008, 2012). Unter eher günstigen Kontextbedingungen lassen sich somit erwartet stark und unerwartet schwach abschneidende Schulen ermitteln, unter ungünstigen Konstellationen zeigen sich erwartet schwache, aber auch unerwartet starke Schulen. Deutlich wird zudem, dass der Erfolg bzw. Misserfolg von Schulen jeweils im Vergleich zum einen mit dem situa-

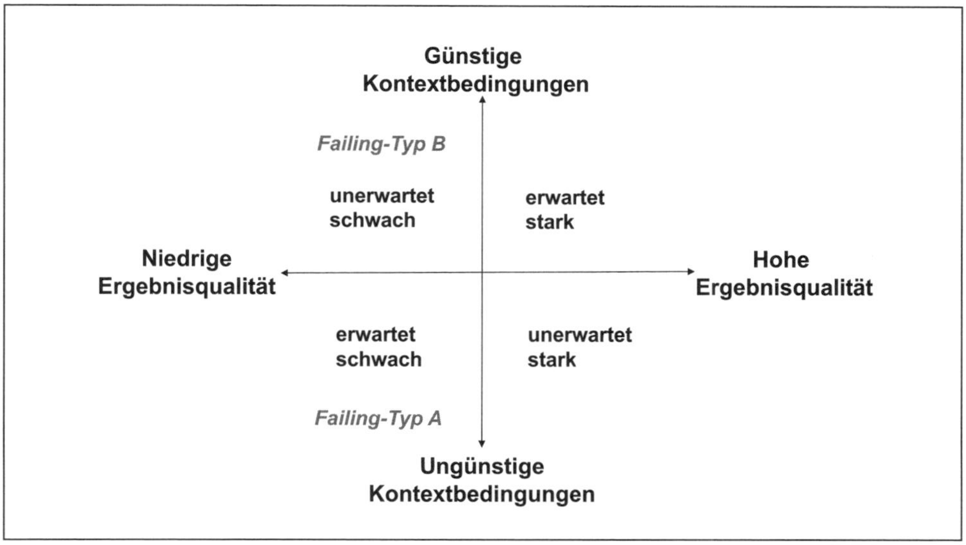

Abbildung 2: Schultypologie für Bildungserfolg nach Kontextbedingungen, Quelle: Holtappels, 2008

tionsentsprechend durchschnittlichen Erfolg unter Berücksichtigung von günstigen bzw. ungünstigen Input- und Kontextbedingungen sowie zum anderen implizit mit anderen Schulen betrachtet wird.

Wie in Abbildung 2 dargestellt, lassen sich Schulen also mit ihrer Ergebnisqualität in Relation zu Input- und Kontextbedingungen – im Sinne einer systemisch und sozial adjustierten Beurteilung des Bildungserfolges – typisieren. Schulen mit weniger erfolgreichem Abschneiden, welche so vom Scheitern bedroht sein können, befinden sich hier auf der linken Seite des Kreuzes. Dabei erzielen die Schulen des Quadranten „erwartet schwach“ Ergebnisse, die angesichts der ungünstigen Kontextbedingungen erwartbar sind. Die Schulen des Quadranten „unerwartet schwach“ liegen trotz günstiger Kontextfaktoren mit ihren Ergebnissen ebenso mehr oder weniger unter dem Durchschnitt. Dagegen scheinen Schulen in dem Quadranten „unerwartet stark“ gegen ihre Problemlagen erfolgreich anzukämpfen, sodass sie trotz widriger externer Bedingungen eine überdurchschnittliche Ergebnisqualität erzielen.

Es liegt nahe, dass die entscheidenden Einflussvariablen, die bei gleich ungünstigen bzw. günstigen Kontextbedingungen die Erfolgsqualität variieren, maßgeblich auf die Gestaltungs- und Prozessqualität der einzelnen Schulen, also auf die Schul- und Lernkultur zurückführbar sind. Die von den einzelnen Schulen selbstverantworteten pädagogischen Bemühungen machen demnach vermutlich den Unterschied aus. Eine niedrige Ergebnisqualität ist bei geringen pädagogischen Anstrengungen in jedem Fall zu erwarten, wenn die Kontextbedingungen ungünstig sind (Failing-Typ A). Sind die Kontextbedingungen hingegen eher günstig, die Prozessqualität jedoch mäßig, werden – scheinbar unerwartet – schwache Ergebnisse erzielt (Failing-Typ B). Zwei weitere Schulgruppen können in Schwierigkeiten geraten, obwohl die Ergebnisqualität überdurchschnittlich ausfällt: Bei einer Gruppe kann trotz Anstrengungen für eine entwickelte Schulkultur eine niedrige Ergebnisqualität registrierbar sein, da die Belastung durch eher ungünstige externe Bedingungen eventuell zu übermächtig ausfällt und nicht zu kompensieren ist; bei erfolgreichen Bemühungen wären diese Schulen eher unerwartet stark und würden den Turnaround (relativer Erfolg bei widrigen Umständen) schaffen, da sie ihre Potenziale in hohem Maße aktivieren könnten. Eine weitere Gruppe weist hohe Ergebnisqualität bei günstigen Kontextfaktoren auf, wobei eine entwickelte Schulqualität bei einem Teil dieser Schulen den Erfolg mitbewirkt haben kann; bei einem anderen Teil kann aber der Erfolg auch trügerisch sein, da er maßgeblich durch förderliche Kontextbedingungen begünstigt wird, die Schul- und Lernkultur jedoch eher mäßig entwickelt ist. Im letzten Fall bleiben also die Schulen unter ihren Möglichkeiten und könnten noch bessere Ergebnisse erzielen, wenn sie ihre Potenziale ausschöpfen würden.

In einer zeitlichen Dimension im Hinblick auf Veränderung und Entwicklung ist zuletzt eine schulentwicklungsbezogene Typisierung denkbar: Dabei werden Veränderungswille (Einstellungen) und Veränderungsstrategien (Handlungen) der Schulen in herausfordernden Lagen betrachtet, also ob Schulen die Herausforderungen annehmen, die Bemühungen zur Gestaltung der Schul- und Lernkultur verstärken und sich als entwicklungsbereit und -fähig zeigen, um die Ergebnisqualität zu steigern.

Eine solche Typologie (vgl. Abb. 3) berücksichtigt Schulentwicklungsbemühungen und Strategien schulischer Qualitätsverbesserung und setzt sie in Beziehung zum erreichten Qualitätsstand (vgl. Holtappels, 2008). Intensive Schulentwicklung führt bei bereits hoch entwickelter Schulkultur zu erwartbaren Verbesserungen auf hohem Niveau. Bei Schulen ohne Entwicklungsbemühungen kann sich indes Stillstand auf hohem Niveau durch Schongang einstellen. Eine dritte Gruppe von Schulen kann trotz Schulentwicklungsaktivitäten eine unterentwickelte Gestaltungs- und Prozessqualität möglicherweise nicht rasch verbessern, da die Kontextbedingungen zu hohe Belastungen bewirken. Eine vierte Gruppe von Schulen unternimmt trotz schwacher Schul- und Lernkultur wenig: Bei einem Teil könnte es an fehlender Einsicht oder fehlenden Kompetenzen liegen; ein anderer Teil steht unter hohem Problemdruck. Letztere befinden sich bereits – aufgrund belastender Kontextbedingungen und vielfacher erfolgloser Bemühungen – in einer Abwärtsspirale des Aufgebens, die durch Phänomene von Resignation, Depression oder Gleichgültigkeit zum Ausdruck kommen kann.

Abbildung 3: Schultypologie für Schulqualität nach Schulentwicklungsaktivität, Quelle: Holtappels, 2008

Abbildung 3 visualisiert somit den Umgang der Schulen mit ihrer Problemsituation und die Intensität ihrer Schulentwicklungsarbeit, worin sich ihr Bemühen um schulische Qualitätsverbesserung ausdrückt. Unter anderem haben sich insbesondere Stoll & Fink (1998) systematisch mit *Failing Schools* und der Entwicklungsdimension von Schulen, also dem Umgang von Schulen in Bezug auf die Veränderung der Schuleffektivität, auseinandergesetzt. Sie typisieren die Umgangsmuster wie folgt (vgl. Abb. 4): Differenziert werden die Schulen einerseits nach ihrer Schuleffektivität, andererseits nach Veränderungen im Zeitverlauf bezüglich Verbesserung bzw. Verschlechterung. Die sich daraus ergebenden fünf Schultypen umfassen Schulen, die a) sich im Sinne von Entwicklung bewegen und daher effektiv sind zugunsten von Verbesserung (*moving*), b) weniger wirksam sind, aber kämpfen und Verbesserung erzielen (*struggling*), c) zwar als wirksam gelten, aber durch „Schongang“ keine Kontinuität und Nachhaltigkeit erlangen und sich daher verschlechtern (*cruising*), d) ineffektiv sind und sich weiter verschlechtern, somit in kumulative Problemlagen absinken (*sinking*). Eine fünfte, eher indifferente und inaktive Gruppe (*strolling*) liegt zwar im Mittelfeld, könnte aber bei verschärfter Problemlage und wechselnder Schülerschaft zumindest partiell von Zielverfehlungen bedroht sein und abrutschen, da gezielte schulische Qualitätsentwicklung nicht praktiziert wird.

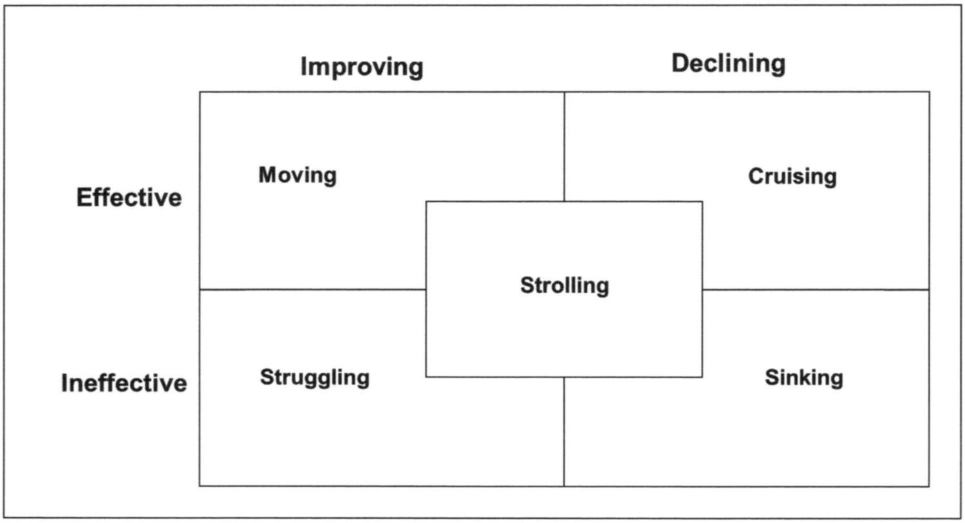

Abbildung 4: Schultypologie für schulische Veränderungsprozesse nach Effektivität im Zeitverlauf, Quelle: Stoll & Fink, 1998

Die berichteten Schultypologien stellen einen Versuch dar, die divergenten Situationen von Schulen sowie den unterschiedlichen Umgang der Schulen mit ihrer Ausgangslage anhand zentraler Bereiche der Schulqualität und Schulentwicklungsarbeit zu systematisieren. Wie auch Schulqualitätsmodelle sind die Schultypologien mehrdimensional (und teilweise längsschnittlich) angelegt: Je nach kombinierten Klassifizierungsmerkmalen wird ein anderer Fokus auf Schulqualität und -effektivität gelegt, was insgesamt eine differenzierte Analyse schulischer Entwicklungsprozesse, des Bildungserfolgs und schulischer Einflussgrößen ermöglicht. Eindimensionale Modelle werden hingegen der Sachlage kaum gerecht, was z.B. für Schulen zutrifft, die zwar nur schwache Resultate erlangen, aber dennoch intensive Schulentwicklungsbemühungen unternehmen (vgl. Holtappels, 2008). Die Systematisierungen bieten daher ein Raster zur Einordnung empirischer Ergebnisse zur Schulqualität und -effektivität. Insbesondere die Typologie von Stoll und Fink (1998) könnte eine Hintergrundfolie für die Typisierung von zeitlichen Entwicklungsprozessen der einzelnen Schulen liefern und somit für Ergebnisse von Längsschnittanalysen zur Entwicklung von Schulen in herausforderndem Umfeld herangezogen werden.

Um die aufgeführten Schultypologien zu konkretisieren und mit Forschungsbefunden zu füllen, wird nachfolgend ein Überblick über ausgewählte internationale und nationale Studien zu Schulen in schwierigen Lagen gegeben.

2. Erkenntnisstand der Forschung zu Schulen in herausfordernden Problemlagen

Gesicherte Erkenntnisse über die Situation von Schulen in besonderen Problemlagen und über deren Formen und Bedingungen für die unzureichende Qualität oder Wirksamkeit liegen international durchaus vor (vgl. Stoll & Myers, 1998; Muijs et al., 2004). Die Befunde sind mittlerweile geeignet, um Einschätzungen darüber abgeben zu können, warum und wie Schulen ihre Ziele verfehlen. Deutlich wird jedoch bereits in den vorgenommenen Systematisierungen, dass eine äußerst differenzierte Betrachtung sowohl für verschiedene Bereiche des Bildungserfolgs als auch für die Einflussbedingungen angezeigt ist. Dies führt dazu, die Gestaltungs- und Prozessqualität der Schulen ebenso genau empirisch zu analysieren wie die schulexternen Bedingungen.

Im Gegensatz zu Ergebnissen der Schulqualitätsforschung über erfolgreiche Schulen (vgl. Sammons et al., 1995; Holtappels, 2003, 2007) ist der Forschungsstand zu Schulen, denen es nur unzureichend gelingt, ihre Ziele in Bezug auf Kompetenzen der Schülerschaft zu erreichen und den Lernenden entsprechende Bildungserfolge zu vermitteln, lückenhaft. Solche Befunde sind jedoch nicht zuletzt auch im Hinblick auf die Ungleichheit von Bildungschancen der Lernenden von erheblicher Bedeutung, da nicht nur individuelle Merkmale (Begabungspotenzial, Lerndispositionen etc.) und die sozioökonomische Herkunft der Lernenden für ihren Bildungserfolg entscheidend sind, sondern auch der Besuch bestimmter Schulen den Lernerfolg der Schülerinnen und Schüler zusätzlich beeinflussen kann.

2.1 Internationale Befunde

Obwohl unstrittig ist, dass die Ursachen für schlechtes bzw. gutes Abschneiden von Schulen schwerlich auf simple Kausalbeziehungen zurückzuführen sind, liegt insgesamt eine Vielzahl internationaler Studien vor, die einen Zusammenhang zwischen der Qualität von Schulen einerseits und dem schulischen Bildungserfolg von Schülerinnen und Schülern andererseits aufzeigen (vgl. z.B. Fend, 1998; Teddlie & Reynolds, 2006). Insbesondere Befunde aus dem Forschungsfeld zu *Effective Schools* haben in beachtlicher Dichte Erkenntnisse zu Schlüsselfaktoren für Schulqualität und Bildungserfolg von Schulen erbracht. Diese Studien konzentrieren sich vielfach auf metaanalytisch zusammengetragene Merkmalslisten für den Schulerfolg, bei denen wiederholt das Schulleitungshandeln und die Kooperation der Lehrkräfte als wirksame Prädiktoren auf Schulebene für Unterrichtsqualität und Leistungen der Lernenden auftreten.

Allerdings berücksichtigen die Studien nicht durchgängig oder nicht systematisch externe und interne Belastungsfaktoren (z.B. den Schulstandort). Befunde über gute bzw. effektive Schulen können zudem nicht einfach auf schwache bzw. scheiternde Schulen übertragen werden. Die spezifischen Charakteristika nicht effektiver Schulen wurden mittlerweile ebenfalls breiter untersucht (vgl. Hopkins et al., 1997; Racherbäumer et al., 2013a), wenngleich weiterhin noch reichlich Forschungsdefizite bestehen. Ainscow et al. (2006) nennen als Kriterien zur Identifizierung von *Failing Schools* deren Lage, die Zusammensetzung der Schülerschaft, die Einstellungen der Eltern, Schwierigkeiten im Kollegium und die bisherige Entwicklung einer Schule. Folgende Schlüsselfaktoren sind für nicht wirksame Schulen zentral, die vor allem von Muijs und Kollegen (2004), Teddlie und Reynolds (2006) und aktuell auch von Huber und Muijs (2012) dargelegt werden:

- Unzureichende Schulleitungskompetenzen (in Bezug auf ziel- und unterrichtsbezogene Führung),
- niedriger Kooperationsstand im Kollegium,
- Defizite im Klassenmanagement,
- schwache Lernkultur im Unterricht (Defizite in Bezug auf kognitive Anregung, Analyse der Lernentwicklung, Lernunterstützung etc.),
- niedrige Leistungserwartungen, geringes Bemühen um Wissensbasis und Lernerfolg der Schülerinnen und Schüler,
- Fluktuation im Kollegium und erfolglose Akquise kompetenten Personals,
- Fluktuation in der Schülerschaft,
- Defizite in den Kompetenzen der Schülerschaft,
- nicht förderliche Bedingungen im Elternhaus.

Hinzu kommen erfolglose Strategien, um die eigene Problemlage zu ändern oder zu bewältigen: unrealistische oder diffuse Ziele, kurzfristige Planung und zu kurz greifende Konzepte. In ihrem Übersichtsartikel zu Faktoren der Verbesserung von Schulen in sozioökonomisch benachteiligten Gebieten betonen Muijs und Kollegen (2004) unter anderem die Bedeutung der Kooperation von Schulleitung und Lehrkräften, einer positiven und anregungsreichen Schulkultur, evidenz- und netzwerkbasierter Schulentwicklungsarbeit sowie eines externen Schulmonitorings.

Nicolaidou und Ainscow (2005) heben in ihrer qualitativ angelegten Studie die Relevanz eines reflexiven, an die jeweilige Schulkultur adaptierten Schulleitungshandelns für *Failing Schools* hervor. Die Untersuchung von Harris (2002) fördert wirksame Faktoren effektiven Führungsverhaltens von Schulleitungen in Schulen mit herausfordernder Problemlage zu Tage: Effektive Führungspersonen managen danach Probleme und Konflikte, stellen sich auf Lehrkräfte und ihre Bedürfnisse ein und arbeiten mit ihnen in Meetings an Problemen. Sie sind zudem in der Lage, Lehrkräfte zu motivieren, Teamarbeit zu etablieren und eine integrative Schulgemeinschaft zu fördern, die von gegenseitigem Respekt und Vertrauen geprägt ist.

Maßnahmen der Schulentwicklung

Die bildungspolitischen und schulentwicklungsbezogenen Maßnahmen bei Schulen, die ihre Ziele verfehlen, reichen international von Schulfusionen über die Entlassung von Schulleitungen und Lehrkräften bis hin zur Einstellung speziell geschulter Schulleitungskräfte. International wird aber auch eine Stärkung von Entwicklungskapazitäten (intensive Fortbildung, fokussierte Schulprogrammarbeit, externe Unterstützung) praktiziert (vgl. Huber & Muijs, 2012). Außerdem erhalten die betroffenen Schulen mehr materielle und personelle Ressourcen, um ihre Leistungen zu verbessern. Unerwünschte Nebenwirkungen eines solchen High-Stakes-Testing sind vielfach beschrieben (vgl. z.B. Nichols & Berliner, 2007). Im Vergleich dazu hat Deutschland zwar grundlegende bildungspolitische Veränderungen hin zu einer verstärkten Output-Steuerung (Bildungsstandards und periodische Tests) einerseits und der externen Evaluation (vorwiegend durch Inspektionsverfahren) andererseits vorgenommen, Sanktionen als Folge auf ein wiederholt schlechtes Abschneiden sind jedoch nicht vorgesehen, wenngleich es durchaus Überlegungen einer gezielten Ressourcenallokation gibt (vgl. Bonsen et al., 2010).

In Fallstudien kommt Mintrop (2002) zu dem Schluss, dass bereits die Einstufung von Schulen durch die Schulaufsichtsbehörde als Schulen mit niedriger Ergebnisqualität zu einem „leichten" Anstieg der Motivation und des Engagements des Personals geführt hat. Ainscow et al. (2006) betonen diesbezüglich jedoch die Gefahr der Stigmatisierung der Lernenden, der Schule und der Gemeinde des Schulstandortes.

Anderson und Cotton (2001) weisen in ihrer Studie in Michigan (USA) darauf hin, dass oft die dokumentierten Ergebnisse nicht die tatsächlichen Ausmaße widerspiegeln. Auf der Basis von Daten, die von Schuldistrikten selbst und dem Bildungsministerium bereitgestellt wurden, wird sichtbar, dass in belasteten Distrikten über 90 Prozent der Schulen die gesetzten Standards nicht erreichen konnten. Der Schulkontext kann also unabhängig von geografischer Lage und verfügbaren Finanzmitteln der Schulen gegebenenfalls derart übermächtige Belastungen für Schulen darstellen, die durchgängig kaum zu bewältigen sind.

Harris et al. (2006) verdeutlichen anhand einer Fallstudie, dass Veränderungen in der Schülerkomposition durch Erhöhung des Anteils von Lernenden aus bildungsnäheren Familien bereits zu Leistungssteigerungen insgesamt führen. Zudem wird der Erfolg der Lernenden über vier Strategien erhöht: 1) Verbesserung der Lese-, Schreib- und Mathematikkompetenz; 2) Fokus auf Lehren und Lernen; 3) Datennutzung und darauf basierende Zielsetzungen sowie 4) professionelle Entwicklung des Kollegiums in Richtung einer lernenden Organisation. Grundsätzlich weisen die Untersuchungsergebnisse darauf hin, dass Schulen in herausfordernder Lage mehr leisten müssen als andere Schulen.

Ainscow et al. (2006) zeigen, dass die Kooperation zwischen *Failing Schools* unter bestimmten Umständen ein wirksames Instrument darstellt, um die Fähigkeiten der Schulen zu stärken, den komplexen und schwierigen Umständen gerecht zu werden. In einer Metastudie zu Befunden interschulischer Vernetzung resümieren Berkemeyer et al. (2009) anhand internationaler Forschungsergebnisse, dass sich die Arbeit schulübergreifender Netzwerke positiv auf das Lernen, die Leistung und das Engagement der schulischen Akteure auswirken kann.

2.2 Forschungsbefunde in Deutschland

Es gibt nur wenige Studien im deutschsprachigen Raum, die explizit Analysen zu erfolgreichen und nicht erfolgreichen Schulen vorlegen. Aus zwei Studien werden im Folgenden ausgewählte Befunde genauer betrachtet.

Eine Studie zur *Schulqualität* von Fend (1986, 1998) beschäftigt sich mit Bedingungsfaktoren auf Schulebene für gute und weniger erfolgreiche Schulen. In seiner Re-Analyse früherer Forschungsergebnisse hat Fend (1998) nach bestimmten Kriterien Merkmale „guter“ und „schlechter“ Schulen identifiziert, wobei allerdings sowohl die Unterrichtsebene als auch die soziale Komposition der Schülerschaft unberücksichtigt bleiben. Als Prozessmerkmale wurden die Kriterien Arbeitszufriedenheit, Schulleben, soziale Integration des Kollegiums, Problemwahrnehmungen, Gleichgültigkeit, Verantwortungsbereitschaft und Schülerzentriertheit zugrunde gelegt; im Bereich der Wirkungsmerkmale bei Schülerinnen und Schülern die Kriterien Vertrauen zu den Lehrkräften, Schulfreude, Devianz und Disziplinlosigkeit sowie Leistungsangst (vgl. ebd.).

Fend (1998) konstatiert, dass die Problembearbeitung und Zielerreichung im unterrichtlichen und außerunterrichtlichen Bereich in guten Schulen aktiver, pädagogischer und schülerzentrierter sind. Nicht Disziplin- und Leistungsanforderungen unterscheiden gute von weniger erfolgreichen Schulen, sondern der Stil des Umgangs mit Schülerinnen und Schülern und die Bewältigung der pädagogischen Herausforderungen durch einzelne Gruppen von Lernenden. Gute Schulen unterscheiden sich von weniger erfolgreichen offenbar auch im Lernangebot des Schullebens durch zusätzliche Lern- und Erfahrungsmöglichkeiten. Zwischen guten und weniger erfolgreichen Schulen zeigen sich zudem Unterschiede in der Wahrnehmung gemeinsamer Verantwortlichkeit (vgl. ebd.).

In erfolgreichen Schulen zeigen Schulleitungen ein höheres Maß an Reformbereitschaft und das Bemühen, über die eigene Schule hinaus zu sehen, Erfahrungsaustausch und eigenes Weiterlernen zu praktizieren; weniger erfolgreiche Schulen werden dagegen häufig von resignativen oder bremsenden Schulleitungen gekennzeichnet (vgl. Fend, 1986). Gute Schulen zeichnen sich im Vergleich zu weniger erfolgreichen durch ein positives Arbeitsklima, durch Integrationskraft des Kollegiums und kollegiale Gemeinschaft aus (vgl. ebd.). Intensive Formen unterrichtsbezogener Kooperation der Lehrkräfte differenzieren nach diesen Befunden aber insgesamt nur geringfügig zwischen guten und weniger erfolgreichen Schulen. In der Studie von Rutter et al. (1979) wird jedoch die Kooperation der Lehrkräfte als positiver Wirkfaktor hervorgehoben, vor allem die Unterrichtsplanung in Teams und die Unterstützung und Beratung durch die Schulleitung.

In einer anderen Studie, die im Rahmen von PISA 2003 durchgeführt wurde, unterscheidet Senkbeil (2005) vier Schulgruppen, die einerseits anhand von differenzierten Kontextbedingungen und Ressourcen in „belastete“ und „unbelastete“ Schulen sowie andererseits basierend auf Qualitätsmerkmalen zur Organisations- und Lernkultur und Schulentwicklungsbemühungen in „aktive“ und „passive“ Schulen unterteilt werden: Aktive Schulen sind insgesamt dadurch charakterisiert, dass sie gegenüber passiven Schulen eine höhere Intensität der Kooperation des Kollegiums, eine entwickeltere Praxis der Evaluation und eine bessere Elternarbeit aufweisen. Allerdings zeigt die Gruppe der unbelasteten passiven Schulen ein besseres Sozial- und Arbeitsverhalten der Lernenden, bessere Einstellungen der Lehrkräfte zur Arbeit, effektiveres Zeitmanagement und Lernunterstützung als belastete passive Schulen. Aber auch aktive Schulen mit hohen Belastungen weisen Probleme im Verhalten und in den Einstellungen der Lehrkräfte sowie mangelnde Zielklärung im Kollegium auf. Die vier Schulcluster unterscheiden sich ebenfalls im Bereich der Kooperationspraxis des Kollegiums, der Evaluation und dem Verhältnis zwischen Lehrenden und Lernenden (vgl. ebd.).

2.3 Relevante Erkenntnisse aus allgemeinen Schulqualitätsstudien zur Bedeutung zentraler Einflussvariablen

Analysen in PISA zu differentiellen Lernentwicklungsmilieus (vgl. Baumert et al., 2003, 2006) belegen, dass besonders in Schulen bzw. Lerngruppen mit hoher Problemkonzentration nur schwache Leistungsentwicklungen bestehen. Die Förderung in problematischen Lernmilieus stößt schon deshalb an Grenzen, da sich die mit Lernproblemen behafteten Schülerinnen und Schüler in solch insgesamt schwachen Lerngruppen weniger gegenseitig produktiv anregen können (z.B. aufgrund begrenzter Fachkompetenzen, problematischen Lern- und Sozialverhaltens). So entstehen in marginalisierten Schulstandorten mit hoher Problemkonzentration (z.B. an Hauptschulen in benachteiligten Stadtteilen) doppelte Benachteiligungen für die Lernenden – durch niedrige Fördermöglichkeit im Elternhaus und das wenig förderliche Lernmilieu in der Schule.

Die Organisationskultur einer Schule ist in diesem Kontext von besonderer Bedeutung, da sie Muster effektiver Führung der Schulleitungskräfte hervorbringen kann, eine professionelle Kooperation im Kollegium unterstützen und die Qualität von Lernorganisation und Unterricht fördern kann (vgl. Baumert, 1990; van de Grift & Houtveen, 1999; Bonsen et al., 2002). Dabei deuten die meisten Studien darauf hin, dass eine hohe Innovationsbereitschaft im Kollegium die Entwicklung der Unterrichtsqualität in beträchtlichem Maße mitbestimmt (vgl. Holtappels & Voss, 2006; Holtappels, 2002, 2013).

Die Erwartungen an das Schulleitungshandeln als Qualitätsfaktor bestehen darin, dass ziel- und unterrichtsbezogene Führung, Management und Moderation der Leitungsebene (über konsistentes und kooperatives Kollegiumshandeln) die Lernorganisation und die Lernprozesse förderlich entwickeln und gestalten, sodass sich letztlich auch im Lernerfolg der Lernenden positive Wirkungen zeigen. In ihrem Überblick über empirische Studien zu Wirkungen von Schulleitungshandeln zeigen Hallinger und Heck (1998), dass Schul- und Umwelteffekte (z.B. Elternzufriedenheit), Effekte in der Prozessqualität der Schule (z.B. Einstellungen der Lehrkräfte, Lehrplanorganisation) und Effekte auf Lernende (z.B. Leistungen, Einstellungen) nachweisbar sind. Schulleitungen gestalten unmittelbar die auf den Unterricht bezogenen Handlungs- und Arbeitsstrukturen, die Unterrichtsorganisation sowie das Schulklima im Sinne eines positiven Lernklimas; durch diese Merkmale werden wiederum die Leistungen der Schülerschaft beeinflusst.

Die Kooperation der Lehrkräfte stellt einen weiteren Qualitätsfaktor dar. Seine Wirkung kann dadurch begründet werden, dass mit der Intensität und Qualität der Kooperation die Kompetenzen in der Unterrichtsarbeit und die Qualität des Unterrichts durch gemeinsame Unterrichtsentwicklung, kollegiale Unterstützung und evaluative Analyse zunehmen, womit letztlich auch die Lernergebnisse sich verbessern können. In der vielbeachteten Studie von Rutter et al. (1979) wird die kollegiumsinterne Kooperation als positiver Wirkfaktor hervorgehoben, vor allem die Unterrichtsplanung in Teams und die Unterstützung und Beratung durch die Schulleitung. Hohe Bedeutung haben institutionalisierte Teamformen wie Jahrgangsteams, Klassenleitungstandems oder Fachteams. Solche festen Teambildungen ermöglichen und fordern intensive Kooperation der Lehrkräfte mit Fokus auf Unterrichtsqualität und Lernprozesse der Schülerinnen und Schüler sowie für die Unterrichtsentwicklung (vgl. Holtappels, 2002, 2013).

Der auf empirischen Einzelbefunden basierende Forschungsüberblick bei Holtappels (2013) verweist schließlich darauf, dass der Aufbau von Kapazitäten einer lernenden Organisation mit den Komponenten 1) Visionen, Ziele und Veränderungsmotivation, 2) Aufbau einer Infrastruktur für Innovationen und 3) Beherrschung von Innovationsstrategien und -verfahren einen wirksamen Weg zur Qualitätsverbesserung verspricht, der auch für Schulen in herausfordernden Problemlagen eine notwendige Grundlage für effektive Schulentwicklungsansätze darstellt.

3. Erklärungsansätze für starke und schwache Schulen in schwierigen Lagen

Zur Erklärung des Phänomens „erwartungswidrig starker“ bzw. „erwartungskonform schwacher“ Schulen in schwierigen Lagen können unterschiedliche Theorieansätze hinzugezogen werden (vgl. Muijs et al., 2004; Racherbäumer et al., 2013b). Hierzu zählen der Situative Ansatz und die Additivitätshypothese, welche eher globale Erklärungsansätze liefern sowie die Theorie der Lerngelegenheiten und das Kompensationsmodell, welche Konkretisierungen bieten.

Gemäß dem Situativen Ansatz, auch Kontingenz-Ansatz genannt, ist eine Schule mehr oder weniger effektiv, je nachdem ob es ihr von ihrer Anpassungsfähigkeit her gelingt, sich an die spezifische Situation optimal anzupassen (vgl. Creemers et al., 2000). Das Passungsverhältnis zwischen schulinternen Prozessen auf der einen Seite sowie die Zusammensetzung der Lernenden und die schulexternen Kontextbedingungen auf der anderen Seite ist von jeder Schule eigens zu gestalten. Vor diesem Hintergrund kann angenommen werden, dass sich in Hinblick auf die Organisationsstruktur und im Verhalten der Organisationsmitglieder zum einen Unterschiede zwischen Schulen in deprivilegierten und privilegierten Schulstandorten identifizieren lassen und zum anderen Differenzen zwischen stärkeren und schwächeren Schulen eines bestimmten Standorts ermittelt werden können (vgl. van Ackeren, 2008). Daher ist unter Berücksichtigung der schulspezifischen internen wie externen Ausgangslage auch davon auszugehen, dass nicht alle Schulentwicklungsmaßnahmen für alle Schulen „passend" und erfolgversprechend sind, sondern Interventionen grundsätzlich auf die schulischen Arbeits- und Lernbedingungen hin zu konzipieren sind.

Der Theorie der Lerngelegenheiten zufolge bieten weniger erfolgreiche Schulen den Lernenden nicht ausreichend Lerngelegenheiten, die Ziele des Lehrplans zu erreichen (vgl. van de Grift & Houtveen, 2006). So nutzen Lehrkräfte vergleichsweise häufig keine standardisierten Instrumente zur Diagnostik und haben daher oftmals kein empirisch gesichertes Wissen über die Lernfähigkeiten und -bedürfnisse der Schülerschaft, was folglich eine bedarfsgerechte Förderung erschwert. Hinzu kommt, dass in weniger effektiven Schulen nicht nur proximale Merkmale für die Kompetenzentwicklung der Lernenden auf Unterrichtsebene, wie z.B. störungspräventive Klassenführung, defizitär ausgeprägt sind, sondern auch distale Merkmale auf Schulebene, wie z.B. Schulleitungshandeln und Kooperation zwischen Lehrkräften, mangelhaft ausfallen. Insbesondere die individuelle Förderung spielt an Schulen in herausforderndem Umfeld eine bedeutsame Rolle, da Lerndefizite der Schülerschaft aufgrund fehlender außerschulischer Bildungsressourcen kaum außerhalb der Schule kompensiert werden können (vgl. Racherbäumer et al., 2013b).

Die Additivitätshypothese folgt der Vermutung, dass zusätzlich zu individuellen Eingangsvoraussetzungen die leistungsbezogene, sozioökonomische und -kulturelle Zusammensetzung der Schülerschaft sowie die unterrichtliche und schulische Ausgestaltung des Curriculums und der Lernumgebung die Lernleistungen der Schülerinnen und Schüler beeinflusst (vgl. Ditton, 2013). In diesem Zusammenhang wird auch von Schulen als „differenzielle Lern- und Entwicklungsmilieus" (Baumert et al., 2006, S. 98) gesprochen, die den Schülerinnen und Schülern unterschiedliche Chancen für ihre Leistungs- und Persönlichkeitsentwicklung geben, die schulmilieubedingt sind und sowohl durch Selektionsprozesse als auch durch schulformspezifische institutionelle Ausgestaltung von Schule und Unterricht zustande kommen (vgl. ebd.). Insbesondere Schülerinnen und Schüler aus eher bildungsfernen Elternhäusern an Schulen mit verstärkt lernungünstigerer Schülerkomposition haben somit im Sinne einer doppelten Benachteiligung ein höheres Risiko geringere Lernleistungen zu erzielen.

Das Kompensationsmodell legt die Annahme nahe, dass Schulen in herausfordernder Lage zunächst vorhandene Lerndefizite und fehlende bindungsrelevante Ressourcen der Lernenden kompensieren müssen, um notwendige Lernvoraussetzungen zu schaffen, bevor sie sich den curricularen Zielen zuwenden können (vgl. Teddlie et al., 2000). Während die Kompensationsphase mit positiven Beziehungen zwischen Schülerinnen und Schülern und Lehrkräften, hoher leistungsbezogener Erwartungshaltung und Disziplin, starker Wertschätzung und Belohnung schulischen Lernens einhergeht, verfolgt die Langzeitphase längerfristige Entwicklungsprozesse. Daraus resultiert, dass

Lehrkräfte an Schulen in schwierigen Lagen mehr Zeit und Aufwand in schulische Arbeit investieren müssen, um verbesserte schulische Lernleistungen bei den Schülerinnen und Schülern zu erzielen, da sie kompensatorisch agieren müssen (vgl. Muijs et al., 2004).

In der Zusammenschau aller skizzierten Erklärungsansätze kann von einer kumulativen Benachteiligung der Lernenden in Schulen mit problematischen Standortbedingungen ausgegangen werden, die den schulischen und unterrichtlichen Alltag beeinflusst (vgl. van Ackeren, 2008). Die schulspezifischen Arbeits- und Lernbedingungen erfordern bedarfsorientierte Maßnahmen schulischer und unterrichtlicher Qualitätsentwicklung, welche der Schülerschaft ausreichend Lerngelegenheiten bieten und vorhandene Lerndefizite sowie fehlende bindungsrelevante Ressourcen der Lernenden kompensieren.

4. Schulentwicklungsstrategien für Schulen in herausfordernden Lagen

Mit Blick auf die aktuellen Forschungsbefunde zu Merkmalen guter Schulen in schwierigen Lagen aus Kapitel 2 und den skizzierten theoretischen Erklärungsansätzen aus Kapitel 3 bleibt zu fragen, was erfolgversprechende Strategien der Schulentwicklung an Schulen, die unter herausfordernden Bedingungen arbeiten, sind. Geeignet scheint dafür das heuristische Rahmenmodell von Chapman (2008) zu sein. Basierend auf ausgewählten Forschungsbefunden zu *improving schools in challenging circumstances* (vgl. Muijs et al., 2004; Reynolds et al., 2001) wird der sog. *Framework for networking in challenging circumstances* abgeleitet (vgl. Abb. 5). Grundsätzlich wird davon ausgegangen, dass schulische Entwicklungsmaßnahmen insbesondere für Schulen in herausforderndem Umfeld eine gewisse Kontextspezifität aufzuweisen haben, damit sie nicht nur an schulinterne Arbeitsprozesse, sondern auch an die schulexternen Arbeitsbedingungen anschlussfähig sind (vgl. Harris & Chapmann, 2004).

Das heuristische Rahmenmodell ist zyklisch angelegt und umfasst vier Elemente, die miteinander verbunden sind (vgl. Chapman, 2008). Ausgangspunkt bildet die Analyse der aktuellen schulischen Situation. In diesem Zusammenhang werden datengestützt Informationen über Stärken und Schwächen der Schule gesammelt. Zu differenzieren ist dabei die einzelschulische Ebene und die Ebene der interschulischen Vernetzung. Es geht nicht nur darum, die schulische Situation empirisch abzubilden, sondern auch den Stand des Schulnetzwerks darzustellen. In einem zweiten Schritt erfolgt die gemeinsame Interpretation der vorhandenen Daten, auf deren Grundlage dann Ziele und Arbeitsschwerpunkte für die einzelschulische Entwicklung und die schulübergreifende Kooperation vereinbart werden. In einem dritten Schritt wird verfügbare Expertise und Beratung mobilisiert. Bei der Expertise kann es sich um Erfahrungen und Wissensbestände handeln, die im Netzwerk selbst liegen und von den Beteiligten an andere Teilnehmende weitergegeben oder von außerhalb eingeholt werden. Am vorläufigen Endpunkt werden gemeinsam erarbeitete Konzepte, Maßnahmen und Strategien zur schulischen Qualitätsentwicklung in den Einzelschulen umgesetzt.

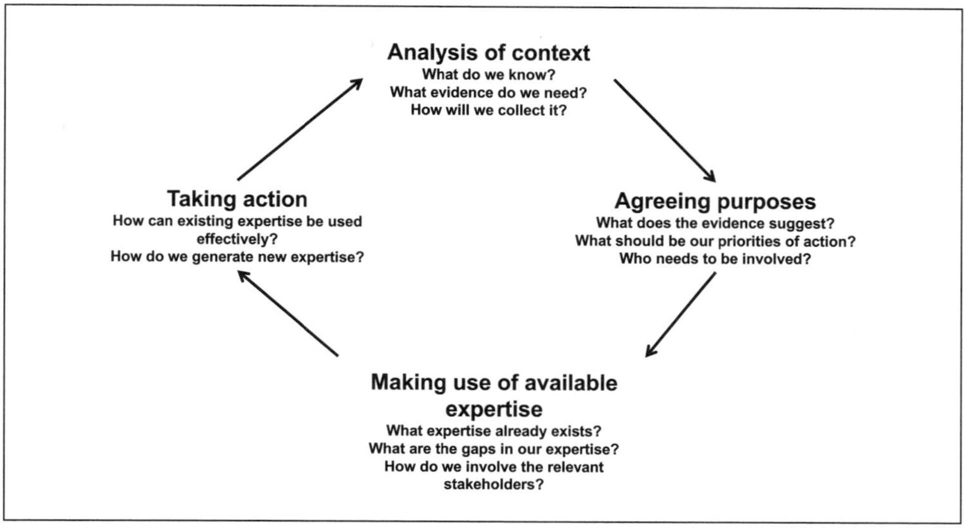

Abbildung 5: Framework for networking in challenging circumstances, Quelle: Chapman, 2008

Entscheidend ist dabei, dass die Realisierung der geplanten Entwicklungsvorhaben unterstützt wird, sei es durch externe Expertise oder durch kontinuierlichen Austausch und Reflexion der Netzwerkteilnehmenden. Gewährleistet werden soll dadurch, dass der Transfer in die Einzelschule gelingt und neues Wissen generiert wird. Um die Wirksamkeit und Nachhaltigkeit der intendierten und implementierten Vorhaben zu prüfen, erfolgt eine Evaluation, die wiederum den Ausgangspunkt für Folgeschritte im Schulnetzwerk darstellen kann.

Die Arbeit in Schulnetzwerken scheint aufgrund vielfältiger Lerngelegenheiten und gegenseitiger Unterstützung durch die Kooperation von Schulen nicht nur für Schulen in herausforderndem Umfeld eine vielversprechende Schulentwicklungsstrategie zu sein (vgl. Berkemeyer et al., 2009). Insbesondere in Kombination mit einer evidenzbasierten Vorgehensweise bietet die Netzwerkarbeit adaptive und partizipative Möglichkeiten, bedarfsgerecht an den jeweiligen Entwicklungsinteressen und -wünschen der am Netzwerk beteiligten Einzelschulen zusammenzuarbeiten (vgl. van Ackeren, 2008).

5. Fazit

Das zentrale Ziel des Beitrags lag darin, eine theoretische und empirische Annäherung an das Thema *Schulen in herausfordernden Problemlagen* vorzunehmen. Um die divergente Ausgestaltung innerschulischer Prozessqualität an Schulen, die unter besonderen pädagogischen Herausforderungen arbeiten, zu skizzieren, wurde der Zugang einer Typologisierung von Schulen in herausfordernden Lagen gewählt. Auf dieser Grundlage wurde deutlich, dass bei ungünstigen wie auch günstigen Kontextbedingungen die innerschulische Gestaltungs- und Prozessqualität – also die eigenverantwortlichen pädagogischen Maßnahmen der Schule – für Unterschiede in der schulischen Ergebnisqualität sorgen. Je nach Ausrichtung und Klassifizierungsmerkmalen zeichneten die unterschiedlichen Schultypologien ein differenziertes Bild von Schulen in schwierigen Lagen: Wurden Schulen anhand von Kontextbedingungen und Ergebnisqualität typisiert, fiel beispielweise auf, dass es durchaus Schulen gibt, die trotz ungünstiger Standortbedingungen gute Ergebnisqualität erzielen. Erfolgte eine Schulsystematisierung über Schulentwicklungsarbeit und Gestaltungsqualität, wurde z.B. erkennbar, dass Schulen vorhanden sind, die intensive Bemühungen zur Schulentwicklung unternehmen, aber dennoch nur schwache Resultate erlangen.

Wie eine erfolgreiche Ausgestaltung der pädagogischen Prozessqualität aussehen kann, zeigte die Sichtung des nationalen und internationalen Forschungsstands zu Schulen in herausfordernden Problemlagen. Auch wenn – ähnlich wie die Befundlage – unterschiedliche Erklärungsansätze noch einmal verdeutlichten, dass verschiedene Ausgangspunkte für die Qualitätsverbesserung von Schulen in herausfordernden Problemlagen bestehen, liegen bereits erste erfolgreiche Strategien zur Initiierung und Implementation von Schulentwicklungsprozessen vor. Welche Strategien bereits vorhanden sind, wurde an dem Rahmenmodell von Chapman (2008) aufgezeigt. Neben der interschulischen Vernetzung von Schulen spielt dabei die evidenzbasierte Schulentwicklungsarbeit eine bedeutsame Rolle bei der Konzeptentwicklung, Zieldefinition und Maßnahmenumsetzung zur schulischen Qualitätsentwicklung.

Zusammenfassend kann demnach festgehalten werden, dass für Schulen in herausfordernden Problemlagen durchaus Möglichkeiten existieren, ihre Ergebnisqualität zu steigern. Dennoch zeigen Forschungsergebnisse, dass Lehrkräfte an diesen Schulen einen höheren Arbeitsaufwand leisten müssen, um erfolgreiche Resultate zu erzielen, da zunächst Kompensationsleistungen für Lerndefizite und fehlende Bildungsressourcen der Schülerinnen und Schüler zu erbringen sind. Die Betrachtung von Schulen in schwierigen Lagen aus Sicht unterschiedlicher Theorienangebote und des Forschungsstandes gibt erste Hinweise auf die Heterogenität der Gestaltungsoptionen für Schulen in herausforderndem Umfeld und lässt darauf schließen, dass Maßnahmen der schulischen Qualitätsentwicklung für solche Schulen einzelschulspezifisch zu konzipieren sind. Hieran zeigt sich zudem die Notwendigkeit außerschulischer Unterstützung sowie weiterer wissenschaftlicher Begleitforschung von Schulen in schwierigen Lagen auf dem Weg zur Verbesserung ihrer pädagogischen Ausgestaltung, um eine nachhaltige und erfolgreiche Gestaltungs- und Prozessqualität auf Schul- und Unterrichtsebene zu etablieren, die letztendlich Kapazitäten und Potenziale bietet, um auch die Ergebnisqualität zu verbessern.

Literatur

Ainscow, M., Muijs, D. & West, M. (2006). *Using collaboration as a strategy for improving schools in complex and challenging circumstances: What makes the difference?* Manchester: National College for School Leadership, University of Manchester.

Anderson, P. L. & Cotton, C. S. (2001). *Failing schools in Michigan: The Surprising Scale.* Lansing, MI: Anderson Economic Group.

Baumert, J. (1990). Schulleitung in der empirischen Forschung. In H. J. Rosenbusch & J. Wissinger (Hrsg.), *Schulleiter zwischen Administration und Innovation* (S. 52–97). Braunschweig: SL-Verlag.

Baumert, J., Trautwein, U. & Artelt, C. (2003). Schulumwelten – institutionelle Bedingungen des Lehrens und Lernens. In J. Baumert, C. Artelt, E. Klieme, M. Neubrand, M. Prenzel, U. Schiefele, W. Schneider, K.-J. Tillmann & M. Weiß (Hrsg.), *PISA 2000. Ein differenzierter Blick auf die Länder der Bundesrepublik Deutschland* (S. 261–331). Opladen: Leske + Budrich.

Baumert, J., Stanat, P. & Watermann, R. (2006). Schulstruktur und die Entstehung differenzieller Lern- und Entwicklungsmilieus. In J. Baumert, P. Stanat & R. Watermann (Hrsg.), *Herkunftsbedingte Disparitäten im Bildungswesen: Differentielle Bildungsprozesse und Probleme der Verteilungsgerechtigkeit. Vertiefende Analysen im Rahmen von PISA 2000* (S. 95–188). Wiesbaden: VS Verlag für Sozialwissenschaften.

Berkemeyer, N., Manitius, V., Müthing, K. & Bos, W. (2009). Ergebnisse nationaler und internationaler Forschung zu schulischen Innovationsnetzwerken. *Zeitschrift für Erziehungswissenschaft, 12* (4), 667–689.

Bonsen, M., Bos, W., Gröhlich, C. & Wendt, H. (2010). Der Index zur Erfassung der sozialen Komposition von Einzelschulen. In Bundesministerium für Bildung und Forschung (BMBF) (Hrsg.), *Zur Konstruktion von Sozialindizes. Ein Beitrag zur Analyse sozialräumlicher Benachteiligung von Schulen als Voraussetzung für qualitative Schulentwicklung* (Band 13, S. 15–30). Berlin: BMBF.

Bonsen, M., von der Gathen, J., Iglhaut, C. & Pfeiffer, H. (2002). *Die Wirksamkeit von Schulleitung. Empirische Annäherungen an ein Gesamtmodell schulischen Leitungshandelns.* Weinheim: Juventa.

Chapman, C. (2008). Towards a framework for school-to-school networking in challenging circumstances. *Educational Research, 50* (4), 403–420.

Chapman, C. & Harris, A. (2004). Improving schools in difficult and challenging contexts: strategies for improvement. *Educational Research, 46* (3), 219–228.

Creemers, B., Scheerens, J. & Reynolds, D. (2000). Theory Development in School Effectiveness Research. In C. Teddlie & D. Reynolds (Eds.), *The International Handbook of School Effectiveness Research* (pp. 283–298). London: Falmer Press.

Ditton, H. (2013). Kontexteffekte und Bildungsungleichheit: Mechanismen und Erklärungsmuster. In R. Becker & A. Schulze (Hrsg.), *Bildungskontexte. Strukturelle Voraussetzungen und Ursachen ungleicher Bildungschancen* (S. 239–267).Wiesbaden: Springer VS.

Fend, H. (1986). „Gute Schulen – schlechte Schulen". Die einzelne Schule als pädagogische Handlungseinheit. *Die Deutsche Schule, 78* (3), 275–293.

Fend, H. (1998). *Qualität im Bildungswesen. Schulforschung zu Systembedingungen, Schulprofilen und Lehrerleistung.* Weinheim: Juventa.

Hallinger, P. & Heck, R. H. (1998). Exploring the Principal's Contribution to School Effectiveness: 1980–1995. *School Effectiveness and School Improvement, 9* (2), 157–191.

Harris, A. (2002). *Effective Leadership in Schools Facing Challenging Circumstances.* Nottingham: National College for School Leadership.

Harris, A. & Chapman, C. (2004). Improving schools in difficult contexts: Towards a differentiated approach. *British Journal of Educational Studies, 52* (4), 417–431.

Harris, A., Chapman, C., Muijs, D., Russ, J. & Stoll, L. (2006). Improving Schools in Challenging Contexts: Exploring the possible. *School Improvement and School Effectiveness, 17* (4), 409–424.

Holtappels, H. G. (2002). *Die Halbtagsgrundschule – Lernkultur und Innovation in Hamburger Grundschulen.* Weinheim: Juventa.

Holtappels, H. G. (2003). *Schulqualität durch Schulentwicklung und Evaluation. Konzepte, Forschungsbefunde, Instrumente.* München: Luchterhand.

Holtappels, H. G. (2007). Qualität von Schule. *Pädagogische Rundschau, 61* (5), 507–525.

Holtappels, H. G. (2008). Failing Schools – Systematisierung von Schultypologien und empirischer Forschungsstand Qualität von Schule. *Journal für Schulentwicklung, 12* (1), 10–19.

Holtappels, H. G. (2012). Typologien über das Scheitern von Schulen. *SchulVerwaltung spezial, 14* (2), 14–16.

Holtappels, H. G. (2013). Schulentwicklung und Lehrerkooperation. In N. McElvany & H. G. Holtappels (Hrsg.), *Empirische Bildungsforschung. Theorien, Methoden, Befunde und Perspektiven. Festschrift für Wilfried Bos* (S. 35–61). Münster: Waxmann.

Holtappels, H. G. & Voss, A. (2006). Organisationskultur und Lernkultur – Über den Zusammenhang von Schulorganisation und Unterrichtsgestaltung am Beispiel selbstständiger Schulen. In W. Bos, H. G. Holtappels, H. Pfeiffer, H.-G. Rolff & R. Schulz-Zander (Hrsg.), *Jahrbuch der Schulentwicklung. Daten, Beispiele und Perspektiven* (Band 14, S. 247–275). Weinheim: Juventa.

Hopkins, D., Harris, A. & Jackson, D. (1997). Understanding the school's capacity for development. Growth states and strategies. *School Leadership & Management, 17* (3), 401–411

Huber, S. G. & Muijs, D. (2012). Die Dynamik des Scheiterns. *SchulVerwaltung, Zeitschrift für Schulleitung und Schulaufsicht, 14* (2), 7–9.

Mintrop, H. (2002, April). *The Limits of Sanctions in So Called Failing Schools: A Study of Maryland and Kentucky Schools on Probation.* Paper presented at the Annual Meeting of the American Educational Research Association, New Orleans, LA.

Mortimore, P., Sammons, P., Ecob, R. & Stoll, L. (1988). *School matters. The junior years.* Salisbury: Open Books.

Muijs, D., Harris, A., Chapman, C., Stoll, L. & Russ, J. (2004). Improving Schools in Socioeconomically Disadvantaged Areas – A Review of Research Evidence. *School Effectiveness and School Improvement, 15* (2), 149–175.

Nichols, S. L. & Berliner, D. C. (2007). *Collateral damage. How high-stakes testing corrupts America's schools.* Cambridge, MA: Harvard Education Press.

Nicolaidou, M. & Ainscow, M. (2005). Understanding Failing Schools: Perspectives from the Inside. *School Effectiveness and School Improvement, 16* (3), 229–248.

Purkey, St. C. & Smith, M. S. (1983). Effective Schools: A Review. *The Elementary School Journal, 83* (4), 427–453.

Racherbäumer, K., Funke, C. & van Ackeren, I. (2013a). Forschungsfeld „Schulen in schwieriger Lage". Erste Befunde eines Projekts in der Metropole Ruhr. *SchulVerwaltung NRW, 24* (1), 24–26.

Racherbäumer, K., Funke, C., van Ackeren, I. & Clausen, M. (2013b). Schuleffektivitätsforschung und die Frage nach guten Schulen in schwierigen Kontexten. In R. Becker & A. Schulze (Hrsg.), *Bildungskontexte. Strukturelle Voraussetzungen und Ursachen ungleicher Bildungschancen* (S. 239–267).Wiesbaden: Springer VS.

Reynolds, D., Hopkins, D., Potter, D. & Chapman, C. (2001). *School Improvement for Schools Facing Challenging Circumstances: A Review of Research and Practice.* London: Department for Education and Skills.

Rutter, M., Maughan, B., Mortimer, P. & Ouston, J. (1979). *Fifteen Thousand Hours.* London: Open Books.

Sammons, P., Hillmann, J. & Mortimore, P. (1995). *Key characteristics of effective schools: A review of school effectiveness research.* London: OFSTED.

Senkbeil, M. (2005). Schulmerkmale und Schultypen im Vergleich der Länder. In PISA-Konsortium Deutschland (Hrsg.), *PISA 2003. Der zweite Vergleich der Länder in Deutschland – Was wissen und können Jugendliche?* (S. 299–321). Münster: Waxmann.

Stoll, L. & Fink, D. (1998). The Cruising School: The Unidentified Ineffective School. In L. Stoll & K. Myers (Hrsg.), *No quick fixes. Perspectives on schools in difficulty* (S. 189–206). London: Falmer Press.

Stoll, L. & Myers, K. (1998). *No quick fixes. Perspectives on schools in difficulty*. London: Falmer Press.

Stufflebeam, D. L. (1972). Evaluation als Entscheidungshilfe. In Ch. Wulf (Hrsg.), *Evaluation. Beschreibung und Bewertung von Unterricht, Curricula und Schulversuchen.* (S. 113–145). München: Piper.

Teddlie, C. & Reynolds, D. (2006). *The international handbook of school effectiveness research*. London: Falmer Press.

Teddlie, C., Stringfield, S. & Reynolds, D. (2000). Context issues within school effectiveness research. In C. Teddlie & D. Reynolds (Hrsg.), *The international handbook of school effectiveness research* (S. 160–185). London: Falmer Press.

van Ackeren, I. (2008). Schulentwicklung in benachteiligten Regionen. Eine exemplarische Bestandsaufnahme von Forschungsbefunden und Steuerungsstrategien. In W. Lohfeld & F. Hamburger (Hrsg.), *Gute Schulen in schlechter Gesellschaft* (S. 47–58). Wiesbaden: Verlag für Sozialwissenschaften.

van de Grift, W. & Houtveen, A. A. M. (1999). Educational leadership and pupil achievement in primary education. *School Effectiveness and School Improvement, 10* (4), 373–389.

van de Grift, W. J. C. M. & Houtveen, A. A. M. (2006). Underperformance in Primary Schools. *School Effectiveness and School Improvement, 17* (3), 255–273.

Stephan Gerhard Huber

Besonders belastete Schulen: Merkmale, Dynamiken und Entwicklungsmöglichkeiten

Ein internationaler Überblick

In den letzten Jahren hat das Interesse an Fragen nach gelinger Schulentwicklung für besonders belastete Schulen deutlich zugenommen. International gab es diverse Initiativen, v.a. nach der Einführung von an Bildungsstandards orientierten Bildungsmonitoring- bzw. Qualitätsmanagementsystemen auf System- und Organisationsebene. Schulen, die nicht den Erwartungen entsprechen bzw. im Benchmarking schlechter abschneiden, werden aufgrund dieser Diagnose-Zugänge (z.B. durch die externe Evaluation der Schulinspektion) sichtbar. Fragen der Intervention zu Verbesserungen drängen sich in den Vordergrund der Diskussion. Nach diversen Projekten der Schulentwicklung von besonders belasteten Schulen liegen erste Erkenntnisse vor. Auch im deutschsprachigen Raum kommt das Thema zunehmend auf die Tagesordnung. Bisher haben sich einige wenige Bundesländer dieses Themas angenommen und entwickelten im Rahmen von Projekten Unterstützungsmaßnahmen. Neben Berlin sind dies zum Beispiel noch die Stadtstaaten Hamburg und Bremen (vgl. die weiteren Artikel in diesem Band). Der Bedarf nach einer gelingenden Qualitätsentwicklung in diesen Schulen stellt sich aber auch in anderen deutschen Bundesländern und im deutschsprachigen Ausland wie in Österreich, Liechtenstein und der Schweiz. So hat sich beispielsweise in der Schweiz die Kantonale Kadervereinigung der deutsch- und mehrsprachigen Kantone 2009 dem Thema im Rahmen eines Sommersymposiums gewidmet. Dass das Thema „Schulentwicklung in belasteter Lage" auch auf Systemebene zu verorten ist und nicht nur die Organisationsebene betrifft, wird v.a. aufgrund der Befunde der bisherigen Forschungs- und Evaluationsprojekte deutlich und zeigt sich auch daran, dass sich die Schulverwaltung bzw. die Schulaufsicht als zentrale Akteure im Schulsystem diesem Themenkomplex zunehmend zuwenden. 2012 ist eine Ausgabe der SchulVerwaltung spezial zum Thema „Failing Schools – besonders belastete Schulen" mit Beiträgen vieler Experten erschienen (vgl. Huber, 2012).

Mit Blick auf die internationale Diskussion sind gerade in den USA (z.B. No Child Left Behind Act, 2002) und England „Failing Schools" und die Diskussion um den gelingenden „Turnaround" ein öffentliches Thema geworden und Gegenstand bildungspolitischer Interventionen. Dort ist das Interesse an nicht wirksamen, ineffektiven Schulen, deren Schülerinnen und Schüler als nicht erfolgreich gelten, stark gestiegen. Eine spezielle Teilgruppe von ineffektiven Schulen, „Failing Schools" genannt, steht dabei im Mittelpunkt. „Failing Schools" sind kein Einzelfall, der Handlungsbedarf ist offensichtlich. Die Unzufriedenheit in dysfunktionalen Schulen wird auch von Lehrkräften thematisiert, denn natürlich leiden auch sie darunter.

Der Terminus „Failing Schools" hat sich in den letzten Jahren international etabliert. Je nach Land wird er unterschiedlich definiert. Weitere Begrifflichkeiten im internationalen Diskurs sind: „schools in need of improvement", „underperforming schools" bzw. „low-performing schools", „schools in decline", „troubled schools" oder einfach „ineffective schools" (vgl. Murphy & Meyers, 2008).

Ebenfalls in den letzten Jahren etabliert hat sich der Terminus „School Turnaround", der aus anderen Handlungsfeldern übernommen wurde, v.a. aus dem wirtschaftlichen Kontext, wo es um radikale Organisationsveränderungen geht.

Doch wie ist nun solchen „Failing Schools" zu helfen, welche Entwicklungsmaßnahmen vermögen es, sie aus der Schieflage zu befreien? Mittlerweile wissen wir: Mit den bisherigen Unterstützungsangeboten der Schulentwicklung ist nicht zwingend den Schulen geholfen, die meist nicht in der Lage sind, entsprechende Angebote zu erkennen und für ihre eigene Entwicklung zu nutzen, weil ihnen zum Beispiel die erforderliche Handlungskompetenz fehlt. Zudem liegen für solche Schulen geeignete zielorientierte und ressourcenschonende Angebote in den Schulsystemen womöglich gar nicht in adäquater Form vor. Vor diesem Hintergrund erscheint es außerordentlich wichtig, Erkenntnisse aus vorhandenen Projekten und ihrer Erforschung zusammenzustellen und Wissen für die Schulentwicklungsarbeit mit besonders belasteten Schulen zu erarbeiten. Dies ist auch wichtig, da aufgrund unterschiedlicher Systembedingungen und Kulturen nicht unbedingt Erkenntnisse aus dem Ausland auf die spezifische Situation in den deutschen Bundesländern übertragbar sind. Andererseits sind die Erfahrungen besonders im Ausland sehr aufschlussreich und bieten Anlass, auf den jeweiligen Systemkontext Projekte zu adaptieren.

Vor diesem Hintergrund wird in diesem Artikel vor allem der Stand der internationalen Forschung zu besonders belasteten Schulen vorgestellt, Merkmale dysfunktionaler Schulsituationen zusammengefasst, die Dynamik des Scheiterns beschrieben sowie Schulentwicklungsstrategien für „Failing Schools" skizziert.

1. Funktionale/dysfunktionale Schulsituationen: Merkmalskompilationen und vergleichende Betrachtung

1.1 Was zeichnet gute Schulen aus?

Seit den 1970er Jahren gibt es Forschung zur Wirksamkeit von Schule. Schulen können einen erheblichen Einfluss auf die Schülerleistungen und den Schulerfolg haben. Schulbezogene Faktoren erklären etwa 10 bis 40% der Varianz der Schülerleistungen. Die Schulwirksamkeitsforschung hat zudem herausgefunden, was erfolgreiche Schulen gemeinsam auszeichnet, und Merkmalskompilationen zusammengestellt.

Als gut identifizierte Schulen (Huber, 1999, 2011) zeichnen sich gemäß einer bereits Mitte der 1990er Jahre erstellten Metastudie z.B. durch folgende zentrale Merkmale aus (Sammons et al., 1995):

- professionelles Schulleitungshandeln (entschieden und zielorientiert, Mitbeteiligung anderer an Leitungsaufgaben, echtes Delegieren von Führungsverantwortlichkeiten, engagiertes Interesse für und Wissen um das, was im Unterricht geschieht usw.)
- Zusammengehörigkeitsgefühl und gemeinsam getragene Zielvorstellungen im Kollegium bzw. der gesamten Schule (Grundkonsens über Zielbestimmungen, Konsistenz im schulischen Handeln, Kollegialität und Zusammenarbeit)
- förderliche Lernumgebung (günstige Atmosphäre, attraktives Arbeitsumfeld)
- Betonung von Erziehung und Unterricht, von Lehr- und Lernprozessen (maximale Nutzung der Unterrichts- und Lernzeit, Lern- und Leistungsorientierung)
- zielorientierter Unterricht (effiziente Unterrichtsorganisation, klare Unterrichtsziele, strukturierte Unterrichtsstunden, an den Bedürfnissen der Schülerinnen und Schüler orientierter Unterricht)
- hohe Erwartungen (insgesamt hohe Erwartungen an die Schülerinnen und Schüler, Verbalisieren und Kommunizieren dieser Erwartungen, Darbieten intellektueller Herausforderungen)
- positive Verstärkung (transparente und gerechte Durchsetzung von Disziplin, Rückmeldungen)
- Überprüfen der Lernfortschritte (Überprüfen der Schülerleistungen, Evaluation der gesamten Schule)
- ausgeprägte Rechte und Verantwortlichkeiten der Schülerinnen und Schüler (Stärkung des Selbstbewusstseins der Schülerinnen und Schüler, Abgabe von Verantwortung an die Schülerinnen und Schüler, Fördern von eigenverantwortlichem Lernen)
- partnerschaftliches Verhältnis zwischen Schule und Elternschaft (Mitbeteiligung der Eltern am Lernen ihrer Kinder)
- Schule als lernende Organisation (schulinterne Lehrerfortbildung etc.)

Wichtig ist anzumerken, dass diese Faktoren nicht isoliert voneinander zu betrachten sind. So weisen nahezu alle Autoren solcher Studien darauf hin, dass die einzelnen Merkmale in vielfältigen Beziehungen zueinander stehen und miteinander verknüpft sind. Auch bereits Rutter et al. (1979) halten für den Einfluss des Organisationsindividuums Schule weniger die Einzelfaktoren für verantwortlich, sondern den kumulativen Effekt aus dem Zusammenwirken der verschiedenen Aspekte in der Schulsituation. Dies nennt Rutter „Schulethos“. Gemeint ist damit eine für die jeweilige Schule insgesamt charakteristische Grundstruktur bestimmter Wertorientierungen, Einstellungen und Verhaltensmuster, in welche die einzelnen Schlüsselfaktoren für die Wirksamkeit einer Schule verwoben sind. Im aktuellen wissenschaftlichen Diskurs spielt der Begriff „Schulkultur“ (School Culture) eine entsprechende Rolle.

Trifft es auf besonders belastete Schulen ebenfalls zu, dass nicht Einzelfaktoren ausschlaggebend sind, sondern ein Zusammenspiel von mehreren Wirkfaktoren? Und können die beschriebenen Erfolgsfaktoren guter Schulen, in ihr Gegenteil verkehrt, tatsächlich die Merkmale belasteter Schulen abbilden? Nachfolgend soll diesbezüglich herausgestellt werden, was – empirisch fundiert – die Merkmale weniger erfolgreicher Schulen sind.

1.2 Was zeichnet „schlechte" Schulen aus?

Sowohl in bildungspolitischer Diskussion als auch in Forschungsbemühungen wurde für lange Zeit wenig beachtet, was „nicht wirksame", ineffektive oder „schlechte" Schulen kennzeichnet. Nach Reynolds (1995) wurden die Charakteristika wirksamer Schulen immer automatisch auf nicht wirksame projiziert in der Annahme, dass das entscheidende Charakteristikum der nicht wirksamen Schulen eben das Fehlen der Faktoren sei, die mit Wirksamkeit assoziiert sind. Nicht beachtet wurde die Möglichkeit, dass nicht wirksame Schulen eben spezifische eigene Merkmale haben könnten, die in wirksamen womöglich nicht vorkommen. Die spezifischen Charakteristika solcher Schulen, die sie in gewisser Weise einzigartig in der Bildungslandschaft machen, standen sehr selten im Mittelpunkt des Interesses (Hopkins et al., 1997; Clarke, 2004).

Aufgrund des Mangels an spezifischen „Ineffectiveness"-Studien, insbesondere in Form von aussagekräftigen Fallstudien mit aufschlussreichen Aussagen über mögliche Ursache-Wirkungs-Zusammenhänge, bleibt der Kenntnisstand unbefriedigend (Teddlie & Reynolds, 2000). Ein fruchtbarer Schulentwicklungsansatz für eben diese Schulen ist auf diese Weise aber kaum möglich.

Aufgrund des Defizits empirischer Grundlagen gelangten Bildungsadministrationen zu eigenen normativen Setzungen, was Charakteristika des „Failing" sind. In Großbritannien werden Schulen als „Failing Schools" bezeichnet, die in landesweiten Tests oder Abschlussprüfungen keine annehmbaren Leistungsniveaus erreicht haben. Dort kann auch die offizielle Schulinspektion Schulen als „failing" beurteilen auf der Basis einer Inspektion, die vier Hauptkomponenten, fokussiert:

- die Bildungsstandards, die in der Schule erreicht werden,
- die Unterrichtsqualität in der Schule,
- die Effizienz des Umgangs mit dem Budget,
- die spirituelle, moralische und kulturelle Entwicklung in der Schule (so lauten die Termini in der direkten Übersetzung aus dem Englischen).

Aus der Wirksamkeitsperspektive beschreiben Potter et al. (2002) „Failing Schools" in Begrifflichkeiten einer psychologischen Dysfunktion: Sie seien charakterisiert durch dysfunktionale Beziehungen der in ihnen Arbeitenden und einen Mangel an realistischer Wahrnehmung der Situation, einen Mangel an interner Kompetenz, die Verhältnisse zu verbessern und oft auch ein schlechtes Verhältnis zwischen der Schulleitung und dem Kollegium. Es gibt häufig Cliquen, und in Fällen, in denen die Schulen in Fachschaften („departments") organisiert sind, arbeiten diese häufig isoliert voneinander. Ansätze zu gutem Unterricht werden innerhalb der Schule nicht kommuniziert und bleiben isoliert (Hargreaves, 1994; Fink, 1999). Zu beobachten sind überall geringe Erwartungen an die Leistungsfähigkeit der Schülerinnen und Schüler, und das Kollegium fühlt sich häufig von der Schulleitung und der Schulverwaltung wenig unterstützt.

Es gibt in diesen Schulen eine eher geringe Führungskompetenz der Schulleitung (Hopkins et al., 1997; Murphy & Meyers, 2007) und wenig Führungskompetenz in der Organisation insgesamt sowie einen Mangel an effektiven Organisationsstrukturen. Oft herrscht nur auf Kurzfristigkeit ausgelegtes Verhaltensmanagement vor, das naheliegende Ziele berücksichtigt, sich aber weniger auf das Kerngeschäft Lehren und Lernen konzentriert. Besonders problematisch, was Schulentwicklung betrifft, ist die Tatsache, dass solche Schulen aufgrund ihrer vielfältigen Probleme nur wenige langzeitorientierte und regelmäßige Entwicklungsprogramme durchhalten und dass diese häufig als Fehlschlag enden (Potter et al., 2002). Anzunehmen ist, dass solche Schulen wesentlich grundlegenderer Maßnahmen zur Weiterentwicklung und Verbesserung bedürfen.

Stringfield (1998) beschreibt ineffektive Schulen aufgrund seiner Studie mit Merkmalen auf drei Ebenen:

Schülerebene
- mangelnde Konzentration auf die Lernfächer
- Lehrkräfte arbeiten isoliert
- Unterricht in den Lernfächern beginnt im Schuljahr erst spät und endet früh
- mangelnde Koordinierung zwischen den Lehrkräften bei der Verwendung von Lehrbüchern
- bürokratische Führung, nicht lehrplan- oder unterrichtsorientiert
- wenig Schülerbeurteilungen durch Lehrkräfte
- keine öffentliche Auszeichnung für hervorragende Schülerleistungen in Lernfächern
- finanzielle Schwierigkeiten
- zu geringe Benutzung der Bibliothek

Klassenebene
- gemächliches Arbeitstempo
- minimale Planung
- wenig interaktiver Unterricht
- Teile des vorgegebenen Lehrstoffs werden im Unterricht nicht behandelt
- mangelnde Anreize zum Lernen

Schulebene
- wenig Zeit für Aufgaben
- geringe Möglichkeiten, Kenntnisse in den Lernfächern zu vertiefen

- Klassen werden erlebt als „intellektuelle Anarchie“ (Mangel an Struktur)
- passives Verhalten der Schulleitung bei der Einstellung von Lehrkräften

Auch Altrichter et al. (2008) beschreiben ineffektive Schulen mit Merkmalen auf drei Ebenen:

Schülerebene
- schwache Leistung bzw. Leistungsentwicklung der Schülerinnen und Schüler
- erhöhtes Ausmaß von Disziplinproblemen
- hohe Absentismusquote

Klassenebene
- kurzfristige Unterrichtsplanung („Schwellenpädagogik“)
- Schwierigkeit bei der Vermittlung des Stoffumfanges
- weniger interaktive Lehrformen und anregende Aufgaben
- seltenere Überprüfung der Leistung der Schülerinnen und Schüler (und deren Fortschritte)
- geringe Erwartung der Lehrpersonen an die Leistung der Schülerinnen und Schüler
- seltener effektive Klassenführung
- geringere Lernzeiten
- geringe Zusammenarbeit unter den Lehrpersonen

Schulebene
- Fehlen gemeinsamer Visionen
- schwache Führung und schwaches Management
- unproduktive Schulkultur (geringe Innovationsbereitschaft, keine Offenheit, Festhalten am Status quo, Betonung der Autonomie der Lehrpersonen, Externalisierung von Verantwortung, Misstrauen)
- Konflikte im Kollegium – negative Beziehungskultur
- Isolation

Murphy und Meyers (2008) führen folgende Merkmale auf zwei Ebenen an:

Externe Ursachen (Standort)
- städtisches Setting
- soziale Minderheiten / sozialer Brennpunkt
- niedriger sozioökonomischer Status der Familie
- politische Gemeinde

Interne Ursachen (Schule)
- schlechte Qualität von Unterricht
- mangelnde Unterrichtskompetenzen der Lehrkräfte
- mangelnde Lehrerversorgung
- Übernahme von Unterrichtsstunden durch fachfremde Lehrkräfte

- starke Lehrerfluktuation
- unprofessionelles Schulleitungshandeln
- schlechte Ausstattung
- mangelnde Ressourcen
- schlechtes Arbeitsklima
- mangelnde Arbeitsmotivation im Kollegium
- mangelnde Arbeitsplanung, fehlende Struktur(ierung)

Diese Faktoren lassen sich ebenso verankern in gängigen Qualitätsrahmen, die dem Qualitätsmodell von Cronbach ähneln bzw. sich daran orientieren (vgl. Abbildung 1). So können Faktoren auch gemäss der Logik von Input, Throughput und Output dargestellt werden. Diese Modelle erlauben, verschiedene Faktoren zu identifizieren sowie in der Qualitätsüberprüfung deren Ausprägungen zu ermitteln. Die Diskussion um Faktoren, die gute Schulen gemeinsam haben, wie die Diskussion um die Faktoren, die „Failing Schools" gemeinsam haben, sind somit anschlussfähig in der aktuellen Diskussion von Verwaltung/Aufsicht, Praxis und Wissenschaft.

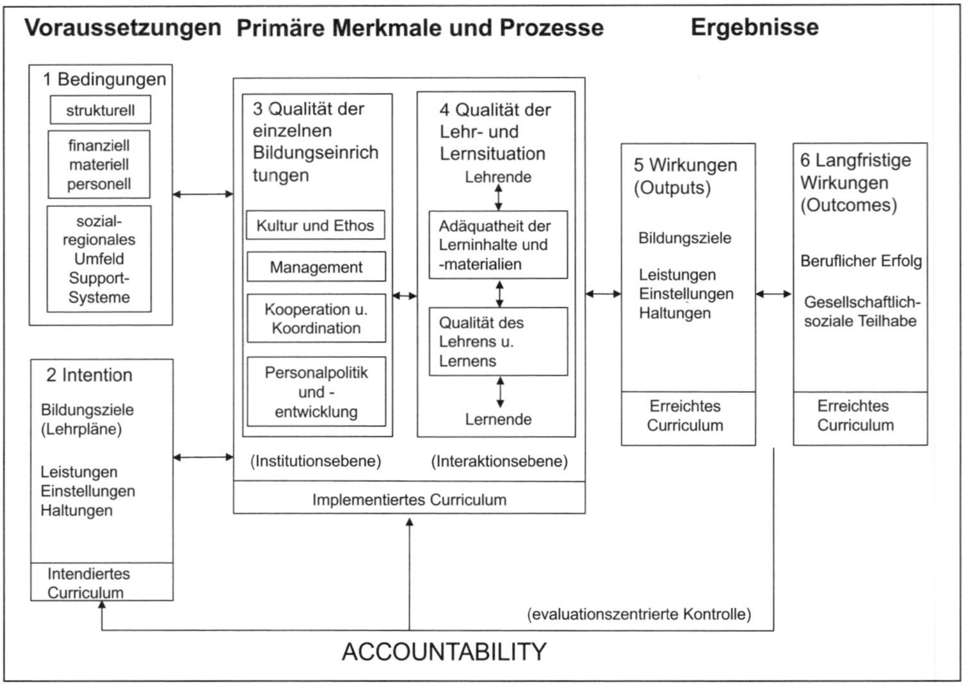

Abbildung 1: Qualitätsmodell (Cronbach, 1972, zit. in Ditton, 2002)

Mit den oben genannten Befunden zeigt sich auch, dass besonders belastete Schulen nicht einfach nur eine Negativfolie der erfolgreichen Schulen sind, sondern für sie eigene Merkmalskompilationen gelten. Es ist andererseits – ähnlich zu den erfolgreichen Schulen – davon auszugehen, dass das Zusammenspiel dieser Merkmale ausschlaggebend ist und nicht ein Faktor alleine. Dysfunktionale Schulsituationen entstehen nicht von einem auf den anderen Tag. Es ist ein komplexes Zusammenspiel von dysfunktionalen Beziehungen der an der Schule arbeitenden Personen, ein Mangel an realistischer Wahrnehmung der Situation, ein Mangel an interner Kompetenz, die Verhältnisse zu verbessern, ein ungünstiges Verhältnis zwischen Schulleitung und Kollegium usw., das ein „Failing" charakterisiert. Der Zusammenhang zwischen Merkmalen auf Schulebene mit Merkmalen des Unterrichts wie dann auch mit Merkmalen des Lernens ist offensichtlich.

2. Warum werden Schulen zu „Failing Schools", wie lässt sich die Dynamik des Scheiterns beschreiben?

Wird ein beginnendes „Failing" von Schulleitung und Schulaufsicht nicht erkannt, geraten Schulen immer mehr in eine Schieflage, die sie aus eigener Kraft kaum mehr verlassen können, so dass von einer sich selbst verstärkenden Dynamik des Scheiterns auszugehen ist. Aus einzelnen ungünstigen Faktoren kann ein regelrechter Teufelskreis entstehen. Die als weniger wirksam angesehenen Schulen sind so meist – zumindest zeitweise – in einer Abwärtsspirale gefangen, aus der sie sich zumeist ohne fremde Hilfe und gezielte Maßnahmen der fokussierten Qualitätsentwicklung nicht mehr befreien können.

Der Prozess des „Failing" ist zweifellos komplex und die Faktoren der Dynamik sind vermutlich ganz verschiedenartig. Darunter sind folgende, die international diskutiert werden:

Wenig kompetente Schulleitung

Geringe Kompetenzen der Schulleitung sind oft Kennzeichen der Problemlage einer „Failing School". Die Schulleitung kommt mit der Lage schlecht zurecht, passt nicht gut zur Schule, das Verhältnis zwischen ihr und dem Kollegium ist dysfunktional, es fehlen Ziele, Strategien, es gibt kaum Strukturen und geregelte Prozesse (Harris & Chapman, 2002).

Kaum Zusammenarbeit im Kollegium

In nicht erfolgreichen Schulen findet man häufig viele Cliquen im Kollegium. Ansätze zu gutem Unterricht werden innerhalb der Schule nicht kommuniziert. Die Lehrkräfte arbeiten isoliert voneinander. Es gibt wenig Führungskompetenz quer durch die Organisation und einen Mangel an effektiven Organisationsstrukturen (Hargreaves, 2004).

Defizite in Klassenmanagement und Unterricht

Altrichter und Moosbrugger (2011) nennen verschiedene Merkmale des Lehrerhandelns auf Klassenebene als Indikatoren problematischer Schulen: eine kurzfristige Planung des Unterrichts, Schwierigkeiten, den vorgeschriebenen Stoffumfang abzudecken, wenig interaktive Lernformen, wenig anregende Aufgaben, das weitgehende Fehlen einer systematischen Analyse der Schülerleistungen und -fortschritte, das Hinnehmen des niedrigen Leistungsniveaus sowie niedrige Erwartungshaltungen und wenig Bemühen um den Aufbau einer professionellen Wissensbasis (S. 9). Darüber hinaus setzen die Lehrkräfte seltener effektive Strategien für Klassenmanagement und Instruktion ein und die effektive Lernzeit der Schülerinnen und Schüler ist geringer (ebd.).

Fluktuation im Kollegium und Schwierigkeiten, gute Lehrkräfte zu akquirieren
Die besonderen Belastungen der Arbeit in solchen Schulen führen zu höherer Fluktuation im Kollegium, was eine kontinuierliche pädagogische Arbeit erschwert. Besonders in Ländern, in denen sich die Lehrkräfte direkt bei den Schulen bewerben, wie z.B. in England, haben Schulen in benachteiligten Gegenden größere Schwierigkeiten, qualifizierte Lehrkräfte zu gewinnen als Schulen in Mittelklasseumgebungen. Aber wir finden auch in andern Ländern Schulsituationen, die weniger attraktiv sind.

Fluktuation bei den Schülerinnen und Schülern
Neben der Fluktuation der Lehrkräfte ist die Mobilität der Schülerinnen und Schüler ein Problem. Oft leben in den so genannten problematischen Wohnumfeldern viele Menschen mit Migrationshintergrund, Asylsuchende und Immigranten, was zu einer größeren demografischen Instabilität führt. Das bedeutet, dass Schülerinnen und Schüler dieser Gruppierungen relativ rasch wegziehen und dass die Schulen sie nur für vergleichsweise kurze Perioden unterrichten und dann sofort wieder neue Schülerpopulationen bekommen. Eine auf längerfristige schulische Erfolge angelegte Unterrichtsentwicklung ist damit deutlich erschwert.

Defizite an Kompetenzen der Schülerinnen und Schüler
Viele Schülerinnen und Schüler zeigen Defizite an grundlegenden schulischen Fertigkeiten, sie verfügen eher weniger über das in der Schule erwartete Vorwissen und über das notwendige Lern- und Arbeitsverhalten. Deutlich wird in den Berichten des britischen Office of Standards in Education (Ofsted), dass „Failing Schools" größere Schwierigkeiten haben auch im Hinblick auf das Verhalten der Schülerinnen und Schüler, auf ihre Absenzrate und ähnliches Fehlverhalten (Ofsted, 2004). Eltern dieser Schülerinnen und Schüler hatten vermutlich oft selbst keine guten Schulerfahrungen und ihre Wertschätzung für Bildung ist häufig gering. Die Motivation der Schülerinnen und Schüler ist entsprechend ebenfalls gering.

Schwierige Bedingungen im Elternhaus
Wenn „Failing Schools" in benachteiligten Gebieten liegen, gibt es zusätzlich größere soziale Probleme, was durch die erhöhte Arbeitslosigkeit, durch Gesundheitsdefizite, Unterernährung und eine ganze Reihe von Erziehungsproblemen in den Elternhäusern, oft auch durch eine geringe Kenntnis der Muttersprache Englisch (MacBeath & Stoll, 2004) bedingt ist.

Überforderung durch staatliche Maßnahmen
Schulen, die als „failing" bezeichnet werden, erfahren erheblich mehr staatliche Überwachung und Kontrolle und gut gemeinte Interventionen. Allerdings bereitet das paradoxerweise den Schulen oft noch zusätzlich Probleme, und zwar in Fällen, in

denen die Kompetenz der Schule, mit Veränderungen und Entwicklungen geschickt umzugehen, nicht sehr ausgeprägt ist und die Fülle an Maßnahmen, die da ergriffen werden sollte, die Schule schlicht überfordert und ihr Versagen eher noch bewusster macht.

Abwärtsspirale

In England ist es üblich, die Ergebnisse aller Schulen in landesweiten Tests oder auch bei der Schulinspektion zu veröffentlichen. Solche „League Tables" (landesweite Schulranglisten) und die aus deren Interpretation folgenden Konsequenzen sind für die Schule erheblich: Schulleitungen sowie Lehrkräfte richten ihren Blick auf die Platzierung ihrer Schule in diesem Ranking, welches regelmäßig in den führenden Tageszeitungen veröffentlicht wird. Für viele Eltern und Schülerinnen sowie Schüler ist der Rangplatz zumindest ein wichtiges Entscheidungskriterium für die Wahl der Schule. Während für eine erfolgreiche Schule eine positive Eigendynamik entstehen kann (nach dem Slogan „die Besseren werden noch besser"), sind die als weniger wirksam angesehenen Schulen in Gefahr, in eine Abwärtsspirale zu geraten: ungünstigere Reputation, Verschlechterung der Schulatmosphäre, abnehmende Identifikation der Schülerinnen und Schüler und Lehrerinnen und Lehrer mit ihrer Schule, sinkende Schülerzahlen, Kürzung der Ressourcen, Ausbleiben von Bewerbungen gut qualifizierter Lehrerinnen und Lehrer, schlechterer Unterricht, sinkende Schülerleistungen, schlechtere Resultate in den „League Tables". So können gute und „schlechte" Schulen immer weiter auseinanderdriften. Ein pädagogischer Alptraum, die Vision von in Qualitätsstufen gruppierten Schulen, ist bereits wahr geworden: Zu den gewohnten „Klassen in Schulen" kamen „Klassen von Schulen".

Kurzfristiges Denken und kurzfristige Planung

Durch die erhöhte Rechenschaftspflicht (z.B. durch externe Evaluation der Inspektion und veröffentlichte Evaluationsergebnisse) wird ein erhöhter Druck auf die Schulen ausgeübt, dies kann zu einer kurzfristigen Planung von Schulleitung und Schulaufsicht führen. Oberflächenthemen werden angegangen, aber wichtige Themen des Turnarounds, z.B. personalpolitische werden vermieden.

Aus all dem geht hervor, dass die Dynamik des Scheiterns einer Schule, ihr Weg zur „Failing School", ein komplexer Prozess ist, in dem zahlreiche Faktoren wie die ausgeführten, zusammenspielen.

Es ist auch deutlich, dass diese Faktoren bei Schulen mit einem benachteiligten Einzugsgebiet wahrscheinlicher sind, weil diese Schulen sich zusätzlichen Problemen gegenübersehen. Allerdings ist noch nicht erforscht, in welchem Ausmaß dieser Zusammenhang *benachteiligtes Umfeld – Versagen der Schule* tatsächlich auftritt. Da der Fokus der englischen Regierung stark auf „Failing Schools" in benachteiligten Gebieten lag, wurden „Failing Schools" in Mittelklasseumgebungen weitgehend unbeachtet gelassen und die Faktoren, die in diesen Kontexten zum Tragen kommen, nicht wirklich zur Kenntnis genommen. Hier zeigt sich ein dringendes Forschungsdesiderat:

Auch „Failing Schools", die in Wohngebieten mit durchaus bildungszugewandten Elternhäusern liegen, sollten untersucht werden.

Wichtig ist, Anzeichen, die auf Dysfunktionalität hindeuten, sehr früh zu erkennen und entsprechend gegenzusteuern. Die Bildung der nächsten Generation ist für das Gelingen von gesellschaftlichem Leben und die Sicherung des wirtschaftlichen Erfolgs eines Landes unabdingbar. „Rückrufaktionen", wie in der Industrie bei Produkten immer wieder der Fall (wenn auch kostenintensiv), sind bei Bildungseinrichtungen schlicht nicht möglich.

3. Welche Schulentwicklungsstrategien gibt es für „Failing Schools"?

Wie sind „Failing Schools" zu verbessern? Im Folgenden sollen hierzu Erfahrungen aus England und den USA berichtet werden.

Schulen unterscheiden sich, sind Organisationen, die sich hochgradig unterschiedlich ausdifferenzieren. Dass ihr Entwicklungsbedarf sehr verschieden ist und es die für alle gleich geeignete Schulverbesserungsmaßnahme bzw. die „Allheilmittel-Strategie", die allen „hilft", nicht gibt, erkannte Hopkins bereits Mitte der 1990er Jahre. In England regte er bereits in den 1990er Jahren eine Differenzierung der Schulentwicklungsstrategien je nach Entwicklungsstand der Schulen an (Hopkins, 1996). Erfahrungen wurden in einer Vielzahl von Programmen und Projekten gesammelt, so etwa „Improving the Quality of Education for All" (IQEA) (seit den 80er Jahren) oder dem „Improvement through Planning"-Ansatz (1994). Das Modell von Hopkins (1996) bietet eine Differenzierung der Schulentwicklungsstrategien, indem es einen Zusammenhang herstellt zwischen einer Klassifikation von Schulen nach ihrem individuellen Entwicklungsstand und verschiedenen Strategien für Schulverbesserung. Die Strategien werden eingeteilt nach Kriterien wie der Bandbreite und der Anzahl der angesetzten Prioritäten, dem jeweiligen Schwerpunkt (z.B. Lehrplan, Lehrmethoden, Schulorganisation), dem Einbeziehen von eher an der jeweiligen Schule gewonnenen Daten oder eher allgemeinen Forschungsergebnissen, dem Ausmaß externer Unterstützung, dem Niveau der erforderlichen schon vorhandenen Problemlöse- und Veränderungskompetenz der Schule etc. Hopkins geht davon aus, dass jede Schule ein auf ihren jeweiligen Entwicklungsstand zugeschnittenes „Paket" von Strategien benötigt. Dabei kann zum Beispiel von drei unterschiedlichen „Entwicklungszuständen" ausgegangen werden: So brauchen etwa nicht wirksame, „schlechte" Schulen ein hohes Ausmaß an Unterstützung von außen mit deutlichen, ja direktiven Vorgaben für eine klar begrenzte Auswahl von Verbesserungen an Curriculum und Unterrichtsmethoden (wie in dem Programm IBIS in England von David Hargreaves, 1990; oder dem „Schenley High School Programme" in Pittsburgh, vgl. Wallace et al., 1990). Demgegenüber werden durchschnittlich erfolgreiche Schulen mit weniger externer Hilfe auskommen. Sie werden ihre eigenen Veränderungskompetenzen mobilisieren können und ganz spezifische Aspekte des Unterrichts modifizieren müssen, um dazuzugewinnen (wie etwa im „Models of Teaching" Ansatz von Joyce et al., 1992; oder – mit noch mehr Eigeninitiative der Schule – in den britischen Projekten „Improving the Quality of Education for All“ (IQEA) von Ainscow, Hopkins und West; oder dem „Improvement through Planning“-Ansatz in England von Ofsted (1994).

Bereits wirksame, erfolgreiche Schulen wiederum benötigen, um ihre Qualität halten zu können, kaum mehr direkte Unterstützung von außen, sondern kreieren ihre eigenen internen Lern- und Entwicklungsarrangements etwa über den Aufbau von Netzwerken mit anderen Schulen und Universitäten (vgl. Projekte wie die „League of Professional Schools“, Glickman, 1990; oder die „Coalition of Essential Schools“, Sizer, 1992; vgl. auch Myers & Stoll, 1993).

Neben der Berücksichtigung unterschiedlicher Qualitätsstadien der Schulen kann zudem herausgestellt werden, dass Schulverbesserung Zeit benötigt. Im Rahmen dieses Prozesses werden Kompetenzen, Motivation, Ressourcen benötigt, die allerdings in „Failing Schools“ nicht mehr in adäquater Form vorhanden sind. Idealerweise werden folgende Entwicklungsschritte durchlaufen, in der Praxis jedoch nicht zwingend chronologisch (Huber, 2011; Huber et al., 2014): Ausgehend von einer Vision von erfolgreicher Schule bzw. von einem Leitbild oder von einer Bestandsaufnahme kommt es zur Erstellung eines Schulprogramms. Das Schulprogramm entsteht aufgrund einer doppelten Perspektive, nämlich einem Blick nach vorn sowie einer Bilanzierung vergangener und gegenwärtiger Bemühungen. Dann folgen drei sich überlappende Phasen:

- die Initiierung, das heißt das Vorstellen und Einbringen neuer Ideen und Methoden sowie das Werben um Akzeptanz und Engagement dafür,
- die Implementierung, also ihre Umsetzung,
- die Institutionalisierung, in der die Neuerungen integrierter Bestandteil der Normen, Strukturen und Arbeitsroutinen der Schule werden.

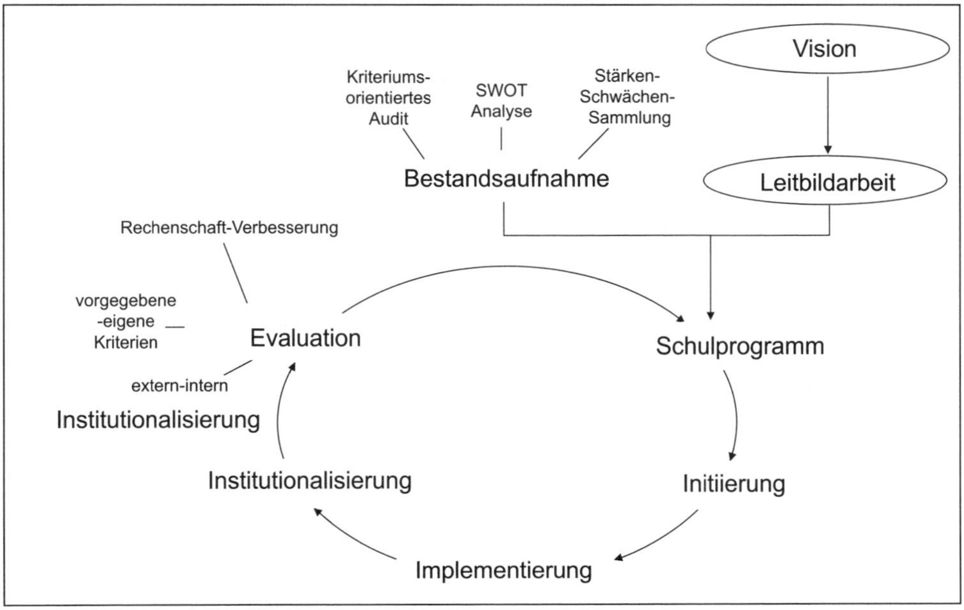

Abbildung 2: Idealtypischer Kreislauf des Qualitätsmanagements in Schule (Huber/Schneider; in Huber, 2011, S. 362)

Der Qualitätskreislauf schließt sich, wenn der Institutionalisierung eine Evaluation folgt, die Hinweise auf den Erfolg des Schulentwicklungsprozesses sowie auf die zu planenden nächsten Schritte gibt.

Wie nötig es ist, individuell in Bezug auf die jeweilige Schule vorzugehen, zeigt sich an den Maßnahmen im Umgang mit Failing Schools (vgl. Muijs et al., 2004). Demnach gibt es es keine Methode "von der Stange", die für alle „Failing Schools" zum Erfolg und zum „Turnaround" führt. Wie z.B. Nicolaidou und Ainscow (2005) gezeigt haben, ist jede dieser Schulen einzigartig in der Art ihrer Probleme und der Umstände, denen sie sich gegenübersieht. Die Fähigkeit zu Entwicklung und Veränderung differiert zudem von Schule zu Schule stark. Es gibt allerdings einige Strategien, die allgemein als hilfreich für viele Schulen bezeichnet werden können, hierauf soll nachfolgend unter Einbezug der internationalen Literaturlage eingegangen werden.

Rasche Intervention mit direkt erfahrbaren Erfolgen

Eine dieser Strategien ist, schnell zu intervenieren und dabei zunächst Faktoren zu fokussieren, die relativ leicht zu verändern sind. Die Intervention sollte rasch zu direkt und konkret erfahrbaren Resultaten führen (Hopkins et al., 1997). Das können in England z.B. Verbesserungen in Prüfungsergebnissen durch die Implementierung eines neuen schulspezifischen Curriculums sein, Veränderungen, was die räumliche Infrastruktur der Schule betrifft, z.B. auch ganz konkret größere Reinigungsaktionen oder neue Schuluniformen. All dies ist von außen deutlich wahrnehmbar und hat potenziell einen positiven Einfluss auf die Motivation. Welche Strategie nun im Einzelnen gewählt wird, hängt natürlich von den Bedingungen und auch der Kapazität der jeweiligen Schule ab.

Die Schulleitung stärken

Eine effektive Schulleitung gilt als Schlüsselfaktor für eine Verbesserung (Harris & Chapman, 2002; Murphy, 2009; OECD, 2012). Während in letzter Zeit kooperative Formen der Schulleitung, also „Distributed Leadership", insgesamt als effektiver und nachhaltiger angesehen werden, als wenn die Schulleitung alleine auf den Schultern einer individuellen Schulleiterin oder eines Schulleiters ruht, gibt es eine Reihe von Hinweisen, dass dies gerade für „Failing Schools" nicht unbedingt gelten mag. Vor allem in den Einstiegsphasen der Verbesserung scheint eine starke und eher direktive Führung von Seiten der Schulleitung notwendig, damit die Schule sich sozusagen „auf den Weg macht". Oft bedeutet das, dass eine neue Schulleitung etabliert wird, da die vorhandene sich als eher schwach oder ineffektiv erwiesen hatte (Hopkins et al., 1997). Allerdings scheint es wenig sinnvoll zu sein, eine erfolgreiche Schulleitung von einer anderen Schule zu „importieren", denn es kommt auf die Passung zwischen Leitung/Führung und Organisation an. Das wurde deutlich in dem relativ geringen Erfolg des „Super Heads"-Programms, in dem die britische Regierung Schulleitungen, die in bestimmten Schulen erfolgreich waren, anderen, weniger erfolgreichen Schulen zuteilte in der Hoffnung, dass diese dann genauso reüssieren würden (Dimmock & Walker, 2002).

Zu bedenken ist ferner, dass zwar zu Beginn des Entwicklungsprozesses eine starke Führungspersönlichkeit ein Schlüsselfaktor in der Verbesserung von „Failing Schools" sein mag, das bedeutet aber nicht, dass dies auch die beste Strategie über den gesamten Prozess hinweg bleibt. Vielmehr scheint es, dass nach den Anfangsschritten Schulleitung und -führung wesentlich stärker kooperativ angelegt sein sollten, damit die Entwicklung nachhaltig werden kann und die Kompetenz der gesamten Schule sich vergrößert (Chapman, 2005). In manchen Fällen macht dies sogar weitere Wechsel in der Führungsgruppe nötig, weil es durchaus schwierig sein kann für Schulleitung, ihren Stil von einem eher direktiven in Richtung auf einen stärker kooperativen, delegierenden zu verändern, nicht zuletzt aufgrund des Misstrauens, das dabei im Kollegium entstehen mag. Es ist ja an einen bestimmten Stil der Schulleitung gewöhnt und findet diesen Wechsel möglicherweise wenig authentisch und glaubhaft.

Für transparente Zielvorstellungen sorgen

Ein wichtiger Anteil der Arbeit der Schulleitung wird in den Einstiegsphasen in eine Verbesserung die Entwicklung dessen sein, was man in England „Shared Vision" nennt, nämlich eine mit dem Kollegium geteilte, transparente Vorstellung davon, wie und wohin die Entwicklung laufen soll, welche Zielsetzungen fokussiert werden sollen (Muijs et al., 2004). Eine Schwierigkeit mag dabei darin liegen, dass es durchaus ein gewisses Misstrauen von Seiten des Kollegiums geben mag, vor allem dann, wenn die frühere Schulleitung sehr beliebt war, was auch in „Failing Schools" durchaus der Fall sein mag (z.B. Nicolaidou & Ainscow, 2005). Erforderlich sind dann intensive Kommunikation, teambildende Aktivitäten und in einigen Fällen auch Wechsel im Kollegium, damit solch eine Zielvorstellung entstehen kann. Geachtet werden muss dann darauf, die Aktivitäten zu fokussieren und nicht in blinden Aktionismus zu verfallen und eine Reihe von eigentlich disparaten, sich womöglich gegenseitig blockierenden Aktivitäten zu lancieren.

Intensive Fortbildung initiieren

Ein Schulleitungswechsel allein ist natürlich keineswegs ausreichend. Das Kollegium muss sich intensiv fortbilden, um die notwendigen erzieherischen Kompetenzen auszubauen, und es muss mehr Verantwortung erhalten, um zu einer wirklichen Lerngemeinschaft zusammenzuwachsen (Hargreaves, 2004).

Das Curriculum revidieren

Wie oben erwähnt, laufen „Failing Schools" oft in die Falle, kurzfristig angelegtes Verhaltensmanagement zu betreiben, sich von Tag zu Tag hinüberzuretten zu Lasten eines klaren Fokus auf die Optimierung von Lehr-Lernprozessen. Oft ist das schulspezifische Curriculum schlecht an die Bedürfnisse der Schülerinnen und Schüler angepasst und in den Lehrprozessen gelingt es kaum, das Interesse der Lernenden zu stimulieren. Deshalb kann ein Fokus auf Lehr- und Lernprozesse nicht nur zu Verbesserungen in diesem Bereich führen, sondern tatsächlich das gesamte Schulleben positiv beeinflussen.

In der Vergangenheit waren Lehrplanänderungen in England schwer durchzusetzen aufgrund eines unflexibel handhabbaren nationalen Curriculums. In letzter Zeit jedoch haben die Schulen mehr Freiheit in Fragen der Curriculumsentwicklung erhalten. Dies führte in manchen Schulen zum Beispiel dazu, stärker berufsbezogene Bildungsinhalte einzubeziehen, die für die jeweiligen Schülerinnen und Schüler passender waren. Darüber hinaus könnte eine größere Flexibilität in Bezug auf die Lerninhalte, auch die der Kernfächer wie Englisch und Mathematik, auf jeden Fall bestimmten Schulen helfen, bessere Erfolge zu erzielen.

Lehr-Lernprozesse klar strukturieren

Wissenschaftliche Untersuchungen hatten zum Ergebnis (vgl. Hattie, 2009), dass Schülerinnen und Schüler aus benachteiligten Gegenden, verglichen mit Schülerinnen und Schülern aus Mittelklassegegenden und solchen mit einem hohen sozioökonomischen Hintergrund, mehr Struktur und mehr positive Verstärkung von Seiten der Lehrkraft brauchen und die Lerninhalte in kleineren Einheiten vermittelt bekommen müssen, denen jeweils ein sofortiges Feedback folgt. Diese Schülerinnen und Schüler benötigen gewöhnlich mehr direkte Instruktion und reagieren intensiver auf Belohnungen bzw. Verstärkungen von außen (Teddlie & Stringfield, 1993). Schülerinnen und Schüler aus benachteiligten Umgebungen scheinen zudem mehr von einem integrierten Curriculum im Hinblick auf Klassenstufen und Fächer zu profitieren. Die Lerninhalte an Erlebnisse des Alltags zu koppeln und die praktische Anwendung des Gelernten zu betonen, kann Demotivierung vermindern und eine gewisse Lernfreude fördern.

Nach Mortimore (1991) sollte effektives Lehren in diesen Schulen sehr stark lehrerzentriert sein und einen ausgeprägt praktischen Fokus haben, aber Unterforderung vermeiden. Wichtig ist, eine Konsistenz im Unterrichtsansatz herzustellen. Dies hat direkte Auswirkungen auf eine Verbesserung der Ergebnisse (Mortimore, 1991). Lehrerfortbildung, die den Fokus auf die Erweiterung der Lehrmethoden und der Kenntnisse über Lernvorgänge setzt, ist für solche Schulen äußerst hilfreich (z.B. Joyce et al., 1995). Diese Ansätze müssen maßgeschneidert sein für die individuelle Schule, denn die Stärken und Schwächen des Kollegiums differieren von Schule zu Schule erheblich.

Schulprogrammarbeit intensiv in den Blick nehmen

Murphy und Meyers (2008) beschreiben, wie eine sehr fokussierte Schulprogrammarbeit in Kombination mit externer Beratung und Begleitung und ggf. der Teilnahme an speziellen Modellvorhaben helfen, in „Failing Schools“ Schulentwicklung zu betreiben. Daneben beschreiben sie ähnlich zu der obigen Aufstellung die radikale Form der Schulschließung mit nachfolgender Neueröffnung, Lehrplanfokussierung, Methodenschulungen, Kooperationen mit anderen Schulen sowie mit anderen für die Schule hilfreichen Partnern im Schulumfeld, aber auch das Zurverfügungstellen von zusätzlichem Lehrpersonal als wichtige Ressource. Darüber hinaus werden weitere finanzielle Mittel zur Verfügung gestellt. Interessant scheinen alle Maßnahmen zu sein, die stark darauf abzielen, eine schnelle und spürbare Veränderung herbeizuführen. Manche könnten geradezu als symbolische Akte gesehen werden, andere, wie Personalaustausch, als drastische Eingriffe.

Ziele klar definieren

Zudem könnte man schlussfolgern, dass die Interventionsmaßnahmen sehr gut gemanagt werden müssen, systematisch aufeinander abgestimmte Maßnahmen müssen klar definierte Ziele verfolgen. Dies mag durchaus in kleineren Organisationseinheiten einfacher sein. Insgesamt geht es um die Arbeit an Strukturen und Prozessen, am Verhalten der Organisationsmitglieder sowie an den zweifelsohne komplexen weiteren Aspekten, die eine Kultur (hier: Schulkultur) ausmachen. Insofern ist es interessant zu sehen, welche Vorgehensweisen in den USA mit dem Stichwort „School Turnaround" gewählt werden.

Die Zusammenarbeit verstärken und Unterstützung von außen einholen

Als erfolgreich kann auch eine Strategie gelten, die auf verstärkte Zusammenarbeit verschiedener Schulen untereinander setzt. Insbesondere vier größere nationale Initiativen in England haben eine solche Zusammenarbeit angeregt: „Excellence in Cities", „The Leadership Incentive Grant", „Networked Learning Communities" und „School Federations". Diese Initiativen haben eine Fülle von Kooperationsarrangements angeregt, angefangen von Gruppen von Schulen, die freiwillig zusammenarbeiten, über Gruppen, die man durch finanzielle Mittel und Anreize dazu gebracht hat, zusammenzuarbeiten, bis hin zu wiederum anderen, die den direkten Auftrag zur Zusammenarbeit bekommen haben (West et al., 2006).

Die Zusammenarbeit unter Kollegen kann man als potenziell zu Verbesserungen führende Methode ansehen, weil hier die Vorteile eines gemeinsamen Lernens und einer gemeinsamen Wissensgenerierung verbunden sind mit dem Vorteil, aus dem sozialen Kapital, das in anderen Schulen existiert, Nutzen zu ziehen und aus den Kenntnissen und Fähigkeiten von Kollegeninnen und Kollegen, die in manchen Bereichen in anderen Schulen vielleicht größer sind, zu lernen (Muijs et al., 2006). Es gibt deutliche Hinweise darauf, dass diese Art, das Problem anzugehen, in „Failing Schools" tatsächlich zu Verbesserungen führt (Ainscow et al., 2004).

Externe Unterstützung ist ein wichtiges Element dabei, „Failing Schools" zur Verbesserung zu verhelfen. Die Unterstützung kann z.B. von der lokalen Schulaufsicht kommen, aber auch von Netzwerken innerhalb des Schulbezirks und über den Schulbezirk hinaus (Fink, 1999). Die oben erwähnten Forschungsergebnisse zeigen, dass andere Schulen in diesem Zusammenhang sehr wirksame Partner sein können, auch zusätzlich zu Universitäten oder anderen Schulentwicklungsprogrammen.

Die Unterstützung sollte zudem langfristig ausgerichtet sein, Nachhaltigkeit mitbedacht werden (Hargreaves, 2004). Murphy und Meyers (2008) beschrieben vor allem die Maßnahmen als erfolgreich, die eine starke Auswirkung haben, milde oder moderate Versuche seien zum Scheitern verurteilt.

Inspektion und Rechenschaftslegung

Schulinspektion wurde oft kritisiert und verdächtigt, keine positive Wirkung zu haben. Dabei dachte man an die „Name-and-Shame-Verfahren" in England, die oft weniger als Lösung für das Problem, sondern als Verschärfung des Problems angesehen wurden. Es gibt jedoch Hinweise darauf, dass der externe Druck einer Inspektion in manchen Fällen durchaus nötig sein kann, damit Schulen ihre Probleme erkennen und Verbesserungsinitiativen lancieren (Ainscow et al., 2006). Externe Rechenschaftslegung kann sowohl als notwendiger Antrieb für Veränderung gesehen werden wie auch als Maßnahme, mit der abgesichert werden soll, dass die Bemühungen aufrecht erhalten werden und Nachhaltigkeit entwickelt werden kann. Eine Qualitätskontrolle des Schulentwicklungsprogramms wird als Schlüssel gesehen, und Rechenschaftslegung und Inspektion sollen sogar positive motivationale Faktoren entfalten im Hinblick auf das Feedback, das sie für die Entwicklungsbemühungen der Schule mit sich bringen.

Sammons und Kollegen (1995) identifizieren als typischen Entwicklungsweg einer Schule, die aufgrund der schlechten Ergebnisse in einer Schulinspektion in die Förderkategorie „Special Measures" aufgenommen wurde folgenden Verlauf (Abbildung 3):

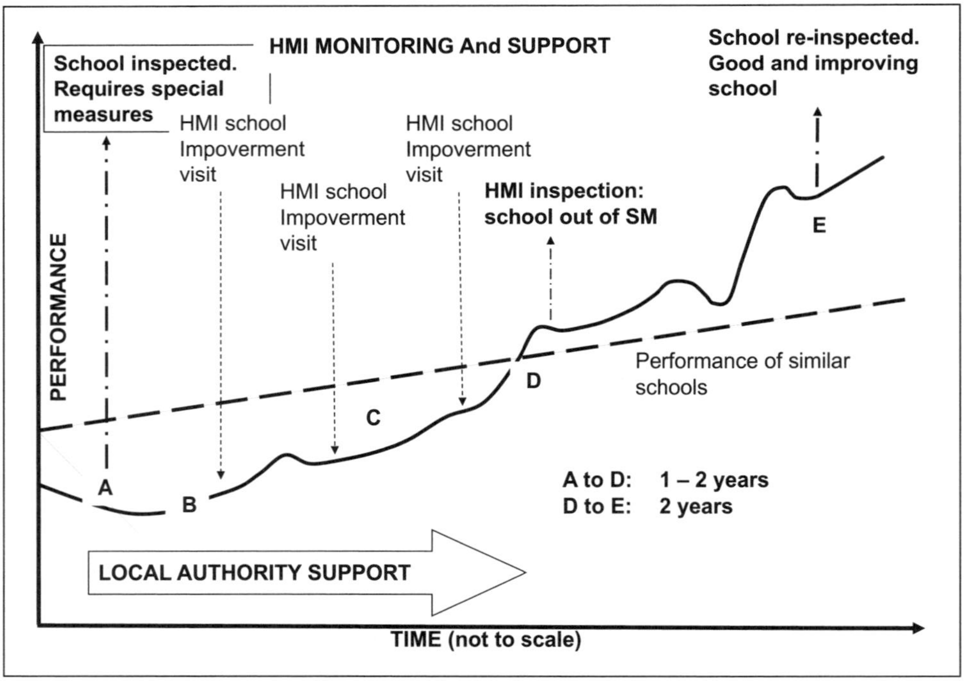

Abbildung 3: Typischer Entwicklungsweg einer Schule in der Förderkategorie „Special Measures" (Sammons, Hillmann & Mortimore, 1995)

Die Autoren betonen, dass solche Schulen mit dieser als hart empfundenen Diagnose sich in kürzerer Zeit deutlich positiv entwickeln als Schulen, denen ihre Defizite weniger direkt bescheinigt worden waren.

„Reconstitution" – Schließung der Schule und Wiedereröffnung nach einer Neugestaltung

Die scheinbar nicht beeinflussbaren Probleme von „Failing Schools", wie z.B. geringe Führungskompetenz der Schulleitung, mangelnde Kompetenzen im Kollegium, geringe Motivation und ein schlechter Ruf, haben Schulbezirke und die regionale Schulaufsicht zunächst in Teilen der USA und dann in England dazu veranlasst, Formen der „Reconstitution" zu implementieren. Hierbei wird die „Failing School" vorübergehend geschlossen und später wiedereröffnet, und zwar mit neuer Schulleitung, neuem Kollegium und gewöhnlich auch mit einem neuen Namen. In diesem Prozess werden oft auch die Gebäude renoviert. Die Lehrkräfte werden aufgefordert, sich für ihre alten Stellen neu zu bewerben, aber ohne Garantie, auch wieder eingestellt zu werden.

Einerseits scheint dieses Verfahren durchaus sinnvoll zu sein, weil es der Bedeutung der Schulleitung und auch der Qualitäten des Kollegiums, was die Wirksamkeit einer Schule betrifft, Rechnung trägt. Andererseits muss bedacht werden, dass „Reconstitution" als Strategie zu durchaus unterschiedlichen Ergebnissen geführt hat und nur in ausgewählten Fällen tatsächlich erfolgreich war (Hardy, 1999). Dafür gibt es mehrere Gründe: „Failing Schools", die Schülerinnen und Schüler aus benachteiligten Umgebungen haben, rekrutieren i.d.R. das gleiche Schülerklientel. Auch wenn sie geschlossen und unter anderen Vorzeichen wiedereröffnet werden, haben sie immer noch dasselbe Einzugsgebiet. Dazu kommt, dass in diesem Fall andere Schulen der Umgebung inzwischen die besten Schülerinnen und Schüler dieser „Failing School" abgeworben haben und die jetzt wieder neu geöffnete Schule noch größere Schwierigkeiten haben dürfte, überhaupt Schülerinnen und Schüler für sich zu werben und sich bei den Eltern wieder ins Gespräch zu bringen. Obendrein mag es durchaus schwierig sein, qualifizierte Lehrkräfte an die Schule, die einen schlechten Ruf hatte und in einer Gegend liegt, die nicht gerade angesehen ist, zu binden. Denn ein schlechter Ruf lässt sich nicht hinter einem wohlklingenden neuen Schulnamen verstecken.

Das eigentliche Verfahren der Schließung und Wiedereröffnung ist mit sehr vielen Belastungen verbunden, auch mit vielen Folgen für die berufliche Biografie der Lehrkräfte. Das trägt nicht zu einer größeren Motivation bei (Hardy, 1999; Ainscow et al., 2004).

4. Zusammenfassung, Entwicklungen, Empfehlungen und Fazit

Während es seit den 1970er Jahren Forschung zur Wirksamkeit von Schule gibt, in deren Rahmen ein recht umfangreicher Erkenntnisstand erarbeitet wurde, was erfolgreiche Schulen gemeinsam auszeichnet, ist das Wissen über Merkmale dysfunktionaler Schulsituationen immer noch defizitär.

Aus der Wirksamkeitsperspektive werden „Failing Schools" bisweilen in Begrifflichkeiten einer psychologischen Dysfunktion beschrieben. Studien zu ineffektiven Schulen sehen spezifische Merkmale auf der Schülerebene, der Klassenebene sowie der Schulebene bzw. eruieren externe Ursachen (Standort) sowie interne Ursachen

(Schule). Zusammenfassend lassen sich folgende Risikofaktoren, die zu „Failing“ führen können, identifizieren:

- schwierige Bedingungen im Elternhaus
- Verhaltensauffälligkeiten der Schülerinnen und Schüler
- starke Fluktuation bei den Schülerinnen und Schülern
- geringe Kompetenzen der Schülerinnen und Schüler
- geringe Qualifikation der Lehrkräfte
- geringe Zusammenarbeit im Kollegium
- starke Fluktuation im Kollegium
- unprofessionelle Schulleitung
- fehlendes Schulmanagement (Ziele, Strategie, Struktur, Prozesse, Verhalten, Instrumente)

Eine Reihe von Erfahrungen zu Schulentwicklungsstrategien für „Failing Schools“ gibt es in den USA und in England. Allgemein ist zu konstatieren, dass differenzierte, auf die Einzelschule zugeschnittene Maßnahmen benötigt werden und keine „Allheilmittel-Strategie“. Zudem brauchen die Schulen Zeit, um folgende Entwicklungsschritte zu durchlaufen: Leitbild oder Bestandsaufnahme, Schulprogramm sowie die Initiierung, Implementierung und Institutionalisierung geeigneter Verbesserungen, Evaluation der Umsetzung und Beginn eines neuen Qualitätskreislaufs. Es gibt allerdings einige Strategien, die allgemein als hilfreich für viele Schulen bezeichnet werden können:

- Rasche Intervention mit direkt erfahrbaren Erfolgen
- Die Schulleitung stärken
- Für transparente Zielvorstellungen sorgen
- Intensive Fortbildung initiieren
- Das Curriculum revidieren
- Lehr-Lernprozesse klar strukturieren
- Schulprogrammarbeit intensiv in den Blick nehmen
- Ziele klar definieren
- Die Zusammenarbeit verstärken und Unterstützung von außen einholen
- Inspektion und Rechenschaftslegung
- „Reconstitution“ – Schließung der Schule und Wiedereröffnung nach einer Neugestaltung

Besonders für „Failing Schools“, also den Schulen, denen im Rahmen der Schulinspektion bescheinigt wurde, dass sie deutlich unter dem zu erwartenden Leistungsniveau liegen und wenig Kapazität erkennen lassen, sich zu verbessern, gelten vier Strategien als empfehlenswert:

- Föderationen und Partnerschaften mit leistungsstärkeren Schulen,
- Förderung durch Netzwerke (in denen Schulgruppen kooperative Arrangements bilden und zusammen eine intensive und erweiterte Dienstleistung für alle Schülerinnen und Schüler innerhalb eines bestimmten geografischen Bereichs anbieten),

- neue Anreize für eine größere Systemverantwortlichkeit (durch deutlich erhöhte finanzielle Unterstützungen für die Aufnahme von Schülerinnen und Schülern mit den größten Risiken einer verfehlten oder nicht abgeschlossenen Schullaufbahn),
- kommunale Verantwortung (durch ein Zusammenlegen von Funktionen und Rollen örtlich operierender Behörden, um ein höheres Ausmaß an Koordination für ein System zu ermöglichen, das zunehmend Verantwortlichkeiten auf die lokale Ebene und auf die Ebene der Einzelschule delegiert).

Wichtig scheint eine hohe Konsistenz in der Kombination aus Strategien für die Schule und für die Ebene der Bildungspolitik, bei der Kapazitäten an den Schulen und auf Systemebene gleichermaßen und parallel ausgebaut werden, um auf allen Ebenen kooperativere Formen des Arbeitens, neue Normen für Engagement und flexiblere und problemorientiertere Arbeitskulturen zu etablieren.

Was die Schulleitung betrifft, so gilt System Leadership als ein Konzept der Schulentwicklung, bei dem Schulleiterinnen und Schulleiter funktional sinnvolle Kooperationsmöglichkeiten ergreifen, um das Ziel einer Entwicklung des Schulsystems der Region als Ganzem zu erreichen.

Die britische Bildungspolitik brachte Schulen und Schulsystem eine große Anzahl von Veränderungen, in deren Rahmen eine Reihe von Entscheidungsbefugnissen auf die Ebene der Schule übertragen und parallel dazu zentrale Bildungsstandards, zentrale Leistungsmessungen, Evaluationen und Verpflichtungen zur Rechenschaftslegung eingeführt wurden. Neue Initiativen wurden in rascher Folge lanciert. Besonders im Fokus der Reform stand die Schulleitung (vgl. die Etablierung des National College for School Leadership (NCSL) und die vielen unterschiedlichen Ausbildungs-, Fortbildungs- und Weiterbildungsprogramme, die für alle Ebenen von Leitungs- und Führungsaufgaben angeboten werden). Das Motto „High Challenge, High Support" deutet die Gesamtintention der englischen Regierung seit 1997 an, den Bildungsstand insgesamt zu heben und die Leistungsunterschiede unter den Schülerinnen und Schülern zu verringern sowie die Chancen für eine sehr heterogene Schülerschaft zu vergrößern. Über die Programme hinweg zeichnen sich folgende Schwerpunkte ab:
- das Festschreiben ehrgeiziger Standards in dem landesweiten Curriculum und in den landesweiten Tests der Schülerinnen und Schüler,
- eine auf die Ebene der Einzelschule übertragene Verantwortlichkeit,
- das Erheben von Daten und Setzen von Zielen,
- der Zugang zu „Best Practice" und ein Angebot an professioneller Fort- und Weiterbildung,
- die Verpflichtung der Schulen zu Rechenschaftslegung,
- die Kombination aus Interventionen und Inspektionen.

An konkreten Projekten in England kann beispielhaft City Challenges genannt werden. Das Programm hatte das Ziel, bis 2011 im Großraum Manchester, dem Black Country und der Metropolregion London die Anzahl an Schulen mit unterdurchschnittlichen Schülerleistungen deutlich zu verringern und parallel dazu die Anzahl an Schulen mit herausragenden Leistungen deutlich zu erhöhen und dabei besonders bei sozial benachteiligten Kindern signifikante Verbesserungen der Schulleistungen zu erreichen. Das Programm setzt auf Partnerschaften zwischen dem „Department for Children", regionalen Bildungsbehörden, Schulen und Hochschulen, Schulleitenden, Lehrkräften und anderen Akteuren über die Stadtbezirksgrenzen hinaus. Gearbeitet wird mit

- intensiver und schulspezifischer Unterstützung von Schulen mit unterdurchschnittlichen Schülerleistungen,
- einer stadtweiten systematischen Qualitätsoffensive für Schulleitung und andere schulische Führungsaufgaben,
- gezielter individueller Arbeit mit benachteiligten Schülerinnen und Schülern,
- datengestützter kooperativer Zusammenarbeit der Schulen untereinander,
- der Prämisse „Lokale Lösungen für lokale Problemstellungen".

Die Evaluation von 2012 bestätigte positive Resultate.

Weitere Programme bzw. Projekte in England sind unter anderem:

- Schools Facing Exceptionally Challenging Circumstances (SFECC)
- Excellence in Cities
- NCLS: NLCs
- Extended Schools
- School Federations

In New York City wurden in den letzten zehn Jahren im Umgang mit besonders belasteten Schulen verschiedene Strategien zum „Turnaround" entwickelt. Darunter sind:

- das „fresh start"-Modell, bei dem die „erfolglose" Schule aufgelöst wurde und an ihrer Stelle neue kleinere Schulen gegründet wurden,
- der Turnaround „von innen heraus", bei dem auf die Bedürfnisse der jeweiligen Schülerschaft abgestimmte kleinere Schulen gegründet wurden, ohne dass die belastete Schule vorher erst geschlossen wurde,
- das Modell School Turnaround mit neuer Belegschaft, bei dem sowohl der Schulleiter als auch etwa die Hälfte der Lehrerschaft ausgetauscht wurde, aber alle laufenden Programme der Schule beibehalten wurden,
- die Gründung neuer und mit weitgehender Autonomie ausgestatteter Charter Schools, die vom Staat und der Gemeinde finanziert werden, jedoch von vielen der staatlichen und lokalen Regulatorien befreit sind.

In Deutschland liegen auch seit rund 10 Jahren Erfahrungen in der Arbeit mit besonders belasteten Schulen vor durch Projekte in den bundesdeutschen Stadtstaaten Berlin, Hamburg und Bremen.

In Bremen wurde mit dem Aktionsprogramm „Schule macht sich stark" (SMS) von 2004 bis 2009 das bundesweit erstmalige Schulentwicklungsprojekt für Schulen in schwieriger Lage durchgeführt, das den gesamten Schulentwicklungsprozess stärken und unterstützen sollte, parallel zu einer Qualitätsentwicklungsoffensive, zu der die Verpflichtung zur Erstellung von Jahresarbeitsplänen und von Schulprogrammen gehörte, und zu einer externen Evaluation aller allgemein bildenden Schulen. Projektziele waren die Sicherung der Beherrschung der Basiskompetenzen (Mathematik und Deutsch) und die Steigerung der Selbstständigkeit und Verantwortungsübernahme der Schülerinnen und Schüler für ihr eigenes Lernen. Zu den Maßnahmen des Programms gehörte die Stärkung der Schulleitungen durch Coaching und Beratung, die Personalentwicklung und Qualifizierung der Lehrkräfte und Unterstützung bei der Lernstandsdiagnose. Als besonders erfolgreich gelten das Schulleitungscoaching durch einen externen Coach und ein Netzwerk der beteiligten Schulleitungen, das über die eigentliche Projektdauer hinaus besteht.

In Berlin wurde seit 2006 mit proSchul ein Verfahren einer Prozessberatung etabliert, durch die Schulen mit Entwicklungsbedarf unmittelbar anschließend an die Schulinspektion ein nahtloser Beratungsprozess ermöglicht werden soll. Die freiwillige Prozessberatung erfolgt in einem Dreiecksverhältnis zwischen Schule, proSchul und der Schulaufsicht. Grundsätzlich kann dieser systematische Ansatz der Schulentwicklung, der charakterisiert ist durch Zielorientierung, Transparenz, Stärkung kollegialer Kooperation und Kommunikation, Einbeziehung möglichst vieler Beteiligter, Evaluation als Instrument der Prozesssteuerung und systemische Betrachtung der Zusammenschau von Organisation, Unterricht und Personal, als wirksam eingestuft werden.

In Hamburg führte das Landesinstitut für Lehrerbildung und Schulentwicklung in den Jahren 2007–2010 das Projekt „Unterstützung von Schulen in schwieriger Lage“ durch, bei dem auf der Grundlage der Auswertung der KESS-7-Daten und von Lernausgangslagenerhebungen im Jahrgang 5 und 7 der beteiligten Schulen sowie qualitativer Erhebungen mit den Schulleitungen und den Kollegien Unterstützungsleistungen in den Entwicklungsfeldern Unterrichtsgestaltung und Lehrfähigkeiten, unterrichtsbezogene Kooperation im Kollegium sowie Leitung und Steuerung des Entwicklungsprozesses vereinbart wurden. Als wichtiger Gelingensfaktor für das Projekt kann seine Kohärenz hervorgehoben werden, dadurch dass die Unterstützungsfelder Unterricht – Kooperation – Leitung und Steuerung mit einer jeweils hohen Passung zur Situation der individuellen Schule gemeinsam fokussiert wurden.

In Berlin wurde 2012/2013 ein weiteres Projekt durch die Robert Bosch Stiftung (RBSG) in Kooperation mit der Senatsverwaltung für Bildung, Jugend und Wissenschaft in Berlin (SenBJW) initiiert, das vom Institut für Bildungsmanagement und Bildungsökonomie (IBB) der PH Zug in der Vorbereitung und Durchführung wissenschaftlich begleitet wird. Das Projekt „School Turnaround – Berliner Schulen starten durch“ zielt darauf ab, zehn Schulen in besonders kritischer Lage zu unterstützen. Darüber hinaus sollen durch dieses Praxisprojekt wichtige Erkenntnisse gesammelt werden im Hinblick auf die Steuerungsmechanismen, Kompetenzen, Motivationen, Strukturen, Prozesse und Ressourcen, die notwendig sind, um einen Turnaround zu gestalten. Forschung über Maßnahmen der Schulentwicklung bei besonders belasteten Schulen, die die bundesdeutschen Kontextbedingungen berücksichtigt, ist ein Desiderat.

Gelingensbedingungen und Empfehlungen für dieses Projekt vor Projektstart (wissenschaftliche Expertise v. Huber, 2013) lassen sich folgendermaßen bündeln:

1. Projektorganisation und Grundsätzliches
   - Sorgfältige Einbettung in den Berliner Kontext
   - Kombination aus Strategien für die Schule und für die Ebene der Bildungspolitik
   - Balance von Freiraum und Vorgaben
   - Individualisierte Unterstützung statt „one size fits all"
2. Organisationsdiagnose, Schulinspektion, Rechenschaftslegung
   - Projektstart benötigt klare Kriterien für die Auswahl der Schulen
   - Ergebnisse der Schulinspektion nutzen
   - Orientierung der Zielvorstellung und der Diagnose am Handlungsrahmen Schulqualität in Berlin
   - Professionelle Schulaufsicht handelt profund und persistent
3. Organisationsveränderung
   - Nicht „big is better", sondern „small ist beautiful"
   - Im Extremfall: „Reconstitution", also Schließung der Schule und Wiedereröffnung nach Neugestaltung
   - Schulfusion, Aufbau von Schulvernetzung bis hin zur Zusammenlegung von Schulen
4. Personalmaßnahmen
   - Schulleitungswechsel und Lehrkräftetausch
5. Personalentwicklung: Fortbildung zur Motivations- und Kompetenzentwicklung
   - Professionalisierung der Schulleitung
   - Intensive und passgenaue Fortbildung des Kollegiums
   - Fokus: Fortbildung für verbesserten Unterricht
   - Qualifizierung der regionalen Schulaufsicht
   - Informationsveranstaltungen für weitere Akteure
6. Bildungs-, Beratungs- und Betreuungsangebote insgesamt verbessern
   - Das Curriculum revidieren
   - Lehr-Lernprozesse klar strukturieren
   - Diversity Management betreiben
7. Verstärkte Zusammenarbeit im Schulumfeld und Unterstützung von außen
   - Mehrebenenkooperation im Schulsystem
   - Prämisse „Bezirksweite Lösungen für bezirksweite Problemstellungen"
   - Beratungsangebote verstärken und vorhandene nutzen
   - Extracurriculare Angebote
8. Stärken stärken, rasch erfahrbare Erfolgserlebnisse ermöglichen, die zu Selbstwirksamkeitserfahrungen der Akteure führen
   - Stärken stärken
   - Positive Veränderungen im Selbstbild und Chancen zu Selbstwirksamkeitserfahrungen von Lehrkräften und Schulleitung ermöglichen
   - Rasche Intervention mit direkt erfahrbaren Erfolgen

9. Systematische Gesamtentwicklung und Abstimmung von Unterrichtsentwicklung, Organisationsentwicklung und Personalentwicklung
   - Konkrete Unterstützung und Sorgen für Kohärenz
   - Zeit geben und Entwicklungsschritte beachten
   - Für transparente Zielvorstellungen sorgen, Ziele klar definieren

Deutlich wird: Während die US-amerikanischen Turnaround-Modelle relativ radikal mit Schulschließungen und Entlassungen von Personal arbeiten, setzen die Projekte in den deutschen Bundesländern stark auf Unterstützung der Schulen, „Empowerment" und Kompetenzzuwachs der schulinternen Akteure und vielfältige Kooperationen mit schulinternen Akteuren. Schulleitung scheint in allen Projekten eine wichtige Schlüsselgröße zu sein. Schulleiterinnen und Schulleiter, die es vermögen durch die Etablierung einer angemessenen Führungsorganisation die Handlungsfähigkeit wiederherzustellen und die Arbeit auf pädagogische Belange auszurichten, spielen eine besondere Rolle. In England setzt man stark auf Schulnetzwerke, wo Schulen in schwieriger Lage mit erfolgreichen Schulen aus der Umgebung zusammenarbeiten, sich institutionell stark vernetzen oder sogar zusammengelegt werden. Lösungen aus dem internationalen Kontext sind aufgrund kultureller und rechtlicher Unterschiede genau zu prüfen, stellen jedoch im Rahmen der melioristischen Funktion von international-vergleichender Bildungsforschung und Bildungsplanung ein äußerst interessantes Anregungspotenzial dar.

All die in den oben genannten Fällen dargestellten Strategien haben Anteil an dem School Turnaround, aber sie stellen nicht ein schnell umsetzbares Erfolgsrezept dar. Um nachhaltig Erfolg zu haben, braucht es unterschiedliche Ansätze, die genau auf die individuellen Umstände der einzelnen Schule zugeschnitten sind (Huber, 2006, 2007; Huber & Muijs, 2007).

Für School Turnaround wird eine konzertierte Aktion benötigt mit professionellem, profundem und persistentem Handeln aller beteiligten Führungsakteure. Neben der Architektur der Intervention gehören auf Systemebene besonders die Schulaufsicht sowie die aktive Mitwirkung des Schulträgers und auf Schulebene die Schulleitung dazu, der es gelingt erst Teile und dann nach und nach das gesamte Kollegium mit einzubeziehen.

Zu bedenken ist allerdings auch: Alle schulischen Interventionen sind limitiert. Wenn man davon ausgeht, dass „Failing Schools" häufig in benachteiligten Umgebungen zu finden sind und gleichzeitig weiß, dass der Effekt einer Schule etwa 10 bis 40% der Varianz der Schülerleistung erklärt, wird deutlich, dass es erheblich komplexerer Interventionen bedarf, die über die Schule hinausgehen und tief in ihr Umfeld hineinreichen. Schule kann nicht alle Schwächen und Defizite der Gesellschaft kompensieren, und eine wie gut auch immer gemeinte und professionell durchgeführte Schulentwicklung kann die schlechten sozialen Umstände, in der die Schülerinnen und Schüler außerhalb der Schule leben, nicht auffangen. Der Schlüssel zu einer Verbesserung liegt letztlich im politischen Handeln und in Maßnahmen, die Armut, Bildungsferne, Arbeitslosigkeit, gesundheitliche Defizite, defizitäre Wohnumstände, Erziehungsschwächen, mangelnde Lebensbewältigungsstrategien etc. fokussieren.

Literatur

Ainscow, M., Muijs, D. & West, M. (2006). *Using collaboration as a strategy for improving schools in complex and challenging circumstances: What makes the difference?* Nottingham: NCSL.

Ainscow, M., West, M. & Nicolaidou, M. (2004). Putting Our Heads Together: A Study of Headteacher Collaboration as a Strategy for School Improvement. In P. Clarke (Hrsg.), *Improving Schools in Difficulty* (S. 117–136). London: Continuum.

Altrichter, H., Gußner, N. & Maderthaner, P. (2008). Failing Schools – Auf der Suche nach der ‚schlechten Schule'. Ein Literaturüberblick. *Journal für Schulentwicklung, 1*, 43–55.

Altrichter, H. & Moosbrugger R. (2011). Schulen in Schwierigkeiten. Was sagt die Schulforschung über Anzeichen, Ursachen und Lösungen? *Lernende Schule, 14* (56), 8–11.

Chapman, C. (2005). *School Improvement through External Intervention?* London: Continuum.

Clark, P. (2004). Endpiece: Legitimacy and Action. In P. Clarke (Hrsg.), *Improving Schools in Difficulty* (S. 172–181).London: Continuum.

Cronbach, L. J. (1972). Evaluation zur Verbesserung von Curricula. In C. Wulf (Hrsg.), *Evaluation. Beschreibung und Bewertung von Unterricht, Curricula und Schulversuchen* (S. 41–59). München: Piper.

Dimmock, C. & Walker, A. (2002). *The Principles and Practice of Educational Management*. London: Paul Chapman.

Ditton, H. (2002). Evaluation und Qualitätssicherung. In R. Tippel (Hrsg.), *Handbuch für Bildungsforschung* (S. 775–790). Opladen: Leske+Budrich.

Fink, D. (1999). Deadwood Didn't Kill Itself. A Pathology of Failing Schools. Educational Management. *Administration and Leadership, 27* (2), 131–141.

Glickman, C. (1990). Pushing school reforms to a new edge: the seven ironies of school empowerment. *Phi Delta Kappan, 72* (1), 745–752.

Gray, J. (2004). Some Issues and Problems in Evaluating Changes and Improvements in 'Low Performing Schools'. In P. Clarke (Hrsg.), *Improving Schools in Difficulty* (S. 81–93). London: Continuum.

Hardy, L. (1999). Building Blocks of Reform. *The American School Board Journal*, February, 1–11.

Hargreaves, A. (2004). Distinction and Disgust: The Emotional Politics of School Failure. *International Journal of Leadership in Education, 7* (1), 27–41.

Hargreaves, D.H. (1994). The new professionalism: The synthesis of professional and institutional development. *Teaching and Teacher Education, 10* (4), 423–438.

Hargreaves, D.H. (1990). Accountability and school improvement in the work of LEA inspectors: the rhetoric and beyond. *Journal of Education Policy, 9* (3), 230–239.

Harris, A. (2002). Effective Leadership in Schools Facing Challenging Contexts. *School Leadership and Management, 22* (1), 15–26.

Harris, A. & Chapman, C. (2002). *Effective Leadership in Schools Facing Challenging Circumstances.* Nottingham: NCSL.

Hattie, J.A.C. (2009). *Visible Learning*. London/New York: Routledge.

Hopkins, D. (1996). Towards a theory for school improvement. In J. Gray, D. Reynolds, C. Fitz-Gibbon, D. Jesson (Hrsg.), *Merging traditions: The future of research on school effectiveness and school improvement* (S. 30–50). London: Cassell.

Hopkins, D., Harris, A.S. & Jackson, D. (1997). Understanding the School's Capacity for Development: Growth Strategies and States. *School Leadership and Management, 17* (3), 401–411.

Huber, S.G. (1999). Internationale Schulentwicklungsforschung: School Effectiveness: Was macht Schule wirksam? Teil I. *Schul-Management, 2*, 10–17. School Improvement: Wie kann Schule verbessert werden? Teil II. *Schul-Management, 3*, 7–18. Effectiveness & Improvement: Wirksamkeit und Verbesserung von Schule – eine Zusammenschau. Teil III. *Schul-Management, 5*, 8–18.

Huber, S.G. (2006). *OECD Leadership Acitivity: Country Report England. Länderbericht für die OECD.* Paris: OECD.

Huber, S.G. (2007). School Leadership in Schools that Fail. Symposium "Failing Schools" im Rahmen der Tagung der American Educational Research Association (AERA) vom 9.–13. April 2007 in Chicago, Illinois, USA.

Huber, S.G. (Hrsg.) (2011). *Handbuch für Steuergruppen. Grundlagen für die Arbeit in zentralen Handlungsfeldern des Schulmanagements.* Köln: Link-Luchterhand.

Huber, S.G. (Hrsg.) (2012). Failing Schools – besonders belastete Schulen. *SchulVerwaltung spezial*, 2.

Huber, S.G. (Hrsg.) (2013). *Handbuch Führungskräfteentwicklung. Grundlagen und Handreichungen zur Qualifizierung und Personalentwicklung im Schulsystem.* Köln/Neuwied: Wolters Kluwer Deutschland.

Huber, S.G. (Hrsg.) (2016). *Jahrbuch Schulleitung 2016. Befunde und Impulse zu den Handlungsfeldern des Schulmanagements.* Köln: Carl Link.

Huber, S.G., Hader-Popp, S. & Schneider, N. (2014). *Qualität und Entwicklung von Schule: Basiswissen Schulmanagement.* Weinheim und Basel: Beltz.

Huber, S.G. & Muijs, D. (2007). Mission failed? Was die englische Schulforschung über schlechte Schulen herausgefunden hat. *Friedrich Jahresheft (Guter Unterricht)*, 99–101.

Huber, S.G. & Schneider, N. (2011). Qualitätsmanagement. In S. G. Huber (Hrsg.), *Steuergruppenhandbuch. Grundlagen für die Arbeit in zentralen Handlungsfeldern des Schulmanagements* (3. Auflage, S. 355–387). Köln: Link-Luchterhand.

Joyce, B. & Showers, B. (1988/1995). *Student achievement through staff development.* New York: Longman.

Joyce, B., Showers, B. & Weil, M. (1992). *Models of teaching.* Englewood Cliffs, NJ: Prentice-Hall.

Leithwood, K., Harris, A. & Strauss, T. (2010). *Leading School Turnaround. How Successful Leaders Transform Low-Performing Schools.* San Francisco, CA: Jossey-Bass.

MacBeath, J. & Stoll, L. (2004). *Leadership for Learning.* Artikel präsentiert auf dem International Congress for School Effectiveness and School Improvement, Rotterdam.

Mortimore, P. (1991). The nature and findings of research on school effectiveness in the primary sector. In S. Riddell & S. Brown (Hrsg.), *School effectiveness research: Its messages for school improvement* (S. 9–19). Edinburgh: HMSO.

Muijs, D., Ainscow, M. & West, M. (2006). *Why Network? Theoretical Perspectives on the value of networking and collaboration.* Nottingham: NCSL.

Muijs, D., Harris, A., Chapman, C., Stoll, L. & Russ, J. (2004). Improving Schools in Socio-Economically Disadvantaged Areas: An Overview of Research. *School Effectiveness and School Improvement 15* (2), 149–176.

Murphy, J. (2009). Turning Around Failing Schools: Policy Insights from the Corporate, Government, and Nonprofit Sectors. *Educational Policy, 23* (6), 796–830).

Murphy. J. & Meyers, C. V. (2008). Turning around failing schools: An analysis. *Journal of School Leadership, 17*, 631–657.

Murphy, J. & Meyers, C. V. (2007). *Turning Around Failing Schools. Leadership Lessons From the Organizational Sciences.* Thousand Oaks, CA: Corwin Press.

Myers, K. & Stoll, L. (1993). Mapping the movement. *Education, 182* (3), 51.

Nicolaidou, M. & Ainscow, M. (2005). Understanding Failing Schools: Perspectives from in-side. *School Effectiveness and School Improvement: An International Journal of Research, Policy and Practice, 16* (3), 229–248.

OECD (2012). *Equity and Quality in Education. Supporting Disadvantaged Students and Schools.* Paris: OECD.

Ofsted (2004). *Annual Report of Her Majesty's Chief Inspector of Schools.* London: The Stationery Office.

Ofsted (1994). *Improving schools.* London: HMSO.

Potter, D. Reynolds, D. & Chapman, C. (2002). School Improvement for Schools Facing Challenging Circumstances: A Review of Research and Practice. *School Leadership and Management, 22* (3), 243–256.

Reynolds, D. (1995). The effective school: An inaugural lecture. *Evaluation and Research in Education, 9* (2), 57–73.

Rolff, H.-G. (2015). Leading from Behind – Führung aus dem Hintergrund. In S.G. Huber (Hrsg.), *Jahrbuch Schulleitung 2015. Befunde und Impulse zu den Handlungsfeldern des Schulmanagements* (S. 14–19). Köln: Wolters Kluwer Deutschland.

Rutter, M., Maughan, B., Mortimore, P. & Ouston, J. (1979). *Fifteen thousand hours.* London: OpenBooks.

Sammons, P., Hillman, J. & Mortimore, P. (1995). *Key characteristics of Effective Schools: A Review of School Effectiveness Research.* London: Institute of Education, University of London.

Sizer, T. (1992). *Horace's school.* New York: Houghton Mifflin.

Stringfield, S. (1998). Choosing success. *American Educator, 22* (3), 12–17.

Teddlie, C. & Reynolds, D. (2000). The *International Handbook of School Effectiveness Research.* London: Falmer Press.

Teddlie, C. & Stringfield, S. C. (1993). *Schools make a difference: Lessons learned from a 10-year study of school effects.* New York: Teachers' College Press.

Wallace Jr, R. C. et al., (1990). *The Instructional Cabinet and Shared Decision Making in the Pittsburgh Public Schools: Theory, Practice and Evaluation.* American Educational Research Association.

West, M., Ainscow, M. & Muijs, D. (2006). *Improving schools in complex and challenging circumstances: a summary of evidence regarding school-to-school collaboration.* Nottingham: NCS

Rick Mintrop & Esther Dominique Klein

Schulentwicklung in den USA – Nützliches Lehrstück für die deutsche Praxis?

1. Einleitung

Warum macht es Sinn, in einem Sammelband zum Thema Schulentwicklung einen Blick in die USA zu werfen? Auf den ersten Blick erscheinen die USA nicht gerade als ein Paradebeispiel für erfolgreiche Schulentwicklung. In internationalen Vergleichsstudien wie PISA liegen sie in der Regel unter dem Durchschnitt und hinter Deutschland (vgl. zuletzt OECD, 2014). Und doch stehen die USA wie Deutschland vor der gleichen großen Herausforderung, in einem Bildungssystem mit eher durchschnittlichen Leistungen und großen sozialen Diskrepanzen Wege zu finden, Bildungsniveaus vor allem bildungsferner Milieus anzuheben, Ungleichheiten abzubauen und sozial-kulturelle Integration zu befördern (vgl. Dobbins & Bieber, 2016; van Ackeren & Klein, 2014; Lee, 2006). So ist es vielleicht nicht überraschend, dass sich viele ursprünglich aus den USA stammende Ideen von *School Improvement* sowohl in der Bildungspolitik als auch in der Bildungsforschung anderer Länder wiederfinden. Auch in Deutschland lassen sich seit den 1990er Jahren Konzepte des organisationalen Lernens in Schulen (vgl. Berkemeyer, 2010; Feldhoff, 2011) sowie in neuerer Zeit auch zur Schulentwicklung in Schulen in sozialräumlich deprivierter Lage (vgl. Holtappels, 2008; Racherbäumer, Funke, van Ackeren & Clausen, 2013) finden, die klare Bezüge zu den US-amerikanischen Modellen aufweisen.

Woran liegt das? Ist hier der internationale Einfluss der USA maßgeblich, wie z.B. auf supranationale Organisationen wie die OECD (vgl. Jakobi & Martens, 2007), die die Bildungspolitik vieler europäischer Staaten geprägt hat? Oder ist der Wandel auch mit substanziellen Einsichten verbunden, die aus der US-amerikanischen Schulentwicklung und Schulforschung gewonnen werden können?

Um dieser Frage systematisch nachzugehen, beginnt der Beitrag mit Überlegungen dazu, inwiefern der „Blick über den Teich" lohnenswert sein kann. Im Anschluss daran werden wir die relevanten institutionellen Rahmenbedingungen in den USA beschreiben, aus denen heraus die Schulentwicklungskonzepte entstanden sind. In einer groben Chronologie stellen wir sechs dieser Konzepte dar, die zusammen genommen einen Einblick in die Vielfalt der Versuche, aber auch einen Blick auf das Gemeinsame in der Vielfalt ermöglichen.

2. Der Blick „über den Teich"

Wie im föderalen Deutschland ist Bildung in den USA Aufgabe der Bundesstaaten. Doch ist die formale Organisationsstruktur des Bildungssystems in allen 50 Bundesstaaten der USA relativ einheitlich. Es gibt ein in *Elementary*, *Middle* und *High Schools* gegliedertes Gesamtschulsystem, welches mit einem Kindergartenjahr beginnt und mit dem High-School-Abschluss am Ende der 12. Klasse endet („K-12"). Etwa 90% der Schülerinnen und Schüler werden in Schulen öffentlicher Trägerschaft unterrichtet (Kena et al., 2015). Die Bundesstaaten delegieren einen Großteil ihrer Verantwortung an lokale Schulbezirke oder School Districts, welche von gewählten School Boards beaufsichtigt und von einem Superintendent gemanagt werden.

Unterhalb dieser Oberflächenstrukturen lassen sich bei genauerem Hinsehen jedoch große Unterschiede zwischen den einzelnen Staaten, sowie innerhalb der Staaten zwischen einzelnen Schulbezirken beobachten. Dies gilt für curriculare Inhalte, die erst seit den 1980er Jahren staatlich geregelt sind, aber auch für Finanzbudgets und die Bezahlung der Lehrkräfte, die zwischen den Schulbezirken stark variieren können. Ebenfalls gibt es deutliche Unterschiede in den Bildungsergebnissen.

In einigen Bundesstaaten scheint das Schulsystem relativ „gesund". In Massachusetts oder Minnesota etwa liegen die Ergebnisse in internationalen Vergleichstests gleichauf mit den am besten abschneidenden Ländern der Welt (Peterson, Wößmann, Hanushek & Lastra-Anadón, 2011), und insbesondere in den vornehmlich durch die Mittelschicht geprägten suburbanen Schulbezirken sind öffentliche Schulen erfolgreich und werden von der Bevölkerung wertgeschätzt. Anders sieht es dagegen in innerstädtischen und ländlichen Schulbezirken aus, wo Menschen mit niedrigerem sozioökonomischen Status bzw. Angehörige ethnischer Minderheiten in der Mehrzahl sind. Gerade diese Schulbezirke haben in den Konzepten für Schulentwicklung von Anfang an im Zentrum der Aufmerksamkeit gestanden – gleichwohl waren und sind die Ansätze zur Verbesserung von Schulen gerade in diesen Bezirken in den USA bislang durch wenig Erfolg gekennzeichnet. Warum also sollten wir den Blick auf Schulentwicklung in den USA richten, wenn diese sich an diejenigen Schulen richtet, denen sie bislang am wenigsten helfen konnte?

Schulentwicklung, wie wir sie in diesem Beitrag verstehen, beschreibt die Summe aller Bemühungen der Akteure vor Ort, Strategien und Strukturen des fachlichen, sozialen und personalen Lernens der Schülerinnen und Schüler zu verbessern sowie deren Wohlergehen zu sichern. Lehrkräfte, Schulleitung, Eltern und lokale Schulaufsicht wirken daran mit. Schulentwicklung ist dabei an institutionelle Strukturen, Ressourcen und Kapazitäten der beteiligten Akteure sowie an die Lebensbedingungen der Schüler und Schülerinnen am Standort gebunden. Institutionelle Bedingungen werden maßgeblich von Kräften mitgeformt, die außerhalb des Einflussbereichs der lokalen Akteure liegen. Die Zuweisung finanzieller Ressourcen, Akkreditierung von Lehrkräften, Formalstruktur des Schulsystems und Schulabschlüsse werden ebenso durch übergeordnete Ebenen bestimmt wie nicht unmittelbar bildungsrelevante Faktoren, z.B. die wohlfahrtsstaatliche Versorgung der Schülerinnen und Schüler. Zudem haben gesamtgesellschaftliche Entwicklungen, etwa die wirtschaftliche Situation im Land,

Einfluss auf lernrelevante Faktoren. Wenn z.B. soziale Diskrepanzen oder die sprachliche Heterogenität innerhalb einer Schule ansteigen, müssen schulische Akteure bessere Arbeit leisten, um das Bildungsniveau an ihrer Schule lediglich zu halten. Schulentwicklung hat dann eine kompensatorische Funktion, die den sich verschlechternden Bedingungen entgegenwirkt. Entscheidungen aus der Bildungspolitik oder aus angrenzenden Politikfeldern können zusätzlich Schulentwicklungsbestrebungen erschweren oder konterkarieren (z.B. wenn Bildungsbudgets beschnitten werden) oder andersherum das Engagement lokaler Akteure erleichtern (z.B. durch Daten, die die öffentliche Transparenz des Systems erhöhen). Die durchschnittliche Leistung eines ganzen Schulsystems ist insofern ein relativ schlechter Indikator, um die Güte von Schulentwicklungskonzepten zu bewerten.

Unsere These lautet deshalb, dass der „Blick über den Teich" sehr wohl sinnvoll sein kann – aber eben gerade nicht wegen der wenig beeindruckenden Leistungsbilanz des Bildungssystems, sondern aus anderen Gründen. Erstens lassen sich die Herausforderungen an die Akteure in der Praxis – soziale Diskrepanzen, wachsende sprachliche und kulturelle Heterogenität, Mängel in der Qualifikation von Lehrkräften – durchaus mit denen in Deutschland vergleichen, allerdings sind diese Herausforderungen in den USA dramatischer und schon wesentlich länger im Fokus der Schulentwicklung. In Kalifornien etwa ist die Bevölkerung in den letzten 25 Jahren von 23 Millionen um etwa 15 Millionen Einwohner angestiegen, während gleichzeitig der Anteil der weißen Bevölkerung von 80 auf 38 Prozent gesunken ist.[1] Zweitens sind Schulen in schwierigen sozialräumlichen Lagen seit geraumer Zeit schon Experimentierfelder, in denen sich lokale Akteure unermüdlich und mit Optimismus engagieren. Drittens schließlich werden Schulentwicklungsinitiativen regelmäßig von der Bildungsforschung wissenschaftlich begleitet, so dass eine Fülle an objektiven Daten und Forschungsbefunden vorhanden ist. Ein Blick auf die Szenerie in den USA könnte also nützlich sein.

3. Die institutionelle DNA des US-Bildungssystems

Man sollte sich aber im Klaren darüber sein, dass Schulentwicklung und die Ergebnisse der Bildungsforschung eng an die institutionellen Gegebenheiten eines Landes gebunden sind. Im Vergleich zwischen Deutschland und den USA lassen sich spezifische institutionelle Traditionen, Organisationsstrukturen, subjektive Dispositionen und Kompetenzen schulischer Akteure erkennen, die für die Umsetzbarkeit schulischer Reformprozesse in den USA bedeutsam sind. Wenn wir also weiter unten Schulentwicklungsansätze in den USA besprechen, müssen diese Unterschiede mitgedacht werden.

Anders als in Deutschland ist das öffentliche Bildungssystem in den USA weitgehend ohne den Staat entstanden. Lokale Schulbezirke finanzierten sich über lokale Steuern und regierten sich über weitgehende lokale Selbstbestimmung. Um die Wende vom 19. ins 20. Jahrhundert entwickelte sich aber auch in den USA, vor allem in

1 United States Census Bureau (census.gov)

den Städten, ein modernes, bürokratisiertes Schulsystem, das in der Lage war, Bildung für breite Massen zu organisieren. Dabei stand, wie der Historiker David Tyack (1974) gezeigt hat, nicht die staatliche Bürokratie, sondern das moderne „Business" oder das kapitalistische Unternehmen von Anfang an als Modell im Vordergrund. Schulen und Schulbezirke, so die Reformer, sollten von professionell ausgebildeten Managern nach Effizienzkriterien geführt werden.

In Deutschland wurde die Einzelschule lange Zeit nicht als „pädagogische Handlungseinheit" (Fend, 2008) wahrgenommen, innerhalb derer Entwicklungsprozesse maßgeblich mitgeprägt werden. Vor diesem Hintergrund haben sich in den Einzelschulen eher schwache Hierarchien neben ausgeprägten Partizipationsstrukturen ausgebildet, innerhalb derer die zentrale Entscheidungsmacht bei den Mitwirkungsgremien liegt und insbesondere im Hinblick auf unterrichtsbezogene Entscheidungen die Lehrkräfte die zentrale Kraft sind. Schulentwicklungsansätze in Deutschland gehen daher von einer heteronomen professionellen Organisation aus (Thiel, 2008), in der gut ausgebildete Lehrkräfte innerhalb gesetzlicher Rahmenvorgaben autonom über die Gestaltung ihres Unterrichts entscheiden.

Demgegenüber wurden Lehrkräfte in den USA von Anfang an weniger als autonom handelnde Professionelle wahrgenommen. Sie waren in der Regel schlecht ausgebildete Frauen und wurden im Rahmen einer von Männern manageriell geführten Organisation als Umsetzerinnen der durch die „Unternehmensführung" beschlossenen Programme betrachtet. Ein Beispiel hierfür ist der Ansatz der *wissenschaftlichen Betriebsführung* von Frederick Taylor (1911/2004). Die hieraus abgeleitete Strategie, die Arbeit von Schulen solle sich hinsichtlich organisationaler und unterrichtlicher Aspekte an engmaschigen Programmen orientieren, die an anderer Stelle auf Basis (vermeintlich) wissenschaftlich erhobener Effizienz entwickelt wurden, hat sich bis in die heutige Zeit erhalten (Slavin, Karweit & Madden, 1987). Unterricht wurde zudem durch eine Vielzahl von Spezialisierungen aus administrativem und nicht pädagogischem Personal (darunter z.B. *Guidance Counselor*, *Attendance Clerk*, *Lehrerassistent*, *Testspezialist* oder *Child Nutrition Assistant*) ergänzt. In einem durchschnittlichen städtischen Schulbezirk können heutzutage mehr als die Hälfte des bezahlten Personals eines Schulbezirks Nicht-Lehrer sein (vgl. Loeb, 2016).

Gerade weil die Schule als Organisation sowie der sie rahmende lokale School District das zentrale Management-Element im Schulsystem der USA darstellen, reduziert sich die Möglichkeit für die staatliche Bildungspolitik, Schulentwicklungsansätze hierarchisch durchzusetzen. Dies bedeutet aber auch, dass die Entwicklung von innovativen Strategien einfacher ist, weil häufig keine Genehmigungen von einer übergeordneten Schulaufsicht eingeholt werden müssen. Erfolgreiche Strategien – oder solche, die für erfolgreich gehalten werden – können sich so, ähnlich wie Ideen in einer sozialen Bewegung, schnell verbreiten.

In Bewegungen kann das Pendel bekanntlich in verschiedene Richtungen ausschlagen. In den USA gibt es zum einen den „Cult of Efficiency" (Callaghan, 1964), der eng mit der hohen Bedeutung von *Measurement* als entscheidendem Mittel zur Feststellung von Lernständen und Verteilung der Schülerinnen und Schüler auf verschiedene Bildungsangebote der Gesamtschule verbunden ist. Aber es gibt auch eine gegenläufige Tradition zu diesem stark betriebswirtschaftlich geprägten Schulverständnis, die von John Deweys Werk (Dewey, 1944) und seinem Einfluss auf die amerikanische Schule zum Ausdruck gebracht wird. Ideen wie schülerzentriertes Lernen, subjektive Sinnverarbeitung, kritische Auseinandersetzung mit der Lebenswelt, Handlungsautonomie und Verbindung der Lehrenden mit der Lebenswelt der Lernenden setzen Akzente für Schulentwicklung, die der Handlungslogik der „effizienten Schule“ diametral gegenüber stehen.

4. Konzepte der Schulentwicklung

Das Spektrum der Ideen zur Schulentwicklung soll in diesem Aufsatz mit einer Diskussion von sechs verschiedenen Ansätzen erfasst werden, die mit den Begriffen ‚Effektive Schulen‘, ‚Umstrukturierung und Mitbestimmung‘, ‚Umfassendes Organisationsdesign‘, ‚Systemische Reform‘, ‚Initiativen für soziale Gerechtigkeit‘ und ‚Fortlaufende Verbesserung‘ markiert werden können.[2] Diese sechs Begriffe umschreiben Reformbewegungen oder -initiativen, die von den späten 1970er Jahren bis heute Akzente in der Schulentwicklung gesetzt haben.

4.1 Effektive Schulen

School Improvement im Sinne eines abgrenzbaren Reformbegriffes hat seine Wurzeln im Effektivitätsparadigma der US-amerikanischen Bildungswissenschaften. *Effective school research* entwickelte sich in den späten 1970er Jahren als Antwort der Bildungsforschung auf die These, Unterschiede in Schülerleistungen seien in erster Linie auf sozioökonomische Merkmale, nicht aber auf schulische und unterrichtliche Faktoren zurückzuführen (vgl. Coleman, 1966). Empirische Befunde, die den Zusammenhang zwischen Ergebnissen in standardisierten Leistungstests und organisationalen bzw. unterrichtlichen Merkmalen herstellten, zeigten dagegen die zentrale Bedeutung der Schulen auf (Brophy & Good, 1986; Edmonds, 1979; Lezotte & Bancroft, 1985; Rosenshine, 1983). Den „effektiven“ Schulen gelang es gemäß den „Effective Schools“-Studien, auch Schülerinnen und Schülern mit ungünstigeren Herkunftsmerkmalen zumindest grundlegende Kompetenzen zu vermitteln. Ein einfaches Handlungsmodell kristallisierte sich während der Frühphase der Bewegung in fünf Effektivitätsfaktoren heraus: Management des Unterrichtsprogramms durch die Schulleitung, ein Fokus auf den Unterricht, ein sicheres Schulklima, hohe Leistungserwartungen sowie Leistungsmessung und Evaluation.

Die Befunde dieser frühen Forschung zur effektiven Schule verbreiteten sich in den USA der 1980er Jahre schnell über Schulen, Schulbezirke und Bundesstaaten (Odden & Dougherty, 1982), resultierten in einer Vielzahl von Weiterbildungs- und

2 In der amerikanischen Literatur finden sich diese Begriffe: Effective Schools, Restructuring and Shared Decision Making, Comprehensive School Reform Design, Systemic Reform, Social Justice Leadership, Continuous Improvement.

Trainingsprogrammen für Schulen in kritischer Lage und riefen externe Berater auf den Plan. Zentrale Akteure der Schulentwicklung wurden die Manager des Implementationsprozesses; dies betraf vor allem Schulleitungen als *Instructional Leaders* (Hallinger & Murphy, 1985).

Bereits zu diesem Zeitpunkt wurden die meist schablonenhaften Ansätze zur Effektivierung scharf kritisiert (Cuban, 1984). Befürchtet wurde eine zu starke Ausrichtung an Basiskompetenzen, wodurch Inhalte eingeschränkt und die Komplexität von Unterricht reduziert würden. Kritiker plädierten stattdessen für eine Professionalisierung der Lehrkräfte (Darling-Hammond, 1985; Lieberman, 1988). Zudem ließ sich aus den Ergebnissen zwar ableiten, was effektive von weniger effektiven Schulen unterscheidet, nicht jedoch, wie man nicht effektive in effektive Schulen umwandelt.

In der Folge mehrten sich Stimmen, welche den hochkomplexen prozessualen Charakter von Schulentwicklung und die Relevanz subjektiver Bedeutungszuschreibungen durch die an der Implementation beteiligten Akteure hervorhoben (Fullan, 1982). Größere Längsschnittstudien (z.B. Huberman & Miles, 1984) zeigten auf, dass die Implementation neuer Ideen im Zusammenspiel verschiedener Faktoren erfolgte, unter denen sich neben passgenauen Unterstützungsstrukturen vor allem die Kommunikation zwischen den Organisationsebenen und die Zustimmung und Teilnahme der Lehrkräfte als zentral erwiesen. Allerdings wurde Schulentwicklung auch während dieser Phase, in der Lehrkräfte erstmals selbst als *Change Agents* wahrgenommen wurden, weiterhin als Prozess einer durch die Administration gemanagten Implementation extern entwickelter Ansätze definiert.

Zu einer tatsächlichen Verbesserung von Schulen konnten die Ansätze dieser Phase kaum beitragen. Schulen wurden nun, da einige Organisations- und Unterrichtsmerkmale identifiziert waren, die zu besseren Testresultaten in Basiskompetenzen führten, dennoch nicht auf die Schnelle besser. Die *Effective Schools*- und Unterrichtsforschung hat in der Folgezeit elaboriertere Modelle und eine – auch international – solide Forschungsgrundlage gebildet.[3] Eine zentrale Erkenntnis war die, dass Schul*entwicklung* eigene Modelle benötigte, welche die Komplexität organisationaler und unterrichtlicher Veränderung abbilden konnten. Kenntnis dessen, was eine Organisation effektiv macht, macht sie noch lange nicht effektiv.

4.2 Umstrukturierung und Mitbestimmung

In Anbetracht der zentralen Bedeutung der Lehrkräfte für eine gelingende Implementation von Verbesserungsstrategien wurden in den späten 1980er Jahren verstärkt Einbezug und Professionalisierung der Lehrkräfte in den Vordergrund gerückt. Erweiterte Schulautonomie und partizipative Entscheidungsstrukturen sollten interne Kapazitäten mobilisieren, das Engagement der an den Veränderungen maßgeblich Beteiligten erhöhen und das Schulklima verbessern (Elmore, 1990; Lieberman, 1988). Ein For-

3 Vgl. im Überblick die Special Issue „A state-of-the-art review – educational effectiveness, teacher effectiveness and professional learning, and school and system improvement" in *School Effectiveness and School Improvement* (Band 25, Heft 2)

schungsbericht, der für die National Governors Association angefertigt wurde, stellte fest, dass „innovation and hence change are stifled by strong central (Schulbezirk und Schulleitung – d. Verf.) control and direction, and therefore [...] those closest to the students should be free, within limits, to create environments appropriate to their unique student populations and circumstances“ (David, Purkey & White, 1989, S. 26). Gleichzeitig versuchte die Bildungspolitik, die Professionalisierung von Lehrkräften zu stärken. Das vom Bund geförderte National Board for Professional Teaching Standards (NBPTS) etwa bot Lehrkräften die Möglichkeit, sich mit prestigereichen National Board Certifications auszeichnen zu lassen.

In diesem Kontext begannen auch die Schulbezirke, Lehrkräfte stärker einzubinden. Schulen und Lehrkräfte erhielten größere Autonomie bei der curricularen und unterrichtlichen Gestaltung ihrer Arbeit. Mitbestimmungsorgane und -teams bildeten sich in vielen Schulen und Schulbezirken. Es wurden Ansätze für Unterrichtsgestaltung entwickelt, die die Schüler- und Lebensweltorientierung stärker in den Vordergrund rücken sollten (Newman & Wehlage, 1995). Der Schwerpunkt dieser Reformversuche lag in Großstädten, in denen sich die meisten Schulen in sozialräumlich deprivierter Lage befanden. So war z.B. die Stadt Miami Vorreiter der Umstrukturierungsbewegung.

Empirische Befunde zeigten jedoch sehr bald, dass die Lehrkräfte die Mitbestimmung zwar in der Regel als sehr positiv wahrnahmen, ihre unterrichtlichen Verbesserungsstrategien aber eher auf Oberflächlichkeiten abzielten (Elmore, Peterson & McCarthey, 1996; Louis, Marks & Kruse, 1996). Wenn das Ziel von Schulentwicklung in der Veränderung der Tiefenstruktur des Unterrichts lag, so die Schlussfolgerung der Forschung, war es demnach nicht ausreichend, den Lehrkräften lediglich mehr Autonomie zuzugestehen, wenn deren Blick nicht auch gleichzeitig auf ebendiese Tiefenstruktur gelenkt würde.

4.3 Umfassendes Organisationsdesign

In den späten 1980er Jahren bildeten sich Schulentwicklungsnetzwerke um renommierte Bildungsforscher (z.B. Ted Sizer, Robert Slavin und Henry Levin), die eine Verbindung zwischen Curriculum- und Unterrichtsentwicklung mit Ideen für Veränderungen auf Schulebene herstellen wollten. Schulen aus allen Teilen der USA schlossen sich Netzwerken wie *Essential Schools*, *Success for All Schools* oder *Accelerated Schools* an, in denen die Schwächen der Umstrukturierungs- und Mitbestimmungsbewegung durch die Integration von Lehrerpartizipation und systematischer Bearbeitung curricularer und unterrichtlicher Fragen überwunden werden sollten.

Im Jahre 1991 erhielt der Ansatz mit Gründung der New American Schools Development Corporation (NASDC), die durch die CEOs mehrerer großer Unternehmen forciert und politisch von Demokraten und Republikanern gleichermaßen unterstützt wurde, einen stärker unternehmerisch geprägten Anstrich. Das Ziel der privaten, aber gemeinnützigen Organisation NASDC bestand darin, ein im privaten Sektor erfolgreich genutztes Forschungs- und Entwicklungsmodell auch im Bildungssystem zu etablieren. Neue und mitunter „revolutionäre" Ansätze einer umfassenden Schulentwicklung, die sowohl Curriculum und Unterricht, als auch Fort- und Weiterbildung sowie die professionelle Zusammenarbeit der schulischen Akteure umfassten, sollten den Schulen zu neuem Glanz verhelfen. In einem kompetitiv orientierten Verfahren entwickelten Forschungsinstitute Reformideen für Schulen, aus denen die NASDC die vielversprechendsten auswählte und finanziell unterstützte.

Die NASDC entwickelte sich damit zu einer Art „Risikokapital-Anleger" für das Bildungssystem, der seine Investments regelmäßig evaluierte und nur erwiesenermaßen effektive Designs weiterfinanzierte (Mirel, 2002). Die grundlegende Idee war, dass externe Experten (in der Regel aus Universitäten) *Comprehensive Reform Designs* entwickelten, deren Effekte auf Schülerleistungen mit wissenschaftlichen Standards evaluiert und damit validiert werden könnten (Slavin & Fashola, 1998), bevor sie anschließend über die Netzwerke in die Schulen gelangten. In den Schulen mussten die Programme zwangsläufig eins zu eins umgesetzt werden, um die im Prototyp erzielten Erfolge auch messbar reproduzieren zu können. Die Bewegung erhielt 1997 zusätzliche Schubkraft, als die Bundesregierung von Washington aus begann, erhebliche Fördergelder an Schulen zu verteilen, die das als effektiv befundene Schuldesign übernahmen. Wie schon bei den vorhergehenden Schulentwicklungsansätzen waren wieder Großstädte mit ihrer hohen Anzahl an Schulen in sozialräumlich deprivierter Lage die Adressaten, und es waren Großstädte, die für die NASDC und ihren Ansatz von „comprehensive school reform design" die Experimentierfelder abgaben, wie z.B. die Stadt Memphis mit ihrem hohen Anteil an Afroamerikanischen Familien mit niedrigem Einkommen.

Entsprechend wurde diese Phase der Schulentwicklung in großem Umfang wissenschaftlich begleitet. Frühe Evaluationen zeigten allerdings auf, dass der Effektivitätsanspruch der Programme – und zwar insbesondere derjenigen, die von der NASDC ausgewählt wurden – höchstens auf oberflächlicher Forschung basierte (American Institute for Research, 1999). Längerfristige Evaluations- und Implementationsstudien verdeutlichten, dass die als „comprehensive", also umfassend konzipierten Reformansätze in den Schulen alles andere als umfassend umgesetzt wurden. Stattdessen offenbarte sich eine oftmals eher symbolische, fragmentierte Umsetzung. Die Komplexität eines umfassenden Mehrebenenansatzes, lokale Politik, wechselnde und kaum aufeinander abgestimmte Prioritäten von Staat, Schulbezirk und Schulen sowie Diskrepanzen zwischen den Designs oder Programmen und den tatsächlichen Bedürfnissen der Schulen standen einer umfassenden Implementierung im Wege. Eine nachhaltigere Implementation der Programme zeigte sich nur dann, wenn die Lehrkräfte sich mit dem Kern der Programme nachhaltig identifizieren konnten und diese selbstständig in ihre eigene Arbeit integrierten (Berends, Bodilly & Kirby, 2002; Datnow et al., 2003).

Eine vertiefte Analyse der Comprehensive School Reform aus der Perspektive der Netzwerkzentralen findet sich bei Cohen et al. (2013). Ihre Studien illustrieren die schwierige Aufgabe der Netzwerke auf eindrucksvolle Weise. Die Inkonsistenz lokaler Bildungspolitik und hohe Fluktuation bei Schulleitungen und Lehrkräften, die in Schulen in sozialräumlich deprivierten Kontexten in den USA keine Seltenheit ist (vgl.

Murphy & Meyers, 2008), sorgten dafür, dass die Implementierung in den über die gesamten USA verteilten Netzwerkschulen eher schwach ausfiel und Weiterbildungen keine längerfristigen Wirkungen entfalten konnten. Um trotz dieser Fluktuation das Fortbestehen der Programme in den Schulen zu ermöglichen, wurden externe Coaches eingesetzt, die in engem Kontakt mit der Netzwerkzentrale standen, viel reisen mussten und innerhalb der Schulen die Arbeit am Programm strukturieren sollten, ohne dabei aber über Weisungsbefugnisse zu verfügen. Je größer die Netzwerke wurden, desto schwieriger gestaltete sich jedoch die Aufgabe, die Integrität der Designs zu erhalten.

Für Designs oder Programme, die den Schulen ohnehin nur eine grobe Orientierung vorgaben, innerhalb derer sie flexibel gestalten konnten, war dies weniger ein Problem als für Programme, innerhalb derer die Arbeit der Lehrkräfte strenger reglementiert werden sollte. In einer quasi-experimentellen Large-Scale-Studie, in der Correnti und Rowan (2007) die Auswirkungen von drei Programmen mit unterschiedlich viel Freiraum bei der Umsetzung auf das Lehrerhandeln im Unterricht verglichen, zeigte sich, dass Programme, die präzisere Handlungsanweisungen beinhalteten und eine engmaschige Unterstützung der Lehrkräfte bei der Umsetzung anboten, das Unterrichtshandeln stärker beeinflussen konnten als ein flexibleres Programm, welches auf die Mobilisierung der Professionalität von Lehrkräften setzte. Die erstgenannten Programme hatten allerdings, wenig überraschend, auch eine Engführung des Unterrichts auf die in den Programmen besonders fokussierten Kompetenzen zur Folge.

Aus dieser Zeit der Schulentwicklung lassen sich zwei unterschiedliche Schlussfolgerungen ableiten. Einerseits zeigen die Ergebnisse der wissenschaftlichen Begleitung auf, dass gut strukturierte Programme mit klarem Fokus auf Unterricht, mit einem die Professionalisierung der Lehrkräfte unterstützenden Rahmen und mit einer wohlwollenden lokalen Bildungsadministration durchaus Veränderungen der Unterrichtskultur bewirken können. Andererseits wurde auch deutlich, dass Schulentwicklungsprogramme, die nicht ein Teil, sondern eine von außen kommende Ergänzung der lokalen Bildungspolitik sind, zur Sisyphusarbeit werden können, wenn die Schulen wie im dezentralisierten System der USA in lokale Governancestrukturen und Bildungstraditionen eingebettet sind, die nur kleinschrittige Veränderungen zulassen.

4.4 Systemische Reform

Die *Comprehensive School Reform*-Phase, die auf Ebene der Programmentwicklung auf Marktmechanismen, bei der Implementation dagegen auf Netzwerke setzte, wurde zuerst auf staatlicher, dann nationaler Ebene ab Ende der 1990er Jahre durch eine andere Steuerungsform verdrängt. Diese forderte von den Schulen Rechenschaft über die Qualität ihrer Arbeit. Allgemeingültige Standards für kognitive Lernziele wurden für die Kernfächer formuliert und mithilfe von High Stakes Tests überprüft. Anders als im Rahmen der auf Vielfältigkeit und Wettbewerb ausgelegten Formen der markt- und netzwerkorientierten Schulentwicklung forderte der neue „Accountability"-Ansatz damit von den Schulen vor allem eine Anpassung an einheitliche staatliche Standards.

Dabei änderte sich auch der Mechanismus, über den die Mitarbeit der schulischen Akteure erreicht werden sollte.

Ein viel beachteter Aufsatz von Richard Elmore (1996) hatte auf das Problem früherer Reformansätze verwiesen. Schulentwicklung, so Elmore, hatte sich bislang auf die intrinsische Motivation der vermeintlich lern- und entwicklungswilligen Lehrkräfte verlassen, obwohl diese besonders motivierten Lehrkräfte nur eine Minderheit ausmachten und zudem in einzelnen exemplarischen Schulen isoliert waren. Die Mehrheit der Lehrkräfte sei dagegen nicht an Entwicklung interessiert, solange die eigene Arbeit den im institutionellen Rahmen von Schule etablierten Normen und Werten entspräche. Elmore plädierte dafür, „strong external normative structures for practice" (Elmore, 1996, S. 18) zu entwickeln und gute Praxis durch Anreizsysteme, die oberhalb des lokalen Bildungssystems angesiedelt waren, anzuregen.

Die praktische Umsetzung dieser Idee kulminierte in der standardbasierten Reform des Schulsystems (Smith & O'Day, 1990) und *High Stakes Accountability*. In diesem Kontext wurden zunächst in den Bundesstaaten Rechenschaftssysteme entwickelt, die auf standardisierten Leistungstests, quantitativen Leistungszielen, vorgegebenen Unterrichtsmaterialien und Belohnungen bzw. Sanktionen für das (Nicht-)Erreichen der Leistungsziele fußten. Als 2001 das *No Child Left Behind*-Gesetz (NCLB) von der Bundesregierung verabschiedet wurde, etablierte sich landesweit eine Form der Steuerung, die Schulentwicklung nicht als schulische, sondern als *systemische* Aufgabe konzipierte und damit den Staat als legitimen Steuerungsakteur und ein auf Staatenebene, wenn nicht sogar Bundesebene einheitliches Schulsystem als Lösungsansatz in den Vordergrund rückte.

In einem Zeitraum von 13 Jahren sollte das Gesetz mit Hilfe von Leistungsmessung und Anreizen sowie staatlich vorgegebenen Unterrichtsmaterialien und Weiterbildungen dazu beitragen, die Leistungsdiskrepanzen im Schulsystem zu reduzieren. Ein Jahr nach Ablauf dieser Frist wurde das Gesetz aufgehoben. NCLB hatte kaum zu einer Stärkung der Unterrichtsqualität oder zur Minderung von Leistungsungleichheiten zwischen Armen und Reichen und zwischen den Ethnien geführt. Stattdessen wurde eine hohe Anzahl an Schulen sowie ganze Schulbezirke als mangelhaft oder ‚in need of corrective action' eingestuft, insbesondere wenn Staaten sich weigerten, ihre Standards zu senken, um Wachstum vorzutäuschen (Koretz, 2009; vgl. im Überblick Mintrop & Sundermann, 2009). Unter dem Druck, die gesetzten Wachstumsziele zu erreichen, setzten viele Schulbezirke darauf, Unterricht und interne Benchmark-Leistungsüberprüfungen eng auf die staatlichen Tests auszurichten, begleitet von einer sich stark aufblähenden Beraterindustrie. Eine vermeintlich sichere, da nicht auf Motivation oder Kompetenzen der Lehrkräfte angewiesene Strategie war der Einsatz von engmaschigen Unterrichtsprogrammen, die wie Drehbücher das Unterrichtsgeschehen vorgaben und vor allem im Primarbereich sowie in den ersten Jahren des Sekundarbereichs eingesetzt wurden. Lehrkräfte sollten diese „evidenzbasierten" Programme detailgetreu umsetzen und somit deren vermeintliche Erfolge replizieren.

In der Rückschau lassen sich über die Auswirkungen von High Stakes Accountability-Systemen auf Schulentwicklung divergierende Resümees ziehen. Zum einen hat der systemische Ansatz von Schulentwicklung im großen Stil Veränderungen im

Kern des Unterrichtsgeschehens evoziert. Standards, Zielvorgaben und Leistungsmessung, Anreizsysteme und – was in Deutschland kaum thematisiert wurde – standardbasierte Lehrpläne, Schulbücher und Unterrichtskonzepte waren in der Lage, steuernd auf Unterricht einzuwirken. Zum anderen haben sich aber ebenfalls immense „Nebenwirkungen“ (Bellmann & Weiß, 2009) bzw. nicht intendierte Wirkungen dieses Steuerungsversuches herauskristallisiert. Beides gilt aber vornehmlich für Schulen, die schon vor NCLB als Schulen in schwieriger Lage ausgewiesen waren und die von daher unter dem größten Druck standen, Testresultate zu erhöhen. Vor diesem Hintergrund ist NCLB auch in der deutschen Bildungsforschung zum Sinnbild für einen gescheiterten Ansatz der Schulsteuerung geworden. Weil keine direkte Kopplung zwischen der Leistungsmessung und einem anspruchsvollen Fachunterricht bestand, bestärkte das unter NCLB etablierte Anreizsystem vor allem schulische Normen und Routinen, die nicht vertieftes Lernen zum Ziel hatten, sondern „Schleichwege“ zu verbesserten Testresultaten.

NCLB, als radikales Großexperiment der Bundesregierung, Ungleichheiten mit Methoden des modernen privatwirtschaftlichen Managements zu beheben, wurde nach seinem Auslaufen nicht mehr fortgeführt. Die Verantwortung für die Regelung von Anreizen und Sanktionen liegt inzwischen wieder in den Händen der einzelnen Bundesstaaten. Das Scheitern des Experiments sollte allerdings nicht so verstanden werden, dass Standards, Tests, Zielsetzung, Messung und Anreize keine Rolle in der Schulentwicklung mehr spielen. Diese Instrumente haben sich als außerordentlich wirkungsvoll erwiesen, den Unterricht zu formen. In der NCLB-eigenen Kombination haben diese Wirkungen allerdings in die falsche Richtung geführt. Die Frage ist daher, ob es eine Schulentwicklung geben kann, in der Standards und extrinsische Formen der Motivation genutzt werden können, ohne die negativen Auswirkungen von High Stakes Accountability zu produzieren.

Um diese Frage zu beantworten, lohnt es sich, einen Blick auf Schulentwicklungsansätze zu werfen, die sich auf Schulbezirks- und Schulebene im Schatten von systemischer Reform als kritische Alternative zu einer auf Rechenschaft mit Konsequenzen angelegten Effizienzorientierung entwickelt haben.

4.5 Social Justice Leadership

Einer dieser Ansätze ist *Social Justice Leadership*. Schulentwicklung setzt hierbei nicht am Effizienzdiskurs an, sondern an einer kritisch-humanistischen Perspektive. Das Ziel des Ansatzes besteht darin, institutionelle Strukturen und gesellschaftliche Realitäten und deren Beitrag zur Reproduktion gesellschaftlicher Ungleichheiten zu thematisieren (Brown, 2006). In seinem theoretischen Überbau ist der Ansatz somit anschlussfähig an die deutschsprachigen Ansätze der institutionellen Diskriminierung (z.B. Gomolla & Radtke, 2009), geht allerdings hier weiter, indem aus ihm Richtlinien für die Schulentwicklung abgeleitet werden. Im Kern steht dabei die Verpflichtung insbesondere der Akteure in Leitungspositionen (denn auch hier ist das Grundprinzip das der gemanagten Schulentwicklung) auf Prinzipien der Bildungsgerechtigkeit, um existierende Normen und Routinen im Umgang mit ethnischer Herkunft, Gender, sexueller Orientierung oder Behinderung aufzubrechen (Shields, 2004) und eine gerechtigkeitssensiblere, inklusivere Schul- und Unterrichtskultur zu etablieren (Ladson-Billings, 1995).

Während sich viele Social Justice-Ansätze explizit als Gegenbewegung zu High Stakes Accountability verstehen, finden sich auch integrierte Ansätze, in denen die Entwicklung der Schulkultur mit einer Steigerung von Testergebnissen verbunden wird. Gleichwohl stehen auch hier Exklusionsprozesse sowie die dafür verantwortlichen Überzeugungen und Denkmuster von schulischen Akteuren im Vordergrund (Reyes, Scribner & Scribner, 1999).

Dass Social Justice Leadership wirkungsvoll für die Schulkultur sein kann, z.B. im Hinblick auf Dispositionen von Lehrkräften gegenüber benachteiligten Schülern und Schülerinnen, ist in verschiedenen Studien empirisch beschrieben worden (z.B. Theoharis, 2007). In Anbetracht der Komplexität, die eine bewusste Veränderung von tief verwurzelten Einstellungen und Werten mit sich bringt, ist es jedoch schwierig, Effekte jenseits von subjektiven Zeugnissen und Beschreibungen empirisch zu belegen.

4.6 Die Schule als fortlaufend lernende Organisation

Ein ganz anderer Ansatz der Schulentwicklung, der sich ebenfalls inmitten der Accountabilitysysteme entwickelt hat, wendet sich weniger gegen das Effektivitätsparadigma als vielmehr gegen die Perspektive eines extern gesteuerten, auf Einheitlichkeit setzenden Schulentwicklungsansatzes. *Design-based School Improvement* greift zwar Elemente von evidenzbasierten Reformansätzen und datengestützter Organisationsentwicklung auf, deren Komplexität wird jedoch reduziert bzw. in kleine, leichter verdauliche Einheiten geteilt. Ebenfalls erhalten bleibt die Idee des Designs, d.h. die Idee, dass es möglich ist, Schulentwicklungsprozesse als Antwort auf wiederkehrende zentrale Probleme der Praxis zu konzipieren, die in groben Schritten bestimmten Design-Prinzipien und Interventionsmustern folgen. Jede Schulentwicklung ist kontextabhängig, aber die Designs, die in wiederholten Iterationen in den verschiedensten Kontexten entstehen, bieten praktisches Designwissen, das bei Lösungen von Problemen eingesetzt und *bottom-up* „wiederentdeckt" werden kann.

Die Entwicklung der Interventionen findet allerdings, anders als in der Comprehensive School Reform, nicht am Reißbrett irgendwelcher Universitäten statt, sondern in enger Zusammenarbeit mit den am Prozess beteiligten Akteuren und unter Berücksichtigung ihrer spezifischen Routinen, ihrer Praxis, und ihrer konkreten Fähigkeiten und Fertigkeiten. Schulen sind damit nicht nur als Ort der Implementation konzeptualisiert, sondern Teil einer „Co-Design"-Partnerschaft zwischen Praxis, Bildungspolitik und Forschern (Coburn, Penvel & Geil, 2013; Fishman et al., 2013; Mintrop, 2016). Der Ansatz ist damit anschlussfähig an in Deutschland in neuerer Zeit diskutierte Ansätze der gestaltungs- und entwicklungsorientierten Bildungsforschung (z.B. Reinmann & Sesink, 2014; Tulodziecki, Herzig & Grafe, 2014).

In den USA haben sich in den letzten Jahren mit Ansätzen wie *Design-based School Improvement* und *Improvement Science* erste Ansätze einer neuen Architektur der Schulentwicklung herausgebildet, für deren Weiterentwicklung insbesondere die Carnegie Foundation for the Advancement of Teaching eine zentrale Rolle spielt (Bryk, Gomez, Grunow & Mathieu, 2015).[4] Entwicklungsziele werden nicht normativ an einem extern formulierten Ideal oder quantitativen Leistungsziel ausgerichtet, sondern an den spezifischen Entwicklungsbedarfen von betroffenen Schulen und ihnen übergeordneten Schulbezirken. Alle Veränderung von Praxis ist im Kern ein Lernprozess, der sich in Anlehnung an sozio-kulturelle Lerntheorien in der „Zone der nächsten Entwicklung" abspielt, also zwischen solchen Zielen, welche die schulischen Akteure ohne fremde Hilfe und solchen, die sie mit Unterstützung von außen bewerkstelligen können. Was die Akteure in den Entwicklungsprozess investieren müssen, darf weder ihre Kompetenzen, noch die verfügbare Zeit, Energie und andere Ressourcen übersteigen und sollte innerhalb ihrer Möglichkeiten, mit gegenseitiger und externer Unterstützung, im „next level of work" (City, Elmore, Fiarman & Teitel, 2009; vgl. auch Mintrop, 2016) erreichbar sein.

Design-based School Improvement besteht aus systematischer Recherche, die sowohl Forschungsbefunde als auch Praxiswissen und Implementationserfahrungen umfasst. In multifunktionalen Teams werden kleinschrittige Entwicklungsideen oft auf mehreren Organisationsebenen gleichzeitig erarbeitet und in relativ kurzen, schnell aufeinander folgenden Zyklen im „Trial and Error"-Verfahren getestet. Dieser Lernprozess wird systematisch auf Basis wissenschaftlicher Standards ausgewertet. Die Ergebnisse der Auswertung fließen in die Weiterentwicklung der Ideen. Um die „Verbesserung" messen zu können, werden Messgrößen entwickelt, die Ergebnisse quantifizieren oder zumindest standardisieren. *Improvement Science* ist ein Konzept, welches aus dem Gesundheitswesen in das Bildungswesen übernommen wurde. Anders als das Bildungswesen ist das Gesundheitswesen aber reichhaltiger an Prozessdaten und messbaren Prozessen. Design-based School Improvement steht daher oft vor der Herausforderung, Messgrößen für formative, weichere und auf der kulturellen Ebene ablaufende Prozesse zu entwickeln, die charakteristisch für Schul- und Unterrichtsentwicklung sind.

Über Lernnetzwerke (*Networked Improvement Communities*, NICs) können kollektive Lernprozesse zu einem gemeinsamen Problem beschleunigt werden (vgl. Bryk et al., 2015, Kapitel 6). Diese NICs bearbeiten ein gemeinsames Problem, sind an einem vertieften Verständnis des Problems interessiert, nutzen heuristische Methoden und die Instrumente der Improvement Science, um das Problem zu lösen, und unterstützen die Verbreitung erfolgreicher Ideen im Netzwerk (Bryk et al., 2015, S. 144).

Design-based School Improvement oder Improvement Science setzt sich explizit von der sanktionsorientierten ‚Lerntheorie' des Accountabilityansatzes ab. Der Fokus liegt nicht auf „naming and shaming", sondern auf der Veränderung von Routinen in durchschnittlichen Schulen, um über die Optimierung von alltäglichen Prozessen eine Verbesserung der Ergebnisse erreichen zu können. Inwiefern es tatsächlich ge-

4 Vgl. auch http://www.carnegiefoundation.org/our-ideas/, [08.05.2016]

lingt, mit dem Ansatz Schulen ohne Druck nachhaltig zu verändern, lässt sich zum jetzigen Zeitpunkt noch nicht sagen.

5. Diskussion

In einem kurzen Aufsatz wie diesem fällt es schwer, einen umfassenden und alle Facetten beleuchtenden Einblick in die Schulentwicklungskonzepte eines so vielschichtigen Landes wie den USA zu bieten. Vor diesem Hintergrund haben wir uns auf die wichtigsten Strömungen und Phasen der Schulentwicklung beschränkt. Andere Ansätze, die aktuelle Entwicklungstrends im Schulsystem kennzeichnen, konnten nicht berücksichtigt werden, sind deshalb aber nicht weniger relevant. Hierzu gehören beispielsweise die aktuelle Popularität von *Professional Learning Communities* (vgl. Louis & Kruse, 1995), die Einrichtung von teilprivaten *Charter Schools*, die das Konzept der manageriellen Führung und der Designkonkurrenz noch weiter ausbauen, oder das *Small Schools Movement*, das darauf abzielt, große Schulen in kleinere, personalisierte Einheiten oder spezialisierte „Akademien" aufzuteilen.

Wir haben die hier skizzierten Ansätze der Schulentwicklung bewusst herausgegriffen, weil sie zentral für die Genese und das Verständnis aktueller Entwicklungsbestrebungen in den staatlichen und lokalen Schulsystemen der USA sind. Die Literatur zu Schulentwicklung aus den USA, die auch in Deutschland stark rezipiert wird, erweckt oft den Eindruck, dass Forschungsergebnisse über die verschiedensten nationalen Kontexte hinweg generalisiert werden könnten. Wir wollten zeigen, wie stark amerikanische Schulentwicklungskonzepte mit den institutionellen Rahmenbedingungen verwoben sind. Schulentwicklung in den USA hat ihre Wurzeln in den Ideen rationalen Managements, in Effizienz, unternehmerischer Zielsetzung und Leistungsüberprüfung. Einige Ansätze beziehen sich explizit auf diese Traditionen, wie etwa die Idee der Effective Schools oder der Test-based Accountability. Andere, wie die Mitbestimmungs- und Restrukturierungsbewegungen der 1980er Jahre oder der Social Justice-Ansatz entziehen sich dieser Logik und werden vielleicht deswegen auch immer wieder wegen mangelnder empirischer Beweise in ihren positiven Wirkungen hinterfragt. Design-based School Improvement versucht eine Synthese zwischen System-Effektivität und lokalem Engagement. In allen Konzepten ist aber die Frage nach der empirischen Wirksamkeit und der Rationalität von Bildungsprozessen ein legitimer Unterbau des Selbstverständnisses von Schulentwicklung und Schulsteuerung.

Ebendieses Verständnis der Rahmenbedingungen von Schule und der Triebkräfte von Schulentwicklungsbewegungen ist relevant, um die Konzepte in landesspezifische Gelingens- und Misslingensbedingungen einzuordnen und für den deutschen Kontext nutzbar zu machen. Anders als in den USA hat Schule in Deutschland immer bedeutet, dass gut ausgebildete Lehrkräfte auf Basis ihres Professionswissens autonom Entscheidungen in komplexen fallartigen Situationen treffen können (Rolff, 1992; Thiel, 2008). Neu hinzugekommen ist, dass diese Entscheidungen durch „objektive" Daten unterfüttert werden sollen, dass sich Schulleitungen als Führung und Schulen als Organisationeinheiten neu definieren sollen und dass der Staat nicht nur regulierend, sondern auch verstärkt evaluierend, beratend und unterstützend in Erscheinung treten soll. Im Zentrum stehen aber auch hier weiterhin die Akteure *in* den Schulen, und ganz besonders die Lehrkräfte. Entgegen der Reformrhetorik, die oftmals ähnlich klingt wie die Diskussionen in den USA, sind die institutionellen Rahmenbedingungen von Schule in Deutschland trotz einer teilweisen Rationalisierung von Schulentwicklung und Steuerung weit davon entfernt, dem System von gestaltendem Management und Kontrolle in den USA zu entsprechen. Aus der US-amerikanischen Perspektive ist die deutsche Situation bis dato eine „management reform without managers" (Mintrop, 2015).

Die richtige Mischung zwischen externen Impulsen und internen Lernprozessen ist ein schwieriges Unterfangen in der Schulentwicklung, und zwar unabhängig vom nationalen Kontext. Wenn die Kontrolle zu sehr nach außen verlagert wird, wie es in der NCLB-Phase in den USA passiert ist, ergeben sich leicht interne Defensivhaltung, Demoralisierung und oberflächliches Lernen. Aber auch ein umgekehrtes Muster ist möglich. Wenn eine konservative Lehrerschaft, die im vollen Bewusstsein ihres professionellen Status an hergebrachten Leistungserwartungen festhält und neue Herausforderungen der Umwelt verschläft, die z.B. von veränderten Lebensweisen und neuen kognitiven und kulturellen Bedürfnissen der Schülerinnen und Schüler ausgehen können, dann sind stärkere externe Impulse maßgebend. Externe Impulse sind dann weniger nötig, wenn eine Lehrerschaft in ihrer Mehrheit intrinsisch motiviert ist, kontinuierlich an Schulentwicklung mitzuwirken.

In den USA ist der für Entwicklungsprozesse entscheidende Motor vielfach nicht die Schule selbst, sondern das lokale oder regionale Management. Es ist vor allem die geringe professionelle Selbstregulierung der Lehrkräfte (DeBoer, Enders & Schimank, 2007) in den Schulen, die dazu führt, dass Bildungsadministration, Universitäten, Forschungsinstitute sowie kommerzielle Anbieter deutlich größeren Einfluss auf einzelschulische Entwicklungsprozesse haben als z.B. in Deutschland. Für die USA mag es durchaus zahlreiche Belege dafür geben, dass Leistungsmessung, einheitliche Strategien der Unterrichtsgestaltung, Kohärenz zwischen Standards, Zielen, Unterrichtsmaterialien, und Schulentwicklungsdesigns einen positiven Effekt auf den Unterricht haben können, während Ansätze, die nur auf Lehrermotivation ohne externe Unterstützung setzen, kaum erfolgreich sind. Gleichzeitig wird auch deutlich, dass die Bildungsforschung auch nach einem halben Jahrhundert Forschung noch keine überzeugende Antwort auf die Frage „Was ist wirksam?" gefunden hat. Die Erfahrung mit NCLB hat, wie wir sehen können, gezeigt, dass Leistungsanreize gerade im Kontext einer stark extern gesteuerten Schulentwicklung einen großen Einfluss auf Schulen haben können, dass aber zugleich auch massive nicht intendierte Steuerungswirkungen entstehen können.

Wenngleich die wichtigsten Zutaten – Daten, Organisations- und Unterrichtsdesign und professionelle Weiterbildung – die gleichen bleiben, strebt der neuere Ansatz der kontinuierlichen Organisationsentwicklung im Sinne von Design-based School Improvement bzw. Improvement Science eine bessere Kombination der Zutaten an. Eine klare Spezifizierung organisationaler Lernprozesse, Evidenz und Messung spielen eine große Rolle, sie sind aber verknüpft mit den Erfahrungen, Intentionen, Zielen, Werten und moralischen Absichten von lokalen „Leaders" auf der Unterrichts- und administrativen Ebene, wie sie z.B. in Konzepten des Leadership for Social Justice im Vordergrund stehen. Lern- und Entwicklungsziele werden nicht abstrakt von außen vorgegeben, sondern am Entwicklungsstand der Schule orientiert, im „next level of work". Ideen zur Gestaltung und Verbesserung von Unterricht und Schule werden extern und intern entwickelt. Lehrkräfte sind nicht nur Implementierer, sondern sie arbeiten gemeinsam mit der Schulbezirksadministration und Forscherinnen und Forschern in Netzwerken bzw. Co-design Partnerschaften an Lösungen.

Inwiefern dieser noch junge Ansatz der designbasierten Schulentwicklung in den USA erfolgreich zur Verbesserung von Schulen beitragen kann, bleibt abzuwarten. Für die deutsche Schulentwicklung kann er aus zweierlei Perspektiven hilfreich sein. Zum einen wird ein für die Schule realistisches Entwicklungsziel formuliert statt eines irgendwie gearteten Idealzustandes, wie es in den deutschen Diskursen eher der Fall ist (vgl. Reinmann & Sesink, 2014). Zum anderen ist der Ansatz nicht, wie z.B. die Comprehensive-School-Reform oder die Accountabilitysysteme, auf starke Managementstrukturen in den Schulen angewiesen, sondern bietet den Lehrkräften die Möglichkeit, als Professionelle eigene Ideen und eigenes Wissen in den Gestaltungsprozess einzubringen und gleichberechtigt mit den anderen Partnern zusammenzuarbeiten.

Literatur

van Ackeren, I. & Klein, E. D. (2014). *Woher und wohin – Soziale Herkunft und Bildungserfolg. Zentrale Grundlagen und Befunde der Schulleistungsvergleichsstudien.* Expertise im Auftrag der Wübben-Stiftung. Düsseldorf: Wübben-Stiftung.

American Institutes for Research (1999). *An Educator's Guide to Schoolwide Reform.* Washington, DC: American Association of School Administrators.

Bellmann, J. & Weiß, M. (2009). Risiken und Nebenwirkungen Neuer Steuerung im Schulsystem. Theoretische Konzeptualisierung und Erklärungsmodelle. *Zeitschrift für Pädagogik, 55* (2), 286–308.

Berends, M., Bodilly, S. & Kirby, S. N. (2002). *Facing the Challenges of Whole-school Reform: New American Schools After a Decade.* Santa Monica, CA: Rand.

Berkemeyer, N. (2010). *Die Steuerung des Schulsystems. Theoretische und praktische Explorationen.* Wiesbaden: VS.

Brophy, J. & Good, T. (1986). Teacher Behavior and Student Achievement. In M.C. Wittrock (Hrsg.). *Handbook of Research on Teaching* (3. Aufl., S. 328–275). New York: Macmillan.

Brown, K. M. (2006). Leadership for Social Justice and Equity: Evaluating a Transformative Framework and Andragogy. *Educational Administration Quarterly, 42* (5), 700–745.

Bryk, A. S., Gomez, L. M., Grunow, A. & Mathieu, P. G. (2015). *Learning to Improve: How America's Schools Can Get Better at Getting Better.* Cambridge, MA: Harvard Education Press.

Callaghan, R. E. (1964). *Education and the Cult of Efficiency. A Study of the Social Forces That Have Shaped the Administration of the Public Schools.* Chicago: University of Chicago Press.

City, E. A., Elmore, R. F., Fiarman, S. E. & Teitel, L. (2009). *Instructional Rounds in Education: A Network Approach to Improving Teaching and Learning.* Cambridge, MA: Harvard Education Press.

Cohen, D. K., Peurach, D J., Glazer, J L., Gates, K. E. & Goldin, S. (2013). *Improvement by Design. The Promise of Better Schools.* Chicago: University of Chicago Press.

Coburn, C. E., Penuel, W. R. & Geil, K. E. (2013). *Research-Practice Partnerships. A Strategy for Leveraging Research for Educational Improvement in School Districts.* New York: William T. Grant Foundation.

Coleman, J. S. (1966). *Equality of Educational Opportunity.* Washington, DC: United States Office of Education.

Correnti, R. & Rowan, B. (2007). Opening Up the Black Box. Literacy Instruction in Schools Participating in Three Comprehensive School Reform Programs. *American Educational Research Journal, 44,* 298–338.

Cuban, L. (1984). Transforming the Frog into a Prince. Effective Schools Research, Policy, and Practice at the District Levhuel. *Harvard Education Review, 54* (2), 129–151.

Darling-Hammond, L. (1985). Valuing teachers. The Making of a Profession. *Teacher College Record, 87* (2), 205–218.

Datnow, A., Borman, G. D., Stringfield, S., Overman, L. T. & Castellano, M. (2003) Comprehensive School Reform in Culturally and Linguistically Diverse Contexts: Implementation and Outcomes from a Four-Year Study. *Educational Evaluation and Policy Analysis, 25* (2), 143–170.

David, J. L., Purkey, S. & White, P. (1989). *Restructuring in Progress. Lessons From Pioneering Districts.* Washington, DC: National Governors' Association.

DeBoer, H., Enders, J. & Schimank, U. (2007). *On The Way Towards New Public Management? The Governance of University Systems in England, The Netherlands, Austria, and Germany.* New York: Springer.

Dewey, J. (1944). *Democracy and Education.* New York: Free Press.

Dobbins, M. & Bieber, T. (2014). Bildungspolitik in den USA. In C. Lammert, M. Siewert & B. Vormann (Hrsg.), *Handbuch Politik USA* (Living Refernce Work; S. 1–18). Wiesbaden: Springer.

Edmonds, R.R. (1979). Effective schools for the urban poor. *Educational Leadership, 37* (1), 15–27.

Elmore, R. F. (1990). *Restructuring Schools: The Next Generation of Educational Reform.* San Francisco, CA: Jossey-Bass

Elmore, R. F. (1996). Getting to scale with good educational practice. *Harvard Educational Review, 66* (1), 1–26.

Elmore, R. F., Peterson, P. L. & McCarthey, S. J. (1996). *Restructuring in the Classroom: Teaching, Learning, and School Organization.* San Francisco, CA: Jossey-Bass.

Feldhoff, T. (2011). *Schule organisieren. Der Beitrag von Steuergruppen und Organisationalem Lernen zur Schulentwicklung.* Wiesbaden: VS.

Fend, H. (2008). *Schule gestalten.* Wiesbaden: VS.

Fishman, B. J., Penuel, W. R., Allen, A.-R., Cheng, B. H. & Sabelli, N. (2013). Design-Based Implementation Research: An Emerging Model for Transforming the Relationship of Research and Practice. *National Society for the Study of Education, 112* (2), 136–156.

Fullan, M. (1982). *The meaning of educational change.* New York: Teachers College Press.

Gomolla, M. & Radtke, F.-O. (2009). *Institutionelle Diskriminierung. Die Herstellung ethnischer Differenz in der Schule.* Wiesbaden: VS-Verlag für Sozialwissenschaften.

Hallinger, P. & Murphy, J. (1985). Assessing the Instructional Management Behavior of Principals. *The Elementary School Journal, 86* (2), 217–247.

Holtappels, H. G. (2008). Failing Schools. Systematisierung von Schultypologien und empirischer Forschungsstand. *Journal für Schulentwicklung, 12* (1), 10–19.

Hubermann, A M. & Miles, M. B. (1984). *Innovation up Close: How School Improvement Works.* New York: Springer.

Jakobi, A. P. & Martens, K. (2007). Diffusion durch internationale Organisationen. Die Bildungspolitik der OECD. *Politische Vierteljahresschrift, Sonderband: Transfer, Diffusion und Konvergenz von Politiken*, 247–270.

Kena, G., Musu-Gillette, L., Robinson, J., Wang, X., Rathbun, A., Zhang, J., Wilkinson-Flicker, S., Barmer, A. & Dunlop Velez, E. (2015). *The Condition of Education 2015 (NCES 2015-144).* Washington, DC: U.S. Department of Education, National Center for Education Statistics.

Koretz, D. (2009). *Measuring Up: What Educational Testing Really Tells Us.* Cambridge, MA: Harvard University Press.

Ladson-Billings, G. (1995). Toward a Theory of Culturally Relevant Pedagogy. *American Educational Research Journal, 32* (3), 465–491.

Lee, Y. (2006). *Tracking Achievement Gaps and Assessing the Impact of NCLB on the Gaps: An In-Depth Look into National and State Reading and Math Outcome Trends.* Los Angeles: The Civil Rights Project.

Lezotte, L. W. & Bancroft, B. A. (1985). School Improvement Based on Effective Schools Research. A Promising Approach for Economically Disadvantaged and Minority Students. *The Journal of Negro Education, 54* (3), 301–312.

Lieberman, A. (Hrsg) (1988). *Building a Professional Culture in Schools.* New York: Teachers College Press.

Loeb, S. (2016). *Half the People Working in Schools Aren't Classroom Teachers – So What?* Verfügbar unter: http://www.brookings.edu/research/papers/2016/01/14-half-school-staff-not-teachers-loeb [31.06.2016].

Louis, K. S. & Kruse, S. D. (1995). *Professionalism and Community: Perspectives on Reforming Urban Schools.* Thousand Oaks, CA: Corwin Press.

Louis, K. S., Marks, H. M. & Kruse, S. (1996). Teachers' Professional Community in Restructuring Schools, *American Educational Research Journal, 33* (4), 757–798.

Mintrop, R. (2015). Public Management Reform Without Managers. The Case of German Public Schools. *International Journal of Educational Management, 29* (6), 790–795.

Mintrop, R. (2016): *Design-based school improvement. A practical guide for education leaders.* Cambridge, MA: Harvard Education Press.

Mintrop, H. & Sunderman, G. L. (2009). Predictable failure of federal sanctions-driven accountability for school improvement and why we may retain it anyway. *Educational Researcher, 38* (5), 353–364.

Mirel, J. (2002). Unrequited Promise. *Education Next, 2* (2), 64–72.

Murphy, J. & Meyers, C.V. (2008): *Turning around failing schools. Leadership lessons from the organizational sciences.* Thousand Oaks, CA: Corwin Press.

Newman, F. & Wehlage, G. (1995) *Successful School Restructuring.* Madison, WI: Center on Organization and Restructuring of Schools, University of Wisconsin, Madison.

Odden, A. & Dougherty, U. (1982). *State programs of school improvement: A 50-state survey.* Denver: Education Commission of the States.

OECD (2014). *PISA 2012. Results in Focus: What 15-year-olds know and what they can do with what they know.* Paris: OECD Publishing.

Peterson, P. E., Wößmann, L., Hanushek, E. A. & Lastra-Anadón, C. X. (2011). *Globally Challenged. Are US Students Ready to Compete? The Latest on Each State's International Standing in Math and Reading.* Cambridge, MA: PEPG Report No.: 11–03.

Racherbäumer, K., Funke, C., van Ackeren, I. & Clausen, M. (2013). Datennutzung und Schulleitungshandeln an Schulen in weniger begünstigter Lage. Empirische Befunde zu ausgewählten Aspekten der Qualitätsentwicklung. In I. van Ackeren, M. Heinrich & F. Thiel (Hrsg.), *Evidenzbasierte Steuerung im Bildungssystem? Befunde aus dem BMBF-SteBis-Verbund. Die Deutsche Schule, Beiheft 12* (S. 225–253). Münster: Waxmann.

Reinmann, G. & Sesink, W. (2014). Begründungslinien für eine entwicklungsorientierte Bildungsforschung. In A. Hartung, B. Schorb, H. Niesyto, H. Moser & P. Grell (Hrsg.), *Jahrbuch Medienpädagogik 10. Methodologie und Methoden medienpädagogischer Forschung* (S. 75–92). Wiesbaden: VS-Verlag.

Reyes, P., Scribner, J. D. & Scribner, A. P. (1999). *Lessons from High-Performing Hispanic Schools: Creating Learning Communities.* New York: Teachers College Press.

Rolff, H.-G. (1992). Die Schule als besondere soziale Organisation: Eine komparative Analyse. *Zeitschrift für Sozialisationsforschung und Erziehungssoziologie, 12* (4), 306–324.

Rosenshine, B. (1983). Teaching Functions in Instructional Programs. *The Elementary School Journal, 83* (4), 335–351.

Shields, C M. (2004). Dialogic Leadership for Social Justice: Overcoming Pathologies of Silence. *Educational Administration Quarterly, 40* (1), 109–132.

Slavin, R. E. & Fashola, O. S. (1998). *Show Me the Evidence! Proven and Promising Programs for America's Schools.* Thousand Oaks, CA: Corwin Press.

Slavin, R. E., Karweit, N. L. & Madden, N. A. (1987). *Effective Programs for Students at Risk.* Boston, MA: Allyn & Bacon.

Smith, M. & O'Day, J. (1990). Systemic school reform. *Journal of Education Policy, 5* (5), 233–267.

Taylor, F. W. (1911/2004). *Die Grundsätze wissenschaftlicher Betriebsführung* (Neuauflage). Saarbrücken: Verlag Dr. Müller.

Theoharis, G. (2007). Social Justice Educational Leaders and Resistance: Toward a Theory of Social Justice Leadership. *Educational Administration Quarterly, 43* (2), 221–258.

Thiel, F. (2008). Organisationssoziologische Vorarbeiten zu einer Theorie der Schulentwicklung. *Journal für Schulentwicklung, 12* (2), 31–39.

Tulodziecki, G., Herzig, B. & Grafe, S. (2014). Gestaltungs- und entwicklungsorientierte Bildungsforschung. *Enzyklopädie Erziehungswissenschaft Online.* Weinheim: Juventa.

Tyack, D. B. (1974). *The One Best System. A History of American Urban Education.* Cambridge, MA: Harvard University Press.

II
ANSÄTZE FÜR DIE SCHULENTWICKLUNGSARBEIT

Stefan Brauckmann & Susanne Böse

Picking up the pieces? Zur Rolle der Schulleitung beim Turnaround – Ansätze und empirische Erkenntnisse

1. Einleitung

Für die Arbeit von Schulleitungen haben sich in den letzten Jahren eine Reihe von Veränderungs- und Entwicklungsprozessen ergeben, die fraglos die Qualität ihres schulischen Führungsvermögens betreffen. Dazu zählen vor allem die erweiterten Entscheidungsmöglichkeiten und Gestaltungsoptionen, die Verantwortungsübernahme für die an qualitätsorientierten Bezugsnormen ausgerichtete Entwicklung der Schule sowie die veränderten sozialen, kulturellen und ökonomischen Kontextbedingungen (OECD, 2008). Angesprochen sind damit insbesondere Fragen eines strategischen Managements im Sinne mittel- und langfristiger Schulentwicklung (Davies, 2011). Besonderen Herausforderungen sehen sich in diesem Zusammenhang Schulleiterinnen und Schulleiter an sogenannten „failing schools" (vgl. Huber, in diesem Band) ausgesetzt, indem von ihnen im Rahmen von *turnaround*-Programmen bzw. -Maßnahmen eher kurzfristig Erfolge bei der Qualitätssicherung und -entwicklung solcher Einzelschulen erwartet werden (Calkins, Guenther, Belfiore & Lash, 2007). Die Frage danach, ob mit der Fokussierung auf die Führungskompetenz einer Schulleiterin bzw. eines Schulleiters zugleich eine zentrale Gelingensbedingung für einen nachhaltigen Schulentwicklungserfolg im Kontext eines *turnaround* einhergeht, ist schwer zu beantworten. Die Bedeutung von schulischem Leitungshandeln wird zwar hervorgehoben, die zur Erfüllung der Ziele notwendigen Kompetenzen jenseits der erweiterten rechtlichen Entscheidungskompetenzen sind jedoch oftmals kaum definiert oder folgen einem Kompetenzverständnis, das nicht dem *state of the art* entspricht (Cortina, 2016). Die Annahme, dass mit der Neubesetzung der Leitungsstelle automatisch eine neue Schulpraxis Einzug hält, scheint in diesem Zusammenhang ebenso wenig verständlich. Dennoch erscheint es plausibel anzunehmen, dass Schulleiterinnen und Schulleiter in diesen Veränderungsprozessen aufgrund der ihnen zugeschriebenen Führungsrolle ihre Entscheidungskompetenz entschiedener wahrnehmen, zugleich aber auch moderierend im Hinblick auf die inneren und äußeren Einflüsse von Schule wirken.

Der folgende Beitrag setzt sich vor diesem Hintergrund zunächst mit den Erwartungen an die Wirksamkeit von Leitungshandeln auf die Qualität der Einzelschule auseinander (vgl. Abschnitt 2). Dabei wird das Verhältnis zwischen stärkerer Führungsverantwortung und qualitätssichernder sowie qualitätsentwickelnder Maßnahmen empirisch beleuchtet. Im Anschluss daran soll vorrangig herausgearbeitet werden, welche Aspekte wirksamen Schulleitungshandelns nicht nur in die neu konzipierte *school turnaround*-Systemarchitektur, sondern auch in die Prozessbedingungen alltäglichen Leitungshandelns von *turnaround*-Schulen Eingang gefunden und sich ggf. auch im Hinblick auf die Steigerung der Schulleistungen bewährt haben (vgl. Abschnitt 3). Hierzu werden vorrangig Befunde aus dem angloamerikanischen Forschungsraum berichtet, welcher den Entstehungs- (Duncan-Andrade & Morrell, 2008; Murphy, 2010; National Audit Office, 2006) wie auch Umsetzungskontext (vgl. Duke, 2014) von *turnaround*-Konzepten markiert.

Anschließend wird die Relevanz der vorgestellten empirischen Befunde im Forschungskontext noch einmal bilanzierend diskutiert (Abschnitt 4). Ferner werden dabei weiterführende Überlegungen zur Neujustierung der wissenschaftlichen Betrachtung des Verhältnisses von Neuer Steuerung und *turnaround leadership* angestellt sowie mögliche, daraus resultierende Forschungsdesiderate aufgezeigt. Abschließend werden die dargestellten Ansätze, Konzepte und Befunde zusammenfassend diskutiert (Abschnitt 5).

2. Zur Wirksamkeit von Schulleitungshandeln auf die Qualität der Einzelschule – Einblicke in theoretische Zugänge und empirische Befunde

> „For many Educational Administrators […] scholars the field is seen as chaotic, fragmented and even balkanized, reflecting little agreement on either the important questions or on ways of answering them (Boyan, 1981; Hoy, 1994), and its marvellously ambiguous term, enjoying multiple permutations of meaning across different contexts of use (Prestine, 1995) and potentially a host of audiences“ (Foskett, Lumby & Fidler, 2005). (Oplatka, 2010, S. 40)

Zu diesem wenig schmeichelhaften Urteil gelangt Oplatka (2010) im Hinblick auf das Forschungsfeld der *Educational Administration*, zu dessen Untersuchungsschwerpunkten er in den letzten vier Jahrzehnten auch die Rolle, Funktionen sowie das Führungsverhalten von Schulleiterinnen und Schulleitern rechnet. Bonsen (2010) bilanziert im gleichen Jahr, dass sich weder eine umfassende Theorie der Schulleitung ausmachen lasse, noch Forschungsergebnisse vorliegen, die über die Ausleuchtung von Fragmenten der sozialen Realität von Schulleitungen hinauszugehen vermögen. Es falle weiterhin auf, dass qualitative Beiträge der Schulleitungsforschung in der Regel eher vorab formulierte Annahmen bestätigen würden und die Falsifikation von Hypothesen so gut wie nie vorkomme.

> „Gerade die empirische Evidenz zur Wirkungslosigkeit erprobter Reformvorstellungen kann aber für die Praxisgestaltung äußerst hilfreich sein und dazu beitragen, Implementationsfehler schon während der Planung zu reduzieren. […] Erst wenn die Variable Schulleitungshandeln mit Inhalt gefüllt wird und verschiedene Handlungsalternativen theoretisch ableitbar miteinander ver-

knüpft werden, kann es gelingen, Forschungsergebnisse mit einem höheren instruktiven Wert für Praktiker/innen zu generieren." (Bonsen, 2010, S. 294)

Zur empirischen Klärung der Frage, inwieweit eine Schulleiterin bzw. ein Schulleiter die soziale Realität der eigenen Schule mit den dazugehörigen zahlreichen handlungsleitenden einzelorganisations- sowie situationsbezogenen Problemlagen und Herausforderungen reflektieren kann, muss insbesondere der *Anwendungskontext* von unterschiedlichen Handlungsvarianten aus Sicht der Schulleitung betrachtet werden. Aus konzeptioneller Perspektive sind mögliche Wechselwirkungen zwischen Schulleitungshandeln und Schulqualität zu untersuchen. So können bspw. Zusammenhänge zwischen effektivem Leitungshandeln sowie Bedingungen und Mechanismen seiner Ermöglichung in zweierlei Richtung gedacht werden: Zum einen können günstige Kontextfaktoren die Effektivität des Leitungshandelns bedingen. Zum anderen könnte das effektive Leitungshandeln selbst ausschlaggebend für günstige Kontextbedingungen sein. Folglich muss das empirisch zu erfassende Schulleitungshandeln sowohl als abhängige als auch als unabhängige Variable in der konzeptionellen Rahmung von Schulleitungsforschungsprojekten Berücksichtigung finden. Daraus ergeben sich zwei zentrale Untersuchungsdimensionen:

- Kontext(e) von Schulleitungshandeln
- Einflussgrößen wirksamen Schulleitungshandelns (Brauckmann, 2012).

Mit Blick auf die Kontextbedingungen steht die Abhängigkeit des Schulleitungshandelns von den jeweiligen Rahmenbedingungen im Vordergrund vorliegender Untersuchungen (Bonsen, Gathen, von der Iglhaut & Pfeiffer, 2002). Kontextfaktoren können auf der Systemebene oder auf der Ebene der Schule wirksam werden. Somit nehmen sie Einfluss auf den Aktionsradius sowie das Spektrum und die Schwerpunktsetzung für die von den Schulleitungen ausgeübten Tätigkeiten, die wiederum zu einer Diversifizierung des Schulleitungshandelns führen. Forschungszugänge zum Schulleitungshandeln richten sich verstärkt auf jene Kontextbedingungen, unter denen effektives Schulleitungshandeln praktiziert wird bzw. langfristig wirksam werden kann. Es wird zunehmend darauf hingewiesen, dass die Effektivität des Führungshandelns auf die Passgenauigkeit von Persönlichkeitseigenschaften und situationsbezogenen Variablen zurückgeführt werden kann. Kontext und Wirksamkeit von Schulleitungshandeln können folglich nicht separat voneinander betrachtet werden. So kann auch eine Schulleitung, die sich in einem Schulkontext als effektiv erwiesen hat, in einem anderen Kontext als ineffektiv erweisen (Hallinger & Murphy, 1985). In diesem Zusammenhang wird die kritiklose Übernahme von derzeit prominenten *Leadership*-Konzepten wie beispielsweise die *instructional leadership*, die im Hinblick auf ihre theoretische Fundierung (Gerick, 2014), Transferfähigkeit und -würdigkeit (Kuper, 2002) wie auch bildungshistorische Genese nicht ausreichend hinterfragt werden, (Brauckmann, Geißler, Feldhoff & Pashiardis, in Druck; Dimmock & Walker, 2005), moniert. Um zu klären, wie und in welchem Maße Schulleitungen in ihrer Schule den Aufbau einer effektiven Lehr-Lernumgebung betreiben respektive beeinflussen können, muss daher zunächst ihre Position bzw. Rolle innerhalb der Schule als Organisation, aber auch ihre kontextuelle Einbettung (Rahm & Schröck, 2008) betrachtet werden.

> „Our argument is that the significance of context continues to be badly understood in leadership, but that, if re-conceptualized as the sum of the situational, cultural, and historical circumstances that constrain leadership and give it its meaning, context is the vehicle through which the agency of particular leaders may be empirically understood.“ (Gronn & Ribbins, 1996, S. 454)

Inzwischen kann als gesichert gelten, dass die Fähigkeiten und Fertigkeiten von Schulleiterinnen und Schulleiter für die Verbesserung der Lehr- und Lernqualität förderlich sein können. Besonders eindrücklich konnte der Zusammenhang zwischen effektiver Schulleitung und Schülerleistungen beschrieben werden (Marzano, Waters & McNulty, 2005), sodass von messbaren, wenngleich indirekten und geringen Effekten von schulischem Leitungshandeln auf die Schulqualität ausgegangen werden kann (Wissinger, 2014).

Die Wirkmechanismen des Schulleitungshandelns auf Schulqualität, zumeist in Form von Schülerleistungen, können bisher im Wesentlichen anhand dreier Modellannahmen empirisch abgebildet werden (Brauckmann & Herrmann, 2012; Hallinger & Heck, 1998; Scheerens, 2012). Das erste Modell geht von einer direkten Wirkung von Schulleitungshandeln auf Schülerleistungen aus. Aufgrund der mangelnden Kontrolle von anderen Einflussvariablen ist dieses Modell jedoch von begrenztem Nutzen.

Das zweite Modell geht davon aus, dass Schulleitungshandeln vermittelt über Faktoren auf der Schulebene (Strukturen, Personen, Größe der Schule und Kultur), auf die Schülerleistungen wirkt. Jede dieser Variablen verweist auf Arbeitsbedingungen, unter denen Lehrpersonen effektiv arbeiten, das heißt, ein pädagogisches Qualitätsmanagement im Klassenzimmer aufbauen können. Wenn zusätzlich andere Ausgangsvariablen, wie z.B. der sozioökonomische Status der Schülerschaft berücksichtigt werden, zeigen sich relativ einheitliche Ergebnisse in Form eines indirekten positiven Effekts von Schulleitungshandeln auf Schülerleistungen. Somit tragen diese Faktoren nachweislich zum Lernerfolg der Schülerinnen und Schüler bei (Brauckmann & Pashiardis, 2010). Jede dieser Variablen kann auf einen oder mehrere Führungsstile und deren implizite Leitungstätigkeiten zurückgeführt werden.

Das dritte Modell erweitert das zweite Modell um reziproke Effekte. Somit wird dem prozessualen Charakter schulischen Handelns Rechnung getragen. Es geht davon aus, dass über eine zeitliche Perspektive hinweg, Veränderungen auf Schulebene und der Schülerleistungen ihrerseits Schulleitungshandeln beeinflussen. Um die zeitlichen Veränderungen abzubilden, erfolgt die Prüfung dieses Modells vor allem über Längsschnittstudien, wobei einschränkend erwähnt werden muss, dass es bislang wenige Untersuchungen mit einem solchen Design gibt (Hallinger, 2008).

Die derzeit vorliegenden Modelle ordnen Schulleitungshandeln in die Produktionsfunktion von Bildungsprozessen ein, indem sie die (Mit-)Wirkung von Schulleitung(-shandeln) als Prozessvariable bei der Transformation von strukturellen, organisationalen und individuellen Voraussetzungen (Inputfaktoren) in erzielte Ergebnisse

(Outputfaktoren) berücksichtigen. Auch andere konzeptionelle Modelle zur Bestimmung des Einflusses von Schulleitungshandeln auf Schulqualität weisen durchgehend diese wirkungsannahmenbasierte Struktur auf (Bossert, Dwyer, Rowan & Lee, 1982; Day et al., 2009; Holtappels, Klemm & Rolff, 2008; Leithwood & Levin, 2008; Mulford, 2003). Neben den Schülerleistungen als abhängige Variable wird der Erfolg bzw. die Wirkung von Schulleitungshandeln auf die schulische Qualität in der internationalen Forschungsliteratur auch oft daran gemessen, inwiefern dieses Handeln die Selbststeuerungsfähigkeit der Schule als Organisation beeinflusst. Studien zu Konzepten des Organisationalen Lernens beschäftigen sich mit der Identifizierung der dafür notwendigen Gelingensbedingungen, zu denen auch das Schulleitungshandeln gehört. Im Rahmen der wissenschaftlichen Begleitforschung des Modellvorhabens „Selbstständige Schule“ konnte beispielsweise gezeigt werden, dass dieses Handeln in Zusammenarbeit mit der Steuergruppe einen positiven Einfluss auf Dimensionen schulischer Qualität wie „Gemeinsame Ziel- und Wertvorstellung und Kooperation“, „Wissen und Fertigkeiten“, „Qualitätssicherung, Zielüberprüfung und Feedback“ sowie „Partizipation“ hat (Feldhoff, 2010; Feldhoff & Rolff, 2008). Die Schulleitung kann demnach als einer der zentralen Akteure der Schule erheblichen Einfluss auf Organisationales Lernen, auf die Organisationsstruktur oder aber die Organisationskultur nehmen (Brauckmann, 2012).

3. Zur Verortung von Schulleitung(shandeln) in *turnaround*-Modellen – Einblicke in konzeptionelle Annahmen und empirische Befunde

Vor dem Hintergrund der Bedeutung schulischen Leitungshandelns in den impliziten Theorien der Schuleffektivitätsforschung, wird auch in einem Großteil der überwiegend normativ gehaltenen *turnaround*-Modelle (vgl. Tab. 1) der Bedeutsamkeit schulischen Leitungshandelns Rechnung getragen. Diesen Modellen liegt die Annahme zugrunde, dass sich das Führungshandeln auf die effektive Umsteuerung und Entwicklung der Schule auswirken kann. Das Leitungshandeln in *failing schools* zum *turnaround* beitragen kann ist also maßgeblich von der Überzeugung getragen, dass *Leadership* den Unterschied in der schnellen, erfolgreichen Umsteuerung wie auch in einer nachhaltigen Weiterentwicklung machen kann.

> „Turnaround is a dramatic and comprehensive intervention in a low-performing school that: a) produces significant gains in achievement within two years; and b) readies the school for the longer process of transformation into a high-performance organization.“ (Kutash, Nico, Gorin, Rahmatullah & Tallant, 2010, S. 4)

In diesen Konzepten werden vorrangig die neuen Anforderungen an die Schulleitungsrolle im Sinne einer Erwartungshaltung an den Positionsinhaber thematisiert.

Auf die schulische Führungspraxis bezogen bedeutet dies, dass sich nicht nur das Leitungspersonal an *turnaround*-Schulen verändert, sondern auch der Grad ih-

Tabelle 1: Die vier Modelle zum *turnaround* (Kutash et al., 2010)

Turnaround-Modell	Fallbeispiel
Kehrtwende Entlassung bzw. Austausch der Schulleitung, Wiedereinstellung von maximal 50% des Schulpersonals, Umsetzung einer neuen Leitungsstruktur; Angebot arbeitsplatzbezogener Personalentwicklungsmaßnahmen; Schaffung finanzieller Anreize und Anreize zur Beförderung für das Personal; Implementierung eines forschungsbasierten, angepassten Unterrichtsprogramms; Verfügbarkeit von mehr Zeit zum Lernen und zur Unterrichtsplanung; Schaffung eines Gemeinschaftsgefühls; Gewährleistung von Handlungsflexibilität	*Highland Elementary School in Montgomery County, Maryland:* Es erfolgte der Austausch der Schulleitung sowie der Hälfte des Personals, die Einführung neuer Unterrichtsmethoden, die Auswertung von Unterrichtsdaten sowie die Rechenschaftslegung des Personals für Schülerleistungen. Im Ergebnis dieser Maßnahmen war die Leistung der Schule so stark, dass sie 2009 den *National Blue Ribbon* gewann. Diese Auszeichnung wird an die Schulen verliehen, die bei den staatlichen Prüfungen zu den besten zehn Prozent gehören bzw. an Schulen, deren Prüfungsleistungen sich in den letzten fünf Jahren signifikant verbessert haben.
Neuanfänge Übertragung von Kontrolle bzw. Schließung und Neueröffnung einer Schule unter Leitung eines Managements, das auf Basis eines sorgfältigen Überprüfungsprozesses ausgewählt wurde; innerhalb der betroffenen Schuljahre muss ein Programm für einen Neustart jede Schülerin bzw. jeden Schüler aufnehmen, der oder die dies wünscht	*Mastery Charter School Shoemaker Campus in West Philadelphia, Pennsylvania:* Die Schule wurde 2006 von den *Mastery Public Charter Schools* übernommen. Das *Mastery*-Modell beruht auf einem starken Fokus auf individualisiertem Unterricht, Coaching für die Lehrkräfte und professioneller Weiterbildung, einer Kultur hoher Erwartungen, strikten akademischen Standards, Problemlösen sowie auf sozialen bzw. emotionalen Fertigkeiten. Innerhalb von drei Jahren verbesserten sich die Leseleistungswerte um mehr als das Dreifache von 20% der guten Leseleistung auf 71% gute Lesewerte. Die Werte für Mathematik stiegen von 15% auf 88%. Damit wurde die Lücke bei den Leistungsergebnissen vollständig geschlossen und die Schule lag sogar über dem im Staat erzielten Leistungsdurchschnitt.
Wandel Austausch der Schulleitung; Austausch des Personals ist nicht erforderlich; arbeitsplatzbezogene Fortbildungsangebote; Implementation eines gründlichen Lehrerbeurteilungsverfahrens sowie Belohnungssystems; finanzielle Anreize; Anreize zur beruflichen Weiterentwicklung; umfassende Unterrichtsreform; Verfügbarmachung von mehr Zeit zum Lernen und zur Unterrichtsplanung; Schaffung eines Gemeinschaftsgefühls; Bereitstellung von Handlungsflexibilität; nachhaltige Unterstützungsangebote	*Benwood Schools in Chattanooga, Tennessee:* Es erfolgte die Einführung von Plänen zur leistungsorientierten Vergütung, eine lehrkraftbezogene Datenerhebung, die Evaluation des Lehrpersonals, eine integrierte berufliche Fortbildung, ein Coaching von Lehrkräften zum Umgang mit Schülerdaten sowie die Personalentwicklung für Führungskräfte. Im Ergebnis stieg der Prozentsatz der Schülerinnen und Schüler mit guten oder sogar fortgeschrittenen Leistungen in Lesetests sprunghaft von 53% im Jahr 2003 auf 81% im Jahr 2007. In Wertschöpfungstests schnitten die *Benwood*- Schulen besser ab als 90% aller Schulen.
Schulschließungen Schließung der Schule und Aufnahme der Schülerschaft durch Schulen, die besser abschneiden	*Denver Public School District (DPS):* 2007 schloss der staatliche Schulbezirk von Denver acht Schulen wegen geringer Schülerzahlen und schlechter Schülerleistungen. Insgesamt wurden 2000 Schülerinnen und Schüler drei anderen Schulen im DPS zugewiesen. Die Schließungen erbrachten $3,5 Millionen Ersparnisse, wovon $2 Millionen an die drei Schulen gingen, die die Schülerinnen und Schüler aufnahmen. Eine für 2008–2009 durchgeführte Studie (*Colorado Student Assessment Program*) zeigt für die neu zugewiesenen Schülerinnen und Schüler Leistungszuwächse auf, allerdings unterhalb dessen, was sich der Schulbezirk erhofft hatte.

rer Steuerungsverantwortung (Mette & Scribner, 2014). Die erweiterten Entscheidungsmöglichkeiten und Gestaltungsoptionen sowie die wachsenden Rechenschaftspflichten, die der Förderung von *turnaround*-Schulen zugrunde liegen, bedingen die Übernahme neuer Management- und Führungsaufgaben bei der Leitung von Schulen (Pulliam, LaCaria, Schoeneberger & Algozzine, 2014). Dies ist mit der Intention verbunden, die Komplexität der schulischen Probleme vor dem Hintergrund einer effizienten Organisationssteuerung und der Delegation von personalstrategischer Führung in die Verantwortung der handelnden Akteure zu legen und somit vor Ort besser lösen zu können (Duke & Salmonowicz, 2010). Um den Zielen der Qualitätssicherung und -verbesserung gerecht zu werden, erhalten Schulen und Schulleitungen zusätzliche materielle Ressourcen (vgl. Böse, Neumann, Gesswein & Maaz, in diesem Band). Gemäß des Leitbilds der eigenverantwortlichen Schule sollen größere Befugnisse bei der schuleigenen Personalauswahl und der Verwendung von Personal- und Sachmitteln ermöglicht werden. Darüber hinaus sollen den Schulleitungen erweiterte administrative Rechte gewährt werden. Schulleitungen fällt demnach zu, die zur Umsetzung der qualitätsbezogenen Eigensteuerung von Schule übertragenen Befugnisse gestaltend zu nutzen und in der Schule konkret werden zu lassen.

Die unterschiedlichen Modelle (vgl. Tab. 1) verdeutlichen ferner, dass das Leitungshandeln (vorrangig die Neubesetzung der Leitungsstelle) zunehmend Untersuchungsgegenstand inner- sowie außerschulischer Ziel- und Entscheidungsfindungsprozesse wird. Es sollen also diejenigen Schulleiterinnen und Schulleiter identifiziert werden, die „*[…] have the will, skill and authority to drive change in demanding environments*“ (Kutash et al., 2010). Dabei ist das Kriterium des Austauschs der Schulleitung insofern fragwürdig, als dass Befunde aus der empirischen Schulleitungsforschung nahelegen, dass die Neubesetzung der Schulleitung nicht zwangsläufig zu besseren Schulleistungen führt (Lachlan-Haché, Naik & Casserly, 2012; O'Brien & Dervarics, 2013). Ferner ist darauf zu verweisen, dass das Leitungshandeln sowohl Teil des Problems als auch Teil der Problemlösung sein kann. So kann das Handeln der Schulleitung ein Faktor für das Scheitern einer Schule darstellen (Brady, 2003; Mintrop & Trujillo, 2005), aber auch im Sinne eines *right principal for the right place* für den erfolgreichen *school turnaround* wesentlich mit verantwortlich sein (Calkins, 2008; Harold, Burbach, Alfred & Butler, 2005; Kowal & Hassel, 2005).

Hervorzuheben ist, dass die Neustrukturierung einer Schule im Sinne eines *turnaround* die Schulleitung, den Schulträger sowie die Schulaufsicht gleichermaßen betrifft (Calkins, Guenther, Belfiore & Lash, 2007). Diese Akteure sind sowohl Beteiligte als auch Gegenstand modernisierter Steuerungsstrukturen, die eine Diskussion über die Neustrukturierung der Verantwortung in Bezug auf eine langfristige Sicherung und Entwicklung schulischer Qualität erfordern. So sind dann auch die Einführung der *turnaround*-Modelle und die damit verbundenen Steuerungsmaßnahmen und -instrumente Bestandteile des häufig zitierten historisch gewachsenen Wechselverhältnisses von äußerer und innerer Schulreform. Es handelt sich hierbei um das Zusammenspiel von strukturell-organisatorischen und didaktisch-methodischen Handlungsdimensionen (Tosch, 2012).

Jedoch ist das (intendierte) Zusammenspiel inner- und außerschulischer Wirkgrößen bei der *turnaround leadership* weder theoretisch noch empirisch ausreichend fundiert (Ylimaki, Brunderman, Bennett & Dugan, 2014). Ebenso differenziert wie die einzelnen Modelle von *turnaround*, ist deren Anwendung und Umsetzung in den einzelnen amerikanischen Bundesstaaten – auch und gerade in Abhängigkeit der finanziellen wie auch personellen Ressourcenlage. So ist gegenwärtig kein durchgehend standardisiertes Vorgehen bei der Bezeichnung, Auswahl und Förderung von *turnaround*-Schulen zu beobachten. Die Art des Ressourceneinsatzes unterscheidet sich von Bundesstaat zu Bundesstaat. Die Antwort auf die im Titel aufgeworfene Frage nach der Rolle der Schulleitung beim *turnaround* setzt die Verknüpfung von Forschungsergebnissen verschiedener Felder der Schulleitungsforschung voraus. Von besonderem Interesse sind hierbei Erkenntnisse zur Auswahl bzw. Rekrutierung von Schulleiterinnen und Schulleitern, die aufgrund der Passung von personenbezogenen Merkmalen und der Organisationsumwelt am ehesten geeignet scheinen, die Schule durch den *turnaround* zu führen (Hassel, Hassel & Steiner, 2008).

Zugleich berührt die oben aufgeführte Forschungsfrage den Aspekt einer kontextübergreifenden Effektivität von Schulleitungshandeln. Es erscheint demnach schwierig Kriterien zu benennen, die eine Schule für den *turnaround* qualifizieren und diese in einen steuerungs- und managementtheoretischen Zusammenhang zu der Führungskompetenz von Schulleiterinnen und Schulleitern zu stellen. Anders gesagt: Wie können Faktoren, die zum Scheitern der Schule geführt haben als Ansatzpunkte für Schulleitungshandeln verstanden werden? Die Rolle, die Schulleiterinnen und Schulleiter bei einem erfolgreichen *turnaround* spielen, hängt nicht zuletzt auch davon ab, wie der Erfolg operationalisiert wird. Auch hier ist keine gemeinsame definitorische Basis über einzelne Bundesstaaten hinweg zu erkennen. Dies spricht dafür, dass standardisierte Programme oder Modelle womöglich nicht die Lösung sein können. Eher sollte es darauf ankommen, ein umfassendes Modell zur Qualitätsentwicklung zu entwerfen, das sowohl kontextspezifisch als auch flexibel ist (Harris, Leithwood & Strauss, 2010).

Nimmt man nun verstärkt die Rolle der Schulleitung im Kontext von *school turnaround* in den Blick, so stellt sich die Frage, ob bzw. wie sich effektives Leitungshandeln in ineffektiven Schulen von effektivem Leitungshandeln in effektiven Schulen unterscheidet (Peck & Reitzug, 2014). Als zentrale Unterscheidungsmerkmale werden angeführt, dass Schulleiterinnen und Schulleiter an *turnaround*-Schulen in weitaus größerem Maße täglich mit Unsicherheit, Spannungen und Konflikten umzugehen haben (Collins, 2009; Duke, 2010; Harris et al., 2010). Zu erwähnen ist auch die kurze Zeitspanne, innerhalb derer Schulleiterinnen und Schulleiter den *turnaround* erreichen und daher ihr Wissen für die Implementierung von Veränderung schneller abrufen müssen (Alix & Gronn, 2005; Fullan, 2008; Kotter, 2007). In der Regel finden wir in der US-amerikanischen Literatur überwiegend Phasenmodelle vor (Public Impact, 2008), die einen linearen Handlungsablauf zugrunde legen (vgl. Abb. 1).

Die tatsächliche neue praktische Ausgestaltung der Führungsrolle von Schulleiterinnen und Schulleitern wird hingegen in den dargelegten idealtypischen Handlungsabläufen nicht expliziert und eher selten mittels *case studies* erforscht, die aber keinen

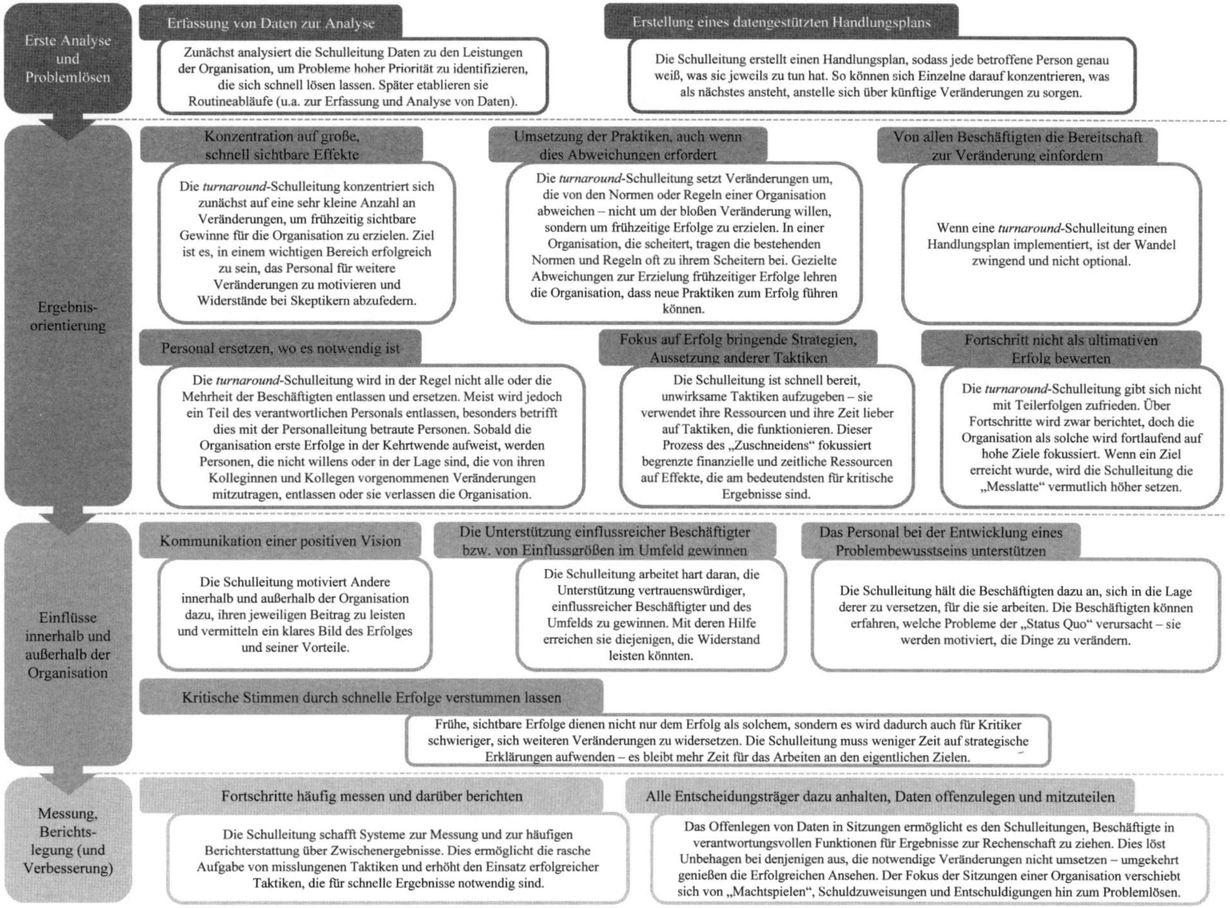

Abbildung 1: Phasenmodell zum *turnaround* (Public Impact, 2008)

Anspruch auf Generalisierbarkeit erheben können (Barbour et al., 2010). Somit werden gegenwärtig vor allem Idealbilder gehandelt: Die Schulleiterinnen und Schulleiter begleiten die Prozesse zur Weiterentwicklung der Schule als pädagogische Einheit, sie leiten einzelne Lehrkräfte unter Verwendung geeigneter Beratungs- und Unterstützungsverfahren an, sie sorgen für die Evaluation der Unterrichts- und Erziehungsarbeit und stehen vor der Aufgabe, externe und interne Steuerungsparameter für eine nachhaltige Schulentwicklung miteinander in Einklang zu bringen, die auch in gesteigerten Schulleistungen zum Ausdruck kommt. *Turnaround*-Schulleitungen würden ferner mit regelgeleiteten Vorgaben auf einzelschulischer Ebene und Schulverwaltungsebene brechen, um neue Taktiken zu verfolgen (Hassel, Hassel & Steiner, 2008), die schnelle Erfolge ermöglichen und somit auf den Moment ausgerichtet sind (Collins, 2009).

Ferner würde der *turnaround* Formen von distributiver Führung benötigen (Leithwood, Jantzi & Fernandez, 1994; Liljenberg, 2014; Murphy & Louis, 1994), mittels derer Lehrkräfte bei Entscheidungen beteiligt und in ihren Vorhaben unterstützt werden.

So überwiegen hier wie auch im deutschen Steuerungsdiskurs – vor allem mit Blick auf den wiederholt postulierten Paradigmenwechsel von der verwalteten zur gestalteten Schule – schon frühzeitig idealtypische Annahmen bezüglich der Wirkrichtungen; genauer gesagt über die intendierten Verhaltensänderungen auf der Ebene des Entscheidens und Führens, die insbesondere mit Konzepten der Eigenverantwortlichkeit verbunden wurden (z.B. Rauscher, 1995).

Zudem lassen idealtypische lineare Handlungsabläufe außer Acht, dass bedingt durch Gleichzeitigkeit von de- und rezentralisierenden Entwicklungsmaßnahmen, eine Vielzahl von zum Teil indifferenten, komplementären, konkurrierenden und bisweilen antinomen Zielsetzungen entstehen können. Inwieweit Schulleiterinnen und Schulleiter angesichts dieser Zieldiffusion und dem immensem Zeitdruck Handlungen priorisieren bzw. planen, organisieren und umsetzen können (Hassel et al., 2008; Hassel & Steiner, 2003), bleibt dabei offen. Dazu trägt nicht zuletzt der Umstand bei, dass mit der vordergründigen Ausübung bestimmter Funktionen zunächst nicht *entwicklungs*bezogene Zielerreichungsprozesse initiiert werden, sondern primär *funktions*bezogene Aktivitäten „blind", d.h. zielentkoppelt, ausgeführt werden (Kimmig & Brauckmann, 2009). So wird dem beobachtbaren Führungshandeln von Schulleiterinnen und Schulleitern in *failing schools* eine Rolle zugeschrieben, die sich definitorisch allerdings nicht ohne weiteres zusammenfassen lässt. Es können zu unterschiedlichen Zeitpunkten unterschiedliche Funktionen wahrgenommen werden, die in jeweils unterschiedlicher Gewichtung ausgeübt werden (Harris et al., 2010).

In den Befunden wird deutlich, dass die Führungsleistung der Schulleiterin bzw. des Schulleiters nur bedingt den anvisierten nachhaltigen *turnaround*-Erfolg erbringen kann. Ebenso muss aufgrund der hier berichteten Befunde angezweifelt werden, ob es den *best way* von *turnaround*-Führungshandeln geben kann. Vielmehr heben die Befunde den Einfluss der schulspezifischen Führungssituation auf die zu erfüllenden Führungsanforderungen hervor. Die Vorhersage des Führungserfolges mithilfe des Einsatzes bestimmter Führungspraktiken ist aus wissenschaftlicher Perspektive kaum leistbar, da keine konsistenten Zusammenhänge zwischen bestimmten Führungsstilen

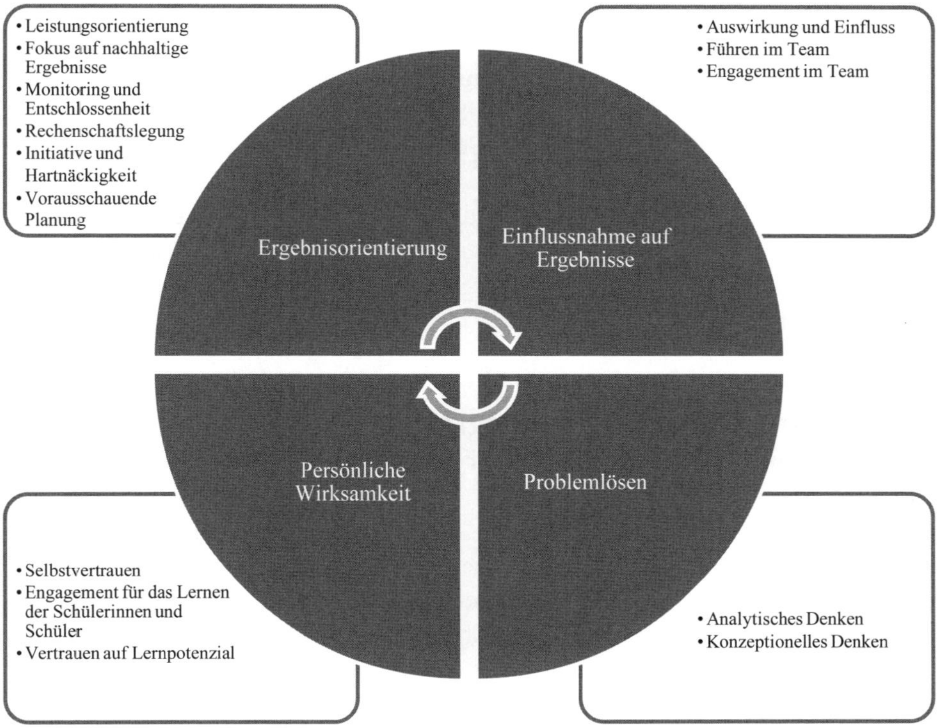

Abbildung 2: Kompetenzen von *turnaround*-Schulleitungen (Public Impact, 2008)

und Schulleistung gezeigt werden konnten (Brauckmann & Pashiardis, 2010). Vielmehr erscheinen bestimmte Führungsinstrumente in Anbetracht der einzelschulischen Kontextbedingungen als verzichtbar, da organisationale Vorgaben als Führungssubstitute wirken. Ein erfolgreicher Führungsstil im Sinne des *turnaround* würde sich demnach dadurch auszeichnen, das Schulleitungshandeln kontinuierlich an den spezifischen Kontext der Schule anzupassen, immer wieder neue Prioritäten zu setzen und die gegebenen materiellen und personellen Ressourcen optimal einzusetzen (Keys, Sharp, Greene & Grayson, 2003).

Zugleich sind Forschungsanstrengungen zu verzeichnen, welche der Identifikation von Persönlichkeitseigenschaften von Schulleiterinnen und Schulleitern dienen, die einen erfolgreichen *turnaround* gemanaged haben (Bennett, 2012; Harris, 2002). Sie werden als lernfähig, eher flexibel sowie als dogmatisch in ihrem Denken beschrieben und verfügen über ein Kernwertesystem. Sie sind ferner gekennzeichnet durch ein hohes Maß an Resilienz, Optimismus, Passion sowie Engagement (Ackerman, Donaldson, Mackenzie & Marnik, 2009). Ungeklärt bleibt in diesem Zusammenhang vorerst, über welche Führungskompetenzen die Schulleiterinnen und Schulleiter verfügen müssen, um den an sie gestellten Führungsanspruch in den designierten Handlungsfeldern überhaupt realisieren zu können (vgl. Abb. 2). Dies wird auch durch den Umstand erschwert, dass keine klare Unterscheidung zwischen Kompetenzen, Handlungsfeldern und Persönlichkeitseigenschaften getroffen wird und die Wechselwirkungen untereinander keineswegs erforscht sind. Zudem ist auch hier kein Unterschied zwischen Persönlichkeitseigenschaften der *successfull leadership* im Allgemeinen versus spezifischer *turnaround leadership* erkennbar (vgl. Barker, 2011).

Unstrittig ist, dass Schulleiterinnen und Schulleiter ihre *turnaround*-Aufgaben, vor allem die konzeptionelle Tätigkeit in der Schul- und Personalentwicklung sowie die Verantwortung für die Qualitätssicherung, nur dann bewältigen können, wenn geeignete Unterstützungs- und Beratungsleistungen bereitgestellt werden. Für spezielle Handlungsfelder könnten sowohl Experten als auch lokale *stakeholder* aus dem schulischen Umfeld verstärkt in die Unterstützungsstrukturen einbezogen werden, die unter dem Namen *district leadership* firmieren.

4. Zur Wirksamkeit von *turnaround leadership* – Anmerkungen aus steuerungstheoretischer Perspektive

Es sind nicht nur konkurrierende formale Ziele, sondern auch informelle oder aus dem Schulumfeld resultierende Problemlagen, die das strategische Denken und Handeln der Schulleiterinnen und Schulleitern herausfordern oder (an-)leiten können. Stellenweise wird in den Befunden erkennbar, dass Schulleiterinnen und Schulleiter ausschließlich schulspezifisch, problembezogen und vor allem unter großem Handlungsdruck agieren (Harris et al., 2010), da ohne vorzeigbare Erfolge die Schulschließung droht. Es finden sich zudem zahlreiche Anzeichen, dass erst ein gemeinsam empfundener Problemdruck respektive ein gemeinsames Problembewusstsein handlungs- bzw. veränderungsinitiierendes Wirken ermöglicht. Eben jenes kollektive Problembewusstsein schärft den Blick für die schulumgebenden Rahmenbedingungen (Wrigly, 2003). Folglich kann eine sowohl schulinterne als auch- externe Suche nach Faktoren beginnen, die zu diesem nun mehr erkannten Problem geführt haben. Eine solche kontextuelle Einbettung der Ausgangssituation (Handlungsvoraussetzungen, Handlungserfordernisse, Handlungsbedingungen) prägt nicht nur die Beobachtung, Bewertung und Beurteilung durch eine Schulleiterin bzw. einen Schulleiter, sondern auch die daraus resultierenden Handlungen (Brauckmann, Isermann & Kimmig, 2006). Kontextübergreifende Strategieformulierungen lassen dagegen offen, ob diese zu einigermaßen kohärenten Entscheidungs- und Verhaltensmustern auf der Ebene des tatsächlichen, einzelschulspezifischen Schulleitungshandelns führen. Vielmehr beeinflussen das schulische Alltagsgeschäft sowie die damit verbundenen Entscheidungsprozesse und Ergebnisse die Relevanz und Umsetzung des *turnaround*, wobei innerhalb der Schule unterschiedliche Bewertungsmaßstäbe deutlich werden (Brauckmann et al., 2006). Somit ist angeraten, auch über eine stärker kontextspezifische und flexible Form der Fortbildung nachzudenken, die neben einem Set an Kernfähigkeiten auch Raum für Fähigkeiten und Fertigkeiten lässt, die dem jeweils systemspezifischen Kontext geschuldet sind. Die Frage, wie viel Diversität und Uniformität den Qualifizierungsmaßnahmen von Schulleitungen zukommen soll, stellt sich somit je nach Systemgegebenheit anders da.

Weiterhin werden Beschränkungen von Führungshandeln identifiziert, die durch inner- und außerschulische Partner verursacht und/oder durch organisationale Vorgaben bedingt sind. Es wird erkennbar, dass die Ausweitung der einzelschulischen Handlungsspielräume hinsichtlich der Nutzung und des Umsetzungsprozesses der gewonnenen Handlungsspielräume höchst divergente oder widersprüchliche Vorstellungen bei den beteiligten Akteuren hervorruft. Hier äußern die Schulleiterinnen und Schulleiter das Bedürfnis, stärker als bisher nach außen kommunizieren zu können, um zur Herausbildung und Stabilisierung positiver, konsistenter Erwartungen hinsichtlich der Entwicklung von Schule beizutragen (Brauckmann & Pashiardis, 2010). Auch weisen die Befunde auf die Bedeutungszunahme des mikropolitischen Führungsgeschicks einer Schulleiterin bzw. eines Schulleiters hin. Das betrifft insbesondere den Aufbau von Koalitionen mit Partnern sowohl innerhalb und außerhalb der Schule als auch über mehrere Hierarchieebenen hinweg. Im Hinblick auf eine gemeinsame Entwicklungsaufgabe orientierend zu wirken, stellt in diesem Zusammenhang für die Schulleitung vorrangig eine Kommunikationsaufgabe im Sinne eines strategischen Managements dar (Brauckmann & Pashiardis, 2010).

Die wenigen verfügbaren Befunde zu *turnaround leadership* legen den Schluss nahe, dass bestimmte Führungspraxen Verfahren sind, die im Kontext einer Steuerungsstrategie zwar zur Zielerreichung eingesetzt werden können, für sich genommen diese Zielerreichung aber nicht gewährleisten. Hierzu wären Erkenntnisse über institutionalisierte Anreizsysteme und kommunikative Aushandlungsprozesse erforderlich, die auf Seiten der Schulleiterinnen und Schulleiter zu einer Veränderung ihrer Handlungsroutinen führen. Ein strategisches Management seitens der Schulleitungen kann nicht erkannt werden, dafür fehlen scheinbar sowohl die Anlässe als auch die Zeit. Führungshandeln kann weder durch äußere Anreize noch durch externe Vorgaben direkt gesteuert, sondern höchstens angestoßen und über die Gestaltung strategischer, managementförderlicher Kontexte indirekt beeinflusst werden. Ein weiteres Problem deutet sich angesichts der neuen Herausforderung für die Schulleitung an, die Verantwortung für die Qualitätssicherung und interne Evaluation der Schule zu tragen. Aus Sicht der Schulleitung sind die eigenen Möglichkeiten und Grenzen dieser Verantwortlichkeit, gerade vor dem Hintergrund der Vielfalt neuer Aufgaben und der zeitlichen Beschränkungen, nur grob zu umreißen. Darüber hinaus sind Schulleiterinnen und Schulleiter, besonders in den weiterführenden Schulen, nur in einzelnen Fachgebieten derart qualifiziert, dass sie wesentliche Aspekte fachbezogener Qualitätssicherung des Unterrichts selbst gewährleisten können. Hier könnten Steuergruppen die Akzeptanz von Schulleitungsentscheidungen fördern, indem sie die wechselseitige Unterrichtsevaluation von Lehrkräften vermitteln und fördern. Die Rolle der Schulleitung, die ihr unter fachlich-pädagogischen Aspekten zur Organisation und Weiterentwicklung der Qualitätssicherung von Schule und Unterricht zufällt, dürfte in der schulischen Praxis höchst unterschiedlich ausfallen. Möglicherweise überfrachten demzufolge einige *turnaround*-Modelle auch die Tätigkeitsprofile der Schulleitung.

Auch die äußerst positiv konnotierte Führung von *turnaround*-Schulen weist Steuerungsgrenzen auf, selbst wenn sie die Überwindung der bislang begrenzt steuerbaren Organisation Schule propagiert. Fraglich bleibt, ob es sich bei der Einführung des

Begriffs *turnaround leadership* eher um explizit oder implizit herangetragene Schulleitungsaufgaben handelt, die sich aus Sicht der Schulleiterinnen und Schulleiter möglicherweise als unstrukturiert darstellen könnten.

Ein Indiz dafür könnte sein, dass diese Aufgaben „*wenig eindeutig und abgrenzbar, unklar in der Zielsetzung und Lösung sowie in ihren Ursache-Wirkungszusammenhängen kaum überschaubar*“ sind und zudem „*schwer erkennbar ist, welche Informationen zur Problemlösung notwendig sind und wie diese Informationen beschafft werden können*“ (Döring, 1978, S. 15). So kann eine Schulleiterin bzw. ein Schulleiter durchaus in Rollenkonflikte geraten, die aus unterschiedlichen Erwartungshaltungen vor allem im Hinblick auf das Spannungsverhältnis zwischen Verwaltung und Pädagogik resultieren (Dröge, Pfeffer & Thieß, 1992; Krüger, 1989).

5. Zusammenfassung und Ausblick

Die obigen Betrachtungen machen darauf aufmerksam, dass Schulleitungshandeln das Ergebnis des Handelns kooperativer Akteure ist, das durch die Organisation und Situation beeinflusst wird. Auch diese Untersuchungsdimensionen gilt es für die systematische Beschreibung von Schulleitung im Kontext des *school turnaround* einzubeziehen. Insofern ist davon auszugehen, dass personengebundene Steuerungsaktivitäten über die Zeit oftmals zu funktionalen Imperativen und damit zu Institutionalisierungen geworden und nicht mehr als persönliche Steuerungsaktivitäten erkennbar sind. Umgekehrt gilt, dass die Institution eine struktur- und kulturschaffende Rolle bei der Interaktion von individuellen und kollektiven Steuerungsintentionen bzw. Steuerungsaktivitäten spielt (Strasser, 1997). Damit soll dem komplexen Verhältnis von Steuerungsrealität und Steuerungsanspruch Rechnung getragen werden. Für beobachtbares Schulleitungshandeln bedeutet dies, dass Handlungsoptionen unterschiedlich bewertet werden und sich das Führungspersonal daher nur bedingt mit den Handlungszielen von *turnaround*-Modellen identifizieren bzw. deren Bedeutung kommunizieren kann, insbesondere dann, wenn die Handlungsfolgen als wenig erstrebenswert angesehen werden. Vorzuziehen ist dementsprechend eine integrierte Sicht auf die Ambiguität schulischer Verwaltung und pädagogischer Führung durch die Schulleitung. Es sind u.a. die strukturierenden, verwaltungsbezogenen Maßnahmen, Impulse und Versuche der Schulleitung, die über die pädagogische Qualität einer Schule entscheiden können. Derzeit ist aber durchaus noch offen, ob, wie und in welchem Umfang die (aktive) Wahrnehmung von mehr Führungsverantwortung in zunehmend komplexeren Tätigkeitsfeldern in der sozialen Realität der einzelnen Schule gelingen kann. Durch die Untersuchung der Ausgestaltung der Schulleitungsrolle könnte es gelingen, die normativen Konzepte durch empirische Evidenz zu stützen oder zu widerlegen und somit zu der Entwicklung eines „realistischeren“ Anforderungsprofils an Schulleitungen zu gelangen. Vorerst bleibt empirisch weitgehend unbestimmt, ob und inwieweit sich veränderte Regelungsstrukturen auf praktische Leitungsstrukturen auswirken, die wiederum zur Qualitätsverbesserung der Schule beitragen können. Gemessen an den groß angelegten Bildungsreformansprüchen, die mit dem Konzept des *turnaround* verbunden sind, ist die Frage der Wirksamkeit des Schulleitungshandeln in den sogenannten *failing schools*, differenziert nach unterschiedlichen Typen von Schulleitung, ihrer Erfolge, Möglichkeiten und Grenzen in Folge neuer Steuerungsansätze noch keineswegs beantwortet und kaum durch überzeugende Forschungsarbeiten erschlossen. Die Verengung der Sichtweise auf die Rolle des Schulleitungshandelnden lässt somit außer Acht, inwieweit die Schulleitung überhaupt auf die Organisation Schule einwirken kann. Derzeit kann nicht mit Bestimmtheit gesagt werden, an welcher Stelle die Schulleitung ansetzen kann bzw. soll. So können teilweise Steuerungsaufgaben von Einzelpersonen nur begrenzt wahrgenommen werden (Murphy & Myers, 2008), da es die Schulgröße nicht anders erlaubt. Auch können über einen Zeitraum von wenigen Jahren nicht alle schulentwicklungsbezogenen Aufgaben gleichermaßen systematisch wahrgenommen werden. Stattdessen müssen sich die Schulleiterinnen und Schulleiter auf die aus ihrer Sicht vordringlichen Kerntätigkeiten beschränken. Diese überdimensionierte Erwartungshaltung ist in keinerlei Weise durch den gegenwärtigen Forschungsstand zu begründen bzw. aufrechtzuerhalten. Noch zu selten wird das Schulleitungshandeln aus einer organisationstheoretischen Sichtweise betrachtet, die auch dem Mehrebenencharakter von Schule Rechnung trägt und auch auf die Kontextbedingungen eingeht, denen das Leitungshandeln unterworfen ist. Diese im Hinblick auf Qualitätssicherung und -entwicklung formulierten Ziele der *turnaround*-Programme und -Maßnahmen müssten vielmehr in Abhängigkeit ihres länderspezifischen Entstehungskontexts sowohl zu verschiedenen Zeitpunkten als auch inhaltlich unterschiedlich konturiert und vorstrukturiert werden (Hanßen, 2011). Schulleiterinnen und Schulleiter, die über ein zum Teil beträchtliches organisationales Gedächtnis verfügen, wissen um die Zielsetzung verschiedener Reformbestrebungen und ihre Kapazität vor Ort, die notwendig sind, ihre Schule zu reformieren bzw. zu reorganisieren.

In diesem Zusammenhang sollte auch danach gefragt werden, welches Maß an eigenständiger Führung unter welchen Kontextbedingungen einer *turnaround*-Schule überhaupt einzuräumen ist und inwieweit die Schulaufsicht bei der Bestimmung eines geeigneten Führungsradius unterstützend tätig werden kann.

Literatur

Ackerman, R., Donaldson, G., Mackenzie, S. & Marnik, G. (2009). What makes or breaks a principal. *Educational Leadership, (10)*, 8–14.

Allix, N. & Gronn, P. (2005). 'Leadership' as a manifestation of knowledge. *Educational Management Administration & Leadership, 33* (2), 181–196.

Barbour, C., Clifford, M., Corrigan-Halpern, P., Garcia, P., Maday-Karageorge, T., Meyer, C., Townsend, C. & Stewart, J. (2010). *What experience from the field tells us about school leadership and turnaround. A district and school improvement thought paper.* Naperville: American Institutes for Research.

Barker, B. (2011). *Turnaround Leadership: How Three Successful Leaders Turned Around Their Schools* (Master thesis Educational Leadership and Management). Unitec Institute of Technology: University of Auckland, New Zealand.

Bennett, J. V. (2012). "Democratic" collaboration for school turnaround in Southern Arizona. *International Journal of Educational Management, 26* (5), 442–451.

Bonsen, M. (2010). Schulleitungshandeln. In: H. Altrichter & K. Maag Merki (Hrsg.), *Handbuch. Neue Steuerung im Schulsystem* (S. 277–294). Wiesbaden: VS Verlag für Sozialwissenschaften.

Bonsen, M., Gathen, J., von der Iglhaut, C. & Pfeiffer, H. (2002). *Die Wirksamkeit von Schulleitung. Empirische Annäherungen an ein Gesamtmodell schulischen Leitungshandelns.* Weinheim: Juventa-Verlag.

Bossert, S.T., Dwyer, D. C., Rowan, B. & Lee, G. V. (1982). The Instructional Management Role of the Principal. *Educational Administration Quarterly, 18* (3), 34–64.

Boyan, N. J. (1981). Follow the leader: Commentary on research in educational administration. *Educational Researcher, 12*, 6–13.

Brady, R. (2003). *Can failing schools be fixed?* Verfügbar unter: http://mpsportal.milwaukee.k12.wi.us/portal/server.pt/gateway/PTARGS_0_2_41091_0_0_18/CanFailingSchoolsBeFixed.pdf [20. März 2009].

Brauckmann, S. (2012). Schulleitungshandeln zwischen deconcentration, devolution und delegation (3D). Empirische Annäherungen aus internationaler Perspektive. *Empirische Pädagogik 26* (1), 76–100.

Brauckmann, S. & Herrmann, C. (2012). Schulleitungshandeln im Rahmen Neuer Steuerung. Belastung oder Chance? *Zeitschrift für Bildungsverwaltung, 28* (1), 87–98.

Brauckmann, S. & Pashiardis, P. (2010). A validation study of the leadership styles of a holistic leadership theoretical framework. *International Journal of Educational Management, 25*, 11–32.

Brauckmann, S., Geißler, G., Feldhoff, T. & Pashiardis, P. (im Druck). Instructional leadership in Germany: An evolutionary perspective. *International Studies on Educational Adminstration.*

Brauckmann, S., Isermann, K. & Kimmig, T. (2006). *L'évaluation des* établissements *scolaires entre attente et réalité. Résultats du travail d'évaluation auprès d'établissements scolaires à Berlin et dans le Brandebourg.* In D. Groux, J. Helmchen & E. Flitner (Hrsg.), *L'école comparée. Regards croisés franco-allemands* (S. 259–279). Paris: L'Harmattan.

Calkins, A. (2008). *Turnaround of failing Schools: An overview. Paper presented at the American Enterprise Institute/Mass Insight Education & Research Institute Conference, "Turning Around the Nation's Worst School,"* Verfügbar unter: http://www.aei.org/docLib/20080306_AEIMassInsight.pdf [13. 06.2009].

Calkins, A., Guenther, W., Belfiore, G. & Lash, D. (2007). *The Turnaround Challenge: Why America's Best Opportunity to Dramatically Improve Student Achievement Lies in Our Worst-Performing Schools.* Mass Insight Education (NJ1).

Collins, J. (2009). *How the mighty fall.* London: Random House Business Books.

Cortina, K. S. (2016). Kompetenz, Bildung und Literalität. Anmerkungen zum Unbehagen der Pädagogik mit zentralen Konzepten der empirischen Bildungsforschung. In S. Blömeke, (Hrsg.), Traditionen und Zukünfte. *Beiträge zum 24. Kongress der Deutschen Gesellschaft der Erziehungswissenschaft Jahr* (S. 29–38). Opladen: Barbara Budrich.

Davies, B. (2011). *Leading the strategically focused school: Success and sustainability.* London: Sage.

Day, C., Sammons, P., Hopkins, D., Harris, A., Leithwood, K.A., Gu, Q., Brown, E., Ahtaridou, E. & Kington, A. (2009). *The Impact of School Leadership on Pupil Outcomes. Final Report.* Nottingham: University of Nottingham.

Dimmock, C. & Walker, A. (2005). *Educational Leadership. Culture and Diversity.* London: Sage.

Döring, P.A. (1978). *Führungsaufgaben der Schulleitung.* Braunschweig: Westermann.

Dröge, J., Pfeffer, P. & Thies, H.-H. (1992). *Aufgabenfelder der Schulleitung.* Braunschweig: VS Verlag für Sozialwissenschaften.

Duke, D. (2010). *Differentiating school leadership: Facing the challenges of practice.* Thousand Oaks, California: Corwin.

Duke, D. L. (2014). A bold approach to developing leaders for low-performing schools. *Management in Education, 28* (3), 80–85.

Duke, D. & Salmonowicz, M. (2010). Key Decisions of a First-year 'Turnaround' Principal. *Educational Management Administration & Leadership, 38* (1), 33–58.

Duncan-Andrade, J. & Morrell, E. (2008). *The art of critical pedagogy: Possibilities for moving from theory to practice in urban schools.* New York: Peter Lang.

Feldhoff, T. (2010). Steuerung durch Qualifizierung. Die Steuerungsfunktion und „-wirkung" von Qualifizierungsmaßnahmen am Beispiel schulischer Steuergruppen im Modellvorhaben „Selbstständige Schule". In W. Böttcher, J. N. Dicke & N. Hogrebe (Hrsg.), *Evaluation, Bildung und Gesellschaft. Steuerungsinstrumente zwischen Anspruch und Wirklichkeit* (S. 193–207). Münster: Waxmann.

Feldhoff, T. & Rolff, H.-G. (2008). Einfluss von Schulleitungs- und Steuergruppenhandeln. In H. G. Holtappels, K. Klemm & H.-G. Rolff (Hrsg.), *Schulentwicklung durch Gestaltungsautonomie. Ergebnisse der Begleitforschung zum Modellvorhaben ‚Selbstständige Schule' in Nordrhein-Westfalen* (S. 293–302). Münster: Waxmann.

Foskett, N., Lumby, J. & Fidler, B. (2005). Evolution or extinction? Reflections on the future of research in educational leadership and management. *Educational Management, Administration & Leadership, 33* (2), 245–253.

Fullan, M. (2008). *The six secrets of change.* San Francisco: Jossey-Bass.

Gerick, J. (2014). *Führung und Gesundheit in der Organisation Schule: Zur Wahrnehmung transformationaler Führung und die Bedeutung für die Lehrergesundheit als Schulqualitätsmerkmal.* Münster: Waxmann.

Gronn, P. & Ribbins, P. (1996). Leaders in Context. Postpositivist Approaches to Understanding Educational Leadership. *Educational Administration Quarterly, 32* (3), 452–473.

Hallinger, P. (2008). *Methodologies for Studying School Leadership. A Review of 25 years of Research Using the Principal Instructional Management Rating Scale.* Verfügbar unter: http://philiphallinger.com/wp-content/uploads/2013/01/PIMRS_Methods_47.pdf [25.04.2016].

Hallinger, P. & Heck, R.H. (1998). Exploring the Principal's Contribution to School Effectiveness: 1980–1995. *School Effectiveness and School Improvement, 9* (2), 157–191.

Hallinger, P. & Murphy, J. (1985). Assessing the Instructional Management Behavior of Principals. *The Elementary School Journal, 86* (2), 217–247.

Hanßen, K. (2011). *Rechtliche Regelungen zu Tätigkeitsfeldern von Schulleiterinnen und Schulleitern bei erweiterter Eigenverantwortung von Schulen.* Verfügbar unter: https://scholar.google.at/scholar?hl=en&q=Han%C3%9Fen%2C+K.+%282011%29.+Rechtliche+Regelungen+zu+T%C3%A4tigkeitsfeldern+von+Schulleiterinnen+und+Schulleitern+bei+erweiterter+Eigenverantwortung+von+Schulen.&btnG=&as_sdt=1%2C5&as_sdtp= [25.04.2016].

Harold, J., Burbach, R., Alfred, R. & Butler, I. (2005). Turnaround principals: An unmistakable conclusion: Site-level success stems from superintendent support. *The School Administrator,* 1–8.

Harris, A. (2002). Effective leadership in schools facing challenging contexts. *School Leadership & Management, 22* (1), 15–26.

Harris, A., Leithwood, K. & Strauss, T. (2010). *Leading school turnaround: How successful leaders transform low performing schools.* San Francisco: Jossey-Bass.

Hassel, B., Hassel, E. & Steiner, L. (2008). *School turnaround leaders: Competencies for success.* Verfügbar unter: http://publicimpact.com/images/stories/publicimpact/documents/Turnaround_Leader_Competencies.pdf [06.01.2017].

Hassel, B. & Steiner, L. (2003). *Starting fresh: A new strategy for responding to chronically low performing schools.* Chapel Hill, NC: Public Impact.

Holtappels, H. G., Klemm, K. & Rolff, H.-G. (2008). *Schulentwicklung durch Gestaltungsautonomie. Ergebnisse der Begleitforschung zum Modellvorhaben „selbstständige Schule" in Nordrhein-Westfalen.* Münster: Waxmann.

Hoy, W. K. (1994). Foundations of educational administration: Traditional and emerging perspectives. *Educational Administration Quarterly, 30* (2), 178–198.

Keys, W., Sharp, C., Greene, K. & Grayson, H. (2003). *Successful Leadership of Schools in Urban and Challenging Contexts.* Verfügbar unter: http://dera.ioe.ac.uk/5129/7/media-7ab-b0-successful-leadership-in-urban-contexts_Redacted.pdf [01.04.2016].

Kimmig, T. & Brauckmann, S. (2009). Eigenständige Mittelbewirtschaftung der Schulen. In F. Prüss, S. Kortas & M. Schöpa (Hrsg.), *Die Ganztagsschule. Von der Theorie zur Praxis. Anforderungen und Perspektiven für Erziehungswissenschaft und Schulentwicklung* (S. 261–272). Weinheim, München: Juventa-Verlag.

Kotter, J. P. (2007). Leading Change: Why transformation efforts fail. *Harvard Business Review, 85* (1), 15–16.

Kowal, J. M. & Hassel, E. A. (2005). *Turnarounds with new leaders and staff.* Naperville, IL: Learning Point Associates/North Central Regional Educational Laboratory.

Krüger, R. (1989). *Schulleiteralltag. Beobachtungen und Analysen.* Braunschweig: SL Verlag.

Kuper, H. (2002). Entscheidungsstrukturen in Schulen. Eine differenzielle Analyse der Schulorganisation. *Zeitschrift für Pädagogik, 6*, 856–878.

Kutash, J., Nico, E., Gorin, E., Rahmatullah, S. & Tallant, K. (2010). *The school turnaround field guide. Social Impact Advisors.* Verfügbar unter: http://www.wallacefoundation.org/knowledge-center/Documents/The-School-Turnaround-Field-Guide.pdf [06.01.2017].

Lachlan-Haché, J., Naik, M. & Casserly, M. (2012). *The School Improvement Grant rollout in America's great city schools.* Washington, DC: Council of Great City Schools.

Leithwood, K. A., Jantzi, D. & Fernandez, A. (1994). Transformational leadership and teachers commitment to change. In J. Murphy & K. S. Louis (Hrsg.), *Reshaping the principalship. Insights from transformational reform efforts* (S. 77–98). Thousand Oaks, CA: Corwin Press.

Leithwood, K. A. & Levin, B. (2008). Understanding and Assessing the Impact of Leadership Development. In J. Lumby, G. Crow & P. Pashiardis (Hrsg.), *International handbook on the preparation and development of school leaders* (S. 280–300). London: Routledge.

Liljenberg, M. (2014). Distributing leadership to establish developing and learning school organisations in the Swedish context. *Educational Management Administration & Leadership, 43* (1), 152–170.

Marzano, R. J., Waters, T. & McNulty, B.A. (2005). *School leadership that works. From research to results.* Alexandria, VA, Aurora, CO: Association for Supervision and Curriculum Development.

Mette, I. M. & Scribner, J. P. (2014). Turnaround, Transformational, or Transactional Leadership: An Ethical Dilemma in School Reform. *Journal of Cases in Educational Leadership, 17* (4), 3–18.

Mintrop, H. & Trujillo, T. (2005). Corrective action in low performing schools: Lessons for NCLB implementation from first – generation accountability systems. *Education Policy Analysis Archives, 13* (48), 1–30.

Mulford, B. (2003). *School Leaders. Challenging Roles and Impact on Teacher and School Effectiveness. A paper prepared for the OECD.* Verfügbar unter: http://www.oecd.org/dataoecd/2/52/37133393.pdf [25.04.2016].

Murphy, J. (2010). Turning around failing organizations: Insights for educational leaders. *Journal of Educational Change, 11* (2), 157–176.

Murphy, J. & Louis, K. S. (1994). *Reshaping the principalship. Insights from transformational reform efforts.* Thousand Oaks, CA: Corwin Press.

Murphy, M. & Meyers, C. (2008). *Turning around failing schools: leadership lessons from the organisational sciences.* Thousand Oakes, California: Corwin Press.

National Audit Office. (2006). *Improving poorly performing schools in England: Reports by the Comptroller and Auditor General.* Verfügbar unter: http://www.official-documents.gov.uk/document/hc0506/hc06/0679/0679.pdf [01.09.2009].

O'Brien, E. M. & Dervarics, C. J. (2013). *Which Way Up: What Research Says About School Turnaround Strategies.* Center for Public Education. Verfügbar unter: http://www.centerforpubliceducation.org/Main-Menu/Policies/Which-Way-Up-At-aglance/Which-Way-Up-Full-Report.pdf [06.01.2017].

OECD (2008). *Trends Shaping Education.* Paris.

Oplatka, I. (2010). *The Legacy of Educational Administration. A Historical Analysis of an Academic Field.* Frankfurt am Main, New York: Peter Lang.

Peck, C. & Reitzug, U. C. (2014). School Turnaround Fever: The Paradoxes of a Historical Practice Promoted as a New Reform. *Urban Education, 49* (1), 8–38.

Prestine, N. A. (1995). A constructivist view of the knowledge base in educational administration. In R. Donmoyer, M. Imber & J. J. Scheurich (Hrsg.), *The knowledge base in educational administration* (S. 269–286). Albany: SUNY.

Public Impact. (2008). *School turnaround leaders: Competencies for success.* Chapel Hil, NC: For the Chicago Public Education Fund. Verfügbar unter: http://publicimpact.com/web/wp-content/uploads/2009/09/Turnaround Leader Competencies.pdf

Pulliam, C. L., LaCaria, L., Schoeneberger, J. & Algozzine, B. (2014). A Preliminary Analysis of a Strategic Staffing Initiative. *Educational Policy, 28* (4), 578–603.

Rahm, S. & Schröck, N. (2008). *Wer steuert die Schule? Zur Rekonstruktion dilemmatischer Ausgangslagen für Schulleitungshandeln in lernenden Schulen.* Bad Heilbrunn: Klinkhardt.

Rauscher, H. (1995). Innovationen. eine Aufgabe für die Schulleitung. Braunschweig: VS Verlag für Sozialwissenschaften.

Scheerens, J. (Ed.). (2012). *School Leadership Effects Revisited.* Dordrecht: Springer Netherlands.

Strasser, F. (1997). *Herausforderungen für die Schulleitung. Probleme und Lösungen.* München: Oldenbourg.

Tosch, F. (2012). Schulstruktur und Erziehung. In U. Sandfuchs, W. Melzer, B. Dühlmeier & A. Rausch (Hrsg.), *Handbuch Erziehung* (206–213). Bad Heilbrunn: Klinkhardt.

Wissinger, J. (2014). Schulleitungshandeln und Schulentwicklung. In H. G. Holtappels (Hrsg.), *Schulentwicklung und Schulwirksamkeit als Forschungsfeld. Theorieansätze und Forschungserkenntnisse zum schulischen Wandel* (S. 123–140). Münster: Waxmann.

Wrigley, T. (2003). *Schools of hope: A new agenda for school improvement.* Oakhill: Trentham Books Limited.

Ylimaki, R. M., Brunderman, L., Bennett, J. V. & Dugan, T. (2014). Developing Arizona Turnaround Leaders to Build High-Capacity Schools in the Midst of Accountability Pressures and Changing Demographics. *Leadership and Policy in Schools, 13* (1), 28–60.

Kathrin Fussangel & Dirk Richter

Gemeinsam sind wir stark? Die Rolle von Kooperation angesichts schulischer Herausforderungen

1. Einleitung

Die Frage nach der Zusammenarbeit von Lehrerinnen und Lehrern trifft zurzeit auf ein gesteigertes Interesse von Wissenschaft und Öffentlichkeit. So ist im Februar 2016 in der Zeitung DIE ZEIT ein Artikel mit dem Titel „Nie mehr allein" erschienen, in dem die ‚neuen' Lehrkräfte nicht länger als Einzelkämpfer, sondern als Teamplayer beschrieben werden. Die Herausforderungen, denen Lehrkräfte in der Schule begegnen müssen, seien nicht länger allein zu bewältigen, sondern nur in Zusammenarbeit mit den Kolleginnen und Kollegen. In dem Artikel wird von Schulen berichtet, die es mit einer schwierigen Schülerklientel zu tun haben, in denen Lehrkräfte in Teams gemeinsam in den Unterricht gehen und so gestärkt sind, den Problemen im Unterricht zu begegnen. Auch in praxisorientierten Zeitschriften lassen sich Artikel finden, die den „Abschied vom ‚einsamen Helden'" (Al Dahouk & Böhmann, 2014) thematisieren. Liest man diese Artikel, so stellt sich aus einer wissenschaftlichen Perspektive die Frage nach der empirischen Evidenz. Kooperieren Lehrkräfte tatsächlich mehr als früher, wenn sie es mit einer schwierigen Schülerklientel zu tun haben? Ist die Zusammenarbeit eine geeignete Methode, mit Problemen im Schulalltag zurechtzukommen?[1]

Die vermehrte Aufmerksamkeit dem Thema gegenüber hängt mit gesellschaftlichen Entwicklungen zusammen, wie etwa der Notwendigkeit vermehrt Kinder mit Migrationshintergrund zu integrieren. Mit diesen Entwicklungen einhergehend sind im vergangenen Jahrzehnt verschiedene bildungspolitische Reformen auf den Weg gebracht worden, die Schulen und die Lehrkräfte vor neue Herausforderungen im Bereich der Schul- und Unterrichtsentwicklung und damit auch der Kooperation mit Kolleginnen und Kollegen stellen. Zu nennen sind hier etwa der Ausbau des Ganztagsschulsystems, der vor ca. 10 Jahren begonnen hat und im Rahmen dessen Lehrkräfte und das sogenannte weitere pädagogische Personal ihre Arbeit aufeinander abstimmen müssen, um den Unterricht und die außerunterrichtlichen Angebote sinnvoll miteinander zu verknüpfen. Dieses Zusammendenken von Unterricht und Ganztagsangeboten gilt als eines der wichtigsten Qualitätskriterien von Ganztagsschulen (Arnoldt, 2011), da nur so zusätzliche Fördermöglichkeiten geschaffen und damit

1 Die im weiteren Verlauf dieses Beitrags beschriebene Untersuchung wurde finanziert durch ein Stiftungskonsortium bestehend aus der Bertelsmann Stiftung, der Robert Bosch Stiftung, der Stiftung Mercator und der Deutsche Telekom Stiftung.

wichtige Ziele des Ganztagsausbaus umgesetzt werden können. Eine weitere große Reform, die mit einer Intensivierung von Kooperation einhergeht, ist die Umsetzung des Inklusionsgedankens. Das Einbeziehen von sonderpädagogischen Lehrkräften in Regelschulen und die damit einhergehende Zusammenarbeit ist eine Herausforderung, vor der zurzeit viele Schulen stehen und die unmittelbar die zentrale Tätigkeit von Lehrpersonen, den Unterricht, berührt: „Es ist zu erwarten, dass kooperative Prozesse die Qualität integrativer Lernumgebungen maßgeblich mitbestimmen.“ (Kreis, Wick & Kosorok Labhart, 2013, S. 51) Angesichts dieser Aufgaben scheint das Unterrichten nicht länger allein bewältigt werden zu können.

Die Rolle der Lehrerkooperation für die Schulentwicklung ist vielfach betrachtet worden. Insgesamt kann aufgrund verschiedener Forschungsergebnisse davon ausgegangen werden, dass es eine Wechselwirkung zwischen den Variablen Kooperation und Aspekten von Schulentwicklung gibt (vgl. z.B. Holtappels, 2013). Kooperation ist damit einerseits eine wichtige Voraussetzung für Schulentwicklungsprozesse, die ohne eine Zusammenarbeit der Lehrerinnen und Lehrer nicht umgesetzt werden könnten. Andererseits zeigen verschiedene Studien, dass sich auch umgekehrt die Kooperation infolge von Schulentwicklungsmaßnahmen positiv entwickeln kann. So zeigte sich in der Studie zur Entwicklung von Ganztagsschulen eine Intensivierung der Lehrerkooperation, die aufgrund von Qualitätsentwicklungsmaßnahmen an den Schulen und einer intensiven Entwicklungsarbeit am Schulkonzept vorhergesagt werden konnte (Holtappels, Lossen, Spillebeen et al., 2011). In diesem Zusammenhang stellt sich die Frage nach dem Zustandekommen und der Intensität von Kooperation: Sehen Lehrkräfte in ihrer täglichen Arbeit die Notwendigkeit, sich untereinander abzustimmen oder bedarf es eines Anstoßes von ‚außen‘? Viele Publikationen kommen zu dem Schluss, dass das Ausmaß an Kooperation als durchaus ausbaufähig zu bezeichnen ist. Auch Vangrieken et al. (2015) zeigen in einem aktuellen Review, dass insbesondere „deep-level collaboration appeared to be less frequent“ (S. 27). Diese und ähnliche Befunde legen nahe, dass ein hoher Anteil der Lehrkräfte keine Notwendigkeit sieht, mit Kolleginnen und Kollegen zusammenzuarbeiten und dass die Anregung zur Kooperation nach wie vor eine Herausforderung für die Schulentwicklung darstellt. Andererseits stellt sich die Frage, ob angesichts der Vielfalt an empirischen Studien, die mittlerweile in diesem Bereich vorliegen und die zeigen, wie differenziert Kooperation betrachtet werden kann (und sollte) und wie vielschichtig das Zusammenwirken verschiedener Bedingungsfaktoren ist, überhaupt von *der* Lehrerkooperation gesprochen werden kann (Fussangel & Gräsel, 2014; Vangrieken et al., 2015). Es erscheint sinnvoll, einen genauen Blick auf die gegebenen Voraussetzungen und Rahmenbedingungen zu werfen und in diesem Zusammenspiel die Art und Intensität sowie mögliche positive wie negative Konsequenzen der Zusammenarbeit von Lehrkräften zu betrachten.

Im Folgenden werden zunächst verschiedene Voraussetzungen und Rahmenbedingungen von Kooperation beschrieben. Wann und warum Lehrerinnen und Lehrer kooperieren, hängt von Bedingungen auf verschiedenen Ebenen ab. Auch die Art und das Ausmaß der Zusammenarbeit können unterschiedlich sein und sind stark situations- und aufgabenabhängig. Davon ausgehend soll die Frage gestellt werden, ob und wenn ja welche Rolle schulische Variablen spielen, insbesondere solche, die als ‚herausfordernd' bezeichnet werden können. Ob diese in einem Zusammenhang mit der Kooperation der Lehrkräfte stehen, ist eine bisher offene Fragestellung. Aus diesem Grund betrachten wir in dieser Arbeit einerseits die Komposition der Schülerschaft als einen Indikator für Schulen in herausfordernden Lagen. Andererseits nehmen wir auch die schulischen Rahmenbedingungen in den Blick, um genauer zu untersuchen, ob diese das Kooperationsverhalten begünstigen. Im Folgenden geben wir einen Überblick über die Entstehung und die Auswirkungen von Kooperation zwischen Lehrkräften und die besondere Bedeutung von Kooperationsbeziehungen an Schulen in herausfordernder Lage.

2. Kooperation

2.1 Wann kommt Kooperation unter Lehrkräften zustande?

Bei allen positiven Erwartungen, die sowohl aus der Praxis als auch aus der Wissenschaft an die Zusammenarbeit von Lehrkräften gestellt werden, haben viele Autoren auch immer wieder darauf hingewiesen, dass die Anregung von Kooperation eine schwierige Aufgabe ist und es diverse Hindernisse zu überwinden gilt (Little, 1990; Gräsel, Fußangel & Pröbstel, 2006). Auch wenn sich in den vergangenen Jahren einiges in diesem Feld entwickelt hat, so ist Kooperation in vielen Kollegien nach wie vor kein immanenter Bestandteil der täglichen Arbeit von Lehrpersonen, dies gilt insbesondere für die Gymnasien (z.B. Steinert, Klieme, Maag-Merki et al., 2006). Die Voraussetzungen einer gelingenden Zusammenarbeit liegen sowohl auf der individuellen wie auch auf der schulischen bzw. organisationalen Ebene. Auf der individuellen Ebene spielen neben motivationalen Variablen auch Wissenselemente eine wichtige Rolle: Selbst wenn Lehrkräfte bereit und motiviert sind, mit ihren Kolleginnen und Kollegen zu kooperieren, eine vertrauensvolle Atmosphäre herrscht und es Zeitfenster und Räume für die Zusammenarbeit gibt, so bedarf es darüber hinaus eines bestimmten Wissens über gelingende Kooperationsprozesse. So gilt es, ein gemeinsames Ziel in Bezug auf eine konkrete Aufgabe zu finden und damit eine Interdependenz der Arbeit verschiedener Personen herzustellen, die einen verbindlichen Rahmen für alle Beteiligten darstellt (Gräsel et al., 2006; Vangrieken et al., 2015). Dies fällt Lehrkräften häufig leichter, wenn es konkrete Anlässe gibt, die die Arbeit gewissermaßen vorstrukturieren. Diverse Arbeiten der vergangenen Jahre zeigen, dass es für eine gelingende Implementation von Innovationen günstig ist, an eine enge Zusammenarbeit der beteiligten Lehrerinnen und Lehrer zu appellieren. Dies zeigt sich sowohl für Ansätze, die eher auf die Unterrichtsebene abzielen, wie etwa die kontextorientierten Konzepte im naturwissenschaftlichen Unterricht, die in den 2000er Jahren implementiert wurden (Ostermeier, 2004; Fussangel & Gräsel, 2008) wie auch für Reformen, die das gesamte Schulsystem betreffen. So konnten Holtappels et al. (2011) zeigen, dass es im Zuge des Ausbaus des Ganztagsschulsystems und der intensiven Arbeit der Schulen an einem Ganztagskonzept zu einer Steigerung der Lehrerkooperation gekommen ist. In diesem Zusammenhang muss darüber hinaus auch die interprofessionelle Kooperation mit anderen Berufsgruppen in den Blick genommen werden, die im Zuge der Umsetzung eines guten Ganztagskonzepts ansteigen muss. Ein äußerer Anlass allein reicht jedoch nicht aus, um Lehrkräfte zu Teamplayern zu machen und auch die Tatsache, dass durch eine neue Rhythmisierung in Ganztagsschulen mehr Zeit zur Verfügung steht, bedeutet noch nicht, dass es auch tatsächlich zu mehr Kooperation kommt. Lehrkräfte müssen sich von einer Zusammenarbeit einen Nutzen versprechen und die Erfahrung machen, dass es sich lohnt, zu kooperieren. Dies tritt häufig erst ein, wenn sich die Kooperationsprozesse bereits eingespielt haben, d.h. nach einer u.U. aufwendigen und anstrengenden Anfangsphase. Little (1990) spricht in diesem Zusammenhang von „high transaction costs to participatory work – most prominently in time (...) and the risk of conflict" (S. 530).

Auf schulischer Ebene wurde schon früh auf die bedeutende Rolle der Schulleitung verwiesen, die im Zusammenhang mit Schulentwicklungsprozessen auch als Türöffner bezeichnet wurde (Dalin, Rolff & Buchen, 1996; Bryk, Camburn & Seashore Louis, 1999). Demnach sei es wichtig, dass die Schulleitung Strukturen schaffe, die es den Lehrkräften ermöglicht, neben dem Unterricht weitere schulische Aufgaben wahrzunehmen. Im Zuge neuerer Arbeiten zum Schulleitungshandeln werden verschiedene Führungsdimensionen unterschieden, die sich auf die Effektivität einer Schule auswirken (Bonsen, 2016): Neben der Führung durch die Schulleitung selbst, die die Gesamtverantwortung für die Schulentwicklung trägt und dafür sorgt, dass bestimmte Ziele erreicht werden, wird auch die Notwendigkeit einer dezentralen Führung immer stärker betont. Hierbei geht es eher „um die Förderung der Professionalisierung der Lehrkräfte durch die Entwicklung von (Arbeits-)Strukturen, welche Kooperation fördern und die Lehrkräfte in Entscheidungen einbeziehen" (Bonsen, 2016, S. 311).

2.2 Mögliche positive Effekte von Kooperation

Studien zeigen, dass sich bei gelingender Kooperation positive Effekte auf verschiedenen Ebenen einstellen können. Ein wichtiger Nutzenaspekt stellt dabei das Entlastungserleben dar, das Lehrkräfte erfahren, wenn sie intensiv mit Kolleginnen und Kollegen zusammenarbeiten. Insbesondere in Bezug auf unterrichtliche Entlastungsaspekte und das daraus resultierende Beanspruchungserleben haben Studien positive Effekte von Kooperation gezeigt (Kyriacou, 2001; Fussangel & Dizinger, 2014; Vangrieken et al., 2015). Daneben ist das individuelle Weiterlernen als Lehrperson eine wichtige Folge von Kooperation. Dies hat sich insbesondere in Studien gezeigt, die sich mit Lerngemeinschaften von Lehrkräften beschäftigt haben. Wenn Lehrerinnen und Lehrer in einer solchen Gruppe intensiv zusammenarbeiten und sich über konkrete unterrichtliche Probleme und Fallbeispiele austauschen, dann führt dies zum Aufbau neuen Wissens, das der einzelnen Lehrperson helfen kann, den eigenen Unterricht effektiver zu gestalten und von einer fundierten Basis aus zu handeln (McLaughlin & Talbert, 2006; Wood, 2007). Neben diesen für die individuelle Lehrperson zentralen Nutzenaspekten nennen Vangrieken et al. (2015) in ihrem Review weitere Aspekte, für die es empirische Evidenz gibt. Auf Seiten der Lehrkräfte fasst sie positive Effekte auf verschiedenen Ebenen zusammen: eine höhere Motivation, vermehrte Kommunikation unter den Lehrkräften, verminderte Isolation der einzelnen Lehrperson, einen stärker auf das Schülerlernen fokussierten Unterricht oder auch eine erhöhte ‚Moral', die sich unter anderem in einem stärkeren Commitment dem eigenen Beruf gegenüber widerspiegelt (Berry, Daughtrey & Wieder, 2009).

Zusammenfassend lässt sich festhalten, dass eine Zusammenarbeit in verschiedener Hinsicht einen Nutzen für Lehrerinnen und Lehrer darstellen kann, der sich jedoch nicht von allein einstellt. Es bedarf einer Reihe von Voraussetzungen und Rahmenbedingungen, ohne die Kooperation nicht gelingen kann und dann eher zu Frustration und Ablehnung führt.

2.3 Wie reagieren Schulen auf spezifische Herausforderungen und welche Rolle spielt Kooperation dabei?

Schulen stehen infolge von gesellschaftlichen Veränderungen und verschiedenen schulischen Reformen der letzten Jahre vor vielfältigen Herausforderungen. Bei den Schulen in sog. ‚schwieriger Lage' wird auf eine Kumulation von negativen Kompositionsmerkmalen Bezug genommen, die sich durch einen hohen Anteil an sozial benachteiligten Schülerinnen und Schülern sowie solchen mit Migrationshintergrund auszeichnet (Baumert, Stanat & Watermann, 2006; Racherbäumer, Funke, Van Ackeren et al., 2013). Die Herausforderungen für Schulen und damit für die Lehrpersonen deuten sich z.B. angesichts der Resultate in internationalen Vergleichsstudien an: So zeigte sich etwa in PISA 2009, dass es zwar insgesamt einige positive Entwicklungen in Deutschland gegeben hat, dass jedoch die Kompetenznachteile von Schülerinnen und Schülern mit Migrationshintergrund weiterhin hoch sind, wie z.B. in der Lesekompetenzentwicklung zu sehen ist (Stanat, Rauch & Segeritz, 2010). Auch in Bezug auf die Mathematikleistungen schneiden Schülerinnen und Schüler aus unteren sozialen Gruppen deutlich schlechter ab als solche aus den oberen sozialen Gruppen (mit und ohne Migrationshintergrund), wobei sich diese Tendenz im Laufe der Schulzeit noch verstärkt (Piel, Schuchart & Wendt, 2015). An Schulen in schwieriger Lage haben es Lehrkräfte im Unterricht also häufig mit besonders förderungsbedürftigen Schülerinnen und Schülern zu tun. Wie sich in verschiedenen Studien gezeigt hat, stellen schwierige und verhaltensauffällige Schülerinnen und Schüler für Lehrkräfte häufig auch einen gesundheitlichen Stressor dar, der die Wahrscheinlichkeit für negative Beanspruchungsfolgen erhöhen kann (Krause & Dorsemagen, 2014). Dies stellt neben den Fragen der Unterrichtsentwicklung eine weitere Herausforderung dar, der sich die Lehrerinnen und Lehrer stellen müssen.

Im Rahmen des vorliegenden Artikels stellt sich nun die Frage, wie Schulen auf solche Herausforderungen reagieren und welche Rolle die Kooperation dabei spielt. Die Frage, ob die schulische Kooperation eine explizite und zielgerichtete Maßnahme angesichts schulischer Herausforderungen darstellt, ist eine bisher nicht fokussierte Fragestellung in der Forschung. Es gibt verschiedene Befunde, die die Bedeutung der

Kooperation angesichts der beschriebenen Herausforderungen andeuten. So konnte Senkbeil (2006) anhand der PISA-Daten zeigen, dass Schulen mit einem hohen Ausmaß an Lehrerkooperation auch einen leicht höheren Anteil an Kindern mit Migrationshintergrund und solchen aus sozial benachteiligten Familien aufweisen. Dass die Lehrerinnen und Lehrer die sozialen Nachteile der Schülerschaft hier durch erhöhte Kooperationstätigkeiten auszugleichen versuchen, ist eine mögliche Interpretation dieser Befunde, auch wenn man hier nicht von einer direkten kausalen Wirkung ausgehen sollte. Es ist jedoch zu vermuten, dass die Komposition der Schülerschaft die schulische Prozessqualität in irgendeiner Form beeinflusst. Dies haben Willems et al. (2013) im Rahmen der Studie zur Entwicklung von Ganztagsschulen untersucht, indem sie sich die Frage gestellt haben, ob sich Ganztagsgrundschulen aufgrund verschiedener Variablen der sozialen Schülerkomposition in homogene Schultypen einteilen lassen. Als Kriterien für eine latente Klassenanalyse wurden der Migrationshintergrund, der sozioökonomische Status sowie das Bildungsniveau der Eltern herangezogen. Die Analyse ergab vier homogene Typen von Schulen (stark belastet bzw. privilegiert sowie eher belastet und eher privilegiert), in denen verschiedene Prozessmerkmale, u.a. auch die Kooperation, variieren. Es zeigt sich, dass die Kooperation an moderat belasteten Schulen am positivsten eingeschätzt wird, auch im Vergleich zu Schulen mit einer eher privilegierten Schülerschaft. An Schulen mit einer stark belasteten Schülerschaft hingegen wird es für die Lehrkräfte offensichtlich schwieriger, gezielte Maßnahmen umzusetzen und sie stoßen „wegen der höheren Problemkonzentration an den Schulen mit ihren eigenen Ressourcen zur professionellen Zusammenarbeit an Grenzen" (Willems et al., 2013, S. 81).

Es stellt sich insgesamt die Frage, welche Schwerpunkte eine Schule setzt, wenn sie es mit einer herausfordernden Schülerschaft zu tun hat. Häufig reagieren Schulen zunächst mit der Entwicklung eines spezifischen Schulkonzepts (z.B. mit dem Schwerpunkt ‚Soziales Lernen'), das auf die Bedürfnisse der Schülerinnen und Schüler abgestimmt ist (Lorenz, Nonte, Klekovkin et al., 2015). Auch eine Fokussierung auf die Ganztagsangebote kann ein Mechanismus sein, den Schulen zur Verringerung von Benachteiligungen nutzen. So zeigen erste Ergebnisse aus der Studie zur Entwicklung von Ganztagsschulen kompensatorische Effekte des Ganztagsschulbesuchs in Bezug auf die Mathematiknote (Züchner & Fischer, 2014), zumindest wenn die Qualität der Angebote gut ist und die Schülerinnen und Schüler regelmäßig teilnehmen. Die Rolle, die die Kooperation der Lehrkräfte in diesem Zusammenhang spielt, kann dabei verschieden sein und Kooperation kann hier sehr unterschiedlich ausgestaltet sein. Wenn es darum geht, ein Schulkonzept zu entwickeln, dann kooperieren Lehrpersonen anders als wenn es um die Zusammenarbeit mit dem pädagogischen Personal des Ganztags geht.

3. Fragestellungen

Angesichts der dargestellten Befunde und Überlegungen zum Umgang von Schulen mit einer herausfordernden Schülerschaft stellt sich die Frage, inwieweit Lehrkräfte an diesen Schulen kooperieren und welche inhaltlichen Schwerpunkte sie dabei setzen. In der vorliegenden Studie wird konkret danach gefragt, wie stark Lehrkräfte an Schulen mit unterschiedlicher Schülerkomposition einerseits zu unterrichtsbezogenen Inhalten und andererseits zu pädagogischen/erzieherischen Fragen kooperieren. Als Merkmal der Schülerkomposition betrachten wir insbesondere den Anteil von Schülerinnen und Schülern mit Zuwanderungshintergrund und mit sonderpädagogischem Förderbedarf (SPF) an der Schule. Auf Basis der vorliegenden Befunde gehen wir davon aus, dass an Schulen mit einem sehr hohen Anteil von Schülerinnen und Schülern mit Zuwanderungshintergrund die Kooperation geringer ausfällt als an Schulen mit geringem oder einem durchschnittlichen Anteil. Für die Untersuchung des Anteils von Schülerinnen und Schülern mit SPF gehen wir jedoch davon aus, dass die Kooperation umso stärker ausfällt, je größer diese Gruppe an der jeweiligen Schule ist. Diese Annahme lässt sich damit begründen, dass Inklusionsschulen häufig über weiteres pädagogisches Personal verfügen (z.B. Sonderpädagogen, Inklusionshelfer), welches mit Regellehrkräften bei der Planung und Durchführung von Unterricht zusammenarbeitet.

Im zweiten Teil der Untersuchung möchten wir der Frage nachgehen, ob schulische Rahmenbedingungen das Kooperationsverhalten von Lehrkräften bedingen. Als zentrale Rahmenbedingungen betrachten wir drei Merkmale, welche in der einschlägigen Literatur bereits als relevant identifiziert wurden: (1) Bereitstellung von Zeitslots für Kooperation, (2) Unterstützung durch die Schulleitung und (3) die Präsenz der Lehrkräfte nach dem Unterricht. Wir gehen davon aus, dass die Bereitstellung von förderlichen Rahmenbedingungen besonders dann von hoher Relevanz ist, wenn Lehrkräfte mit einer herausfordernden Schülerschaft arbeiten. Wir vermuten deshalb, dass an Schulen mit einem hohen Anteil von Schülerinnen und Schülern mit Zuwanderungshintergrund und SPF besonders intensiv zusammengearbeitet wird, wenn die genannten kooperationsförderlichen Rahmenbedingungen bestehen.

4. Methode

4.1 Studie und Stichprobe

Die vorliegende Untersuchung basiert auf einer Studie, die anlässlich des *International Summit on the Teaching Profession* (ISTP) durch ein Stiftungskonsortium bestehend aus der Bertelsmann Stiftung, der Robert Bosch Stiftung, der Stiftung Mercator und der Deutsche Telekom Stiftung finanziert wurde (Richter & Pant, 2016). Ziel dieser Studie war es, das Kooperationsverhalten von Lehrkräften in Deutschland detailliert zu beschreiben und die Befunde zu den Ergebnissen der internationalen TALIS-Studie (*Teaching and Learning International Survey*, OECD, 2014) in Beziehung zu setzen. Zu diesem Zweck wurden im Herbst 2015 insgesamt 1.015 Lehrkräfte der Sekundarstufe I in einem Face-to-Face-Interview durch die Firma Infratest Dimap befragt. Bei der Rekrutierung der Stichprobe wurden Quoten für die Schulformen (Gymnasium/andere Schularten), die Region (Ost/West) und das Alter der Lehrkräfte festgelegt, um differenzierte Analysen für diese Teilgruppen vornehmen zu können. Die Lehrkräfte, die an der Untersuchung teilnahmen, waren im Durchschnitt 44.6 Jahre alt (*SD*=11.5) und überwiegend weiblich (59.1%). Alle Lehrkräfte unterrichteten an staatlichen allgemeinbildenden Schulen der Sekundarstufe I und II. Lehrkräfte an Privat- und Förderschulen waren nicht Teil der Stichprobe. Die teilnehmenden Lehrkräfte unterrichteten an Schulen, die sich stark hinsichtlich der Zusammensetzung ihrer Schülerschaft unterschieden. Der Anteil von Schülerinnen und Schülern mit Zuwanderungshintergrund betrug im Durchschnitt 28.4 Prozent (*SD*=24.1%) und der Anteil von Schülerinnen und Schülern mit SPF 6.5 Prozent (*SD*=11.6%). Es lässt sich insgesamt jedoch auch ein relativ großer Anteil von Lehrkräften feststellen, an deren Schulen keine Inklusionsschülerinnen und -schüler unterrichtet werden (38.8%).

4.2 Instrumente

In der Studie kam ein Fragebogen zum Einsatz, in dem Lehrkräfte zu ihren kooperationsbezogenen Einstellungen und Aktivitäten befragt wurden. Die Beurteilung der eigenen Kooperationsaktivitäten wurde mit Ratingskalen vorgenommen, die zum Teil in der Lehrkräftebefragung von PISA 2009 zum Einsatz kamen (Hertel, Hochweber, Mildner et al., 2014) und durch Eigenentwicklungen ergänzt wurden. Für die Analysen wurden die verwendeten Items faktorenanalytisch geprüft und zu zwei Skalen zusammengefasst. Die erste Skala wird als „unterrichtsbezogene Kooperation" bezeichnet und umfasst solche Aktivitäten, die sich auf die Abstimmung im Kollegium zu Unterrichtsinhalten, zu Lehr- und Lernmethoden und zu Hausaufgaben beziehen. Die Skala repräsentiert insgesamt fünf Items (z.B. Wir diskutieren im Kollegium angeregt über spezielle Lehr- und Lernmethoden.) und misst das Konstrukt mit zufriedenstellender Reliabilität (α=.75). Die zweite Skala lässt sich als pädagogische Kooperation bezeichnen und umfasst solche Kooperationsformen, die auf die pädagogische Arbeit mit den Schülerinnen und Schülern ausgerichtet sind. In die Skala wurden insgesamt vier Items aufgenommen (z.B. Wir sprechen uns fachbezogen ab, wie wir gemeinsam einzelne Schülerinnen und Schüler fördern können.), welche das Konstrukt ebenfalls reliabel abbilden (α=.73). Alle Items wurden mit einer vierstufigen Skala von (1) trifft voll und ganz zu bis (4) trifft überhaupt nicht zu präsentiert. Für die Analysen wurde die Skala so kodiert, dass höhere Werte eine intensivere Kooperation darstellen. Zusätzlich zu den Angaben über die Kooperationsaktivitäten wurden Lehrkräfte über die Rahmenbedingungen an der Schule befragt, welche die Zusammenarbeit im Kollegium unterstützen können. Für diese Untersuchung wurde genauer in den Blick genommen, (1) ob im Stundenplan Zeitslots zur Kooperation berücksichtigt werden, (2) ob die Schulleitung die Kooperation zwischen Lehrkräften unterstützt und (3) ob das Kollegium mehrheitlich auch nach dem Unterricht an der Schule präsent ist. Jede Rahmenbedingung wurde durch jeweils ein Item abgebildet, welches auf einer vierstufigen Skala von (1) *trifft voll und ganz zu* bis (4) *trifft überhaupt nicht zu* eingeschätzt wurde. Für die durchgeführten Analysen wurden die Items dummy-kodiert und jeweils die beiden zustimmenden bzw. ablehnenden Antwortkategorien zusammengefasst.

Als Hintergrundmerkmale der Schule wurden der prozentuale Anteil der Schülerinnen und Schüler mit Zuwanderungshintergrund und sonderpädagogischem Förderbedarf erfasst. Zur Beurteilung des Anteils der Schülerinnen und Schüler mit Zuwanderungshintergrund sollten die Lehrkräfte den Anteil ihrer Schülerschaft abschätzen, die selbst oder deren Eltern zugewandert sind. Für die Angaben zum sonderpädagogischen Förderbedarf wurden Lehrkräfte danach gefragt, wie viel Prozent der Schüler einen Förderschwerpunkt z.B. in den Bereichen Lernen, Sprache oder soziale und emotionale Entwicklung aufweisen. Die so erhobenen Angaben wurden zur Bildung von Gruppen mit unterschiedlicher Schülerkomposition verwendet. Für den Anteil von Schülerinnen und Schülern mit Zuwanderungshintergrund wurden vier Gruppen gebildet (0–10% Zuwanderer, 11–25% Zuwanderer, 26–50% Zuwanderer und über 50% Zuwanderer). Für den Anteil von Schülerinnen und Schülern mit SPF wurden drei ähnlich große Gruppen gebildet (keine Schüler mit SPF, 1 bis 5% mit SPF und über 5% mit SPF). Diese Gruppen werden in den nachfolgenden Analysen genutzt, um Kooperationsverhalten in Schulen mit unterschiedlich zusammengesetzter Schülerschaft differenziert zu beschreiben.

4.3 Analyse

Die erste Fragestellung zielt auf die Beschreibung der unterrichtlichen und pädagogischen Kooperation in Schulen mit unterschiedlicher Schülerklientel ab. Zu diesem Zweck wird geprüft, inwieweit sich die Kooperation in diesen beiden Bereichen zwischen Schulen mit jeweils spezifischer Zusammensetzung unterscheidet. In der zweiten Fragestellung geht es um die Untersuchung der kooperationsförderlichen Rahmenbedingungen und deren Bedeutung für die Kooperationsaktivitäten an der Schule. In einem ersten Schritt werden zunächst die Rahmenbedingungen (Zeit, Unterstützung durch die Schulleitung und Präsenz des Kollegiums nach dem Unterricht) in Abhängigkeit der Schülerzusammensetzung deskriptiv beleuchtet. In einem zweiten Schritt folgen Varianzanalysen, in denen die Kooperationsaktivität durch die Schülerkomposition und die Rahmenbedingungen vorhergesagt werden.

5. Ergebnisse

Zur Beantwortung der ersten Fragestellung wird untersucht, wie hoch die unterrichtsbezogene bzw. die pädagogische Kooperation von den Lehrkräften eingeschätzt wird. In Tabelle 1 finden sich die deskriptiven sowie die inferenzstatistischen Werte, aufgeteilt nach den oben beschriebenen Anteilen an Schülerinnen und Schülern mit Zuwanderungshintergrund sowie sonderpädagogischem Förderbedarf. Ein Blick auf die Mittelwerte zeigt, dass sich die von den Lehrkräften eingeschätzte unterrichtsbezogene Kooperation zwischen den unterschiedlichen Gruppen kaum unterscheidet und sie lediglich in Schulen mit einem Anteil von über 50% an Schülerinnen und Schülern mit Zuwanderungshintergrund weniger eingeschätzt wird. Diese Unterschiede sind jedoch nicht statistisch signifikant. Das Gleiche gilt für die pädagogische Kooperation: Auch hier lassen sich keine Unterschiede bei verschiedenen Anteilen an Kindern und Jugendlichen mit Zuwanderungshintergrund feststellen.

Tabelle 1: Deskriptive Statistik der unterrichtlichen und pädagogischen Kooperation differenziert nach Kompositionsmerkmalen der Schule (Anteil von Schülern mit Zuwanderungshintergrund und sonderpädagogischem Förderbedarf)

		Unterrichtliche Kooperation				**Pädagogische Kooperation**			
	N	M	SE (M)	SD	Statistik	M	SE(M)	SD	Statistik
Alle Lehrkräfte	1015	2.81	0.02	0.56		3.27	0.02	0.53	
Schulen mit 0 bis 10% Zuwanderern	350	2.83	0.03	0.53	F(3, 909)=1.72, *p*=0.16, part. η^2=0.01	3.26	0.03	0.54	F(3, 910)=0.182, *p*=.91, part. $\eta^2 < .01$
Schulen mit 11% bis 25% Zuwanderern	214	2.84	0.04	0.55		3.31	0.04	0.53	
Schulen mit 26% bis 50% Zuwanderern	206	2.84	0.04	0.59		3.27	0.04	0.51	
Schulen mit über 50% Zuwanderern	180	2.71	0.05	0.63		3.29	0.04	0.52	
Schulen mit 0% Inklusionsschülern	426	2.78[a]	0.03	0.58	F(2, 937)=5.41, *p*=0.01, part. η^2=0.01	3.14[a]	0.03	0.54	F(2, 937) =26.81, *p*<0.01, part. η^2=.05
Schulen mit 1% bis 5% Inklusionsschülern	301	2.78[a]	0.03	0.56		3.30[b]	0.03	0.51	
Schulen mit über 5% Inklusionsschülern	247	2.90[b]	0.04	0.56		3.44[c]	0.03	0.50	

Anmerkung. Die Indices (a,b) weisen auf systematische Unterschiede bzw. die Gleichheit zwischen Gruppen hin. Gleiche Indices deuten Gruppengleichheit an, während verschiedene Indices statistisch signifikante Unterschiede anzeigen (*p*<.05).

Ein etwas anderes Bild zeigt sich, wenn man die Kooperation in Abhängigkeit des Anteils von Schülerinnen und Schülern mit sonderpädagogischem Förderbedarf betrachtet. Hier wird die Kooperation umso intensiver eingeschätzt, je mehr Kinder und Jugendliche mit Förderbedarf an der Schule sind. Dies gilt sowohl für die unterrichtliche als auch für die pädagogische Kooperation. Die Unterschiede sind in beiden Fällen signifikant, die Effekte jedoch als klein zu bezeichnen. Die Annahme, dass die Kooperation steigt, je höher der Anteil an Schülerinnen und Schüler mit sonderpädagogischem Förderbedarf ist, kann demnach bestätigt werden. Bezüglich der Unterschiede in Abhängigkeit des Zuwandereranteils lassen sich keine systematischen Unterschiede feststellen.

Die zweite Fragestellung, die wir betrachten, bezieht sich auf die Rolle der schulischen Rahmenbedingungen. In Tabelle 2 wird dargestellt, inwieweit die Lehrkräfte die jeweilige Rahmenbedingung an ihrer Schule wahrnehmen. In der Gesamtgruppe der Lehrkräfte berichten knapp 46 Prozent davon, feste Zeiten für Kooperation zu haben, 69 Prozent erhalten Unterstützung durch die Schulleitung und nur die Hälfte der Lehrkräfte erlebt, dass ihre Kolleginnen und Kollegen auch nach dem Unterricht mehrheitlich in der Schule präsent sind. In Bezug auf den Anteil an Schülerinnen und Schülern mit Zuwanderungshintergrund zeigt sich, dass umso mehr Lehrkräfte die drei Faktoren Zeit, Unterstützung durch die Schulleitung und Präsenz der Lehrkräfte wahrnehmen, je höher der Anteil an Kindern und Jugendlichen mit Zuwanderungshintergrund ist. Dies gilt jedoch nicht mehr, wenn dieser Anteil auf über 50% steigt: hier stimmen weniger Lehrpersonen zu (bei der Zeit sowie der Präsenz sind die Unterschiede signifikant, bezüglich der wahrgenommenen Unterstützung durch die Schulleitung finden sich keine signifikanten Unterschiede).

Tabelle 2: Wahrnehmung schulischer Unterstützungsfaktoren differenziert nach Kompositionsmerkmalen der Schule (Anteil von Schülern mit Zuwanderungshintergrund und sonderpädagogischem Förderbedarf)

	Zeit für Kooperation im Stundenplan		Unterstützung durch Schulleitung		Präsenz der Lehrkräfte in der Schule	
	Zust. in %	Statistik	Zust. in %	Statistik	Zust. in %	Statistik
Alle Lehrkräfte	45.7		68.6		50.4	
Schulen mit 0 bis 10% Zuwanderern	38.8^{a}	F(3, 905)=4.15, *p*=01, part. η^2 = .01	66.2	F(3,897)=1.67, *p*=.17, part. η^2<.01	43.8^{a}	F(3,900)=3.10, *p*=.03, part. η^2=.01
Schulen mit 11% bis 25% Zuwanderern	48.5^{a,b}		72.4		49.2^{a,b}	
Schulen mit 26% bis 50% Zuwanderern	54.9^{b}		74.6		58.2^{b}	
Schulen mit über 50% Zuwanderern	46.6^{a,b}		64.0		54.4^{a,b}	
Schulen mit 0% Inklusionsschülern	42.9^{a}	F(2,932)=2.52, *p*=.00, part. η^2=.02	65.0^{a}	F(2,920)=3.91, *p*=.02, part. η^2=.01	53.0^{a}	F(2,929)=7.83, *p*=.00, part. η^2=.02
Schulen mit 1% bis 5% Inklusionsschülern	39.3^{a}		69.0^{a,b}		40.1^{b}	
Schulen mit über 5% Inklusionsschülern	57.9^{b}		72.8^{b}		57.6^{a}	

Anmerkung. Die Indices (a,b) weisen auf systematische Unterschiede bzw. die Gleichheit zwischen Gruppen hin. Gleiche Indices deuten Gruppengleichheit an, während verschiedene Indices statistisch signifikante Unterschiede anzeigen (*p*<.05).

Ein ähnliches Bild zeigt sich, wenn man den Anteil an Schülerinnen und Schülern mit sonderpädagogischem Förderbedarf betrachtet. Zumindest in Bezug auf die wahrgenommenen Zeitslots für Kooperation sowie die Unterstützung durch die Schulleitung stimmen umso mehr Lehrkräfte zu, je höher der Anteil an Inklusionsschülern ist. Bezüglich der Präsenz der Lehrkräfte nach dem Unterricht zeigt sich in Schulen mit 1–5% Inklusionsschülern eine niedrigere Zustimmung der Lehrkräfte als in den anderen beiden Gruppen. Die Unterschiede sind bei allen drei Unterstützungsvariablen signifikant, erklären jedoch nur einen geringen Anteil der Varianz (1–2 Prozent).

Im Folgenden werden Varianzanalysen dargestellt, die die unterrichtsbezogene und die pädagogische Kooperation anhand der Schülerkomposition und der Unterstützungsfaktoren vorhersagen. Tabelle 3 stellt die Ergebnisse für die unterrichtsbezogene Kooperation dar. Es zeigen sich signifikante Einflüsse des Anteils an Schülerinnen und Schülern mit Zuwanderungshintergrund sowie mit sonderpädagogischem Förderbedarf; ebenso haben die vorhandenen Zeitslots für Kooperation, die Unterstützung durch die Schulleitung sowie die Präsenz der Lehrkräfte nach dem Unterricht einen signifikanten Einfluss auf die unterrichtsbezogene Kooperation. Die Effektstärkemaße sind bis auf Zeit und Unterstützung als sehr klein zu bezeichnen.

Tabelle 3: Varianzanalyse zur Vorhersage unterrichtsbezogener Kooperation durch die Komposition der Schule und schulische Unterstützungsfaktoren

Faktor	SS	*df*	*F*	*p*	part. η^2
Konstante	4606.61	1	18371.24	.00	
Anteil von Zuwanderern	3.62	3	4.81	.00	.02
Anteil von SPF-Schülern	2.36	2	4.71	.01	.01
Zeit	12.35	1	49.23	.00	.06
Unterstützung der Schulleitung (SL)	15.16	1	60.46	.00	.07
Präsenz der Lehrkräfte nach Unterricht	3.31	1	13.18	.00	.02
Anteil von Zuwanderern x Zeit	0.70	3	0.93	.43	.00
Anteil von Zuwanderern x Unterstützung durch SL	0.58	3	0.77	.51	.00
Anteil von Zuwanderern x Präsenz der Lehrkräfte	0.88	3	1.17	.32	.00
Anteil von SPF-Schülern x Zeit	2.80	2	5.58	.00	.01
Anteil von SPF-Schülern x Unterstützung durch SL	1.40	2	2.79	.06	.01
Anteil von SPF-Schülern x Präsenz der Lehrkräfte	0.86	2	1.72	.18	.00
Fehler	208.37	831			

Darüber hinaus zeigt sich eine signifikante Interaktion zwischen dem Anteil an Inklusionsschülern und der Zeit. Diese Rahmenbedingung scheint somit für die Kooperation an Inklusionsschulen eine besondere Rolle zu spielen. Abbildung 1 stellt deshalb die unterrichtsbezogene Kooperation noch einmal genauer in Abhängigkeit der Schülerkomposition und der verfügbaren Zeitressourcen dar: Es zeigt sich, dass diese umso höher ist, wenn der Anteil der Inklusionsschüler über 5% liegt und es im Stundenplan Zeitslots für die Kooperation gibt. Gibt es solche Zeitfenster nicht, dann findet an Schulen mit höherem Anteil an Inklusionsschülern nicht mehr Kooperation statt als an Schulen mit nur 1–5% solcher Schülerinnen und Schüler.

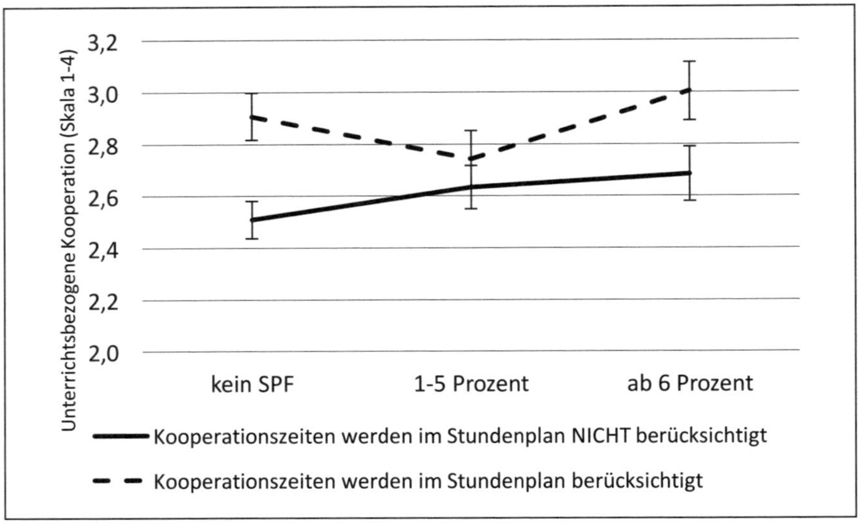

Anmerkung. Die Fehlerbalken bilden das Vertrauensintervall der geschätzten Mittelwerte ab (95%).

Abbildung 1: Unterrichtsbezogene Kooperation differenziert nach Anteil an Schülerinnen und Schülern mit sonderpädagogischem Förderbedarf und Berücksichtigung von Kooperationszeiten im Stundenplan

In Bezug auf die pädagogische Kooperation zeigt sich ein etwas anderes Bild. Wie aus Tabelle 4 ersichtlich wird, stellt der Anteil an Schülerinnen und Schülern mit Zuwanderungshintergrund keine signifikante Einflussgröße dar. Lediglich der Anteil an Inklusionsschülern sowie die drei schulischen Unterstützungsfaktoren sind für die Vorhersage der pädagogischen Kooperation von Bedeutung. Ebenso zeigt sich eine signifikante Interaktion zwischen dem Anteil an Schülerinnen und Schülern mit Zuwanderungshintergrund und der vorhandenen Zeitslots im Stundenplan.

Tabelle 4: Varianzanalyse zur Vorhersage pädagogischen Kooperation durch die Komposition der Schule und schulische Unterstützungsfaktoren

Faktor	SS	*df*	*F*	*P*	part. η^2
Konstante	6485.98	1	26685.82	.00	
Anteil von Zuwanderern	0.15	3	0.20	.90	.00
Anteil von SPF-Schülern	6.43	2	13.23	.00	.03
Zeit	3.07	1	12.65	.00	.02
Unterstützung der Schulleitung (SL)	6.31	1	25.95	.00	.03
Präsenz der Lehrkräfte nach Unterricht	2.33	1	9.60	.00	.01
Anteil von Zuwanderern x Zeit	4.75	3	6.52	.00	.02
Anteil von Zuwanderern x Unterstützung durch SL	1.22	3	1.67	.17	.01
Anteil von Zuwanderern x Präsenz der Lehrkräfte	1.37	3	1.88	.13	.01
Anteil von SPF-Schülern x Zeit	0.54	2	1.11	.33	.00
Anteil von SPF-Schülern x Unterstützung durch SL	0.06	2	0.12	.88	.00
Anteil von SPF-Schülern x Präsenz der Lehrkräfte	0.15	2	0.31	.74	.00
Fehler	201.97	831			

Betrachtet man diese Interaktion genauer (Abb. 2), so zeigt sich, dass die pädagogische Kooperation bei einem Anteil von Schülerinnen und Schülern mit Zuwanderungshintergrund von 26–50% sowie von über 50% in jenen Schulen höher ist, die im Stundenplan Zeitslots für die Kooperation vorsehen. Gibt es solche festen Kooperationszeiten im Stundenplan nicht, so ist die pädagogische Kooperation deutlich geringer, auch im Vergleich zu Schulen mit einem geringeren Anteil an Zuwanderern. Die Bereitstellung von Zeitslots scheint deshalb von besonderer Bedeutung für die pädagogische Kooperation an Schulen mit einem hohen Anteil von Zuwanderern zu sein.

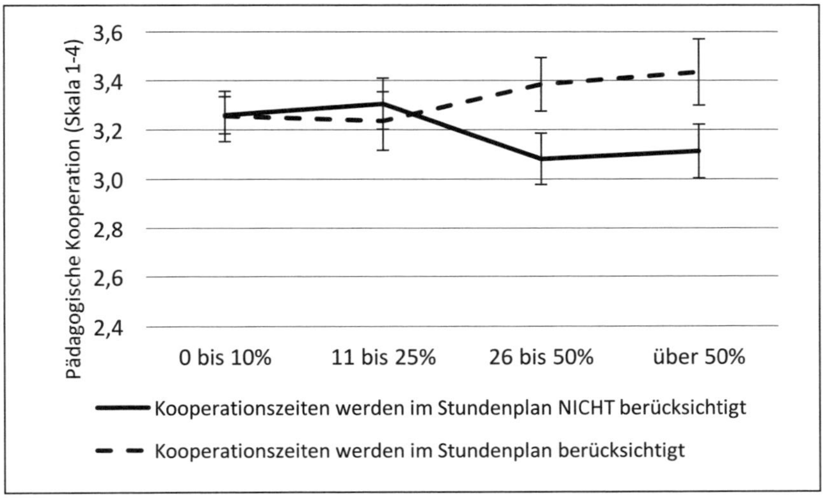

Anmerkung. Die Fehlerbalken bilden das Vertrauensintervall der geschätzten Mittelwerte ab.

Abbildung 2: Pädagogische Kooperation differenziert nach Anteil an Schülerinnen und Schülern mit Zuwanderungshintergrund und Berücksichtigung von Kooperationszeiten im Stundenplan

6. Zusammenfassung und Diskussion

Der vorliegende Beitrag geht der Frage nach, welche Rolle so genannte herausfordernde Bedingungen an Schulen für die Kooperation von Lehrerinnen und Lehrern spielt. Als herausfordernde Bedingung wurde hier, in Anlehnung an die Forschung in diesem Feld, die Komposition der Schülerschaft betrachtet, insbesondere der Anteil an Schülerinnen und Schülern mit Zuwanderungshintergrund sowie mit sonderpädagogischem Förderbedarf pro Schule. Die Analysen zu einer unterrichtsbezogenen Kooperation einerseits und einer pädagogischen Kooperation andererseits, die auf der Grundlage einer bundesweiten Stichprobe von über 1.000 Lehrpersonen durchgeführt wurden, lassen sich folgendermaßen zusammenfassen: In Bezug auf beide Kooperationsschwerpunkte zeigt sich, dass diese umso eher zu finden sind, je höher der Anteil an Schülerinnen und Schülern mit sonderpädagogischem Förderbedarf ist. Hier zeigt sich die im Rahmen von Inklusion notwendige Kooperation von Regelschullehrkräften und sonderpädagogischen Lehrkräften. Für die Förderung der Inklusionsschüler ist die Expertise der Sonderpädagogen unablässig, so dass es im Zuge eines gemeinsamen Unterrichtens zu einer Zusammenarbeit kommen muss (Huber & Grosche, 2012; Kreis et al., 2013). An Schulen mit einem unterschiedlichen Anteil an Schülerinnen und Schülern mit Zuwanderungshintergrund ließen sich kaum Unterschiede im Kooperationsverhalten der Lehrpersonen feststellen.

Des Weiteren wurden folgende Rahmenbedingungen von Kooperation in den Blick genommen: das Vorhandensein von Zeitfenstern für Kooperation im Stundenplan, die Unterstützung der Schulleitung für Kooperation sowie die Präsenz der Lehrkräfte in der Schule über den Unterricht hinaus. Hier zeigt sich tendenziell, dass Lehrkräfte an Schulen mit einem mittleren Anteil an Schülerinnen und Schülern mit Zuwanderungshintergrund (26–50%) diese Rahmenbedingungen positiver wahrnehmen als Lehrkräfte an Schulen mit weniger bzw. noch mehr Schülerinnen und Schülern mit Zuwanderungshintergrund. Dieser interessante Befund geht in eine ähnliche Richtung wie die berichteten Ergebnisse von Willems et al. (2013). Dort zeigte sich eine negativere Einschätzung der Kooperation bei einer stark belasteten Schülerschaft im Vergleich zu Schulen mit weniger belastenden Schülerinnen und Schülern. Im vorliegenden Fall wird das Vorhandensein der für Kooperation wichtigen schulischen Rahmenbedingungen negativer eingeschätzt, je mehr Kinder und Jugendliche mit Zuwanderungshintergrund an der Schule sind. Möglicherweise ist der Fokus der Arbeit an diesen Schulen in einem solchen Maße auf die mit der Schülerschaft einhergehenden Probleme gerichtet, dass andere Rahmenbedingungen dadurch in den Hintergrund treten.

Im Vergleich dazu nehmen Lehrkräfte an Schulen mit einem hohen Anteil an Inklusionsschülerinnen und -schülern die Rahmenbedingungen durchaus wahr – dies auch in einem stärkeren Maße als Lehrkräfte an Schulen mit weniger Inklusionsschülerinnen und -schülern. Hier scheinen die Schulen explizit auf die Schülerklientel zu reagieren und Maßnahmen wie etwa die Einrichtung fester Kooperationszeiten vorzunehmen. Dies hängt sicherlich nicht zuletzt mit der hohen Aufmerksamkeit zusammen, die dem Thema Inklusion derzeit entgegengebracht wird.

Die durchgeführten Varianzanalysen verdeutlichen die Relevanz der Schülerkomposition im Zusammenspiel mit den betrachteten Rahmenbedingungen. Hier zeigt sich, dass sowohl die Schülerkomposition als auch die drei betrachteten Rahmenbedingungen eine Rolle spielen. Im Vergleich der Merkmale hängen jedoch die Rahmenbedingungen deutlich stärker mit der Kooperationsaktivität zusammen als die Kompositionsmerkmale. Welche Schülerinnen und Schüler an einer Schule unterrichtet werden, spielt also für die Intensität der Kooperationsbeziehungen nur eine untergeordnete Rolle. Darüber hinaus zeigte sich sogar, dass der Anteil an Zuwanderern für die pädagogische Kooperation an Schulen überhaupt nicht relevant ist. Es ist zu vermuten, dass aufgrund der Tatsache, dass in nahezu allen Klassen Schülerinnen und Schüler mit Zuwanderungshintergrund zu finden sind, die Kooperationsaktivitäten der Lehrkräfte nicht speziell auf diese Gruppe ausgerichtet sind.

Sowohl in Bezug auf die unterrichtliche als auch auf die pädagogische Kooperation zeigten sich interessante Interaktionen mit dem Vorhandensein von Zeitfenstern im Stundenplan, die für Kooperation fest eingeplant sind. Diese erwiesen sich hier als besonders wichtig, insbesondere bei hohen Anteilen von Inklusionsschülerinnen und -schülern bzw. solchen mit Zuwanderungshintergrund. Dieser Befund zeigt noch einmal, wie wichtig die manchmal als eher banale Voraussetzung von Kooperation abgetane Zeit ist. Auch in aktuellen Reviews zur Kooperationsforschung wird das Vorhandensein von Zeitfenstern betont und als wichtige Voraussetzung für das Zustandekommen von Kooperation dargestellt (Vangrieken et al., 2015; Massenkeil & Rothland, 2016). Für die anderen Rahmenbedingungen zeigten sich jedoch keine signifikanten Interaktionen. Die anderen beiden Bedingungen sind somit für alle Schulen gleichermaßen relevant und stellen keine bedeutsame Ressource für Schulen mit einem hohen Zuwanderer- bzw. Inklusionsanteil dar. So erwies sich die Schulleitung auch in den vorliegenden Befunden als wichtig – dies steht in einer Reihe mit anderen Arbeiten. Den Schulleitungen muss es jedoch gelingen, auch in stark belasteten Schulen eine sichtbare Unterstützung für die Lehrkräfte zu sein, damit sie effektiv gegen ungünstige Ausgangsbedingungen vorgehen können (Racherbäumer et al., 2013).

Als Einschränkung dieser Arbeit soll an dieser Stelle erwähnt werden, dass es sich bei den vorliegenden Angaben ausschließlich um Selbstberichte der Lehrkräfte handelt, die nicht mit Beobachtungsdaten oder durch andere zusätzliche Quellen validiert werden konnten. In zukünftigen Arbeiten wäre es deshalb wünschenswert, zusätzliche Kooperationsangaben durch weitere Quellen zu erheben, um Validierungen zu ermöglichen. Darüber hinaus sollte nicht nur eine Lehrkraft pro Schule befragt werden, wie dies in dieser Studie der Fall war, sondern mehrere Personen. Dieses Vorgehen würde es ermöglichen, eine geteilte Wahrnehmung von Kooperation abzubilden und nicht nur die Perspektive einer Lehrkraft. Abschließend möchten wir noch darauf hinweisen, dass sich die Befunde ausschließlich auf Lehrkräfte an staatlichen Schulen der Sekundarstufe I beziehen und keine Rückschlüsse für Lehrkräfte an Grundschulen oder beruflichen Schulen gezogen werden können.

Insgesamt hat diese Arbeit auf Basis einer großen nationalen Lehrerstichprobe gezeigt, dass die Kooperation von Lehrkräften in geringem Maße davon abhängt, ob an der Schule eine besondere Schülerschaft vorzufinden ist. Mit steigendem Anteil an Schülerinnen und Schülern mit sonderpädagogischem Förderbedarf stieg auch die Kooperation von Lehrkräften an diesen Schulen. Dies traf jedoch nicht in gleicher Form für Schulen mit einem sehr großen Zuwandereranteil zu. Kooperation entsteht somit nicht automatisch an Schulen, die sich in herausfordernden Lagen (ausgemacht über spezifische Schülerkompositionsmerkmale) befinden. Die Arbeit zeigt vielmehr, dass bestimmte Rahmenbedingungen bestehen müssen, um Kooperation möglich zu machen. Sind diese gegeben, dann scheinen nicht nur die Schulen in herausfordernden Lagen, sondern alle Schulen zu profitieren.

Literatur

Al Dahouk, V. & Böhmann, M. (2014). Abschied vom „einsamen Helden". Zum Ungang mit „schwierigen" Klassen. *Lernende Schule, 65*, 38–40.

Arnoldt, B. (2011). Was haben die Angebote mit dem Unterricht zu tun? Zum Stand der Kooperation. *Zeitschrift für Erziehungswissenschaft, Sonderheft Ganztagsschule, 14*, 95–107.

Baumert, J., Stanat, P. & Watermann, R. (2006). *Herkunftsbedingte Disparitäten im Bildungswesen. Differenzielle Bildungsprozesse und Probleme der Verteilungsgerechtigkeit. Vertiefende Analysen im Rahmen von PISA 2000.* Wiesbaden: VS.

Berry, B., Daughtrey, A. & Wieder, A. (2009). *Collaboration: Closing the Effective Teaching Gap*. Center for Teaching Quality: Verfügbar unter: http://www.teachingquality.org/content/collaboration-closing-the-effective-teaching-gap [01.04.2016].

Bonsen, M. (2016). Schulleitung und Führung in der Schule. In H. Altrichter & K. Maag Merki (Hrsg.), *Handbuch Neue Steuerung im Schulsystem* (2. Aufl., S. 301–323). Wiesbaden: Springer VS.

Bryk, A., Camburn, E. & Seashore Louis, K. (1999). Promoting school improvement through professional communities: An analysis of Chicago elementary schools. *Educational Administration Quarterly, 35*, 707–750.

Dalin, P., Rolff, H.-G. & Buchen, H. (1996). *Institutioneller Schulentwicklungs-Prozeß* (3. Aufl.). Bönen: Verlag für Schule und Weiterbildung.

Fussangel, K. & Dizinger, V. (2014). The challenge of change? Developing all-day schools and its implications for teacher stress. *Journal for Educational Research Online, 6* (3), 115–133.

Fussangel, K. & Gräsel, C. (2008). Unterrichtsentwicklung in Lerngemeinschaften: das Beispiel „Chemie im Kontext". In N. Berkemeyer, W. Bos, V. Manitius & K. Müthing (Hrsg.), *Unterrichtsentwicklung in Netzwerken. Konzeptionen, Befunde, Perspektiven* (S. 285–295). Münster: Waxmann.

Fussangel, K. & Gräsel, C. (2014). Forschung zur Kooperation im Lehrerberuf. In E. Terhart, H. Bennewitz & M. Rothland (Hrsg.), *Handbuch der Forschung zum Lehrerberuf* (2., überarb. und erw. Aufl., S. 846–864). Münster: Waxmann.

Gräsel, C., Fußangel, K. & Pröbstel, C. (2006). Lehrkräfte zur Kooperation anregen – eine Aufgabe für Sisyphos? *Zeitschrift für Pädagogik, 52* (2), 205–219.

Hertel, S., Hochweber, J., Mildner, S., Steinert, B. & Jude, N. (2014). *PISA 2009 Skalenhandbuch*. Münster: Waxmann.

Holtappels, H. G. (2013). Schulentwicklung und Lehrerkooperation. In N. McElvany & H. G. Holtappels (Hrsg.), *Empirische Bildungsforschung. Theorien, Modelle, Befunde und Perspektiven* (S. 35–62). Münster: Waxmann.

Holtappels, H. G., Lossen, K., Spillebeen, L. & Tillmann, K. (2011). Schulentwicklung und Lehrerkooperation in Ganztagsschulen – Konzeption und Entwicklungsprozess als förderliche Faktoren der Kooperationsentwicklung? *Zeitschrift für Erziehungswissenschaft, Sonderheft Ganztagsschule, 14*, 25–42.

Huber, C. & Grosche, M. (2012). Das response-to-intervention-Modell als Grundlage für einen inklusiven Paradigmenwechsel in der Sonderpädagogik. *Zeitschrift für Heilpädagogik, 63*, 312–322.

Krause, A. & Dorsemagen, C. (2014). Belastung und Beanspruchung im Lehrerberuf – Arbeitsplatz- und bedingungsbezogene Forschung. In E. Terhart, H. Bennewitz & M. Rothland (Hrsg.), *Handbuch der Forschung zum Lehrerberuf* (2., überarb. und erw. Aufl., S. 987–1013). Münster: Waxmann.

Kreis, A., Wick, J. & Kosorok Labhart, C. (2013). Kooperation im Kontext der integrativen Förderung von Schülerinnen und Schülern mit besonderem Förderbedarf. In M. Schüpbach, A. Slokar & W. Nieuwenboom (Hrsg.), *Kooperation als Herausforderung in Schule und Tagesschule* (S. 51–66). Bern: Haupt.

Kyriacou, C. (2001). Teacher Stress: directions for future research. *Educational Review, 53,* 27–35.

Little, J. W. (1990). The persistance of privacy: Autonomy and initiative in teachers' professional relations. *Teachers College Record, 91* (4), 509–536.

Lorenz, J., Nonte, S., Klekovkin, T. & Stubbe, T. (2015). Schulische Entwicklungsschwerpunkte im Zusammenhang mit regionalen, schulischen und sozialen Kontextfaktoren. In H. Wendt, T. Stubbe, K. Schwippert & W. Bos (Hrsg.), *IGLU & TIMSS. 10 Jahre international vergleichende Schulleistungsforschung in der Grundschule. Vertiefende Analysen zu IGLU und TIMSS 2001 bis 2011* (S. 201–218). Münster: Waxmann.

Massenkeil, J. & Rothland, M. (2016). Kollegiale Kooperation im Lehrerberuf. Überblick und Systematisierung aktueller Forschung. *Schulpädagogik heute, 7* (13).

McLaughlin, W. M. & Talbert, J. E. (2006). *Building School-Based Teacher Learning Communities. Professional Strategies to Improve Student Achievement.* New York: Teachers College Press.

OECD. (2014). *TALIS 2013 Results: An International Perspective on Teaching and Learning.* OECD Publishing. Verfügbar unter: http://dx.doi.org/10.1787/9789264196261-en [01.04.2016].

Ostermeier, C. (2004). *Kooperative Qualitätsentwicklung in Schulnetzwerken: eine empirische Studie am Beispiel des BLK-Programms „Steigerung der Effizienz des mathematisch-naturwissenschaftlichen Unterrichts" (SINUS).* Münster: Waxmann.

Piel, S., Schuchart, C. & Wendt, H. (2015). Der Einfluss der sozialen Herkunft und des Migrationshintergrundes auf die Lösungswahrscheinlichkeit bei unterschiedlichen mathematischen Aufgabentypen. In H. Wendt, T. Stubbe, K. Schwippert & W. Bos (Hrsg.), *IGLU & TIMSS. 10 Jahre international vergleichende Schulleistungsforschung in der Grundschule. Vertiefende Analysen zu IGLU und TIMSS 2001 bis 2011* (S. 117–134). Münster: Waxmann.

Racherbäumer, K., Funke, C., Van Ackeren, I. & Clausen, M. (2013). Datennutzung und Schulleitungshandeln an Schulen in weniger begünstigter Lage. Empirische Befunde zu ausgewählten Aspekten der Qualitätsentwicklung. *Die Deutsche Schule, 12,* 226–254.

Richter, D. & Pant, H.-A. (2016). *Lehrerkooperation in Deutschland: Eine Studie zu kooperativen Arbeitsbeziehungen bei Lehrkräften der Sekundarstufe I.* Gütersloh: Bertelsmann Stiftung, Robert Bosch Stiftung, Stiftung Mercator und Deutsche Telekom Stiftung.

Senkbeil, M. (2006). Die Bedeutung schulischer Faktoren für die Kompetenzentwicklung in Mathematik und in den Naturwissenschaften. In M. Prenzel, J. Baumert, W. Blum, R. Lehmann, D. Leutner & M. Neubrand (Hrsg.), *PISA 2003 – Untersuchungen zur Kompetenzentwicklung im Verlauf eines Schuljahres* (S. 277–307). Münster: Waxmann.

Stanat, P., Rauch, D. & Segeritz, M. (2010). Schülerinnen und Schüler mit Migrationshintergrund. In E. Klieme, C. Artelt, J. Hartig, N. Jude, O. Köller, M. Prenzel, W. Schneider & P. Stanat (Hrsg.), *PISA 2009. Bilanz nach einem Jahrzehnt* (S. 200–230). Münster: Waxmann.

Steinert, B., Klieme, E., Maag-Merki, K., Döbrich, P., Halbheer, U. & Kunz, A. (2006). Lehrerkooperation in der Schule: Konzeption, Erfassung, Ergebnisse. *Zeitschrift für Pädagogik, 52* (2), 185–204.

Vangrieken, K., Dochy, F., Raes, E. & Kyndt, E. (2015). Teacher collaboration: A systematic review. *Educational Research Review, 15,* 17–40.

Willems, A. S., Jarsinski, S., Holtappels, H. G. & Rollett, W. (2013). Schulische Qualitätsmerkmale von Ganztagsgrundschulen aus Sicht der Lehrkräfte – Zur Bedeutung der sozialen Komposition der Schülerschaft. *Zeitschrift für Grundschulforschung, 6* (2), 69–84.

Wood, D. (2007). Professional Learning Communities: Teachers, Knowledge, and Knowing. *Theory into Practice, 46* (4), 281–290.

Züchner, I. & Fischer, N. (2014). Kompensatorische Wirkungen von Ganztagsschulen – Ist die Ganztagsschule ein Instrument zur Entkopplung des Zusammenhangs von sozialer Herkunft und Bildungserfolg? *Zeitschrift für Erziehungswissenschaft, 17*, 349–367.

Kathrin Racherbäumer

Rekonstruktionen zu Bedeutung und Funktionen der Lehrer-Schüler-Beziehung aus Sicht von Lehrerinnen und Lehrern an Schulen in sozial benachteiligter Lage

Schülerinnen und Schüler an Schulen in sozial benachteiligten Stadtteilen stammen zumeist aus bildungsfernen und einkommensschwachen Elternhäusern mit und ohne Migrationshintergrund. Auf der Ebene der Einzelschule zeigt sich ein Zusammenhang dieser Schülermerkmale mit Blick auf die fachlichen Leistungen, insofern dass diese Schulen z.B. in zentralen Prüfungen zumeist unterdurchschnittliche Resultate erzielen (Bonsen et al., 2010, S. 27 ff.). Gleichwohl gibt es unter Schulen in sozial benachteiligter Lage auch solche, denen es gelingt, gute Leistungen bei den Schülerinnen und Schülern zu befördern und Wege für erfolgreiche Bildungskarrieren zu ebnen. International sind die Schul- und Unterrichtsentwicklungsprozesse dieser sogenannten *Improving Schools in Challenging Circumstances* seit geraumer Zeit Gegenstand wissenschaftlicher Betrachtung. Eine Reihe von Studien konnte bereits unterschiedliche Qualitätsmerkmale dieser Schulen identifizieren, welche die Lernleistungen der Schülerinnen und Schüler positiv beeinflussen können. Dazu gehört auch ein freundliches, wertschätzendes Schul- und Lernklima, das eine positive Lehrer-Schüler-Beziehung impliziert (vgl. zusammenfassend van Ackeren, 2008; Muijs et al., 2004; Racherbäumer & van Ackeren, 2015a). Eine Lehrer-Schüler-Beziehung, die sich u.a. durch einen wertschätzenden, freundlichen Umgang miteinander auszeichnet, kann sich förderlich auf den Lernerfolg der Schülerinnen und Schüler auswirken, wobei sie nicht direkt, sondern indirekt u.a. über das Selbstkonzept der Schülerinnen und Schüler Einfluss auf die Lernleistungen nehmen kann (vgl. Kemna, 2012).

Im Rahmen dieses Beitrages werden Ergebnisse einer empirischen Studie zu Haltungen und Handlungsstrategien von Lehrkräften mit dem Fokus auf die Lehrer-Schüler-Beziehung an Schulen in sozial benachteiligter Lage vorgestellt. Hierzu wird nach einer knappen Darstellung des Forschungsstandes zu Merkmalen von Schulen in schwieriger Lage (1) mit besonderem Fokus auf die Bedeutung der Lehrer-Schüler-Beziehung (2), die Fragestellung und das Forschungsdesign der zugrundeliegenden Studie (3) erläutert. Daran anknüpfend werden ausgewählte Ergebnisse (4) der Rekonstruktion der Lehrkräfte- und Schulleitungsinterviews vorgestellt und resümierend (5) betrachtet.

1. Schulen in sozial benachteiligter Lage

Neben dem komplexen, einander beeinflussenden Verhältnis von individuellen und institutionellen Einflussgrößen der Verstärkung bzw. des möglichen Abbaus von Bildungsungleichheit ist in jüngerer Zeit aus einer (erziehungs-)wissenschaftlichen Perspektive die Bedeutung sozialräumlicher Konstellationen in den Blick geraten, die wiederum Einfluss auf die Herkunftsmilieus von Kindern und Jugendlichen sowie das Milieu der Einzelschulen, die sie besuchen, nehmen. Sozial benachteiligte Stadtteile rücken unter dem Label „Soziale Brennpunkte" zunehmend in den wissenschaftlichen Fokus. Dabei handelt es sich um Gebiete, „in denen sich das Phänomen der wohnräumlichen Segregation besonders deutlich zeigt und für dessen Bewohnerinnen und Bewohner Prozesse der Exklusion und der verringerten Teilhabe" (Fölker, Hertel & Pfaff, 2015, S. 9) besonders offensichtlich sind. Die „Verräumlichung sozialer Ungleichheit" (ebd., S. 9) gilt als Ergebnis sozioökonomischer Polarisierungs- bzw. Entmischungsprozesse, von denen insbesondere Menschen mit Migrationshintergrund, Menschen mit niedrigem Bildungsabschluss sowie Kinder und Jugendliche überproportional häufig betroffen sind.

Hervorzuheben ist dabei, dass sich die benannten Kategorien in benachteiligten Quartieren häufig überschneiden, so dass von einer Kumulation sogenannter Risikofaktoren insbesondere mit Blick auf die Aufwachsensbedingungen von Kindern und Jugendlichen gesprochen wird. Diese Beschreibung bietet Anknüpfungspunkte an den Intersektionalitätsdiskurs, in dem es mit Blick auf die ganzheitliche Betrachtung sozialräumlicher Aufwachsensbedingungen darum geht, die additive Perspektive auf einzelne soziale Kategorien zu überwinden:

> „Additive Perspektiven werden überwunden, indem der Fokus auf das *gleichzeitige Zusammenwirken* von sozialen Kategorien bzw. Ungleichheiten gelegt wird. Es geht demnach nicht allein um die Berücksichtigung mehrerer sozialer Kategorien, sondern ebenfalls um die Analyse ihrer Wechselwirkungen." (Walgenbach 2014, S. 54)

Betrachtet man zum Beispiel Begrifflichkeiten wie *doppelte Benachteiligung* oder *Dreifache Vergesellschaftung*, die sich auch im Bild des ‚katholischen Arbeitermädchen vom Lande' aus den 1970er Jahren (heute eher der muslimische Migrantenjungen aus der Großstadt mit sonderpädagogischem Förderbedarf') konkretisieren lassen, so impliziert dies letztlich eine Addition von Merkmalen, die zu Diskriminierungen führen. Dies wird dem Individuum an sich jedoch nicht gerecht, da eine reine Addition die spezifische Situation, die durch die Summation von Einzelkategorien eine andere qualitative Dimension erhält, nicht abzubilden vermag.

Statistisch kleinräumige Analysen, z.B. der Metropolregion Ruhr, können zeigen, „dass in den Städten die Adresse einer Familie, der ethnische Hintergrund und das Einkommen (in dieser Reihenfolge) immer noch die beste statistische Vorhersage für den Gesundheitszustand eines Kindes und seiner Bildungschancen" (El-Mafaalani & Strohmeier 2015, S. 29) sind. Damit wird deutlich, dass es nicht nur individuelle Problemlagen sind, die ursächlich für den geringen Bildungserfolg sind, sondern dass gerade auch der Sozialraum, in dem Kinder und Jugendliche aufwachsen, mit Blick auf kulturelle Kontexte, konflikthafte Passungsverhältnisse oder Armut systematische und komplexe Restriktionen in sich bergen kann. So kann der Lebensraum gerade für Kinder in sozial benachteiligten Familien vor dem Hintergrund mangelnder eigenständiger Mobilität Lern- und Erfahrungsräume eingrenzen: Während für die einen Wald, Schwimmbad und Stadtbibliothek erst im nächsten (oder übernächsten) Stadtteil erreichbar sind, sind diese für andere Kinder quasi um die Ecke und gehören zu ihrem unmittelbaren Lebensraum dazu.

Schulen in benachteiligter Lage befinden sich in sozial segregierten, benachteiligten Stadtteilen, die u.a. durch einen überdurchschnittlich hohen Anteil von Sozialhilfeempfängern, eine überdurchschnittliche Arbeitslosenquote, eine niedrige Bildungsqualifikation, eine hohe Kriminalitätsrate, ein hohes Armutsrisiko und eine geringe soziale Mobilität der Einwohner im Stadtteil gekennzeichnet sind (vgl. Friedrichs & Triemer, 2009). Dort lokalisierte Schulen sind entsprechend der oben beschriebenen Bevölkerungsstruktur durch einen hohen Anteil an sozial benachteiligten Schülerinnen und Schülern mit und ohne Migrationshintergrund gekennzeichnet. Nationale und internationale schulische Leistungsstudien haben in den letzten Jahren gezeigt, dass gerade diese Schülerinnen und Schüler mit Blick auf den Bildungserfolg benachteiligt sind bzw. werden (vgl. OECD, 2010; Ditton, 2013). So erreichen Schülerinnen und Schüler niedriger sozialer Herkunft an zentralen Schnittstellen des Bildungssystems zumeist schlechtere Leistungen und beenden ihre Schulkarriere mit niedrigeren Bildungsabschlüssen. An diesem Zusammenhang haben Einflüsse der Familie ebenso Anteil wie das Schulsystem selbst, das an der Verstärkung und Reproduktion sozialer Ungleichheit mitwirkt. Mit Blick auf Jugendliche am Ende der Sekundarstufe I konnten beispielsweise die PISA-Studien zeigen, dass durch Unterschiede in der sozialen Zusammensetzung von Schulen ein weitaus größerer Anteil der Streuung in den Mathematik- und Naturwissenschaftskompetenzen erklärt werden kann als durch die soziale Herkunft einzelner Schülerinnen und Schüler (OECD 2004, 2007). Dies kann als Hinweis auf differenzielle Leistungs- und Entwicklungsmilieus in verschiedenen Schulen gewertet werden (Baumert et al., 2006; Sixt, 2013). Der Einfluss von Schule kann und sollte nicht zuletzt aufgrund des hohen zeitlichen Umfangs, den Kinder und Jugendliche hier verbringen – Fend verwies 2006 alleine auf 15.000 Unterrichtsstunden, die im Rahmen einer Schullaufbahn zusammenkommen können – unterschätzt werden. Die Bedeutung der Schule an solchen Standorten für die Bildungsbiographien ist demnach ungleich höher als an privilegierten Standorten, da von weniger schulrelevanten Unterstützungsstrukturen und Kapitalien in den Familien ausgegangen werden kann und der Sozialraum weitere Restriktionen in sich bergen kann. Eine Schule in sozialräumlich benachteiligter Lage kann für dort ansässige Kinder und Jugendliche quasi als Gegenraum zum Quartier einen Lern- und Erfahrungsraum bieten, der durch die Vermittlung von Bildung und Anerkennung Opportunitäten mit Blick auf die weitere Bildungsbiographie eröffnet.

International konnten bereits verschiedene Merkmale solcher sogenannter ‚improving schools' identifiziert werden. Diese konzentrieren sich im Kern insbesondere auf das Handeln der Schulleitung, die Datengenerierung und Datennutzung, auf interne

Kooperationen sowie auf das unterrichtliche Lehren und Lernen einschließlich der Professionsentwicklung in diesem Bereich. Darüber hinaus werden eine wertschätzende Schulkultur und ein gutes Schulklima als wesentliche Voraussetzung für gute Schulen in sozial benachteiligter Lage angesehen. Der Leitung und dem Management von Schule kommt dabei besondere Bedeutung zu, da diese auf die anderen Qualitätsdimensionen besonderen Einfluss nehmen und Vernetzung herstellen können (vgl. Racherbäumer et al., 2013).

2. Lehrer-Schüler-Interaktionen im Kontext von Schulen in deprivierter Lage

An Schulen in schwieriger Lage kann die Lehrer-Schüler-Interaktion eine Möglichkeit darstellen, um der Benachteiligung der Schülerinnen und Schüler insofern zu begegnen, als dass sie durch Anerkennungsbeziehungen, die sich durch Empathie, Respekt und Wertschätzung (vgl. Stojanow, 2013, Stojanow, 2011) auszeichnen, Bildungsteilhabe im Sinne von Anerkennungsgerechtigkeit befördert.

Verschiedenste Studien weisen jedoch darauf hin, dass die Wahrnehmung der Lehrkräfte der Schülerinnen und Schüler an Schulen in sozial benachteiligter Lage eher defizitorientiert als anerkennend ist. So zeigen Wiezorek und Pardo-Puhlmann (2013) im Rahmen einer rekonstruktiv angelegten Studie zu pädagogischen Normalitätsvorstellungen, dass Armut, Bildungsferne und Erziehungsunfähigkeit bzw. mangelnde Erziehungsfähigkeit Merkmale sind, die quasi in Summe gleichzeitig auf die Aufwachsensbedingungen von Kindern und Jugendlichen bestimmter sozial benachteiligter Gruppen (so vermutlich auch auf Schülerinnen und Schüler an sogenannten „Brennpunktschulen") angewendet werden.

> „Die Trias von Armut, Bildungsferne und Erziehungsunfähigkeit stellt hierbei offensichtlich eine diffuse soziale Kategorie für eine subsumtionslogische, symbolische Einordnung spezifischer familialer Milieus dar." (Wiezorek & Pardo-Puhlmann 2013, S. 212)

Von Lehrkräften an Schulen in segregierter, deprivierter Lage werden die mangelnde Unterstützung der Eltern für ihre Kinder sowie Verhaltensauffälligkeiten der Kinder als besonders herausfordernd beschrieben (vgl. Racherbäumer & van Ackeren, 2015). Dies zeigt sich zum Beispiel in der wahrgenommenen defizitären Unterstützung der Kinder in der basalen Organisation des kindlichen Alltages (z.B. morgendliches Wecken, Zubereiten von Mahlzeiten und gemeinsames Essen), in der mangelnden Beschaffung von Schulmaterialien bis hin zu einer mangelnden emotionalen Zuwendung der Eltern zu ihren Kindern. Der Trias aus Armut, Bildungsferne und Erziehungsunfähigkeit wäre hiernach noch die Kategorie der Vernachlässigung hinzuzufügen, was die von den Lehrkräften wahrgenommene Situation nochmals verschärft. Aus Sicht der Lehrkräfte lassen diese belastenden familiären Lebensumstände die schulischen Angelegenheiten und Probleme der Kinder für die Eltern oftmals in den Hintergrund treten. Vor diesem Hintergrund kann vermutet werden, dass Lehrkräfte an solchen

Schulen dem schulischen Auftrag des Erziehens in der Beziehung zu ihren Schülerinnen und Schülern eine erhöhte Bedeutung beimessen, um der sozialen Benachteiligung zu begegnen bzw. um psychischen Grundbedürfnisse nach Bindung, Sicherheit und Ordnung (siehe ausführlich Borg-Laufs & Dittrich, 2010), die sie bei Kindern in sozial benachteiligten Stadtteilen zum Teil als nicht erfüllt ansehen, zu erfüllen. Kritisch zu sehen ist jedoch, dass in dieser Logik ein mangelnder Bildungserfolg kausal auf die Milieuzugehörigkeit zurückgeführt wird. Eine solche Kausalität ignoriert letztlich den schulgesetzlich verankerten Auftrag von Schule, nämlich alle Kinder und Jugendlichen gerade unabhängig von der soziokulturellen Herkunft in ihren Bildungsprozessen zu befördern. Schlechte schulische Leistungen werden so ausschließlich individuell attribuiert und durch den Fokus auf defizitäre familiäre Bedingungen erklärt.

Weitere Studien zeigen hinsichtlich der Rolle der Lehrer-Schüler-Beziehung zur Reproduktion sozialer Ungleichheit die Tendenz,

> „(…) dass auf der Ebene der Beziehungen die sozialstrukturellen Kategorien (Klasse, Ethnizität und Geschlecht) eher in einer verkennenden Form eine Rolle spielen, wenn es um die Beurteilung individueller Leistungsfähigkeit geht." (Helsper & Hummrich 2009, S. 615)

Anknüpfend an die Bourdieu'sche Habitustheorie steht der primäre, in der Familie erworbene Habitus der Schülerinnen und Schüler je nach sozialer Herkunft in einem Spannungsverhältnis zu dem schulisch geforderten sekundären Habitus. Durch die fehlende Anerkennung bzw. defizitorientierte Fähigkeitszuschreibung von Schülerinnen und Schülern aus bildungsfernen Elternhäusern werden ungleiche Bildungschancen grundgelegt und fortgeführt, was sich etwa in den Schullaufbahnempfehlungen manifestiert. Hier wird deutlich, dass für den Zugang zu höheren Bildungsgängen nicht nur die Leistung der Kinder ausschlaggebend ist, sondern dass der Bildungsverlauf systematisch mit der soziokulturellen Herkunft variiert. In diesem Kontext gerät insbesondere die Validität der Grundschulempfehlung in den Forschungsfokus. Die Vergabe der Schullaufbahnempfehlungen erfolgt nicht ausschließlich nach leistungsbezogenen Kriterien, vielmehr scheinen die Primarschullehrkräfte weitere Faktoren für eine erfolgreiche Schulbiographie in einer höherwertigen Schulform zu antizipieren. So zeigt z.B. Pohlmann (2009) in ihrer Studie innerhalb des BIKS-Projektes anhand von Lehrerinterviews, welche subjektiven Theorien der Lehrkräfte den Übergangsempfehlungen zugrunde liegen. Sie kommt zu dem Schluss, dass einige bayrische Lehrkräfte zusätzlich zu den Noten u.a. dem familiären Hintergrund eine hohe Bedeutung für den künftigen Schulerfolg beimessen und hierbei insbesondere den Einfluss monetärer Ressourcen – etwa zur Finanzierung von Nachhilfeunterricht – betonen. Ferner zeigen verschiedene Forschungsergebnisse, dass Lehrkräfte in ihrer Unterrichtsgestaltung und ihren Unterrichtsbeziehungen von der soziokulturellen Zusammensetzung ihrer Klasse beeinflusst werden (Schümer, 2004; Baumert et al., 2006), was die Kompetenzentwicklung der Schülerinnen und Schüler von Schulen in sozial benachteiligter Lage negativ beeinflussen kann, etwa mit Blick auf einen kognitiv weniger aktivierenden Unterricht mit höheren repetitiven Übungsanteilen.

Umgekehrt konnten qualitative Studien zeigen, dass Lehrpersonen gerade bei Bildungskarrieren von sozial benachteiligten Schülerinnen und Schülern eine besondere Rolle einnehmen können, z.B. wenn es um einen sozialen Aufstieg und Statustransformationen von Migrantinnen und Migranten geht (Hummrich, 2006, El-Malfaalani, 2012). Als Grundlage für solche sogenannte Habitustransformationen in und durch die Schule kann eine große Differenz zwischen primärem und sekundären Habitus angenommen werden, was sich in einer „Passungskrise" äußern kann:

> „Passungskrisen ermöglichen aber auch oder erzwingen gar Wandlungen des Habitus als „Anpassung" der Wahrnehmungs-, Deutungs- und Handlungsschemata an die objektiven Bedingungen. Gelingt die Anpassung als Habituswandel nicht, kann das aber auch zu Auflehnung oder Resignation führen." (Kramer 2014, S. 200)

Hierzu sind jedoch die Bedingungen auf der Subjekt- und Institutionenseite insbesondere hinsichtlich ihrer Richtung (pro oder contra Schule) noch weiter zu eruieren (vgl. hierzu ausführlich Kramer 2014). Mit Blick auf Schulen in sozial benachteiligter Lage ist anzunehmen, dass eine wertschätzende und anerkennende Lehrer-Schüler-Interaktion, die ferner durch eine ressourcenorientierte Grundhaltung seitens der Lehrkräfte geprägt ist, zu einem positiveren Fähigkeitsselbstbild der Schülerinnen und Schüler beitragen kann, was sich einerseits kurz und langfristig positiv auf die Lernleistungen auswirken kann und sich möglicherweise auch auf die beschriebenen Passungskrisen günstig auswirkt.

3. Fragestellung und Forschungsdesign

Vor dem Hintergrund der beschriebenen Situation der Schülerinnen und Schüler an Schulen in sozial benachteiligten Kontexten einerseits und der anerkennungstheoretisch und empirisch begründeten Bedeutung der Lehrer-Schüler-Beziehung für den Bildungserfolg von Schülerinnen und Schülern andererseits fragt die hier vorgestellte Studie nach der erlebten schulischen Situation und der Bedeutung und Funktion von Lehrer-Schüler-Interaktionen aus der Sicht von Lehrerinnen und Lehrern.

3.1 Datengrundlage

Empirische Basis dieses Beitrages bilden Daten aus zwei Projekten. Zum einen handelt es sich um Interviews mit Lehrkräften von sechs Schulen der Sekundarstufe I, die im Rahmen des BMBF Projekts „Strategien der Qualitätsentwicklung von Schulen in schwieriger Lage" gewonnen wurden. Zum anderen handelt es sich um Interviews, die im Rahmen von Fallstudien zweier Grundschulen in sozialräumlich benachteiligter Lage gewonnen wurden. Die Auswahl der Schulen erfolgte aufgrund ihrer Zugehörigkeit zum Standorttyp V, der durch folgende Merkmale gekennzeichnet ist:

- „Über 40% der Schülerinnen und Schüler haben – unabhängig von ihrer Staatsangehörigkeit – einen Migrationshintergrund.
- Über 25% der Schülerinnen und Schüler bekommen Sozialgeld nach SGB II oder kommen aus Familien, die den gesetzlich geregelten Eigenanteil im Rahmen der Lernmittelfreiheit nicht aufbringen können und zur Unterstützung Sozialhilfe nach SGB XII erhalten.
- Für die Mehrzahl der Schülerinnen und Schüler gilt, dass die elterliche Wohnung in einem Wohngebiet liegt,
  - dessen Einwohnerinnen und Einwohner ein sehr geringes Einkommen aufweisen,
  - in dem der Anteil der Empfängerinnen und Empfänger von SGB II Leistungen sehr hoch ist,
  - welches einen sehr hohen Ausländeranteil aufweist,
  - welches einen sehr hohen Arbeitslosenanteil aufweist.
- Die Mehrzahl der Schülerinnen und Schüler stammt aus einem Wohnumfeld mit einem geringen Wohnwert.“ http://www.schulentwicklung.nrw.de/lernstand8/standorttypenkonzept/beschreibung-standorttypen/standorttypenbeschreibung.html

Darüber hinaus befinden sich die Schulen in Stadtteilen in urbanen Ballungsgebieten, die in der Öffentlichkeit als entsprechend „schwierige“ Stadtteile etikettiert sind. Bei den Schulen handelt es sich um zwei Grundschulen (Rotkehlchenschule[1], Blaumeisenschule), drei Hauptschulen (Hauptschule Zaunkönig, Hauptschule Bachstelze, Hauptschule Grünfink) und drei Gesamtschulen (Gesamtschule Buntspecht, Gesamtschule Eichelhäher, Gesamtschule Buchfink). Insgesamt bilden 16 Interviews (jeweils zwei pro Schule, davon je eines mit der Schulleitung und eines mit Lehrkräften) die Grundlage des vorliegenden Beitrages.

3.2 Datenauswertung

Vor dem Hintergrund der Annahme, dass professionelle Praxis sich im Kontext der sozialen Welt über interaktives und deutendes Handeln herausbildet und damit sinnhaft strukturiert ist, liegt dieser Studie ein rekonstruktives Verfahren zugrunde, in dessen Zentrum im vorliegenden Fall die Analyse der Orientierungs- und Deutungsleistungen der Lehrkräfte mit Blick auf die Lehrer-Schüler-Interaktion steht. Auf der Grundlage der Wissenssoziologie Karl Mannheims liegt mit der dokumentarischen Methode ein rekonstruktives Verfahren vor, das einen Zugang zum handlungsleitenden, inkorporierten Wissen der Akteure erlaubt (Nohl 2006). Entsprechend der Arbeitsschritte der dokumentarischen Methode wurden nach der formulierenden Interpretation im Rahmen der reflektierenden Interpretation Orientierungsrahmen expliziert, indem auf der Basis sequentiell vorgehender Rekonstruktionen von Erzähl- oder Diskursverläufen nach dem „generativen Muster oder der generativen Formel“ (Bohnsack et al., 2001, S. 231) der Handlungspraxis gesucht wurde.

1 Die Namen der Schulen sind frei erfunden.

4. Ergebnisse

Im Rahmen der sinngenetischen Typenbildung konnten auf der Grundlage der dargestellten Handlungspraxis zentrale Orientierungsfiguren herausgearbeitet und fallvergleichend abstrahiert werden. Ein Typus ist dabei durch interne Homogenität bei gleichzeitiger externer Heterogenität zu anderen Fällen gekennzeichnet. Das fallübergreifende Gemeinsame, das Tertium Comparationis, auf dessen Grundlage der vorliegende Vergleich konstruiert wurde, ist die Relevanzsetzung sozial benachteiligter Schülerinnen und Schüler in der schulischen Handlungspraxis mit besonderem Fokus auf die Lehrer-Schüler-Beziehung.

Durch das rekonstruktive Verfahren der dokumentarischen Methode konnten divergente Orientierungsrahmen mit Blick auf die spezifische Situation an Schulen in sozial benachteiligter Lage aufgedeckt werden, die sich als wesentliche Grundlage für die Ausgestaltung der Lehrer-Schüler-Beziehung und deren Wirkung darstellte. Bislang konnten drei kontrastive Typen rekonstruiert werden, die im Folgenden dargestellt werden.

Typ 1 Fürsorge: *Stilisierung von Lehrkräften zu festen Bezugspersonen zur Kompensation elterlichen Fehlverhaltens zu Lasten von Lern- und Leistungserwartungen*

> „Okay, wir haben immer gesagt die Kinder sind zum Teil so traumatisiert, die haben zu Hause wirklich schlimme, schlimme Erfahrungen, die wir gar nicht nachvollziehen können. Alleine darüber nachzudenken find' ich fürchterlich, dass wir gesagt haben, egal ob ein Kind die Ziele erreicht hat oder nicht, es bleibt bei der Klassenlehrerin oder dem Klassenlehrer. Es gibt immer mal die Situation, wo die Harmonie dann einfach die Chemie nicht stimmt, aber das ist ganz selten. Sonst sagen wir, das ist der Ansprechpartner oder die Ansprechpartnerin, das ist die verlässliche Person und dann bleiben die bis zum Ende des vierten Schuljahres da. (…) Das heißt also Kinder, die die Schuleingangsphase jetzt erste, zweite Schuljahr nicht erreicht haben die Kompetenzen, gehen trotzdem mit der Lerngruppe mit ins dritte Schuljahr in Anführungszeichen, werden da weiter nach Schuleingangsphasensachen gefördert – also in der Klasse in der ich jetzt gerade war – ist das zum Beispiel so – während die Anderen eben andere Sachen machen, aber sie sind bei ihrer Lehrkraft in ihrer vertrauten Umgebung. Und so machen wir es bei allen." (Schulleitung, Rotkehlchengrundschule, Z. 96–110)

Der Interviewausschnitt stellt die Sicht der Schulleiterin auf die spezifische Situation der Schülerinnen und Schüler an dieser Schule dar, die sie als hoch belastend erlebt. Die Kinder beschreibt sie als „traumatisiert", was einer Pathologisierung gleichzukommen scheint, zumindest aber eine besondere Brisanz der kindlichen Situation nahelegt. Als ursächlich werden familiäre bzw. häusliche Erfahrungen benannt, die jedoch an dieser Stelle nicht näher ausgeführt werden.[2] Insgesamt wird hier ein dramatisches

2 An anderer Stelle berichtet die Interviewte von häuslichen Gewalterfahrungen und Misshandlungen der Kinder.

Bild gezeichnet, was noch über die im Theorieteil beschriebene Trias von Armut, Erziehungsunfähigkeit und Bildungsferne hinauszugehen scheint, indem die häusliche Situation als so „fürchterlich“ beschrieben wird, dass sie sogar zu Traumatisierungen der Kinder führt. Die daraus abgeleitete Strategie, die Klassenlehrerinnen als feste Bezugspersonen („verlässliche Personen“) zu etablieren, macht deutlich, dass die Lehrkräfte primäre psychische Grundbedürfnisse nach Bindung und Orientierung/Kontrolle bei einigen Kindern ihrer Schule verletzt sehen, da die Erziehungsberechtigten nicht mehr als verlässliche Personen fungieren. Nicht thematisiert werden Interaktionen der Lehrkräfte mit den eigentlich Erziehungsberechtigten, was möglicherweise der Ablehnung selbiger aufgrund der zugeschriebenen Vernachlässigung geschuldet ist. Möglich ist auch, dass die konkrete Auseinandersetzung mit den kindlichen Lebensbedingungen als zu belastend erlebt wird, denn alleine das Nachdenken darüber wird als fürchterlich empfunden. Dem familiären Hintergrund der Kinder wird mit Ablehnung bzw. Dethematisierung begegnet, was sich in der konkreten Interaktion mit den Schülern in mitleidsvoller, mütterlicher Hinwendung äußert. Die Klassenlehrerin/der Klassenlehrer nimmt vor diesem Hintergrund Mutter bzw. Vaterfunktionen wahr, so dass von einer Rollendiffusion gesprochen werden kann. Elterliches Fehlverhalten zu kompensieren, wird zur vornehmlichen Aufgabe von Schule bzw. Lehrkräften stilisiert, zu dessen Erfüllung organisationale Rahmenbedingungen so verändert werden, dass auch die Allokationsfunktion von Schule in den Hintergrund tritt.

Obgleich die Schülerinnen und Schüler fachlich und individuell gefördert werden, scheint außer Frage zu stehen, dass sie den inhaltlich-fachlichen Anschluss an die altersentsprechende Lerngruppe nicht erreichen werden oder können. Somit geht die wahrgenommene Traumatisierung auch mit einer niedrigen Leistungserwartung einher, die sich – so suggeriert der Interviewausschnitt – auch erfüllt.

Die Interviewte schließt diesen Sinnabschnitt mit den Worten „Und so machen wir es bei allen“, was die vorherige Einschränkung dieser Handlungsstrategie auf eine Gruppe von Kindern dahingehend aufzuheben scheint, als dass alle Kinder dieser Schule zumindest potentiell traumatisiert erscheinen.

Ein wesentliches Merkmal dieses Typs ist die Marginalisierung der Lehrer-Schüler-Beziehung im Sinne des Erziehungs- und Bildungsauftrages von Schule wie zum Beispiel Motivation, Herstellung einer guten Lernatmosphäre etc. resultierend aus dem wahrgenommen besonderen Bedarf dieser Kinder, der jedoch auch durch die Kompensation desselben unverändert bestehen bleibt, so dass alterskonforme Lernfortschritte aus Sicht der Lehrkraft nicht möglich sind. Zu fragen wäre demnach kritisch, inwiefern das Grundbedürfnis nach Selbstwertschutz/Selbstwerterhöhung bzw. Anerkennung im Rahmen des beschriebenen Settings erfüllt wird bzw. erfüllt werden kann.

Typ 2 Distinktion: *Subjektiv legitimierte und limitierte Handlungsfähigkeit hinsichtlich des Bildungs- und Erziehungsauftrages von Schule vor dem Hintergrund fehlender kognitiver Begabungsreserven sowie familiärer und bildungspolitischer Unterstützungsstrukturen*

> „Ja, fangen wir doch mit den Schülern an. Das ist immer das, wo man so den Blick am ehesten drauf hat. Wir sind ja nicht ohne Grund in den Standorttypen 5 eingruppiert worden, was die Lernstandserhebungen angeht, das sind also Schüler, die aus einem ganz bestimmten Umfeld kommen, wo Defizite im Grunde vorprogrammiert sind, also ein Großteil der Eltern sind Hartz IV-Empfänger und haben einfach die Ressourcen nicht, die unsere Schüler bräuchten für ihre Schule. Das fängt mit materiellen Dingen an, dass Stifte fehlen, Geodreiecke fehlen, Hefte nicht da sind, teilweise keine Turnsachen in der richtigen Größe da sind, also diese ganzen materiellen Dinge, die fehlen. Dann die Haltung der Eltern, viele Eltern halten sich aus Schule raus, kommen dann noch nicht mal zu den Elternabenden und zu den Elternsprechtagen und sind dann auch nicht diejenigen, die uns unterstützen. Bei einigen wird es sicherlich so sein, dass die sagen, „lass die Schule man machen, die sollen meine Kinder erziehen". Bei anderen ist es so, dass sie es vielleicht auch gar nicht können. Wir sehen viele Eltern, die ohnmächtig sind, die ihren Kindern keine Grenzen setzen können, die alles durchgehen lassen, also da auch ein gewisses Unvermögen. Bei anderen ist es vielleicht so, dass sie andere Prioritäten setzen, dass beide Eltern berufstätig sind, versuchen, Geld hereinzubringen und dafür dann die Erziehung der Kinder vernachlässigen. Die Schülerschaft als solche, wir haben viele Schülerinnen und Schüler mit Migrationshintergrund, die bringen natürlich sprachliche Defizite mit, und wir haben noch ein großes Problem, sage ich ganz offen, dass die Integration nicht immer hundertprozentig gewollt und unterstützt wird. Also die Integration in unsere deutsche Schule herein als Erstes und in die deutsche Gesellschaft dann herein, das ist dann nicht mehr so sehr meine Aufgabe. Aber da sind dann auch bestimmte Voraussetzungen nicht da, die wir für die Schule bräuchten." (LK, Hauptschule Bachstelze, Z. 3–30)

Kennzeichnend für diesen Typ ist die Darstellung von stark begrenzten Handlungsmöglichkeiten hinsichtlich der Lern- und Leistungsentwicklung der Schülerinnen und Schüler insbesondere vor dem Hintergrund mangelnder elterlicher Unterstützung. Strukturgebend für diesen Typus ist gleichsam ein roter Faden von Distinktionen, der die Gruppe sozial benachteiligter Schülerinnen und Schüler und dessen Eltern als nicht passend für schulische Settings beschreibt und Lehrerinnen und Lehrer mit Blick auf die Bildungskarriere handlungsunfähig erscheinen lässt. Im Gegensatz zum ersten Typus wird in der vorliegenden Argumentation keine Betroffenheit oder Mitleid mit der Situation der Kinder sichtbar oder konkret thematisiert, vielmehr steht eine sachliche Darstellung der „Fakten" im Vordergrund. So beginnt der erste Interviewausschnitt mit der Konklusion „also ein Großteil der Eltern sind Hartz IV-Empfänger und haben einfach die Ressourcen nicht, die unsere Schüler bräuchten für ihre Schule", was dann im nachfolgenden argumentativ weiter ausdifferenziert wird. Wesentlich ist dabei der Fokus auf die Eltern, deren mangelnde Ressourcen ursächlich für den schulischen Misserfolg der Schülerinnen sind. Auf die (fehlenden) Ressourcen der Schülerinnen und Schüler wird an dieser Stelle (noch) nicht eingegangen, sondern es werden fehlende materielle Ressourcen ebenso benannt wie mangelnde erzieherische Kompetenzen und zeitliche Ressourcen, sofern beide Elternteile arbeiten gehen. Offensichtlich wird auch die Erwartungshaltung der interviewten Lehrkraft hinsichtlich der Unterstützungsleistung der Eltern mit Blick auf Elternabende, materielle Ausstattung der Kinder und erzieherische Unterstützung, die sie gleichzeitig als inkompetent beziehungsweise schulisch nicht engagiert beschreibt. Damit führt sie ihre beschriebene Erwartungshaltung an die Eltern letztlich ad absurdum.

Im letzten Abschnitt dieses Interviewausschnittes wird der Migrationshintergrund der Schülerinnen und Schüler einerseits mit Blick auf „sprachliche Defizite“ und andererseits mit dem Fokus auf kulturelle Passungsprobleme thematisiert. Hier wird nicht nur eine äußerst defizitorientierte Betrachtungsweise mit Blick auf die Schülerinnen und Schüler sichtbar, sondern auch eine Ablehnung der Schülerinnen und Schüler aufgrund mangelnder Integrationsbereitschaft in „unsere deutsche Schule“. Die Interviewte schließt diese Passage mit der Konklusion „Aber da sind dann auch bestimmte Voraussetzungen nicht da, die wir für die Schule bräuchten“, womit sie die fehlende Bereitschaft zur Entwicklung adaptiver Strategien zur Förderung der Schülerinnen und Schüler legitimiert, da aus ihrer Sicht grundsätzliche Voraussetzungen auf Seiten der Schülerinnen und Schüler bzw. deren Elternhäusern nicht gegeben sind. Anders ausgedrückt wird der Primärhabitus der Schülerinnen und Schüler als grundsätzlich nicht passend zum schulischen Setting beschrieben. Eine Auflösung dieses Passungskonfliktes wäre aus Sicht dieses Typus nur durch eine Veränderung des Primärhabitus durch die Eltern möglich, die jedoch entweder nicht die nötigen zeitlichen, materiellen Ressourcen, erzieherischen Kompetenzen oder den Integrationswillen besitzen.

Im Rahmen des nächsten Interviewausschnitts wird neben der mangelnden Unterstützung durch die Eltern die fehlende Begabung der Schülerinnen und Schüler benannt, die in anderen Interviews dieses Typs ebenfalls rekonstruiert werden konnte.

> „Aber wie gesagt, die Elternunterstützung sehe ich auch als großes Problem, um überhaupt auch die Kinder hier gut zu fördern. Wenn die Eltern nicht, wenn die nicht unterstützen, dann haben wir auch keine Chancen weder beim Verhalten noch beim sonstigen Lernzuwachs irgendwas zu erreichen. (…) So und da muss man immer gucken, was hat man, ne. Man kann aus einem Trabbi keinen Porsche machen und ich muss gucken, welches Potential hab ich hier. (…) Aber die Rolle als Lehrer, die ist an jeder Schule gleich.“ (LK 1, Blaumeisenschule, Z. 45–70)

Die interviewte Lehrkraft der Blaumeisenschule begründet die Unmöglichkeit der Wirksamkeit des pädagogischen Handelns der Lehrkräfte wiederum durch mangelnde elterliche Unterstützung und expliziert zudem deutlich, dass der Auftrag von Schule weder mit Blick auf Bildung noch auf Erziehung eingelöst werden kann. Die Absage an den Bildungsauftrag von Schule an solchen Standorten bekräftigt sie zusätzlich durch die Fokussierungsmetapher „Man kann aus einem Trabbi keinen Porsche machen“. Vor diesem Hintergrund erscheinen auch keine besonderen Strategien oder ein anderes Professionsverständnis an solchen Standorten angezeigt, da die Bedingungsfaktoren für erfolgreiche oder weniger erfolgreiche Bildungskarrieren aus Sicht der Interviewten statisch in Form von vorhandenen bzw. nicht vorhandenen Begabungsreserven begründet sind und die Erziehungserfolge wiederum abhängig von elterlichen Erziehungskompetenzen sind.

Insgesamt zeichnet sich dieser Typ dadurch aus, dass er keine offensichtlichen Strategien im Umgang mit und zur Förderung sozial benachteiligter Schülerinnen und Schüler entwickelt und praktiziert. So werden auch keine Besonderheiten mit Blick auf die Lehrer-Schüler-Beziehung beschrieben.

Typ 3 Anerkennung: *Anerkennende, konsequente und wertschätzende Haltung gegenüber Kindern und Familien sowie in der Ausgestaltung der Lehrer-Schüler-Beziehung als Basis von Schule und Unterricht*

> „Die Arbeit an dieser Schule ist besonders herausfordernd insofern, dass man erst die Kinder für sich gewinnen muss, bevor man überhaupt unterrichten kann. Das heißt, ein großer Teil unserer Arbeit ist auch der, dass wir eine gute Autorität aufbauen. Eine Autorität, die darauf fußt, dass wir die Kinder kennen, dass die Kinder uns akzeptieren. Und das muss einhergehen mit dem Lehren. Lehren alleine ohne Kontakt ist in dieser Lage mit diesen Kindern schwierig, das heißt, es geht schon darum, dass man als Klassenlehrer, Klassenlehrerin viele Stunden, möglichst viele Stunden in seiner Klasse ist, (…) , dass man die Möglichkeit hat, einen Kontakt herzustellen und eine Basis für das gemeinsame Lernen zu entwickeln. (…) es gibt viele, viele kleine Einzelerlebnisse, dass man letztendlich den Schülern mit Akzeptanz entgegen tritt, aber auch mit Konsequenz, mit liebevoller Konsequenz. Das ist so das Schlüsselwort, dass die Schüler merken, da ist ein Lehrer oder eine Lehrerin, der es auch wichtig ist, wie es uns geht und dass wir voran schreiten in unseren Möglichkeiten, die aber durchaus auch Grenzen und Konsequenzen setzt. (…) Also es geht auch bei den Kindern auch darum, positive Dinge herauszustellen, aber auch die Dinge, die nicht funktionieren. Also es ist schon wichtig, da eine Waage zu halten, auch bei der Annahme der Eltern. Dass die Eltern durchaus merken, dass man ihre Kinder schätzt, und auch die Bemühungen, die sie selber unternehmen, auch wenn die manchmal aus unserer Warte nicht so sind, wie wir sie uns wünschen, die Unterstützung beim Lernen." (LK, Gesamtschule Buntspecht, Z. 3–28)

Auffallend ist zunächst, dass die interviewte Lehrkraft es als Aufgabe von Schule sieht, die Kinder „für sich zu gewinnen". Damit kennzeichnet sie die Beziehungsebene zwischen Lehrkraft und Schülerinnen und Schülern als wesentliche Grundlage für funktionierenden Unterricht. Möglicherweise nimmt auch sie darüberhinaus ein Passungsproblem wahr, das sich darin äußert, dass Unterricht eben nicht quasi von selbst funktioniert. Um das zu Erreichen sind Anstrengungen auf Seiten der Lehrkräfte nötig. Die aktive Beziehungsgestaltung ist aus Sicht dieser Lehrkraft Aufgabe der Lehrerinnen und Lehrer. Als Weg dorthin wird eine wertschätzende, konsequente und liebevolle Lehrer-Schüler-Beziehung herausgestellt, wozu es organisationaler Rahmenbedingungen bedarf, die durch ein hohes Zeitkontingent der Klassenlehrer in den entsprechenden Lerngruppen gekennzeichnet sind. Ziel ist es die Entwicklung der Kinder im Rahmen eines ganzheitlichen Bildungsverständnisses zu befördern. Neben dem Bildungsauftrag von Schule ist der Erziehungsauftrag präsent, da „Konsequenzen“ und „Grenzsetzungen“ als Aufgaben der Lehrkräfte expliziert werden. Wesentlich ist dabei, dass dieser erzieherische Auftrag nicht mit Blick auf die Herstellung schulischer Ordnung formuliert wird, sondern als Ausdruck einer positiven Lehrer-Schüler-Beziehung. So erscheint es als Merkmal von Wertschätzung auch konfliktbehaftete Interaktionen mit den Schülerinnen und Schülern auszuhandeln. Eine wertschätzende und ressourcenorientierte Haltung findet sich bei dieser Interviewten auch mit Blick auf die Eltern. Dabei lenkt sie den Blick auf die wertschätzende Haltung mit Blick auf die „Bemühungen“ der Eltern, wenngleich diese aus Sicht von Lehrkräften nicht immer als wünschenswert mit Blick auf die Lernunterstützung gewertet werden. Hier wird deutlich, dass diese Lehrkraft konflikthafte Passungen mit der elterlichen Handlungspraxis antizipiert, gleichwohl ist es ihr Ziel auch diese Handlungspraxis grundsätzlich anzuerkennen und nicht im Vorfeld zu verurteilen. Im Gegensatz zum ersten und zweiten Typ unterstellt sie den Eltern positive Absichten, indem sie sich „bemühen“. Eine „Annahme“ der Eltern wird ebenfalls nicht in Frage gestellt.

Wesentliches Merkmal dieses Musters ist der Fokus auf die Schülerinnen und Schüler auf der einen und daraus abgeleitete konkrete Strategien auf Lehrerinnenseite auf der anderen Seite, die sich in Wertschätzung und Anerkennung äußern und auch strukturell mit Blick auf ein hohes Zeitkontingent des Klassenlehrers in der Klasse verankert wurde. Ziel ist dabei stets, gute Bedingungen für schulisches Lernen zu schaffen.

5. Zusammenfassende Betrachtung

Schülerinnen und Schüler an Schulen in sozial benachteiligten Stadtteilen entwickeln im Rahmen ihrer Primärsozialisation Ressourcen, Fertigkeiten und Eigenschaften, die zum Teil nicht den Erwartungshaltungen der Schulen entsprechen. Da die Vermittlungsinhalte und die Vermittlungsweisen eine Auswahl an Möglichkeiten darstellen, die aber nur eine bestimmte sozial privilegierte Gruppe trifft, kann man schlussfolgern:

> „(…) dass die Anforderungen im Feld der Schule eine fundamentale Chancenungleichheit beinhalten, weil ‚alle ein Spiel mitspielen müssen, das unter dem Vorwand der Allgemeinbildung eigentlich nur für Privilegierte bestimmt ist‘ (Bourdieu, Passeron, 1972, S. 39).“ (Kramer, 2014, S. 188)

Nicht zuletzt vor dem Hintergrund der Ergebnisse internationaler und nationaler Schulleistungsstudien, die einen Zusammenhang zwischen sozialer Herkunft und Schulleistung für Deutschland aufzeigten, wurde eine Kausalität zwischen der sozialen Herkunft von Kindern und deren schulischer Leistung abgeleitet, die durch schulische Interventionen nur begrenzt zugänglich erscheinen, da die individuellen Dispositionen im Vordergrund stehen. Gleichwohl ist anzumerken, dass es Befunde aus Schulleistungsstudien gibt, die die Wirkungen von Schule gerade für sozial benachteiligte Schülerinnen und Schüler betonen (siehe Einleitung). Als ein Merkmal für Schulen, denen es systematisch gelingt, sogenannte „erwartungswidrig" gute Leistungen bei Schülerinnen und Schülern zu befördern wird eine positive Lehrer-Schüler-Beziehung angenommen (Racherbäumer & van Ackeren 2015b). Anknüpfend an theoretische Vorannahmen der Anerkennungsgerechtigkeitstheorie sollte sich eine Lehrer-Schüler-Beziehung an guten Schulen in benachteiligter Lage u.a. durch einen insgesamt wertschätzenden Umgang auszeichnen, welcher sich positiv auf die Motivation, das Selbstkonzept und die Lernleistungen auswirkt.

Im Rahmen des vorliegenden Beitrages wurde der Frage nach der Funktion und Wirkung von Lehrer-Schüler-Beziehungen aus der Sicht von Lehrkräften an Schulen in sozial benachteiligter Lage nachgegangen. Dazu konnten im Rahmen der sinngenetischen Typenbildung der dokumentarischen Methode bislang drei Muster identifiziert werden, die sich nicht nur im Hinblick auf die Wirkung und Ausgestaltung, Funktion und antizipierte Wirkung unterscheiden, sondern insbesondere durch die vorangegangene subjektive Deutung der schulischen Situation und die Haltung der Interviewten, die diese zu dieser Situation einnehmen. Während Typ 1 und 2 die familiäre Umgebung als ursächlich für die schulischen „Probleme" beschreiben, zeichnet sich Typ 3 durch die Wahrnehmung eines Passungskonflikts zwischen Kindern und Schule aus, der aber nicht defizitorientiert erscheint. Sowohl Typ 1 als auch Typ 3 sehen in einer verlässlichen, zeitlich intensiven Lehrer-Schüler-Beziehung eine wesentliche Strategie ihren Schülerinnen und Schülern zu begegnen. Während Typ 1 diese Beziehung nicht mit der Bildungs- und Erziehungsfunktion von Schule verknüpft, steht diese Zielperspektive in Typ 3 im Vordergrund. Letztlich kommt der hier beschriebene Typ 3 dem eingangs formulierten Anspruch an eine positive Lehrer-Schüler-Beziehung nahe, wobei die tatsächliche Handlungspraxis im Rahmen weiterer Studien, die Beobachtungen von Lehrer-Schüler bzw. Lehrer-Eltern-Interaktionen beinhalten, zu überprüfen wäre. Im Gegensatz dazu expliziert Typ 2 keine schulischen Strategien, da das Passungsproblem zwischen Schule und Kindern, aus Sicht der Interviewten nur durch die Kinder und/oder die Familien selbst aufgelöst werden kann. Anknüpfend an die eingangs konstatierte Aufgabe von Schule zu mehr Bildungerechtigkeit beizutragen, wäre die Einstellung und pädagogische Praxis dieser Lehrerinnen und Lehrer aus Schulentwicklungssicht kritisch zu hinterfragen bzw. zu verändern.

Hinsichtlich einer einheitlichen Typenzuordnung mit Blick auf die betrachteten Schulen wurde Typ 2 für die Blaumeisenschule und die Hauptschule Bachstelze für jeweils beide Interviews rekonstruiert. Typ 3 konnte für die Gesamtschule Buntspecht, sowohl für das Schulleitungs- als auch für das Lehrkräfteinterview identifiziert werden. Typ 1 trifft hingegen nur für die Schulleitung der Rotkehlchenschule zu. Die vertiefende fallinterne und fallübergreifende Rekonstruktion des Lehrkräfteinterviews der gleichen Schule ist mit den bisher rekonstruierten Typen nicht eindeutig vereinbar, gleiches gilt für Interviewmaterial der Gesamtschule Buchfink, der Gesamtschule Eichelhäher und der Hauptschulen Zaunkönig und Grünfink. Hier sind bislang insgesamt weniger eindeutige Interpretationen der Haltungen zum Standort der Schule bzw. zu den Schülerinnen und Schülern und schulischer Strategien erfolgt, so dass sie einer weiteren diskursiven Rekonstruktion bedürfen.

Schließlich stellt sich noch die Frage der Wirkungen der beschriebenen Strategien mit Blick auf die Schülerleistungen. Obgleich an dieser Stelle keinesfalls von einer kausalen Beziehung zwischen den gefundenen Typen und den Schulleistungen, die für die betrachteten Schulen in Form von Lernstand 8 bzw. Vera 3 vorlagen, ausgegangen werden kann und darf, ist es vor dem Hintergrund der geringen Leistungserwartungen der Lehrkräfte an die Schülerinnen und Schüler wenig verwunderlich, dass Typ 2 an Schulen identifiziert wurde, die auch unter Berücksichtigung ihres Standortes insgesamt niedrige Kompetenzstufen erreichten. Die Gesamtschule Buntspecht (Typ 3) hingegen erzielt unter Berücksichtigung ihres Standortes überdurchschnittliche Kompetenzwerte in Lernstand 8, so dass angenommen werden könnte, dass eine anerkennende Beziehungsgestaltung auch positive Auswirkungen auf den Lernerfolg hat.

Abschließend ist zu fragen, welche Implikationen für die Schulentwicklungsarbeit an Schulen in benachteiligter Lage aus den vorliegenden Ergebnissen abgeleitet werden können. Hierzu bieten handlungstheoretische Ansätze des Organisationalen Lernens wie etwa von March und Olsen (1975) oder von Argyris und Schön (2008) Ansatzpunkte, die die Interaktion zwischen dem Handeln der Organisationsmitglieder (hier Lehrkräfte und Schulleitungen) und der Reaktion der Umwelt in den Blick nehmen und organisationales Handeln verstehen lässt. So sind kollektive Deutungen der Organisationsrealität Produkt und Ausgangspunkt von Organisationalem Lernen (vgl. Feldhoff 2011). Organisationales Lernen findet dann statt, wenn sich die kollektive Wissensbasis („theory of action") ändert. Mit Blick auf die Blaumeisenschule und die Hauptschule Bachstelze müsste einerseits die Haltung der Lehrkräfte reflektiert und als Basis der scheinbar legitimierten und limitierten Handlungsfähigkeit demontiert werden. Die Gesamtschule Buntspecht bietet darauf aufbauend Impulse für alternative Handlungsstrategien, die sicherlich der Realität der Einzelschule angepasst werden müssen. Darüber hinaus sollten gerade solche Handlungsalternativen im Rahmen weiterer Forschung deutlicher operationalisiert werden, um sie für Lehrkräfte greifbarer und für das eigene Handeln nutzbar zu machen.

Literatur

Ackeren, van I. (2008). Schulentwicklung in benachteiligten Regionen. Eine exemplarische Bestandsaufnahme von Forschungsbefunden und Steuerungsstrategien. In W. Lohfeld & F. Hamburger (Hrsg.), *Gute Schulen in schlechter Gesellschaft* (S. 47–58). Wiesbaden: Verlag für Sozialwissenschaften.

Argyris, C. & Schön, D.A. (2008). *Die lernende Organisation. Grundlagen, Methode, Praxis.* Stuttgart: Schäffer Peschel.

Baumert J., Stanat, P. & Watermann, R. (2006). *Herkunftsbedingte Disparitäten im Bildungssystem: Differenzielle Bildungsprozesse und Probleme der Verteilungsgerechtigkeit.* Wiesbaden: VS Verlag für Sozialwissenschaften.

Bohnsack, R., Nohl, A.-M. & Nentwig-Gesemann, I. (2001). *Die dokumentarische Methode und ihre Forschungspraxis. Grundlagen qualitativer Sozialforschung.* Opladen: Leske und Budrich.

Borg-Laufs, M. & Dittrich, K. (2010). Psychische Grundbedürfnisse in Kindheit und Jugend. Perspektiven für Soziale Arbeit und Psychotherapie. Tübingen: dgvt-Verlag.

Ditton, H. (2013). Kontexteffekte und Bildungsungleichheit: Mechanismen und Erklärungsmuster. In R. Becker & A. Schulze (Hrsg.), *Bildungskontexte. Strukturelle Voraussetzungen und Ursachen sozialer Bildungschancen* (S. 173–206). Wiesbaden: Springer Verlag.

Bonsen, M., Bos, W., Gröhlich, C., Harney, B., Imhäuser, K., Makles, A., Schräpler, J.-P., Terpoorten, T., Weishaupt, H. & Wendt, H. (2010). *Zur Konstruktion von Sozialindizes. Ein Beitrag zur Analyse sozialräumlicher Benachteiligung von Schulen als Voraussetzung für qualitative Schulentwicklung*. Bonn: Bundesministerium für Bildung und Forschung (BMBF).

El-Mafaalani, A., Kurtenbach, S. & Strohmeier, K.P. (2015). *„Auf die Adresse kommt es an …" – Segregierte Stadtteile als Problem- und Möglichkeitsräume begreifen*. Weinheim: Beltz Juventa.

El-Mafaalani, A. (2012). *BildungsaufsteigerInnen aus benachteiligten Milieus. Habitustransformation und soziale Mobilität bei Einheimischen und Türkeistämmigen*. Wiesbaden: Springer VS.

Fend, H. (2006). *Neue Theorie der Schule. Einführung in das Verstehen von Bildungssystemen*. Wiesbaden: Springer Verlag für Sozialwissenschaften.

Feldhoff, T. (2011). *Schule organisieren*. Wiesbaden: VS Verlag.

Fölker, L., Hertel, T. & Pfaff, N. (2015). Schule ‚im Brennpunkt' – Einleitung. In L. Fölker, T. Hertel & N. Pfaff N. (Hrsg.). *Brennpunkt(-)Schule. Zum Verhältnis von Schule, Bildung und urbaner Segregation* (S. 9–26). Opladen: Budrich.

Friedrichs, J. & Triemer, S. (2009). *Gespaltene Städte. Soziale und ethnische Segregation in deutschen Großstädten*. Wiesbaden: Verlag für Sozialwissenschaften.

Helsper, W. & Hummrich, M. (2009). Lehrer-Schüler-Beziehung. In K. Lenz & F. Nestmann (Hrsg.), *Handbuch persönliche Beziehungen* (S. 605–630). Weinheim und München: Juventa Verlag.

Hummrich, M. (2006). Migration als Bildungsprozess. Zum reccourcenorientierten Umgang mit der Biographie. In V. King & C. Koller (Hrsg.), *Adoleszenz – Migration – Bildung. Bildungsprozesse Jugendlicher und junger Erwachsener mit Migrationshintergrund* (S. 85–102). Wiesbaden: Verlag für Sozialwissenschaften.

Kramer, R.-T. (2014). Kulturelle Passung und Schülerhabitus – Zur Bedeutung der Schule für Transformationsprozesse des Habitus. In W. Helsper, R.-T. Kramer & S. Thiersch (Hrsg.), *Schülerhabitus. Theoretische und empirische Analysen zum Bourdieuschen Theorem der kulturellen Passung* (S. 183–204). Wiesbaden: Springer VS.

Kemna, P. (2012). Effektive Lehrer-Schüler-Beziehung. Empirische Analyse eines Konstrukts. In K.-O. Bauer & N. Logemann (Hrsg.), *Effektive Bildung. Zur Wirksamkeit und Effizienz pädagogischer Prozesse* (S. 77–99). Münster: Waxmann.

March, J., G. & Olsen, J. P. (1976). *Ambiguity and Choice in Organizations*. Bergen: Universitetsforlaget.

Muijs, D., Harris, A., Chapman, C., Stoll, L. & Russ, J. (2004). Improving Schools in Socioeconomically Disadvantaged Areas. A Review of the Research Evidence. *School Effectiveness and School Improvement, 15* (2), S. 149–175.

Nohl, A.-M. (2006). *Interview und dokumentarische Methode. Anleitungen für die Forschungspraxis*. Wiesbaden: VS Verlag für Sozialwissenschaften.

Pohlmann, S. (2009). *Der Übergang am Ende der Grundschulzeit – Zur Formation der Übergangsempfehlung aus der Sicht der Lehrkräfte*. Münster: Waxmann.

Racherbäumer, K., Funke, C., Ackeren, I. van & Clausen, M. (2013). Schuleffektivitätsforschung und die Frage nach guten Schulen in schwierigen Kontexten. In R. Becker & A. Schulze (Hrsg.), *Bildungskontexte. Strukturelle Voraussetzungen und Ursachen ungleicher Bildungschancen* (S. 239–267). Wiesbaden: Springer VS.

Racherbäumer, K. & van Ackeren, I. (2015a). Was ist eine (gute) Schule in schwieriger Lage? In L. Fölker, T. Hertel & N. Pfaff (Hrsg.), *Brennpunkt (-) Schule. - Analysen, Probleme und Perspektiven zur schulischen Arbeit in segregierten Quartieren* (S. 189–208). Leverkusen: Verlag Barbara Budrich.

Racherbäumer, K. & Ackeren, I. van (2015b). Lehrer-Schüler-Beziehungen als Qualitätskriterium erwartungswidrig guter Schulen in schwieriger Lage. In: C. Tillack, J. Fetzer & D. Raufelder (Hrsg.). *Beziehungen in Schule und Unterricht. Teil 3. Soziale Beziehungen im Kontext von Motivation und Leistung.* (S. 51–70). Immenhausen bei Kassel: Prolog Verlag.

Schümer, G. (2004). Zur doppelten Benachteiligung von Schülern aus unterprivilegierten Gesellschaftsschichten im deutschen Schulwesen. In G. Schümer, K.-J. Tillmann & M. Weiß (Hrsg.), *Die Institution Schüler und die Lebenswelt der Schüler. Vertiefende Analysen der PISA 2000-Daten zum Kontext der Schülerleistungen* (S. 73–117). Wiesbaden: Verlag für Sozialwissenschaften.

Sixt, M. (2013). Wohnort, Region und Bildungserfolg. Die strukturelle Dimension bei der Erklärung von regionaler Bildungsungleichheit. In R. Becker & A. Schulze (Hrsg.), *Bildungskontexte. Strukturelle Voraussetzungen und Ursachen ungleicher Bildungschancen* (S. 457–482). Wiesbaden: Springer VS.

Stojanow, K. (2011). *Bildungsgerechtigkeit. Rekonstruktionen eines umkämpften Begriffs.* Wiesbaden: Springer Verlag für Sozialwissenschaften.

Stojanow, K. (2013). Bildungsgerechtigkeit als Anerkennungsgerechtigkeit. In F. Dietrich, M. Heinrich & N. Thieme (Hrsg.), *Bildungsgerechtigkeit jenseits von Chancengerechtigkeit* (S. 57–70). Wiesbaden: Springer Fachmedien.

Walgenbach, K. (2014). *Heterogenität - Intersektionalität - Diversität in der Erziehungswissenschaft.* Wien, Köln, Weimar: Böhlau Verlag.

Wiezorek, C. & Pardo-Puhlmann, M. (2013). Armut, Bildungsferne, Erziehungsunfähigkeit. Zur Reproduktion sozialer Ungleichheit in pädagogischen Normalitätsvorstellungen. In F. Dietrich, M. Heinrich & N. Thieme (Hrsg.), *Bildungsgerechtigkeit jenseits von Chancengerechtigkeit* (S. 197–215). Wiesbaden: Springer Fachmedien.

Nina Bremm, Sarah Eiden, Christine Neumann, Tanja Webs, Isabell van Ackeren & Heinz Günter Holtappels

Evidenzorientierter Schulentwicklungsansatz für Schulen in herausfordernden Lagen

Zum Potenzial der Integration von praxisbezogener Forschung und Entwicklung am Beispiel des Projekts „Potenziale entwickeln – Schulen stärken"

1. Einleitung: Problemaufriss

Die Large Scale Assessments der letzten 15 Jahre können zeigen, dass die Bildungsbeteiligung und der Schulerfolg von Schülerinnen und Schülern mit den Merkmalen des Standorts der Schulen zusammenhängen, die sie besuchen. Auch in landesweiten Vergleichsarbeiten erzielen Schulen mit ungünstigem Standorttyp in der Regel unterdurchschnittliche Resultate. Befunde dieser Art weisen darauf hin, dass neben Herkunftsmerkmalen von Schülerinnen und Schülern auch Kontextbedingungen des Sozialraums und (sozialraumrelevante) schulische Prozessmerkmale im Zusammenhang mit der Leistungsbewertung und der Leistungsentwicklung von Lernenden stehen (vgl. dazu ausführlich Bremm, Racherbäumer & van Ackeren, im Druck). Vor diesem Hintergrund sind sog. Schulen in herausfordernden Lagen in den Blick der deutschsprachigen Schulforschung geraten (z.B. van Ackeren, 2008; Racherbäumer, 2013). Herausfordernde Lagen können zunächst mit Blick auf den Sozialraum in dem Schulen liegen beschrieben werden. Als herausfordernd wird aus dieser Perspektive eine prekäre sozialräumliche Lage in ökonomisch schwachen, soziokulturell benachteiligten sowie mit Blick auf Anforderungen der Schule eher anregungsarmen, zumeist urbanen Ballungsräumen angenommen. In der internationalen Forschung werden zudem mangelhafte Prozess- und Gestaltungsqualitäten von Schulen als kennzeichnend für eine herausfordernde Lage von Schulen verstanden (vgl. bspw. Bryk, Bender Sebring, Allensworth, Luppescu & Easton, 2010). Es lassen sich jedoch zahlreiche Schulen finden, die im Rahmen ihrer Kontextbedingungen sehr erfolgreich arbeiten und in sozial benachteiligter Lage gute Schülerleistungen erzielen (vgl. ebd; Racherbäumer 2013; Holtappels, 2008). Die Frage nach der Qualität der Einzelschule auf Ebene des Unterrichts und des Schullebens rückt damit stärker in den Vordergrund. Dies besitzt besondere Relevanz, da Schülerinnen und Schüler an sozialräumlich benachteiligten Schulstandorten von hohen schulischen und unterrichtlichen Gestaltungs- und Prozessqualitäten überdurchschnittlich stark zu profitieren scheinen (Palardy, 2008).

Studien zeigen zudem, dass leistungsförderliche Schulen in herausfordernden Lagen Daten häufiger in ihre Praxis einbeziehen (z.B. Reynolds, Hopkins, Potter & Chapman, 2001; Racherbäumer, Funke, van Ackeren & Clausen, 2013b). Solch ein effektivitätsorientierter Blick auf Outputqualitäten lässt jedoch keine Schlüsse darauf zu, unter welchen Voraussetzungen und wie genau der systematische Einbezug von Daten für Schulen in Bezug auf ihre Qualitätsentwicklung hilfreich werden kann. Vor diesem Hintergrund gehen wir bezugnehmend auf die praktische Schulentwicklungsunterstützung des Projekts „Potenziale entwickeln – Schulen stärken" (im Folgenden Potenziale-Projekt) der Frage nach, wie es Schulen gelingen kann und wie sie systematisch dabei unterstützt werden können, mithilfe des Einbezugs von Daten ihre Schulentwicklungspraxis zu reflektieren und zu systematisieren. Aus organisationstheoretischer geraten hier Fragen der Beeinflussbarkeit kollektiver Handlungsprozesse in der Organisation Schule (Feldhoff, Bischof, Emmerich & Radisch, 2015) durch extern bereitgestellte Unterstützungssysteme und Fragen von Schule als lernender Organisation (Feldhoff, Gromala & Brüsemeister, 2014) in den Blick.

Nach einer kurzen Vorstellung der Eckdaten des Potenziale-Projekts (2), wird im Folgenden zunächst das im Projekt angelegte Verständnis einer evidenzorientierten Schulentwicklung und Schulentwicklungsunterstützung skizziert (3). Dann werden zentrale Konzeptionselemente evidenzorientierter Schulentwicklungsunterstützung vorgestellt, die im Rahmen des Projekts realisiert werden. Basierend auf theoretischen Überlegungen zu Implikationen einer evidenzorientierten Schulentwicklungsunterstützung im Kontext von schulischer Netzwerke (3.2) werden nachfolgend in (4) die datenbasierte Zusammenstellung von Schulnetzwerken und die Spezifika der im Projekt angelegten Datenrückmeldung vorgestellt. In (5) wird die Konzeption der Netzwerkarbeit und der Einbezug und die gemeinsame Rekontextualisierungen von Daten im Rahmen dieser präsentiert. In (6) wird evidenzorientierte Schulentwicklungsbegleitung in Einzelschulen dargestellt. Abschließend werden mögliche Potenziale eines evidenzbasieren Schulentwicklungsansatzes für Schulen in herausfordernden Lagen reflektiert.

2. Das Projekt Potenziale entwickeln – Schulen stärken

Das Potenziele-Projekt begleitet 35 Schulen mit herausfordernden Standortbedingungen in der Metropolregion Ruhr in ihrer Schulentwicklung. Es ist als integriertes Schulforschungs- und Schulentwicklungsprojekt konzipiert und stellt in dieser verzahnten Form von Forschung und Entwicklungsbegleitung einen innovativen Ansatz dar. Das von der Stiftung Mercator gefördete Potenziale-Projekt fokussiert die kooperative Zusammenarbeit von Schulen, Wissenschaft, Praxis und Administration. Beteiligte Akteure sind die Universität Duisburg-Essen und die TU Dortmund, die Qualitäts- und UnterstützungsAgentur – Landesinstitut für Schule (QUA-LiS NRW), das Fortbildungsreferat des Ministeriums für Schule und Weiterbildung NRW (MSW), die für die Projektschulen zuständigen Bezirksregierungen sowie die kommunalen Kompetenzteams, die in NRW zuständig für schulische Regelfortbildung sind (vgl. dazu ausführlich Manitius et al. in diesem Band). In der ersten Phase der Projektlaufzeit findet eine quantitative Ausgangserhebung zu Kontext- und Prozessmerkmalen der Schulen satt. Schulinterne und schulexterne Bedingungen werden durch quantitative Befragungen der Schulleitungen, der gesamten Kollegien sowie der Schüler- und Elternschaft des 6. und 8. Jahrgangs ermittelt. Hierzu werden nicht lediglich die Qualität der Leistungsergebnisse, sondern differenzierte Prozessmerkmale der Einzelschulen erfasst. Erhoben werden dabei Merkmale, die nach aktuellem Forschungsstand die Effektivität von Schulen – insbesondere in herausfordernder Lage – beeinflussen können bzw. die kennzeichnend für Schulen sind, die ihre Outputqualitäten im Rahmen eines sog. Turnarounds über eine Zeitspanne verbessern konnten (vgl. dazu ausführlich Holtappels et al. in diesem Band)[1]. Zusätzlich werden mithilfe eines Sozialindex differenzierte Merkmale der schulspezifischen Kontextbedingungen einbezogen. Entwicklungen in den Schulen werden durch eine detaillierte und standardisierte Prozessdokumentation, vertiefte qualitative Studien an sechs Fallschulen und eine längsschnittliche Abschlussbefragung erfasst. Alle Daten der Eingangserhebung stehen den Schulen auf Klassen- oder Schulebene aggregiert zur Verfügung. Ein Ziel des Projekts ist es, den systematischen Einbezug dieser Daten in systematisierte Prozesse der Schulentwicklung der beteiligten Projektschulen zu befördern.

3. Voraussetzungsreiche Datenrezeption und Datennutzung

In Studien, die sich mit evidenzbasierter Schulentwicklung befassen, wird wiederholt von Lücken zwischen vielfältigen zur Verfügung stehenden Datenquellen, ihrer Rezeption und ihrer tatsächlichen Einbindung in Schulentwicklungsentscheidungen berichtet (bspw. Rousseau, 2006). Dies deutet darauf hin, dass die Verfügbarkeit von Daten allein Schulentwicklungsentscheidungen nicht beeinflusst. Mit Blick auf die vorherrschende Struktur externer Datenquellen im schulischen System wird diesbezüglich problematisiert, dass aufgrund von Differenzen zwischen dem im schulpädagogischen Professionalitätsdiskurs dominanten Bezug auf den Einzelfall auf der einen Seite und aggregierten Datenbeständen auf der anderen Seite, Übersetzungsschwierigkeiten für die einzelne Lehrkraft entstehen können. So können Daten, die auf einem hohen Aggregatniveau für die Bildungsadministration Steuerungswissen beinhalten, auf der Individualebene als wenig aussagekräftig wahrgenommen werden, da ihnen die „kulturelle Bedeutsamkeit“ bezogen auf den jeweils spezifischen Kontext in der Einzelschule fehlt (Heinrich 2013, S. 188) oder sie nicht im Einklang mit dem Erfahrungswissen der Akteure stehen (van Ackeren et al., 2013). Problematisiert wird in diesem Kontext mittlerweile das Verständnis von Evidenzen als absolute und verobjektivierte Wahrheiten, das u. U. von Seiten der Evidenzgeber proklamiert wird (Heinrich 2015). Ein solches Verständnis von Evidenzen kann dazu führen, dass die vielschichtige Problemsicht der schulischen Akteure abgewertet oder entwertet wird und in ausschließ-

1 Z.B. Unterrichtsentwicklung, Lernförderung und Differenzierung, Klassenführung, Curriculum und Lernorganisation, Leadership und Management, schulinterne und externe Kooperationen, Verfahren der Schulentwicklungsarbeit und Einstellungen zur Heterogenität der Schülerschaft

lich datenbasierten Schulentwicklungsentscheidungen keine Rolle mehr spielt. Dies kann in der Folge wiederum zu grundlegenden Abwehrreaktionen gegenüber dem Einbezug von Daten in einzelschulische Entwicklungsprozesse führen. Als Alternative zum Verständnis von Evidenzen *als verobjektivierte Wahrheiten* bietet sich ein an Habermas Konsenstheorie angelehntes Verständnis von Evidenzen *als Aushandlungsergebnis kommunikativen Handelns* (Heinrich 2016) an. Ein solches Verständnis eröffnet zudem neue Perspektiven auf Strategien datenbezogener Schulentwicklung, die diskursive Prozesse mit Blick auf Deutungshoheiten betonen, die eigene Problemsicht der schulischen Akteure miteinbeziehen und Evidenzen schlussendlich als Aushandlungsprozesse zwischen den beteiligten Akteuren begreifen.

Ausgehend von der Frage inwieweit schulische Akteure über ausreichende Rezeptions- und Analysekompetenzen verfügen (z.B. van Ackeren & Klein, 2009), werden in jüngerer Zeit zudem innerschulische Verarbeitungsprozesse von Evidenzen empirisch in den Blick genommen. Ein entscheidender Einflussfaktor für die Überführung von datengestützten Wissensbeständen in professionelles Handeln scheint dabei der Vorgang der Rekontextualisierung von Daten zu sein (Fend, 2006). Der Qualitätszyklus im Rahmen der Schulinspektion, auf den sich beispielsweise Altrichter, Ehren, McNamara und O'Hara (2014) in ihrer international vergleichenden Analyse beziehen, zeichnet sich durch zahlreiche hochkomplexe innerschulische Aushandlungsprozesse und strategische Handlungen evidenzorientierter Schulentwicklung aus, deren Bearbeitung ein hohes Maß an innerschulischer Entwicklungskapazität voraussetzen.[2] Eine Lücke zwischen Datenangebot und -nutzung zeigt sich mit Blick auf die Schulinspektion damit konform, gerade in Bezug auf die innerschulischen Verarbeitungsprozesse der Evaluationsergebnisse, die im Kontext der Schulinspektionsverfahren noch nicht extern begleitet und unterstützt werden (Altrichter, Ehren, McNamara & O'Hara, 2014). Dies lässt vermuten, dass die systematische Bereitstellung und inhaltliche Unterstützung von Anlässen zur Diskussion und Rekontextualisierung von Daten im Rahmen es Schulentwicklungsprozesses den Einbezug von Daten in Schulentwicklungsentscheidungen befördern könnte.

3.1 Evidenzorientierte Schulentwicklung: Begriffsbestimmung und Verständnis im Potenziale-Projekt

Evidenzorientierte Schulentwicklung wird im Rahmen des Projekts als „die systematisierte Weiterentwicklung von Einzelschulen verstanden" (Dedering 2012, S. 6), die Evidenz systematisch in Schulentwicklungsprozesse einbezieht. Evidenz wird im Projekt als Ergebnis von Deutungs- und Aushandlungsprozessen der beteiligten Akteure verstanden, die sowohl verobjektivierte Daten zu Prozessmerkmalen einer Schule als auch die komplexen und kontextualisierten Erfahrungen und Problemsichten der schulischen Akteure einbezieht. Evidenzorientierung bezeichnet somit ein Prinzip von

2 Bspw. Adaption der Befunde, Erarbeitung akteursorientierter Handlungsstrategien, Aushandlung akteursorientierter Handlungsstrategien und Durchführung, Evaluation der Maßnahmen, Revision der Handlungsstrategien

Schulentwicklung, in dem verobjektivierte Prozessdaten und Gelegenheiten für Deutungs- und Aushandlungsprozesse zur Erzeugung von Evidenz systematisch und prozessstrukturierend in Schulentwicklungsaktivitäten und Schulentwicklungsunterstützung eingebettet werden.

Nach diesem Verständnis erfahren sowohl die Problemsicht der schulischen Akteure als auch verobjektivierte Daten Relevanz bei der Erzeugung von schulentwicklungsrelevanter Evidenz. Die Unterstützung des Verarbeitungsprozesses der Daten, die gemeinsame Rekontextualisierung und die dialogische Aushandlung von Evidenz stellen somit ein zentrales Ziel der Begleitung durch das Projekt dar.

Die Herausforderung für ein evidenzorientiertes Schulentwicklungsprojekt wie Potenziale entwickeln – Schulen stärken besteht somit zum einen darin, Daten so aufzubereiten, dass sie sich für Deutungs- und Aushandlungsprozessen der schulischen Akteure anschlussfähig und nützlich zeigen und zudem systematisch Anlässe zu schaffen, bei denen schulische Akteure ihre eigene komplexe Problemsicht in ihren Datenrezeptions- und Datenreflexionsprozess einbringen können. Hierzu bedarf es neben prozessstrukturierend bereitgestellen Anlässen zur Auseinandersetzung mit Daten auch einer spezifischen Interaktions- und Kommunikationspraxis, die zum Ziel hat, Schulen Gelegenheiten zu eröffnen, rückgemeldete Evidenzen in ihrer spezifischen einzelschulischen Situation und unter Einbezug ihrer eignen Problemsicht zu rekontextualisieren und Rückschlüsse auf daraus resultierende akute Handlungsbedarfe und -mittel sowie langfristige Zielsetzungen abzuleiten. Schulen werden somit nicht nur mit externen Evidenzen versorgt, sondern erhalten auch Unterstützung dabei, solche Evidenzen in Bezug zur eigenen Problemsicht zu stellen.

Besonders hilfreich da nachhaltig erscheinen hierfür im Potenziale-Projekt angelegte Formate, die eine längerfristige Begleitung der dadurch angestoßenen Prozesse leisten: Schulnetzwerke und einzelschulische Prozess- und Entwicklungsunterstützung.

Im Folgenden werden zunächst die im Potenziale-Projekt verfolgte Strategie der Zusammenstellung von Schulnetzwerken und die im Rahmen des Projekts angelegte Gestaltung der Netzwerkarbeit vorgestellt. Anschließend wird die Konzeption der einzelschulischen Begleitung durch das Projekt beschrieben. Der Fokus der Darstellung der Arbeit in Netzwerken und Einzelschule liegt jeweils auf den evidenzorientierten Konzeptionsteilen des Projekts.

3.2 Schulnetzwerke als Unterstützungsstruktur

Die Bedeutung interschulischer Vernetzung für die schulische Qualitätsentwicklung ist vielfach beschrieben worden (z.B. Berkemeyer, Manitius, Müthing & Bos, 2008). Insbesondere effektive Schulen in herausfordernder Lage zeichnen sich verstärkt durch Kooperationen mit anderen Schulen aus (Racherbäumer et al., 2013). Positive Effekte der Vernetzung von Schulen zeigen sich in erster Linie in der professionellen Weiterentwicklung der Lehrkräfte, die sich auf fachliche und fachdidaktische sowie übergeordneter Kompetenzen zur Schulentwicklung richten kann (Berkemeyer, Manitius, Müthing & Bos, 2009). Sie verdeutlichen sich überdies im Unterrichtshandeln der

Lehrkräfte, z.B. durch stärkeren Anwendungsbezug und höhere Methodenvielfalt. Aus diesem Grund kann die vorsichtige Annahme formuliert werden, dass mit Schulnetzwerken die Steigerung von Fachkompetenzen der Schülerinnen und Schüler einhergehen kann (van Holt, Berkemeyer & Bos, 2015). Damit Schulnetzwerke ihr Innovationspotenzial und ihre positive Einflusskraft entfalten und Transferprozesse erfolgreich verlaufen, bedarf es einiger Voraussetzungen. Auf *Netzwerkebene* sind u.a. klare Zielsetzungen und gemeinsam getragene Arbeitsschwerpunkte, ein erkennbarer Nutzen und gegenseitige Wertschätzung der Netzwerkmitglieder entscheidend; auf *Schulebene* sind u.a. Akzeptanz des Gesamtkollegiums sowie Rückhalt und Unterstützung durch die Schulleitung relevant (Müthing, Berkemeyer & van Holt, 2009). Bei der Transferarbeit gelten insbesondere Informationsfluss, Gründung von Arbeitsgemeinschaften, Passung zwischen schulspezifischen Bedarfen und Netzwerkaktivitäten als bedeutsam (vgl. Dedering, 2007).

4. Datengestützte Netzwerkzusammenstellung im Projekt und schulischer Ergebnisbericht

Während sich im deutschsprachigen Raum in Projekten zur netzwerkbasierten Schulentwicklung die Zusammenstellung der Netzwerke häufig an Wünschen und Interessen oder an lokaler Nähe und Schulformzugehörigkeit der beteiligten Schulen orientiert (vgl. Müthing et al. 2009), wird im Potenziale-Projekt eine alternative Vorgehensweise realisiert: Die Schulen werden kriteriengeleitet und datengestützt anhand ausgewählter Schulqualitätsmerkmale und der Befragungsergebnisse zu überregionalen und schulformübergreifenden, themenbezogenen Schulnetzwerken mit ähnlichen Ausgangslagen zusammengeschlossen. Hierbei bilden solche Schulen ein Netzwerk, die hinsichtlich für die Outputqualitäten und die relevanter schulischer und unterrichtlicher Qualitätsmerkmale und schulischer Kontextbedingungen ähnliche Entwicklungsprofile und -bedingungen aufweisen. Bevor im Folgenden die Ergebnisse der Analysen beschrieben werden, werden zunächst Datengrundlage und Auswahl der Variablen sowie statistische Verfahren skizziert.[3]

4.1 Datengrundlage, Auswahl der Variablen und statistisches Verfahren zur Netzwerkbildung

Als Datengrundlage für die Netzwerkzusammenstellung werden die in der ersten Erhebungswelle des Projekts generierten Daten von Lehrkräften (n=1105), Schülerinnen und Schülern aus zwei Klassen des sechsten und achten Jahrgangs (n=3183) und deren Eltern (n=2146) an 35 Schulen der Sekundarstufe I in der Metropole Rhein-Ruhr

3 Das gesamte methodische Vorgehen inklusive entsprechender statistischer Kennwerte kann in diesem Beitrag aus Platzgründen nicht ausführlich beschrieben werden. Genaueres hierzu ist dem Artikel von Hillebrand, Webs, Kamarianakis, Holtappels, Bremm & van Ackeren (zur Publikation angenommen) zur datengestützten Netzwerkbildung im Projektkontext zu entnehmen.

verwendet,[4] die in sozialräumlich deprivierten Standorten arbeiten.[5] Um Schulen mit ähnlichen Entwicklungsprofilen und -bedingungen zu identifizieren, werden die Individualdaten auf Schulebene aggregiert. Für die Netzwerkzusammenstellung werden basierend auf einschlägigen Forschungsergebnissen zu Merkmalen effektiver Schulen in herausforderndem Umfeld (vgl. Holtappels et al. in diesem Band) 15 Gestaltungsmerkmale auf Schul- und Unterrichtsebene als *Klassifizierungsmerkmale* ausgewählt, die aus Sicht unterschiedlicher schulischer Akteure eingeschätzt werden. Eingeschlossen werden Merkmale zum *Arbeits- und Schulklima*, zur *Lehrergesundheit*, *schulischen Qualitätsentwicklung*, *Unterrichtsqualität*, *Zusammenarbeit zwischen Lehrkräften (mit Fokus auf das Schülerlernen)* und *Kooperation zwischen Schule und Elternhaus*.[6] Während Unterrichtsmerkmale vornehmlich aus Sicht der Lernenden beurteilt werden, sind die weiteren Merkmale vornehmlich aus der Perspektive der Lehrkräfte bewertet worden, mit Ausnahme der Schüler-Lehrer-Beziehung und der Schule-Elternhaus-Kooperation, die aus Perspektive der Schülerinnen und Schüler bzw. Eltern vorliegt. Für eine tiefergehende Differenzierung der Entwicklungsprofile der Schulgruppen wird u.a. die *Schülerkomposition*[7] als *Differenzierungsmerkmale* hinzugezogen. Alle Skalen weisen eine zufriedenstellende bis gute interne Konsistenz auf.

4.2 Analyseergebnisse: Entwicklungsprofile der vier Schulgruppen

Die Identifikation von Schulgruppen mit ähnlichen Entwicklungsprofilen, auf deren Grundlage themenbezogene Netzwerke gebildet werden, erfolgt mittels latenter Profilanalyse. Die Entscheidung über die Anzahl der Schulgruppen fiel aus inhaltlichen und statistischen Gründen zugunsten von vier Schulgruppen aus. Die Entwicklungsprofile der vier Schulgruppen sind entlang der Klassifizierungsmerkmale in Abb. 1 visualisiert, die ausschließlich z-Werte enthält.[8] Durch die Z-Standardisierung (M=0, SD=1) können die Merkmalsausprägungen der Schulgruppen ins Verhältnis zum Gesamtmit-

4 Die Quoten des Fragebogenrücklaufs liegen für alle Befragtengruppen im Durchschnitt über 50,0 Prozent (Lehrkräfte: 50,1%; Schülerinnen und Schüler: 82,5%; Eltern: 55,6%).

5 Für die Projektteilnahme sind solche Schulen akquiriert worden, die nach dem aktuellen Standorttypenkonzept für NRW den Standorttypen 3, 4 und 5 entsprechen (vgl. Isaac, 2011).

6 Das Schulleitungshandeln ist bewusst nicht in die Analysen einbezogen worden, sondern wird in einem weiteren Schritt gesondert betrachtet, da das Thema nicht zum primären Gegenstand der Netzwerkarbeit gemacht werden sollte.

7 Zur Erfassung der sozioökonomischen Komposition der Schülerschaft findet der Sozialindex Verwendung, der auch in nationalen LSA für ‚faire' Vergleiche von Schulen bei Ergebnisrückmeldungen zum Einsatz kommt (vgl. Bonsen et al., 2010). Um die familiäre Ausstattung bildungsrelevanter Ressourcen der Schülerinnen und Schüler abzubilden, werden in Anlehnung an die Kapitaltheorie von Bourdieu die drei Kapitalformen durch unterschiedliche Indikatoren aus der Schüler- und Elternbefragung operationalisiert. Die Indikatoren des Sozialindexes werden dabei über das sog. Partial-Credit-Raschmodell rasch-skaliert.

8 Unterschiede zwischen den Schulgruppen hinsichtlich der weiteren schulischen Input-, Prozess- und Outputmerkmale, die zur tiefergehenden Beschreibung und Differenzierung der schulischen Entwicklungsprofile dienen, sind nicht visualisiert.

telwert gesetzt werden und werden somit besser interpretierbar.[9] Die vier Schulgruppen können wie folgt beschrieben werden:

Entwicklungsprofil 1 (vier Realschulen, drei Gymnasien und zwei Gesamtschulen): In dieser Schulgruppe sind Schüler-Lehrer-Beziehung aus Schülerinnen- und Schülersicht, Lehrergesundheit aus Lehrkräftesicht und zur Kooperation zwischen Schule und Elternhaus aus Elternsicht leicht überdurchschnittlich ausgeprägt. Jedoch fallen Arbeitsklima, Teamarbeit und leistungsbezogene Differenzierung im Unterricht aus Lehrkräftesicht am schwächsten aus. Gleiches gilt auch für Aktivitäten zur Schul- und Unterrichtsentwicklung. Unterrichtsqualitätsmerkmale aus Schülerinnen- und Schülersicht liegen hingegen über dem Durchschnitt. Datengestützt resultiert für dieses Netzwerk folgender Themenschwerpunkt: *„Lehrerkooperation in Bezug auf Individualisierung in heterogenen Lerngruppen“*.

Entwicklungsprofil 2 (acht Gymnasien, eine Real- und eine Gesamtschule): In Schulen dieser Gruppe sind die Merkmale der Unterrichtsqualität sowohl aus Sicht der Lehrenden als auch der Lernenden deutlich unter dem Durchschnitt liegen. Hinzu kommt, dass Schülerinnen und Schüler die Schüler-Lehrer-Beziehung am negativsten einschätzen. Parallel dazu ist die Teamarbeit zwischen Lehrkräften leicht unterdurchschnittlich. Zwar klagen Lehrkräfte an Schulen dieser Gruppe über die höchste zeitliche Belastung, die sich allerdings nicht gleichzeitig in einer höheren psychischen Beanspruchung und emotionalen Erschöpfung widerspiegelt. Datengestützt ergibt sich für dieses Netzwerk folgendes Handlungsfeld: *„Kooperative Unterrichtsentwicklung“*.

Entwicklungsprofil 3 (sechs Hauptschulen, sieben Gesamtschulen und ein Gymnasium): Lehrerkollegien an Schulen der größten Gruppe berichten am häufigsten defizitorientierte Haltungen gegenüber einer kulturell heterogenen und sozioökonomisch benachteiligten Schülerschaft und die niedrigste kollektive Selbstwirksamkeitserwartung der Lehrkräfte. Dennoch fallen Teamarbeit und Unterrichtsqualität relativ hoch bewertet aus. Gleichzeitig äußern die Kollegien die geringste zeitliche Belastung, wobei die emotionale Erschöpfung ähnlich ausgeprägt ist, wie in den restlichen Schulgruppen. Finden weitere Kontextmerkmale Berücksichtigung, zeichnen sich diese Schulen durch die ressourcenärmste Schülerzusammensetzung aus, verhältnismäßig geringes Wohlbefinden in der Schule aus Schülerinnen- und Schülersicht und relativ geringe Schule-Elternhaus-Kooperation aus Lehrerinnen- und Lehrersicht. Auf dieser Grundlage wird *„Ressourcennutzung“* als Themenfeld für die Arbeit dieses Netzwerkes gewählt. Schwerpunktmäßig soll dabei an einer *wertschätzenden Haltung gegenüber Heterogenität,* der *kollektiven Selbstwirksamkeit* und der *Zusammenarbeit zwischen Schule und Elternhaus* gearbeitet werden.

Entwicklungsprofil 4 (eine Gesamtschule und ein Gymnasium): Beide Schulen der kleinsten Gruppe weisen überdurchschnittliche Ausprägungen in allen Merkmalen der Schul- und Unterrichtsqualität auf. Ausnahme stellt einzig die *kognitive Anregung* als eine Dimension Unterrichtsqualität dar. Daher sind diese beiden Schulen nach Rücksprache dem Entwicklungsprofil respektive Netzwerk 2 zugeordnet worden, das sich hauptsächlich mit Unterrichtsqualität beschäftigt.

---

9 Die Referenz stellen ausschließlich die am Projekt beteiligten Schulen dar. Aussagen sind daher nur für Schulen im Vergleich zu allen am Projekt teilnehmenden Schulen zulässig.

Um die ursprünglich große Gruppengröße der Netzwerke zu verringern und zu gewährleisten, dass die Projektschulen nicht nur in einem Netzwerk mit ähnlichem Entwicklungsprofil in Bezug auf Schul- und Unterrichtsqualitätsmerkmale, sondern auch mit möglichst ähnlicher Schülerinnen- und Schülerkomposition fusioniert werden, kommt ein Sozialindex zum Einsatz, der Daten zum ökonomischen, kulturellen und sozialen Kapital der Schülerinnen und Schüler und ihrer Eltern beinhaltet. Mithilfe eines Mediansplits anhand des Indexwertes werden die drei Gruppen jeweils in zwei gleich große unterteilt, sodass insgesamt sechs Netzwerke entstehen. Ein Indexwert über dem Median steht für eine relativ privilegierte, ein Wert unter dem Median für eine verhältnismäßig deprivilegierte Schülerschaft.

Die Ergebnisse zu den Entwicklungsprofilen der vier Schulgruppen dienen als Ausgangspunkt für den Zusammenschluss von Schulnetzwerken und geben einen Ansatzpunkt für themenbezogene Netzwerkarbeit (vgl. Kapitel 4).

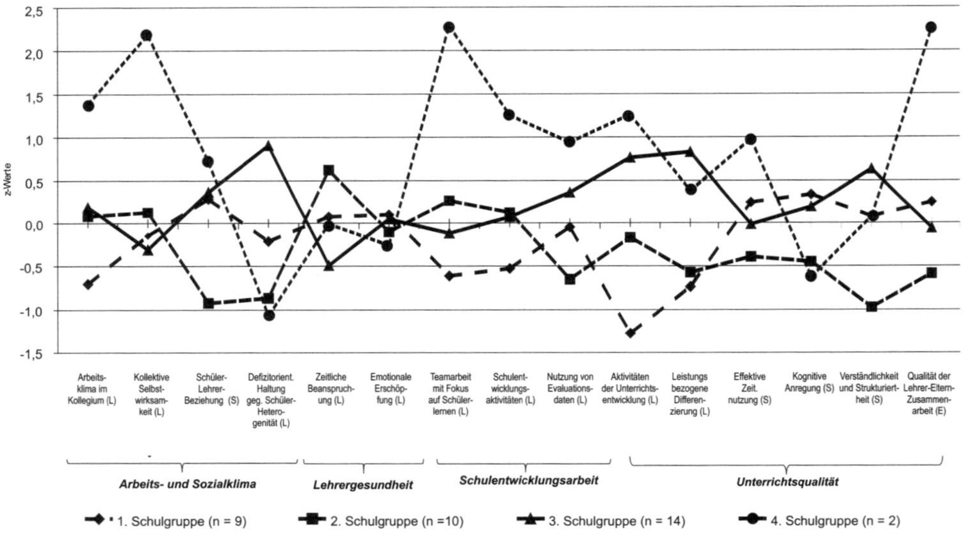

Abbildung 1: Entwicklungsprofile der vier Schulgruppen (L: Lehrkräfte; S: Schüler/innen; E: Eltern)

4.3 Einzelschulischer Ergebnisbericht: Aufbau und Inhalte

Jede Projektschule hat eine schulscharfe Rückmeldung zu den Ergebnissen der Befragungen erhalten. Diese gliedert sich in drei Teile: 1. Beschreibung des Projekts; 2. Erläuterungen zur Ergebnisrückmeldung; 3. Schulspezifische Rückmeldung der Ergebnisse. Innerhalb der Projektbeschreibung werden der Projekthintergrund, Ziele und Verlauf des Projekts sowie Forschungs- und Entwicklungsdesign beschrieben. Erläutert werden zudem der Aufbau der Rückmeldung und die Auswahl zurückgemeldeter Variablen, ebenso wie die grafische Aufbereitung der Ergebnisse. Der Aufbau der Rückmeldung basiert auf einschlägigen Schulqualitätsmodellen, die sich im Wesentlichen durch ihre Mehrebenenstruktur und Prozessdynamik auszeichnen (Holtappels,

2003). In der Rückmeldung wird zwischen Merkmalen des Schulumfeldes, Merkmalen schulischer und unterrichtlicher Gestaltungsqualität sowie Merkmalen der Ergebnisqualität differenziert. Die Auswahl zurückgemeldeter Variablen orientiert sich an entsprechenden Forschungsbefunden zu Merkmalen effektiver Schulen in herausforderndem Umfeld (vgl. Holtappels et al., in diesem Band). Als *Merkmale des Schulumfeldes* finden u.a. sozioökonomische Schülerinnen- und Schülerkomposition und kognitive Fähigkeiten der Lernenden Berücksichtigung. *Merkmale schulischer Gestaltungsqualität* setzen sich z.B. aus unterrichtsbezogenem Schulleitungshandeln, Schüler-Lehrer-Beziehungen und Kooperation im Kollegium zusammen. *Merkmale unterrichtlicher Gestaltungsqualität* umfassen Variablen wie beispielsweise Sprachförderung im Unterricht und kognitive Anregung. Als *Merkmale der Ergebnisqualität* werden u.a. Fähigkeitsselbstkonzept und Lernmotivation der Lernenden beachtet. Durch die *multiperspektivischen Befragungen* können Angaben verschiedener schulischer Akteure, wie der Gesamtkollegien, Schülerinnen und Schüler und deren Eltern aus je zwei Klassen des 6. und 8. Jahrgangs, aufgegriffen und gegenübergestellt werden.

Insgesamt enthält die Ergebnisrückmeldung 53 Variablen in Form von Einzelitems, Skalen und Indices.

Es werden entweder Säulendiagramme oder Liniendiagramme zur Veranschaulichung der Ergebnisse genutzt. Um die Anonymität zu wahren, werden die Individualdaten auf Schulebene aggregiert und nur dann als Werte ausgewiesen, wenn mindestens fünf Angaben vorliegen. Zur Einschätzung der Aussagekraft und Repräsentativität der dargestellten Ergebnisse für die eigene Schule werden die Quoten des Fragebogenrücklaufs für die einzelnen Befragtengruppen sowie zu jeder Grafik die Fallzahlen der eigenen Schulen angegeben.

Damit Schulen die Ergebnisse für die eigene Schule einordnen und vergleichen können, werden zusätzlich zum Schulwert zwei Referenzwerte ausgewiesen: Zum einen der Wert für all diejenigen Projektschulen, die derselben Schulform angehören, und zum anderen der Wert für alle 36 Projektschulen insgesamt. Da es sich um eine systematische Quotenstichprobe handelt, können Aussagen ausschließlich für die eigene Schule im Vergleich zu den Projektschulen getroffen werden. Die Rückmeldung wird den Schulen in Papierform und als Power-Point Präsentation zur Verfügung gestellt. Beim ersten Netzwerktreffen wird sowohl die Netzwerkzusammenstellung als auch die Schulrückmeldung vorgestellt. Zudem werden zeitlich ausgedehnte und inhaltlich intensive Arbeitsphasen zur ersten Rezeption und Rekontextualisierung der präsentierten Ergebnisse durch die Netzwerkmitglieder aus den Schulen eingeplant. Im Anschluss wird wenn nötig wiederholt angeboten, dass ein Mitglied des wissenschaftlichen Projektteams die Daten in der Schule präsentiert und Schulen, die bereits eine solche Datenrückmeldung im Kollegium erhalten haben werden dazu motiviert, im Netzwerk davon zu berichten. In der Folge wird das Angebot der Datenpräsentation von den meisten Schulen im Laufe des ersten Projektjahrs in Anspruch genommen. Die Datenrückmeldung in den Schulen ist zuallermeist in eine kollegiumsaktivierende Maßnahme eingebunden worden, die es den Schulen erlaubt, die präsentierten Daten mit eigenen Erfahrungen in Verbindung zu bringen und durch *kommunikative Validierung* an die schulspezifische Situation zu rekontextualisieren und anschließend in entsprechenden Gremien einzelschulische Schwerpunkte und Ziele für die anstehende Entwicklungsarbeit abzuleiten. Erste Ergebnisse der prozessbegleitenden Evaluation deuten darauf hin, dass diese im Projekt verfolgte Art der Evidenzorientierung, die neben der durch die wissenschaftliche Begleitung der Projektschulen eingebrachte Evidenz in Form standardisierter Erhebungsergebnisse auch die Problemsicht der Schulen als Evidenzen begreift und Evidenzorientierung schließlich als Aushandlungsprozess definiert, auf breite Akzeptanz in den Projektschulen stößt und sie laut Selbstauskunft dazu motiviert und dabei unterstützt, evidenzorientierte Entwicklungsprozesse ihrer Schule anzustoßen und Entwicklungsziele systematisch zu identifizieren und festzulegen.

5. Evidenzorientierte Schulentwicklungsbegleitung auf Netzwerkebene

Übergeordnetes Ziel der Netzwerkarbeit ist neben der Förderung schulischer Entwicklungsarbeit durch bedarfsgerechte Qualifizierung, die Erzeugung von Synergieeffekten durch das Lernen der Schulen von- und miteinander. Die Entwicklung von Kompetenzen, Materialien und Strategien und die Steigerung der Reflexions- und Problemlösefähigkeit sind zentral, sowohl hinsichtlich netzwerkspezifischer Themenschwerpunkte, als auch bezüglich der Multiplikatorenfunktion der Netzwerkmitglieder.

5.1 Akteure der Netzwerkarbeit: Aufgaben und Rollen

Zu den vierteljährlich stattfindenden Netzwerktreffen sind jeweils zwei bis drei Vertretungen der Projektschulen eingeladen, deren Auswahl schulintern erfolgt. Empfohlen wird im Hinblick auf Transferleistungen im Projekt, Netzwerkmitglieder mit besonderer Funktion innerhalb der schulischen Steuerungsstrukturen auszuwählen (z.B. Mitglieder von Steuergruppen, eines erweiterten Schulleitungsteams, didaktische Leitungen oder Schulleitungen). Die von den Schulen entsandten Netzwerkmitglieder sind innerhalb der Netzwerke gleichsam Lernende und Experten (vgl. Berkemeyer, 2008), darüber hinaus besitzen sie zentrale Funktionen als Multiplikatoren und Transfergestalter über die Netzwerktreffen hinaus.

Die Prozessbegleitung, Organisation und Moderation der Netzwerke wird von *wissenschaftlichen Mitarbeiterinnen der Universitäten* verantwortet, welche die Treffen organisieren, vor- und nachbereiten, protokollieren sowie Materialien bereitstellen und Fortbildungsangebote organisieren. Zum anderen sichern und dokumentieren sie kontinuierlich Ergebnisse. Bei den Netzwerktreffen besteht die Herausforderung der Moderation in der Stärkung des Informations-, Wissens- und Erfahrungsaustauschs inklusive der Identifikation, Verfügbarmachung und Ergänzung von Wissensbeständen der Netzwerkmitglieder. Zusätzliche fachliche Expertise kann bei Bedarf sowohl bei Netzwerktreffen, als auch in den Einzelschulen hinzugezogen werden. Hierzu wird auf das reguläre Fortbildungssystem der Lehrerbildung in NRW zurückgegriffen. Darüber hinaus bringen auch begleitende Lehrkräfte, externe Expertinnen und Experten, private Fortbildnerinnen und Fortbildner und Akteure des Projektteams Fachwissen in die Netzwerke und in die einzelschulische Begleitung ein. Jedem Unterstützungsangebot geht eine detaillierte und verschriftlichte Auftragsklärung voraus, welche die Maßnahme in einen größeren schulischen Entwicklungszusammenhang einordnet und schriftlich fixiert welche Ziele die Schule mit der angefragten Unterstützungsmaßnahme erreichen möchte, welche Ergebnisse erarbeitet werden sollen, was mit den erarbeiteten Ergebnissen mit Blick auf den Schulentwicklungsprozess geschehen soll und welche Personen daran beteiligt sein sollten. So wird versucht zu verhindern, dass Unterstützungsleistungen unsystematisch erfolgen und darauf hingearbeitet, dass eine Einbettung in mittel- und langfristige Entwicklungsperspektiven erfolgt. Eine enge Verknüpfung zwischen Netzwerkinhalten und einzelschulischer Entwicklung kann u.a. auch durch den Einsatz derselben Referentinnen und Referenten in Netzwerken und Schulen begünstigt werden. Die QUA-LiS NRW entsendet in jedes Netzwerk eine *begleitende Lehrkraft*[10], die zum einen die einzelschulische Prozessbegleitung für die Schulen je eines Netzwerks verantwortet (vgl. Kapitel 6) und an den Netzwerktreffen teilnimmt. Hierdurch wird eine enge Verzahnung der einzelschulischen und der netzwerkbezogenen Entwicklung ebenfalls begünstigt. Jede *Schulleitung* erhält Informationen über die Netzwerkarbeit und ist fester Bestandteil der Kommunikationsstrukturen. Alle *Netzwerkmitglieder*, inklusive der wissenschaftlichen Mitarbeiterinnen und begleitenden Lehrkräfte, verantworten gemeinsam den Informations- und Erfahrungsaustausch sowohl innerhalb des Netzwerks, als auch jeweils den Informationsfluss zu den Projektschulen, Universitäten und dem Regelsystem. Hierzu dokumentieren die Akteure gemeinsam die Entwicklungsprozesse des Netzwerks und der Einzelschulen. Ein gemeinsames Erkenntnisinteresse liegt in der Identifikation spezifischer Entwicklungsbedarfe und passender Unterstützungsangebote von Schulen in herausfordernder Lage, die dem Regelsystem rückgespiegelt werden können (vgl. hierzu auch Manitius et al. in diesem Band).

5.2 Elemente der Netzwerkarbeit: Bestandsaufnahme und Diagnose, themenspezifische Netzwerkarbeit und Transfergestaltung

Den Ausgangspunkt für die Netzwerkarbeit bildet die sorgfältige Analyse der externen und internen Bedingungen schulischer Arbeit, wobei die empirisch begründete Netzwerkzuordnung offengelegt und vom Projektteam während des ersten Netzwerktreffens detailliert vorgestellt und erklärt wird. Diese wird im Sinne einer externen, deskriptiven Bestandsaufnahme dargestellt und stellt gleichsam Stärken und Entwicklungsbedarfe hervor, die das spezifische Entwicklungsprofil der Schulen eines Netzwerks kennzeichnen. Zusätzlich erhalten die Netzwerkmitglieder Informationen zur Lebenswelt ihrer Schülerinnen und Schüler und wissenschaftliche Erkenntnisse zu Qualitätsmerkmalen von Schulen in vergleichbarem Umfeld.

10 Entlastete Lehrkräfte mit Praxisblick und Erfahrung in der Begleitung von Schulentwicklungsprozessen

Netzwerkmitglieder werden im Verlauf der ersten Netzwerktreffen im Umgang mit den Daten des Netzwerks und den Daten ihrer Einzelschule und Möglichkeiten zur Nutzung dieser in konkreten Schulentwicklungsprozessen geschult. Sie werden darin unterstützt, die Daten zu reflektieren und die jeweils eigene schulspezifische Situation zu rekontextualisieren. Ziel dieser *kommunikativen Validierung* ist es, die Ergebnisse akteurszentriert zu interpretieren, Ergebnisse zu sichern und sie in Handlungsbedarfe zu übersetzen. Netzwerkmitglieder arbeiten in diesen Phasen mit Materialien, welche die individuelle Auseinandersetzung und Rekontextualisierung der externen Evaluation fördern und zudem ohne weitere Modifikation in ähnlichen Arbeitsphasen in ihren Schulen, bspw. mit dem Kollegium oder in schulischen Gremien genutzt werden können.

Stärken und Entwicklungsbedarfe der Schulen eines Netzwerkprofils werden während des ersten Netzwerktreffens durch das Projektteam präsentiert und anschließend im Dialog mit den Netzwerkmitglieder zu einer gemeinsamen Diagnose verdichtet, die als Basis für anschließende Ursachenforschung und die Formulierung eines selbstgesetzten, geteilten Netzwerkfokus innerhalb des evidenzbasierten Rahmenprofils dient. Durch die enge Verknüpfung von empirischen und praktischen Wissensbeständen hin zu einer gemeinsam getragenen Zielvorstellung kann eine hohe Passung verschiedener Wissensbestände, bei gleichzeitiger Wahrung der einzelnen Handlungsautonomie, hergestellt werden. Diese Herstellung von „Kohärenz" gilt als „zentrale Bedingung für die erfolgreiche Verbreitung von Innovationen [...] da Lehrkräfte nur passende Innovationen als für sie relevant erachten" (Gräsel & Fussangel, 2010, S. 123). Der Einbezug mehrerer Perspektiven, der prinzipielle Verzicht auf Wertungen und die Berücksichtigung der Autonomie der Akteure haben sich in diesen Phasen bewährt (Rolff, 2013) und positiv auf die Offenheit gegenüber einer gemeinsamen Entwicklungsperspektive ausgewirkt.

Um *Wissens- und Erfahrungsaustausch* zu initiieren und den ressourcenorientierten Blick der Mitglieder zu stärken, wird bevorzugt auf das Expertenwissen der Netzwerkmitglieder zurückgegriffen. Zunächst werden hierzu Stärken der einzelnen Schulen identifiziert und für das Netzwerk zugänglich gemacht. Langfristig gesehen basiert die diesbezüglich notwendige Offenheit auf Vertrauen. Da Vertrauen innerhalb des Netzwerkes erst entwickelt werden muss, müssen insbesondere in der Phase der Netzwerkentstehung eingegangene Tauschbeziehungen vorteilhaft bzw. ertragreich sein. Deswegen werden verstärkt Methoden angewendet, die den gegenseitigen Wissens- und Erfahrungsaustausch initiieren und dessen Inhalte und Anregungen durch zusammenfassende Reflexion zum expliziten Wissensbestand zu machen.

Das Netzwerk wird durch *externe Wissensträgerinnen & Wissensträger und Impulsgeberinnen & Impulsgeber* unterstützt. Eine thematische Fokussierung erfolgt auf Grundlage der gemeinsam ermittelten Unterstützungsbedarfe. Alle Unterstützungsmaßnahmen werden eingeleitet durch eine detaillierte Auftragsklärung mit Referentinnen und Referenten, Beraterinnen und Beratern u.a., sind systematisch in Entwicklungsplänen verankert und werden abschließend evaluiert (vgl. Abb 2).

In allen Netzwerken sind Transferphasen verbindliche Elemente. Sie dienen der Planung und Reflexion des Transfers der Netzwerkinhalte in die Einzelschule (vgl. Ka-

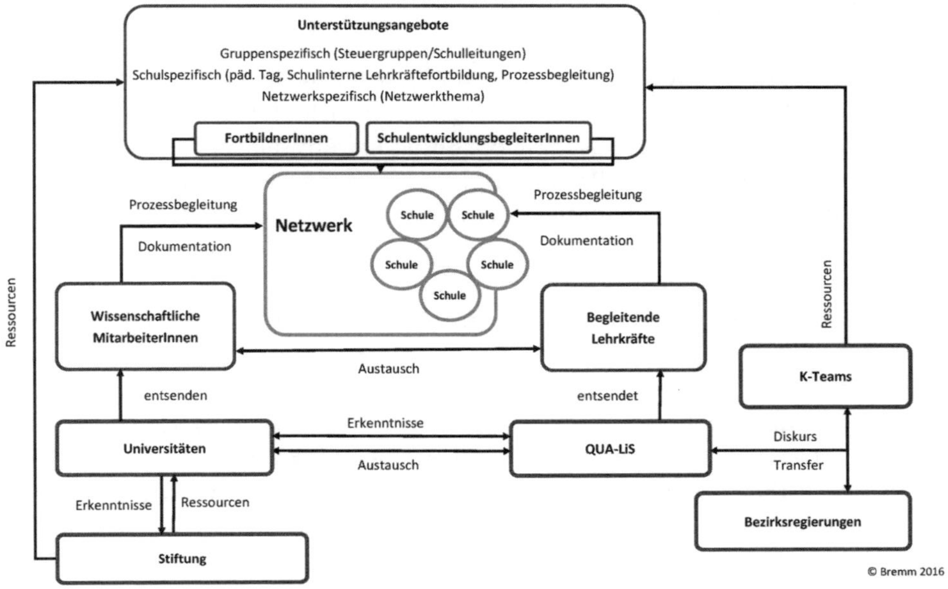

Abbildung 2: Akteurskonstellation im Potenziale-Projekt

pitel 5). In der *Transferplanung* werden die Netzwerkmitglieder unterstützt, konkrete Ziele und Vorhaben zu formulieren und deren Umsetzung zu planen. Bei der *Reflexion des Transfers* zu Beginn des folgenden Netzwerktreffens werden die Netzwerkmitglieder dazu angeregt, die einzelschulischen Entwicklungen zu beschreiben. Im Fokus stehen transferförderliche und -hemmende Erfahrungen sowie mögliche Unterstützungsbedarfe. Alle Netzwerkmitglieder erhalten dadurch die Gelegenheit, voneinander zu lernen und sich hinsichtlich ihrer Vorhaben und Entwicklungen gegenseitig zu beraten.

6. Evidenzorientierte Schulentwicklungsbegleitung auf Einzelschulebene

Das Potenziale-Projekt nimmt parallel zur Netzwerkebene einzelschulische Entwicklungsprozesse in den Blick, da Schwierigkeiten bezogen auf den Transfer von Netzwerkinhalten in Schule hinein entstehen können, wenn sich Unterstützungsangebote und Arbeitsprozesse (zunächst) nur auf Netzwerkstrukturen beziehen. Die Netzwerkarbeit bietet den Teilnehmenden die Möglichkeit der datengestützten Ideengenerierung für einzelschulische Entwicklungen. Diese Ideen sind zumeist unterschiedlich ausdifferenziert und gehen in ungleicher Stärke mit den Entwicklungsideen des Kollegiums, der Steuergruppe oder der Schulleitung konform. Um den Transfer von Netzwerkimpulsen in die Einzelschule zu unterstützen und die Aktivierung weiterer schulischer Akteure zu forcieren, wird eine Prozessbegleitung auf Einzelschulebene realisiert. Diese einzelschulische Begleitung wird durch die Kooperation mit QUA-LiS durch die Bereitstellung von sechs begleitenden Lehrkräften – eine je Netzwerk – ermöglicht. Pro Kalenderjahr erfolgen von jeder begleitenden Lehrkraft mindestens drei Besuche an fünf bis sieben Einzelschulen. Im Mittelpunkt stehen Zielfindungsprozesse und die Festlegung kurz-, mittel- und langfristiger Ziele, die die Ausdifferenzierung und Spezifizierung von Entwicklungsideen sowie die Auswahl von transferwürdigen Inhalten ermöglichen. Dieser Prozess erfolgt in einer formalen Gruppierung, bestehend aus der Schulleitung, den Mitgliedern der Steuergruppe und den Netzwerkmitgliedern. Die Zusammensetzung dieser Gruppe besitzt eine besondere Relevanz für die Effektivität von Schulentwicklungsarbeit. So wird u.a. die *Schulleitung* als bedeutsamer Akteur für Veränderungsprozesse in Schule verstanden. Aufgrund ihrer Position hat sie die Befugnis, Entwicklungsprozesse durch die Veränderung, Erweiterung oder Wiederherstellung organisationaler Strukturen zu begünstigen. Der *Steuergruppe* kommt eine ähnlich relevante Rolle zu, da sie sich u.a. für die Entwicklung von Leitzielen einsetzt und den anstehenden Transferprozess unterstützt (Berkemeyer, 2008). Damit eine Verbindung zwischen der Netzwerkarbeit und der einzelschulischen Entwicklungsarbeit aufgebaut und erhalten werden kann, sind auch die *Netzwerkmitglieder* in dieser Gruppe präsent.

Die gemeinsame Zielfindung auf der Einzelschulebene gestaltet sich prozessorientiert und thematisiert neben den Anliegen der einzelschulischen Entwicklungsarbeit auch die vorhandenen Ressourcen der Schule sowie die Nutzung von Arbeitsgruppen und -gremien zur Förderung des Veränderungsprozesses. Die Ergebnisse der Datenerhebung dienen – ähnlich wie auf der Netzwerkebene – als Perspektivenerweiterung und als latentes Steuerungsinstrument des Zielfindungsprozesses. Die Erarbeitung von Schulentwicklungszielen wird durch die Klärung weiterer Unterstützungsangebote ergänzt. Diese können sich auf Fortbildungen für das gesamte Kollegium beziehen und damit spezifische Inhalte fokussieren *(Was-Ebene)*, aber auch auf Workshops und Trainings für Schulleitungen und Steuergruppen, um die Erweiterung struktureller Gefüge zu gewährleisten, die die Implementation von Inhalten stützen *(Wie-Ebene)*. Falls der Veränderungsprozess eine intensivere Form der Begleitung verlangt, werden den Schulen *Schulentwicklungsberaterinnen und Schulentwicklungsberater* an die Seite gestellt. Schulentwicklungsbegleitung wird aufgrund unterschiedlicher Aufgabenprofile differenziert betrachtet. Die begleitende Lehrkraft ist in ihrer Funktion primär als Prozessbegleitung zu verstehen.

Die Einbeziehung der Daten im Zielfindungsprozess bietet die Möglichkeit der Identifikation von einzelschulischen Ressourcen und Herausforderungen, die auf der Einzelschulebene bisher nicht fokussiert und kommuniziert werden. Der moderierte Austausch zu datengestützten Inhalten leistet zudem den Abgleich und die Erweiterung bestehender Perspektiven über die Beschaffenheit der Einzelschulsituation und ihrer Entwicklungsmöglichkeiten. Dies bietet die Gelegenheit, Schulentwicklungsziele unter Einbezug von Mehrperspektivität herauszuarbeiten und zu spezifizieren. Hierzu gehört auch, Stärken und Schwächen der bisherigen Schulentwicklungsstrategien der Schulen herauszuarbeiten, erfolgreiche Strategien beizubehalten und auszubauen und weniger erfolgreiche fallen zu lassen. Da insbesondere individuelle Einstellungen einen Einfluss auf den Umgang mit evidenzbasierten Wissensbeständen ausüben (vgl.

van Ackeren et al., 2011), werden im Zielfindungsprozess Moderationsinstrumente genutzt, die eine reflexive Haltung gegenüber evidenzbasierten Inhalten fördern. Dies kann u.a. durch den Gebrauch von offenen Frageformaten im Moderationsprozess ermöglicht werden. Offene Fragen steuern durch thematische Setzung den Prozess, bieten den Beteiligten jedoch ebenso die Möglichkeit der individuellen Relevanzsetzung, sodass ein diskursiver Prozess entstehen kann. Sie unterstützen die Konkretisierung von Sachverhalten und fördern die Offenlegung von Konsens oder Dissens in der Gruppe. Damit unterstützen sie ebenso die Reflexion individueller Einstellungen und Deutungen (Sperling & Wasserveld-Reinhold, 2011).

7. Fazit

Das Projekt „Potenziale entwickeln – Schulen stärken" ist als integriertes Schulforschungs- und datengestütztes Schulentwicklungsprojekt konzipiert und stellt in dieser verzahnten Form von praxisbezogener Forschung und Entwicklung einen innovativen Ansatz dar. Das Ziel der Erfassung und Rückmeldung von Evidenzen liegt (1.) darin, schulische Netzwerke datengestützt zusammenzustellen. Ähnliche Entwicklungsbedingungen der Schulen in einem Netzwerk können es den Netzwerkmitgliedern möglicherweise erleichtern, Gemeinsamkeiten hinsichtlich ihrer Arbeitsbedingungen zu erkennen, um auf diese Weise einen kollektiven Erfahrungsraum zu teilen sowie Anknüpfungspunkte der Netzwerkarbeit in der eigenen schulischen Arbeit zu finden. Hingegen kann die Unterschiedlichkeit der Schulen in einem Netzwerk über Regionen und Schulformen hinweg zum einen das Anregungspotenzial für die Netzwerkarbeit steigern, zum anderen möglicherweise bestehende Konkurrenzsituationen benachbarter Schulen entschärfen.

In einer weiteren Perspektive können die Entwicklungsprofile (2.) den Schulen dabei helfen, evidenzorientiert in die thematische Netzwerkarbeit mit anderen Schulen einzusteigen, gemeinsame Arbeitsziele und Themenschwerpunkten zu vereinbaren, die dann (3.) im weiteren Verlauf der einzelschulischen Entwicklungsarbeit von den Beteiligten selbst konkretisiert und vertieft werden.

Die beteiligten Schulen erhalten dabei auf Ebene der Netzwerke sowie auf Ebene ihrer jeweiligen Schule Unterstützung, von Projekt erhobene Daten an ihre spezifische einzelschulische Situation zu rekontextualisieren, die eigene Problemsicht mit den externen Datenquellen abzugleichen und in der Folge evidentorientiert und bedarfsgerecht Zielsetzungen und Arbeitsschwerpunkte für die eigene Schulentwicklungsarbeit mit Bedacht auf schulspezifische Herausforderungen und Potenziale abzuleiten und mit geeigneten Maßnahmen umzusetzen. Die Begleitung der Projektschulen bietet aus unterschiedlichen Gesichtspunkten Vorteile für die evidenzorientierte einzelschulische Entwicklungsarbeit. Durch die Netzwerkarbeit und die einzelschulische Begleitung im Rahmen des Potenziale-Projekts werden systematisch Anlässe zur Auseinandersetzung mit externen Datenquellen, zur Schärfung der eigenen Problemsicht und zur Rekontextualisierung der Daten und somit zur Produktion handlungsrelevanter Evidenz geschaffen. Im Folgenden erhalten Schulen Unterstützung dabei, evidenzorientierte Ziele für ihre Schulentwicklung zu formulieren und Handlungsschritte festzulegen. Prozesse der Schulentwicklung werden prozessbegleitend dokumentiert und evaluiert. Erste Ergebnisse der prozessbegleitenden Evaluation deuten darauf hin, dass der vom Projekt gewählte Ansatz auf breite Akzeptanz in den Projektschulen stößt und sie dabei unterstützt, Verantwortung für systematische und evidenzorientierte Entwicklungsprozesse ihrer Schule zu übernehmen. Inwiefern es gelingt, auf dieser Grundlage evidenzorientierte Schulentwicklungsprozesse anzustoßen, wird sich im weiteren Verlauf des Projekts zeigen. Dabei werden die qualitativen Fallstudien, die detailliere Prozessdokumentation und die erneute Datenerhebung zu Projektende (4.) dazu beitragen, Entwicklungen abzubilden und Schulen sowie den weiteren Beteiligten Akteuren aus Wissenschaft, Bildungsadministration und Bildungspolitik Anlässe zur Reflexion und zur Anpassung des Steuerungshandelns zu bieten.

Literatur

Altrichter, H., Ehren, M., McNamara, G. & O'Hara, J. (2014). Wie will Schulinspektion wirken? Analyse von Annahmen über Wirkungsmechanismen von Schulinspektion in sechs europäischen Ländern. In M. Pfeifer (Hrsg.), *Schulqualität und Schulentwicklung. Theorien, Analysen und Potenziale* (S. 184–207). Münster: Waxmann.

Berkemeyer, N. (2008): Transfer von Innovationen – eine organisationstheoretische Reflexion. In N. Berkemeyer, W. Bos, V. Manitius & K. Müthing (Hrsg.), *Unterrichtsentwicklung in Netzwerken. Konzeptionen, Befunde, Perspektiven 2008, Netzwerke im Bildungsbereich* (S. 271–281). Münster: Waxmann.

Berkemeyer, N., Manitius, V., Müthing, K. & Bos, W. (2009). Ergebnisse nationaler und internationaler Forschung zu schulischen Innovationsnetzwerken. *Zeitschrift für Erziehungswissenschaft, 12* (4), 667–689.

Berkemeyer, N., Bos, W., Järvinen, H., Manitius, V., Müthing, K. & van Holt, N. (2009). Schulreform durch Innovationsnetzwerke – Entwicklungen und Bedingungen. In N. Berkemeyer, W. Bos & H. Kuper (Hrsg.), *Schulreform durch Vernetzung – Interdisziplinäre Betrachtungen* (S. 213–235). Münster: Waxmann

Bonsen, M., Bos, W., Gröhlich, C, Harney, B., Imhäuser, K., Makles, A., Schräpler, J.; Terpoorten, T.; Weishaupt, H.; Wendt, H. (2010). *Zur Konstruktion von Sozialindizes.* Bonn: BMBF

Bremm, N. (2016). Kontextsensible Schulentwicklung. Das Projekt Potenziale entwickeln – Schulen stärken. *Neue Deutsche Schule,* (4), 21f.

Bremm, N., Klein, E.D. & Racherbäumer, K. (2016). Schulen in ‚schwieriger' Lage?! Begriffe, Forschungsbefunde und Perspektiven. *Die deutsche Schule, 108* (4), 323–340.

Bremm, N., Racherbäumer, K., van Ackeren, I. (im Druck). Bildungsgerechtigkeit als Ausgangspunkt und Ziel ungleichheitsreflexiver Schul- und Unterrichtsentwicklung in sozial deprivierten Kontexten. Eine theoretische und empirische Fundierung im Kontext von Forschung in sozial deprivierter Lage. In B. Lütje-Klose, S. Miller, S. Schwab & B. Streese (Hrsg.), *Inklusion: Profile für Schule und Unterricht in Deutschland, Österreich und der Schweiz.* Münster: Waxmann.

Bryk, A.S., Bender Sebring, P., Allensworth, Elaine, Luppescu, S. & Easton, L.Q. (2010). *Organizing Schools for Improvement: Lessons from Chicago.* Chicago: The University of Chicago Press.

Dedering, K. (2007). *Schulische Qualitätsentwicklung durch Netzwerke. Das Internationale Netzwerk Innovativer Schulsysteme (INIS) der Bertelsmann Stiftung als Beispiel.* Wiesbaden: VS Verlag für Sozialwissenschaften.

Dedering, K. (2012). *Steuerung und Schulentwicklung.* Wiesbaden: VS Verlag für Sozialwissenschaften.

Feldhoff, T., Bischof, L., Emmerich, M. & Radisch, F. (2015). „Was nicht passt, wird passend gemacht!". Zur Verbindung von Schuleffektivität und Schulentwicklung. In H. J. Abs, J. Wissinger, T. Brüsemeister & M. Schemmann (Hrsg.), *Governance im Bildungssystem. Analysen zur Mehrebenenperspektive, Steuerung und Koordination* (S. 65–87). Wiesbaden: Springer VS.

Feldhoff, T., Gromala, L., & Brüsemeister, T. (2014). Organisationales Lernen von Schulen im Kontext datenbasierter Steuerung. In H. G. Holtappels (Hrsg.), *Schulentwicklung und Schulwirksamkeit als Forschungsfeld* (S. 241–258). Münster: Waxmann.

Fend, H. (2006). *Neue Theorie der Schule. Einführung in das Verstehen von Bildungssystemen.* Wiesbaden: VS Verlag für Sozialwissenschaften.

Gräsel, C. & Fussangel, K. (2010): Die Rolle von Netzwerken bei der Verbreitung von Innovationen. In N. Berkemeyer, W. Bos & H. Kuper (Hrsg.), *Schulreform durch Vernetzung* (S. 117–129). Münster: Waxmann.

Heinrich, M. (2013). Bildungsgerechtigkeit für alle! – aber nicht für jeden? Zum „Individual-Disparitäten-Effekt" als Validitätsproblem einer Evidenzbasierung. In F. Dietrich, M. Heinrich & N. Thieme (Hrsg.), *Bildungsgerechtigkeit jenseits von Chancengleichheit. Theoretische und empirische Ergänzungen und Alternativen zu „PISA"* (S. 181–194). Wiesbaden: Springer VS.

Heinrich, M. (2015): Zur Ambivalenz der Idee evidenzbasierter Schulentwicklung. Das Beispiel „Schulinspektion" – fortschrittlicher Rückschritt oder Innovation. *Zeitschrift für Pädagogik, 61* (6), 778–792.

Heinrich, M. (2016): Zur Logik des „Nacherfindens" und der „Re-Kontextualisierung". Governanceanalysen zum sogenannten Wissenstransfer im Mehrebensystem am Beispiel von Schulinspektion und Versuchsschulforschung. Vortrag auf der 22. EMSE-Fachtagung am 30. Juni bis 1. Juli 2016 im Bundesinstitut für Bildungsforschung, Innovation und Entwicklung des österreichischen Schulwesens (BIFIE) in Salzburg.

Hillebrand, A., Webs, T., Kamarianakis, E., Bremm, N., Holtappels, H. G. & Ackeren, I. van (zur Publikation angenommen). Schulnetzwerke als Strategie der Schulentwicklung: Zur datengestützten Netzwerkzusammenstellung von Schulen in sozialräumlich deprivierter Lage. *Journal for Educational Research Online.*

Holtappels, H. G. (2003). *Schulqualität durch Schulentwicklung und Evaluation. Konzepte, Forschungsbefunde, Instrumente.* München: Luchterhand.

Holtappels, H. G. (2008). Failing Schools – Systematisierung von Schultypologien und empirischer Forschungsstand. *Journal für Schulentwicklung, 12* (1), 10–19.

Isaac, K. (2011). Neues Standorttypenkonzept. Faire Vergleiche bei Lernstandserhebungen. *Schule NRW,* (6), 300–301.

Müthing, K., Berkemeyer, N. & van Holt, N. (2009). Fachbezogene Unterrichtsentwicklung in Netzwerken. Wie Netzwerke entstehen. In H.-G. Rolff, E. Rhinow & T. Röhrich (Hrsg.), *Unterrichtsentwicklung – Eine Kernaufgabe der Schule. Die Rolle der Schulleitung für besseres Lernen* (S. 194–203). Köln: Link-Luchterhand.

Palardy, G. J. (2008). Differential school effects among low, middle, and high social class composition schools: a multiple group, multilevel latent growth curve analysis. *School Effectiveness and School Improvement, 19* (1), 21–49.

Racherbäumer, K. (2013). Schuleffektivitätsforschung und die Frage nach guten Schulen in schwierigen Kontexten. In R. Becker & A. Schulze (Hrsg.), *Bildungskontexte. Struk-*

turelle Voraussetzungen und Ursachen ungleicher Bildungschancen (S. 239–267). Wiesbaden: Springer VS.

Racherbäumer, K., Funke, C., van Ackeren, I. & Clausen, M. (2013a). Datennutzung und Schulleitungshandeln an Schulen in weniger begünstigter Lage. Empirische Befunde zu ausgewählten Aspekten der Qualitätsentwicklung. In I. van Ackeren, M. Heinrich & F. Thiel (Hrsg.), *Evidenzbasierte Steuerung im Bildungssystem? Befunde aus dem BMBF-SteBis-Verbund* (S. 226–254). Münster: Waxmann.

Racherbäumer, K., Funke, C., van Ackeren, I. & Clausen, M. (2013b). Schuleffektivitätsforschung und die Frage nach guten Schulen in schwierigen Kontexten. In R. Becker & A. Schulze (Hrsg.), *Bildungskontexte. Strukturelle Voraussetzungen und Ursachen ungleicher Bildungschancen* (S. 239–267). Wiesbaden: VS Verlag für Sozialwissenschaften.

Reynolds, D., Hopkins, D., Potter, D. & Chapman, C. (2001). *School Improvement for Schools Facing Challenging Circumstances: A Review of Research and Practice*. Department for Education and Skills. London

Rolff, H.-G. (2013): *Schulentwicklung kompakt*. Weinheim: Beltz.

Rousseau, D. M. (2006). Is there Such a Thing as "Evidence-based Management"? *Academy of Management Review, 31* (2), 256–269.

Sperling, J. B., Wasserveld-Reinhold, J. (2011). *Moderation. Zusammenarbeit in Besprechungen und Projektmeetings fördern*. Freiburg/Berlin/München: Haufe Mediengruppe.

van Ackeren, I. (2008). Schulentwicklung in benachteiligten Regionen. Eine exemplarische Bestandsaufnahme von Forschungsbefunden und Steuerungsstrategien. In W. Lohfeld (Hrsg.), *Gute Schulen in schlechter Gesellschaft* (S. 47–58). Wiesbaden: VS Verlag für Sozialwissenschaften.

van Ackeren, I. & Klein, E. D. (2009). Rückmeldung und Nutzung empirischer Forschungsbefunde zur Qualitätsentwicklung des Bildungssystems und der Einzelschule. In N. Berkemeyer, M. Bonsen, B. Harazd & H.-G. Rolff (Hrsg.), *Perspektiven der Schulentwicklungsforschung. Festschrift für Hans-Günter Rolff* (S. 149–165). Weinheim: Beltz.

van Ackeren, I., Zlatkin-Troitschanskaia, O., Binnewies, C., Clausen, M., Dormann, C., Preisendoerfer, P., Rosenbusch, C. & Schmidt, U. (2011). Evidenzbasierte Schulentwicklung. Ein Forschungsüberblick aus interdisziplinärer Perspektive. *Die Deutsche Schule, 103* (2), 170–184.

van Ackeren, I., Binnewies, C., Clausen, M., Demski, D., Dormann, C., Koch, A. R., Laier, B., Preisendoerfer, P., Preuße, D., Rosenbusch, C., Schmidt, U., Stump, M. & Zlatkin-Troitschanskaia, O. (2013). Welche Wissensbestände nutzen Schulen im Kontext von Schulentwicklung? Theoretische Konzepte und erste Befunde des EviS-Verbundprojektes im Überblick. In I. van Ackeren, M. Heinrich & F. Thiel (Hrsg.), *Evidenzbasierte Steuerung im Bildungssystem? Befunde aus dem BMBF-SteBis-Verbund*. Die Deutsche Schule Beiheft, Band 12 (S. 51–73). Münster: Waxmann.

van Holt, N., Berkemeyer, N. & Bos, W. (2015). Netzwerkbeziehungen und Steuerungsstrukturen: Eine Analyse interpersonaler Beziehungsmuster im schulischen Netzwerk Hochbegabtenförderung NRW. *Zeitschrift für Bildungsforschung, 5* (1), 89–107.

Kathrin Dedering

Externe Schulentwicklungsberatung als Unterstützungsansatz

1. Einführung

Im Rahmen der Schulentwicklung kommt der Beratung von Schulen durch Personen, die nicht zum Kollegium gehören und in dieser Hinsicht schulfremd sind, seit jeher eine große Bedeutung zu. Mit ihr ist die Vorstellung verbunden, dass die Gestaltung schulinterner Entwicklungsprozesse und deren Ergebnisse durch die externe Intervention bzw. Begleitung positiv beeinflusst werden (z.B. Dalin, Rolff & Buchen, 1995).

Auch in Bezug auf jene Schulen, die sich in ihrer täglichen Arbeit mit spezifischen Problemen und Problemkonstellationen konfrontiert sehen und dadurch ganz besonders hohe Anstrengungen aufbringen müssen, um die an sie gestellten Anforderungen zu erfüllen, wird die externe Beratung in der Literatur als vielversprechender Unterstützungsansatz gehandelt (u.a. Altrichter & Moosbrugger, 2011; Huber, 2012).

Der Blick in die (Forschungs-)Literatur offenbart nun aber, dass bisher weder international noch im deutschsprachigen Raum empirische Belege für die Wirksamkeit externer Beratung an Schulen in herausfordernden Lagen geliefert worden sind. Darüber hinaus existieren keine Ergebnisse zum Ablauf und zur Gestaltung dieser spezifischen Schulentwicklungsberatung, vor deren Hintergrund Bedingungen für das Gelingen bzw. Scheitern des Unterstützungsansatzes abgeleitet werden könnten.

Im vorliegenden Beitrag wird aus diesem Grunde der konzeptionelle wie empirische Erkenntnisstand zur externen Schulentwicklungsberatung generell aufgearbeitet (Kapitel 2) und der Versuch unternommen, diesen auf die externe Schulentwicklungsberatung in herausfordernden Lagen zu übertragen (Kapitel 3). Nachgegangen wird der Frage, wie Schulentwicklungsberatung an Schulen in herausfordernden Lagen realisiert werden müsste, um erfolgreich bzw. effektiv zu sein. Insofern die Antwort auf diese Frage aus vorliegenden Arbeiten abgeleitet wird, versteht sich der Beitrag als evidenzbasiert. Ein Fazit (Kapitel 4) resümiert die angestellten Überlegungen schließlich knapp.

2. Externe Schulentwicklungsberatung – Begriff, Konzepte und Forschungsstand

Bevor die externe Schulentwicklungsberatung als Gegenstand konzeptioneller und empirischer Arbeiten betrachtet wird, erscheint es erforderlich, eine begriffliche Klärung vorzunehmen. Dies erfolgt in Kapitel 2.1. Nachfolgend stehen dann zunächst Konzepte und Forschungsstand im internationalen Raum (Kapitel 2.2), anschließend im deutschsprachigen Raum (Kapitel 2.3) im Mittelpunkt. Ein Zwischenfazit (Kapitel 2.4) schließt das Kapitel ab.

2.1 Der Begriff der externen Schulentwicklungsberatung

Beratung fungiert als Sammelbegriff für viele Formen der Hilfe. Sie lässt sich als zeitlich wie inhaltlich begrenzte, „komplexe zwischenmenschliche Interaktion" (Reichel & Rabenstein, 2001, S. 7) verstehen, die als solche nur durch eine gemeinsame Definition der beteiligten Akteure bestimmt wird (Müller, Nagel & Zirkler, 2006).

Im Bereich der Schulentwicklung werden professionelle Formen der Beratung praktiziert, die sich durch die theoriegeleitete, überprüfbare und transparente Gestaltung des Vorgehens und durch den Einsatz entsprechender Methoden auszeichnen (Straumann, 2001). Darüber hinaus werden die Freiwilligkeit der Beratung auf Schul- und Beraterseite, die Unabhängigkeit der Beratung von Zielen und Vorstellungen des Beraters und die Vertraulichkeit aller Informationen aus der Beratung herausgestellt (Reichel & Rabenstein, 2001; Schlegel, 2000; Strittmatter, 1999). Insofern sie von Personen durchgeführt wird, die nicht zum Kollegium der beratenen Schule gehören, ist Schulentwicklungsberatung eine Form der externen Beratung.

Beratung wird in der Literatur zum einen als eigenständige Interventionsform bzw. Dienstleistung neben der Supervision, dem Training, der Führung und der Therapie betrachtet (Wimmer, 2004); zum anderen wird sie als Oberkategorie für verschiedene Unterstützungsformen – wie Coaching, Supervision und Fortbildung ebenso wie die Moderation von Problemanalysen und die Hilfe bei der Aufstellung von Handlungsprogrammen – definiert (Rolff, Buhren, Lindau-Bank & Müller, 2011). In diesem Beitrag wird der letztgenannten Sichtweise gefolgt.

Die externe Beratung bezieht nicht nur einzelne oder wenige Personen und deren Belange ein, sondern nimmt die ganze Schule in den Blick. Damit ist nicht ausgeschlossen, dass auch Einzelne oder Gruppen Adressaten von Beratung sein können; allerdings werden die Beratungsergebnisse in das Veränderungsprogramm der Organisation integriert (Schönig & Brunner, 1993). Die externe Unterstützung findet also als organisationale Beratung statt. Es geht darum, die pädagogische Qualität der Schule zu verbessern. Gemeint ist somit eine „entwicklungsfördernde Beratung, die in der einzelnen Schule die zu beratende Einheit sieht" (Schönig, 2000, S. 94).

2.2 Konzepte und Forschungsstand im internationalen Raum

Eine theoretische und empirische Beschäftigung mit Beratung generell und mit Beratung von Organisationen (ohne Bezug auf die Schule) war zunächst verstärkt in den USA zu beobachten. Als grundlegend gilt bis heute die auf Schein (1969) zurückgehende Unterscheidung von Experten- bzw. Fachberatung einerseits und Prozessberatung andererseits. Während der Berater in der Experten- oder Fachberatung konkrete Problemlösungen anbietet, geht es in der Prozessberatung darum, die Problemlösekompetenz des Ratsuchenden zu verbessern. Anders ausgedrückt: Bei der Experten- bzw. Fachberatung kennt der Ratsuchende sein Problem, der Berater soll Lösungsbeiträge liefern. Bei der Prozessberatung schafft der Berater die Arbeitssituation, die es dem Ratsuchenden erlaubt, sein Problem selbst zu entdecken und zu beheben (Wimmer, 2004). Beide Ansätze intendieren die Unterstützung einer Weiterentwicklung der Organisation, weisen aber Differenzen in den vier in Tabelle 1 explizierten Dimensionen auf:

Tabelle 1: Idealtypischer Vergleich zwischen Prozessberatung und Expertenberatung (Dedering, Tillmann, Goecke & Rauh, 2013)

Dimension der Beratung	„reine" Prozessberatung	„reine" Expertenberatung
Zielsetzung	Es geht um eine Erweiterung des Problemhorizonts und die Herstellung von Problemlösungsfähigkeit.	Es geht um eine Festlegung von Lösungsvorschlägen und eine Umsetzung von Entscheidungen.
Wissens- und Erfahrungsbezug	Relevant sind wissenschaftliches Wissen (und Prozesserfahrungen) über den Ablauf von Kommunikation und die Herbeiführung von Entscheidungen.	Relevant sind wissenschaftliches Wissen (und fachliche Erfahrungen) zum jeweiligen inhaltlichen Problembereich.
Problemdefinition und Problemlösung	Probleme sind vage und diffus, eine gemeinsame Diagnose von Berater und schulischen Akteuren führt zu ihrer Konkretisierung. Der Berater hilft den Akteuren, Problemlösungsvorschläge zu entwickeln.	Probleme werden von den schulischen Akteuren identifiziert und benannt. Der Berater entwickelt in der vorgegebenen Linie konkrete Lösungsvorschläge und managt die Umsetzung.
Kompetenzen und Rolle des Beraters	Gefordert werden vor allem prozessbegleitende Kompetenzen (z.B. Konfliktmediation, Verfahren der Entscheidungsfindung). Der Berater fungiert als kompetenter Moderator.	Gefordert werden vor allem fachlich-inhaltliche Kompetenzen (z.B. Kenntnisse über die Umsetzung von Leseförderung). Der Berater fungiert als inhaltlicher Fachexperte.

Die jüngere Diskussion zur Organisationsberatung zeigt nun, dass eine so strikte Trennung zwischen Experten- bzw. Fachberatung und Prozessberatung längst nicht mehr gezogen werden kann. Vielmehr werden in allen Organisationen zunehmend Berater gefordert, die ihre Kompetenzen zur Gestaltung von Prozessen mit sehr guten Kenntnissen der inhaltlichen Probleme (und ihrer Lösungsperspektiven) verbinden können (Wimmer, 2004). Dies weist darauf hin, dass in den allermeisten Fällen eine konkrete Beratung nicht *entweder* als Experten- bzw. Fachberatung *oder* als Prozessberatung definiert werden kann. Vielmehr ist eine solche Beratung eher auf einem Kontinuum anzuordnen, bei dem die „reine" Prozessberatung und die „reine" Expertenberatung jeweils die idealtypischen Endpunkte einer Skala darstellen. Eine theoretische Einordnung dieser Art erlaubt es dann, bei der Analyse konkreter Beratungsfälle zu fragen, an welcher Stelle dieses Kontinuums die gefundene Beratungspraxis verortet werden kann (Dedering et al., 2013).

Seit den 1970er Jahren finden sich in der angloamerikanischen Literatur auch konkret zur Beratung der Organisation Schule konzeptionelle und empirische Arbeiten. Inzwischen sind zahlreiche Studien vorgelegt worden, die die Personen der externen Berater (als *Consultants*, *Facilitators* und *Change Agents*) und/oder ihre Tätigkeiten in der Schulentwicklung zum Gegenstand erheben (Firestone & Corbett, 1981; Freidus, Grose & McNamara, 2001; Leithwood, Holmes & Montgomery, 1979; Miles, Saxl & Lieberman, 1988; Tajik, 2008; Datnow & Castellano, 2001; Shachar, Gavin & Shlomo, 2010 u.a.). Mitunter sind auf ihrer Basis Beratungskonzepte sowie Listen förderlicher Bedingungen von Schulentwicklungsberatung erstellt worden. Die Konzepte beinhalten eine Darstellung von Schlüsselfaktoren, strukturellen Konstruktionen und Variablen des Umfeldes und deren Verbindungen, um die Mechanismen externer Beratung in Schulen zu erklären und die Funktion von Beratung für die Implementierung und Evaluation von systemischen Verbesserungen zu analysieren (Hazle Bussey, Welch & Mohammed, 2014; Roach, Kratochwill & Frank, 2009).

Beleuchtet werden in den empirischen Studien erstens die *Rollen/Funktionen* sowie damit zusammenhängend die *Strategien* der Berater. Havelock (1976) etwa arbeitet vier Rollen heraus, die ein *Change Agent* in einem Veränderungsprozess einnehmen kann: die Rolle des Initiators, des Lösungsgebers, des Prozesshelfers oder des Verbindungsschaffenden. Hord (1992) formuliert vor dem Hintergrund einer Sichtung vorliegender Publikationen sechs Funktionen von Beratern: (1) das Entwickeln, Artikulieren und Kommunizieren einer gemeinsamen Vision von Veränderung, (2) das Planen und Vorhalten von Ressourcen, um die schulischen Bemühungen zur Implementierung von Veränderung zu unterstützen, (3) das Unterstützen der Lehrkräfte bei ihrem professionellen Lernen und ihrer professionellen Entwicklung, (4) das Überprüfen des Fortgangs der Verwendung von Forschungspraktiken in der Schule, (5) das Vorhalten von kontinuierlicher Unterstützung bei der Implementierung und (6) das Schaffen einer Atmosphäre zur Unterstützung von Veränderungen.

Viele der bereits genannten Forschungsarbeiten sind in eine Metaanalyse von Tajik (2008) eingeflossen, in der die deutlich erkennbare Rollenvielfalt – in rund 25 vorliegenden Untersuchungen wurden etwa 20 verschiedene Rollenbilder für externe Schulentwicklungsberater identifiziert – in drei übergeordneten Kategorien zusammengefasst werden:

1. Die *Unterstützer* geben den Lehrkräften vor allem Anregungen und befähigen sie, den Wandel selbst zu gestalten,
2. die *kritischen Freunde* sehen ihre primäre Aufgabe darin, die Lehrkräfte durch Rückmeldungen in ihren innovativen Absichten zu bestärken und
3. die *technischen Experten* fungieren vornehmlich als Trainer, Lösungsgeber und Anweiser.

Vor dem Hintergrund der eingangs aus dem Bereich der Beratungstheorie eingeführten Beratungsansätze finden sich Übereinstimmungen in der Beschreibung des Prozessberaters (Schein) und des Unterstützers (Tajik) sowie des Fachberaters (Schein) und des technischen Experten (Tajik). Jenseits des Spannungsfeldes ist die Beraterrolle des kritischen Freundes (Tajik) angesiedelt (Dedering et al., 2013).

Als *Strategien*, die erfolgreiche externe Berater anwenden, seien exemplarisch die Vereinbarung gemeinsamer Prinzipien, die Schaffung gemeinschaftlicher Partnerschaften unter den Lehrkräften, Erziehern und Eltern sowie die Einführung geteilter Verantwortlichkeiten (z.B. Richert, Stoddard & Kass, 2001) und die Anwendung von Problemlösungsverfahren (z.B. Leithwood et al., 1979) erwähnt.

Zweitens wird in den empirischen Untersuchungen auf den *professionellen Hintergrund* der Berater eingegangen. Dabei geht es vor allem um die Unterscheidung zwischen internen und externen Beratern – jeweils bezogen auf das zu beratende System. Um das angloamerikanische Feld der Schulentwicklungsberatung zu strukturieren, hat Havelock schon in den 1970er Jahren (1973/1976) Schulentwicklungsberater nach ihrer beruflichen Herkunft differenziert. Unter Bezugnahme auf die Position, die die Berater mit Blick auf das Schulsystem besitzen, unterscheidet er zwischen „Insidern“ und „Outsidern“. Er benennt Vor- und Nachteile des Einsatzes beider Gruppen für die Unterstützung von Schulen im Innovationsprozess (siehe Tabelle 2):

Tabelle 2: Vor- und Nachteile des Einsatzes von Beratern unterschiedlicher Herkunft (Zusammenstellung nach Havelock, 1976; siehe auch Dedering, Goecke & Rauh, 2015)

	Vorteile	Nachteile
Insider	• Er kennt die Organisation. • Er spricht – wörtlich wie im übertragenen Sinn – dieselbe Sprache. • Er versteht die Normen (gemeinsame Ansichten, Haltungen, Verhaltensweisen). • Er identifiziert sich mit den Bedürfnissen und Wünschen der Organisation.	• Ihm kann die richtige Perspektive fehlen, da er das Adressatensystem nicht als Ganzes betrachtet. • Er hat eventuell nicht die besonderen Kenntnisse und Fähigkeiten, die für die Innovation wichtig sind. • Er hat vermutlich keine angemessene Machtbasis. • Er hätte vielleicht nicht die Bewegungsfreiheit.
Outsider	• Er ist nicht durch negative Stereotype belastet. • Er ist in der Lage, die richtige Perspektive zu gewinnen. • Er kann sich das Adressatensystem objektiv ansehen. • Das könnte ihn in die Lage versetzen, Probleme zu sehen, die Insider nicht sehen würden. • Er ist wirklich unabhängig von den Machtstrukturen des Adressatensystems. • Er ist in der Lage, etwas wirklich Neues zu machen.	• Er ist ein Fremder. • Dem Outsider könnte das Wissen des Insiders fehlen. • Er versteht die Organisation, ihre Sprache, Normen und Werte nicht. • Er kann sich vielleicht nicht adäquat mit den Bedürfnissen des Adressaten identifizieren.

Um die genannten Nachteile zu minimieren, schlägt Havelock ein Team vor, das sich aus einem Insider und einem Outsider zusammensetzt. Die Vorteile, besonders jene des Einsatzes von Insidern, sind in weiteren (angloamerikanischen) Studien wiederholt bestätigt worden (z.B. Datnow, 2000; Gitlin & Margonis, 1995; Shachar et al., 2010).

Die empirischen Studien liefern drittens Hinweise auf Fähigkeiten bzw. persönliche Eigenschaften, durch die sich erfolgreich agierende externe Berater auszeichnen (u.a. Leithwood et al., 1979; Miles et al., 1988; Richert et al., 2001). Herausgestellt werden u.a. ein Verhandlungsgeschick in zwischenmenschlichen Situationen, Kompetenzen im Umgang mit Gruppen, fachliches und pädagogisches Wissen, Erfahrungen in der Konfliktmediation, Hilfsbereitschaft und Kollegialität sowie die Fähigkeit, Vertrauen zu schaffen und ein harmonisches Verhältnis mit den Klienten zu unterhalten.

Hazle Bussey, Welch und Mohammed (2014) haben jüngst eine Analyse zu den von Beratern erwarteten Kompetenzen durchgeführt. Im Ergebnis wird die Relevanz folgender Kompetenzbereiche hervorgehoben: substantielle inhaltliche Expertise (im Sinne von Wissen, Erfahrung und Glaubwürdigkeit bezüglich der thematischen Beratungsarbeit), Prozessfähigkeiten (die Stärkung der Zusammenarbeit und die Fähigkeit, komplexe Kommunikationssituationen zu lösen), und zwischenmenschliche Fähigkeiten (u.a. das authentische Interesse an den Akteuren und den verfolgten Zielen, um ein Vertrauensverhältnis zum Beratungssystem aufzubauen).

Ein weiterer, deutlich weniger umfänglicher Forschungsstrang befasst sich mit den *Charakteristika und Praktiken von Schulen* in Beratungsprozessen sowie dem *Verhältnis zwischen den Beratern und den Schulen*. Konzeptionelle und empirische Literatur hierzu findet sich seit den 1970er Jahren (u.a. Hall & Hord, 1987; Havelock, 1976; Shachar et al., 2010).

Empirische Studien zur Praxis der Schulentwicklungsberatung liegen im internationalen Bereich nicht vor. In der konzeptionellen Literatur wird der Beratungsprozess als Aneinanderreihung verschiedener Phasen betrachtet (u.a. Havelock, 1976; Lippitt & Lippitt, 1978). So beschreibt etwa Havelock (1976) den Innovationsprozess in Schulen – in Verbindung mit externer Beratung – als einen aus sechs Schritten bestehenden Kreislauf: (1) Einleitende Störung (Druck von innen oder außen, Krise usw.), (2) Wahrnehmung des Bedürfnisses und Entscheidung, etwas zu tun, (3) Diagnose des Bedürfnisses als Problem, (4) Lösungssuche, (5) Anwendung einer möglichen Lösung bezüglich des Bedürfnisses, (6) Zufriedenheit über die Problemlösung oder Unzufriedenheit, die zur Wiederholung des Kreislaufs führt.

2.3 Konzepte und Forschungsstand im deutschsprachigen Raum

Im deutschsprachigen Raum rückte die externe Schulentwicklungsberatung deutlich später als im angloamerikanischen Raum in den Fokus der Aufmerksamkeit. Sie ging mit der Übertragung von Ansätzen der Organisationsentwicklung auf den schulischen Bereich im Zuge der Hinwendung zur Einzelschule als Handlungseinheit ab Ende der 1980er Jahre einher und erfolgt bis heute überwiegend konzeptionell und handlungsanleitend.

Dabei wird auch in der deutschsprachigen Literatur die Trennung von Experten- bzw. Fachberatung und Prozessberatung insofern aufgeweicht, als – etwa von Dalin,

Rolff und Buchen (1995) – die prozessberatenden (*mäeutischen*) Aufgaben der Schulberater für wichtig erachtet werden, zugleich aber auch die inhaltliche Kompetenz eines Beraters betont wird, der auch „Konzepte erklärt, Fakten mitteilt und Wissensgebiete aufschließt" (ebd., S. 71).

Zudem finden sich ebenfalls konzeptionelle Überlegungen zu den Funktionen, dem professionellen Hintergrund und den Kompetenzen der Berater. Hinsichtlich der *Funktionen* von Beratern nennen beispielsweise Arnold und Reese (2010) (1) das Vorhalten von Sachkompetenz, die im Kollegium fehlen könnte, (2) das Unterstützen mittels Prozesskompetenz, etwa um Konflikte zu moderieren, (3) das Einbringen einer neuen Perspektive eines Außenstehenden und (4) die Legitimation unangenehmer und umstrittener Entscheidungen durch die Reputation eines unbestechlichen Experten (auch Schreyögg, 2000).

In Bezug auf den *professionellen Hintergrund* wird die internationale Zweiteilung von Insidern und Outsidern nicht systematisch eingehalten, es finden sich eher breite Professionskataloge (z.B. Arnold & Reese, 2010; Schnell, 2010; Priebe, 2011; Adenstedt, 2016).

Als *Kompetenzen* von Beratern, die für die Beratung von Schulen als Organisationen erforderlich sind, werden in der Literatur etwa von Schlegel (2000) die personale, kommunikative, inhaltliche und methodische Kompetenz genannt (auch Schnebel, 2009).

Auch im deutschsprachigen Raum wird der Beratungsprozess als Aneinanderreihung verschiedener Phasen betrachtet (Arnold & Reese, 2010; Rolff, Buhren, Lindau-Bank & Müller, 2011; Schnebel, 2010). Exemplarisch sei auf Rolff, Buhren, Lindau-Bank und Müller (2011) verwiesen, die den Beratungsprozess in fünf Phasen unterteilen: (1) die Kontaktphase, in der u.a. ein Kontrakt zwischen Berater und Klient auszuarbeiten ist, (2) die Bestandsaufnahmephase, in der Meinungen, Ziele und Einschätzungen der betroffenen Akteure erhoben werden, (3) die Planungsphase, in der Ideen und Pläne zur Weiterentwicklung gesammelt werden, von denen letztlich die mit der höchsten Priorität in einer Zielvereinbarung festgelegt werden, (4) die Aktionsphase, in der über Projektgruppen und entsprechendes Projektmanagement die Ziele in konkrete Projekte umgesetzt werden und (5) die Evaluationsphase, in der die Projekte ausgewertet werden, bevor der Beratungsprozess beendet werden kann. Zur Praxis (Ablauf/Gestaltung) der Schulentwicklungsberatung sind in den letzten Jahren zumindest einige wenige empirische Ergebnisse vorgelegt worden. Diese deuten auf breit streuende Beratungsanlässe, eine große Vielfalt an von den Schulen genutzten Beratungsformen sowie ein breites Aufgaben- und Tätigkeitsspektrum der Berater hin (Dedering et al., 2013; Holzäpfel, 2008; Schöning, 2000). In Bezug auf den Einfluss, der Beratern auf die Weiterentwicklung der Schule zugestanden wird, sind die Befunde zu den Wahrnehmungen von Schulleitungen und Lehrkräften uneinheitlich (Adenstedt, 2016; Dedering et al., 2013; Holzäpfel, 2008).

Auf einige Erkenntnisse zur Gestaltung der externen Schulentwicklungsberatung aus einem umfänglicheren Forschungsprojekt[1] wird nachfolgend eingegangen (Dedering et al., 2013; Goecke & Tillmann, 2014; Rauh & Dedering, 2013; Tillmann, Dedering, Goecke & Rauh, 2013).

Festgestellt wird in dieser Untersuchung eine große Vielfalt des *professionellen Hintergrundes* der Berater, die in den beiden Kategorien *schulnahe* Berater (aus dem Schulsystem stammend – etwa Lehrkräfte oder Schulleitungen anderer Schulen) und *schulferne* Berater (nicht aus dem Schulsystem stammend – z.B. Unternehmensberater) gebündelt wird. Insgesamt sind mehr schulnahe als schulferne Berater im Einsatz; eine kleine Gruppe der Berater lässt sich keiner der beiden Kategorien eindeutig zuordnen (z.B. Lehrkräfte, die temporär im Hochschuldienst tätig sind).

Auch hinsichtlich der *Inhalte/Themen* der Beratung zeigt sich eine große Heterogenität. Unter Zuhilfenahme der Trias der Schulentwicklung von Rolff (2010) lassen sich mehr Beratungsmaßnahmen im Bereich der Unterrichtsentwicklung verorten als in dem der Organisations- und Personalentwicklung. Inhalte/Themen der Unterrichtsentwicklung werden bedeutend häufiger von schulnahen Beratern behandelt.

Die (schulnahen wie schulfernen) Berater arbeiten für die Dauer des Unterstützungsprozesses mit Schulleitungen und Lehrkräften zusammen. Praktiziert werden verschiedene *Arbeitsformen*, unter denen Beratungsgespräche mit der Schulleitung bzw. der Steuergruppe sowie Fortbildungsmaßnahmen mit dem Gesamtkollegium besonders weit verbreitet sind. Als Kombination der vorab dargestellten Merkmale (professioneller Hintergrund, Inhalte/Themen und Arbeitsformen) werden drei *Beratungstypen* identifiziert:

- *Beratung als Fortbildung für das Gesamtkollegium:* Sie beinhaltet insbesondere eine Abfolge von Fortbildungsveranstaltungen, an denen alle Mitglieder des Kollegiums teilnehmen. Die Fortbildungen beziehen sich auf Themen aus dem Bereich der Unterrichtsentwicklung und werden von schulnahen Beratern durchgeführt.
- *Beratung als systematische Kommunikation mit ausgewählten Mitgliedern* des Kollegiums (z. B. in der Leitung oder in bestimmten Arbeitsbereichen): Hier bezieht sich der unmittelbare Kontakt mit dem Berater nur auf eine Minderheit des Kollegiums. In den Fallstudien-Schulen sind Unternehmensberater tätig, die sich insbesondere auf ökonomische und soziologische Wissensbestände beziehen, und die vor allem auf eine Schulmanagement-Qualifizierung des Leitungspersonals zielen.
- *Beratung als Kombination beider Ansätze,* etwa als Verknüpfung einer Fortbildung des Kollegiums mit dem Coaching in bestimmten Jahrgängen oder Fächern: Es handelt sich um besonders komplexe Vorhaben, bei denen organisatorische *und* pädagogische Veränderungen angestrebt werden. Zum Einsatz kommen Berater, die

1 Es handelt sich um das DFG-geförderte Projekt „Wie beraten die Berater? Externe Berater als Akteure der Schulentwicklung (WIBB)“, das in den Jahren 2006 bis 2012 von einer Forschergruppe der Universität Bielefeld durchgeführt worden ist. Anhand einer standardisierten Befragung von Schulleitungen (n=957), qualitativer Interviews mit Beratungsexperten (n=8) sowie Schulfallstudien (n=6) mit Dokumentenanalysen, qualitativen Lehrer- und Beraterinterviews sowie standardisierten Lehrerbefragungen wurden Beratungsprozesse an Schulen mit Sekundarstufe I in Nordrhein-Westfalen untersucht, die von schulfremden Beratern durchgeführt worden sind.

sich auf pädagogische *und* außerpädagogische Erfahrungen und Kompetenzen beziehen können.

Quer zu diesen Typen liegen allerdings die spezifischen Arbeitsweisen der Berater. Eine eindeutige Zuordnung von Beratungsaktivitäten, die der Experten- bzw. Fachberatung *oder* der Prozessberatung entsprechen, zu den oben genannten Beratungstypen ist nicht möglich. Das bedeutet, dass sich die konkreten Vorgehensweisen der schulischen Berater im Rahmen der definierten Beratungstypen weniger homogen gestalten, als man vermuten könnte.

Mit Blick auf die *Kooperation der Akteure* zeigt sich: In Schulen gibt es häufig einen Hauptzuständigen für den Beratungsprozess, der zugleich erster Ansprechpartner ist und der das konkrete Vorgehen mit dem Berater vereinbart. Es handelt sich bei dieser Person stets um einen Funktionsträger, der zugleich auch für die Schulentwicklung insgesamt zuständig ist. Die Rückbindung dieser Person an mitarbeitende Lehrergruppen erfolgt allerdings auf ganz unterschiedliche Weise. So wird in mehreren Schulen die Beraterarbeit von einer aktiven Steuergruppe begleitet. Über das Arbeitsprogramm wird dort intensiv diskutiert, bevor die einzelnen Arbeitsschritte mit dem Berater vereinbart werden. In anderen Schulen werden die Absprachen zwischen Berater und Schule von einer einzigen Person (Schulleitung, Didaktische Leitung) getroffen, und zwar ohne regelmäßige Rückkoppelung an Lehrergruppen.

Die Kommunikation zwischen dem Berater und den verschiedenen schulischen Akteuren vollzieht sich in Abhängigkeit von den Arbeitsformen und Inhalten der Beratung. Hier geht das Spektrum von der Fortbildung des gesamten Kollegiums bis hin zum Coaching einzelner Schulleitungsmitglieder. Während diese beratende Kommunikation (in ihren unterschiedlichen Varianten) in den Schulen abläuft, bilden sich die Lehrkräfte eine Meinung über die Arbeit der Berater, über ihre Fähigkeiten und Kompetenzen. Diese Bewertung konzentriert sich auf die stark praxisorientierte Frage, ob die Beratungsarbeit tatsächlich hilft, das von der Schule gesetzte Veränderungsziel (z. B. eine Verbesserung der Teamarbeit) auch zu erreichen. Je nach den Zielsetzungen der externen Beratung variieren die Erwartungen, die die Lehrkräfte an die Fähigkeiten und Kompetenzen der Berater formulieren. Zugleich konkretisiert sich im Zuge der Beratungsarbeit bei dem Berater das Bild von der Schule, von der Schulleitung und vom Kollegium. Für den Berater ist vor allem interessant, ob die eigene Arbeit Akzeptanz findet oder (aus unterschiedlichen Gründen) auf Widerstand stößt. Bei der abschließenden Bewertung des Beratungsprozesses spielen diese Kriterien wechselseitig eine große Rolle. Die Kommunikation läuft in den in der Studie untersuchten Fallschulen weitgehend konfliktfrei ab – auch weil die Ziele und Grundlinien der Beratung vorher einvernehmlich geklärt wurden und die einzelnen Arbeitsschritte jeweils abgesprochen werden. Wenn sich Situationen einstellen, in denen die Absichten der Berater nicht mit den Erwartungen aller schulischen Akteure übereinstimmen, wird in der Regel ein Konfliktmanagement auf den Weg gebracht, das auf Widerstände im Kollegium eingeht, ohne das Beratungskonzept substantiell zu verändern.

Insgesamt wird der Nutzen von Beratungsprozessen von den schulischen Akteuren recht positiv eingeschätzt, ganz besonders gut an Schulen mit einer Dauer von mehr als zwei Jahren. Dies geht mit einer entsprechenden Wahrnehmung der Ergebnisse der Beratung einher: Konstatiert wird eine *Veränderung von Organisationsmustern und Handlungsprogrammen*, etwa die verbindliche Einführung zuvor erprobter Methodentrainings, sowie ein *Zuwachs an Know-how* in der Unterrichtsentwicklung und auf der Managementebene. Es zeigt sich, dass schulnahe Berater verstärkt ein Know-how zur Unterrichtsentwicklung und schulferne Berater verstärkt Know-how auf der Management- und Organisationsebene vermitteln. Dies spiegelt sich in den Kompetenzbewertungen der Berater wider: Schulnahen Beratern wird von den Schulleitungen eine hohe Kompetenz bei schulfachlichen Kenntnissen und bei Methoden der Schulentwicklung bestätigt. Schulfernen Beratern wird eine Stärke vor allem im kommunikativen Geschick zugeschrieben. Schließlich wird eine veränderte Haltung/Einstellung im Kollegium beobachtet, z.B. eine höhere Kooperationsbereitschaft und eine größere Offenheit für Innovationen. In den meisten Fällen werden die zu Beginn des Beratungsprozesses formulierten Ziele erreicht.

Aus den empirischen Befunden (vgl. Dedering et al., 2013) werden – als Interpretationen mit einem gewissen Plausibilitätscharakter – einige förderliche Bedingungen für einen gelungenen Beratungsprozess identifiziert. Diese gelten zum Teil für Schulentwicklung generell, zum Teil sind sie beratungsspezifisch. Während sich die *Berater* insbesondere durch eine professionelle Kompetenz auszeichnen und ihr Vorgehen an den Bedürfnissen und Belangen der schulischen Akteure ausrichten sollten, sollten die *schulischen Akteure* folgenden Bedingungen Rechnung tragen:

- Problemdefinition durch die schulischen Akteure,
- Problemlösungsbereitschaft der schulischen Akteure,
- initiierende und unterstützende Schulleitung,
- initiierende und unterstützende Steuergruppe und
- regionale Einbindung der schulischen Beratungsaktivitäten.

2.4 Zwischenfazit

Die externe Beratung wird in zahlreichen Publikationen als Instrument der Schulentwicklung genannt bzw. behandelt, dem eine wichtige Unterstützungsfunktion der schulischen Entwicklungsarbeit zugeschrieben wird. Inwiefern diese Wirkungshoffnungen in der Praxis tatsächlich erfüllt werden, ist bis zum jetzigen Zeitpunkt empirisch noch nicht geklärt. So fußen die Ergebnisse zu den Beratungs- und Beratereffekten auf Aussagen der beratenen Schulleitungen und Lehrkräfte zum Nutzen der Beratung und zu wahrgenommenen Veränderungen auf der Ebene von Handlungsprogrammen und Organisationsstrukturen sowie Kompetenzen in der Lehrerschaft. Belastbare Längsschnittuntersuchungen sind ebenso wenig durchgeführt worden wie Testverfahren eingesetzt worden sind. Auch Befunde zum Ablauf und zur Ausgestaltung von Beratungsprozessen, aus denen förderliche und hemmende Faktoren externer Schulentwicklungsberatung abgeleitet werden könnten, wurden bisher nur vereinzelt vorgelegt. Dies erschwert die in diesem Beitrag anvisierte Nutzbarmachung der generellen Erkenntnislage für die Schulentwicklungsberatung der spezifischen Gruppe von Schulen, die Gegenstand des vorliegenden Sammelbandes sind: die Schulen in herausfordernden Lagen.

3. Externe Schulentwicklungsberatung an Schulen in herausfordernden Lagen

Als Schulen in herausfordernden Lagen werden – in Anlehnung an die im Einführungsbeitrag in diesem Band von Holtappels, Webs, Kamarianakis und van Ackeren vorgenommene Begriffsbestimmung – Schulen verstanden,

> „die mit anspruchsvollen Problemkonstellationen konfrontiert werden, welche ihnen hohe Anstrengungen abverlangen und sie bei unzureichenden Problemlösungsansätzen in Schwierigkeiten oder in eine kritische Lage, letztlich auch zum Failing oder Scheitern [im Sinne eines Verfehlens gesetzter Ziele oder Bildungserfolge, Anm. d. Autorin] bringen können“ (S. 18).

Die Indizien, die darauf hinweisen, dass Schulen sich in Schwierigkeiten befinden, verorten Altrichter und Moosbrugger (2011) in systematisierender Absicht auf der Schülerebene (Leistungsmerkmale und Merkmale sozialer Teilnahme), auf der Klassenebene (Merkmale des Lehrerhandelns) und auf der Schulebene. Hier werden u.a. eine fehlende gemeinsame Vision und diffuse Ziele, eine geringe Entwicklungsfähigkeit und -bereitschaft, eine schwache Führung und ein schwaches Management, ein niedriger Kooperationsstand, problematische klimatische Verhältnisse, eine unbefriedigende Kommunikation, eine defensive Schulkultur und eine geringe Selbstwirksamkeitserwartung genannt (auch Mahler, 2015). Diese Merkmale deuten darauf hin, dass es den Schulen an Selbststeuerungs- und Handlungsfähigkeit fehlt und dass eine Verarmung der Lernkultur bei Lernenden und Lehrenden vorliegt (Hopkins, Harris & Jackson, 1997).

Damit so charakterisierte Schulen aus ihrer schwierigen Situation herausfinden, erscheint vor allem eine Arbeit an den Entwicklungspotenzialen der Organisation erforderlich (Huber & Muijs, 2012). Vieles spricht dafür, dass es darum geht, zunächst einmal jene Kapazitäten aufzubauen, die eine lernende Organisation ausmachen und die die Komponenten (1) Visionen, Ziele und Veränderungsmotivation, (2) Aufbau einer Infrastruktur für Innovationen und (3) Beherrschung von Innovationsstrategien und -verfahren beinhalten (Holtappels et al., in diesem Band).

Weil es vielen Schulen in herausfordernden Lagen an den für diese Arbeit erforderlichen Ressourcen fehlt, wird in der Literatur vielerorts empfohlen, sie extern zu unterstützen. Die Schulentwicklungsberatung wird dabei als ein Ansatz von mehreren herausgestellt (Huber, 2012).

Es wird nun der Versuch unternommen, zu umreißen, wie Schulentwicklungsberatung realisiert werden müsste, um an Schulen in herausfordernden Lagen erfolgreich bzw. effektiv zu sein und damit tatsächlich als Unterstützungsansatz zu fungieren. Prinzipiell ist es dabei – wie bei allen Ansätzen zur Veränderung der Situation der Schulen in herausfordernden Lagen – wichtig, eine kontextsensible Perspektive einzunehmen: Die jeweils spezifischen Merkmalskonstellationen und Eigenheiten der Schulen sind zu berücksichtigen und in die zu formulierenden Lösungsstrategien einzubeziehen (u.a. Altrichter & Moosbrugger, 2011). Dennoch können einige Punkte formuliert werden, die für viele Schulen in herausfordernden Lagen relevant sind. Dies erfolgt mit Blick auf den Kontext der Beratung (Kapitel 3.1) und die Person des Beraters (Kapitel 3.2).

3.1 Kontext der Beratung

Vor dem Hintergrund des Anliegens, die Entwicklungskapazitäten von Schulen in herausfordernden Lagen zu steigern und die schulischen Akteure in den Stand zu versetzen, langfristig Strategien zur Lösung ihrer Probleme eigenständig zu finden, verfolgt die Schulentwicklungsberatung die primäre *Zielsetzung*, den Problemhorizont von Schulleitungen und Lehrkräften zu erweitern und Problemlösefähigkeit herzustellen. Die schulischen Akteure sollen ihre Probleme – auf der Basis einer gemeinsamen Diagnose mit dem Berater (ggf. unter Rückgriff auf evidenzbasierte Datenerhebungsverfahren) – selbst entdecken und zu beheben versuchen. Zugleich ist aber auch die Zielsetzung zu verfolgen, den Lehrkräften in einigen Bereichen konkrete Lösungsvorschläge zu unterbreiten. So ist zunächst einmal z.B. über Schulentwicklung generell oder deren Instrumente (wie Schulprogramme), über Ansätze und Vorgehensweisen der Schulführung und des Schulmanagements und über Aufgaben und Zuständigkeiten von Funktionsträgern (wie Steuergruppen oder Evaluationsbeauftragte) zu informieren. Außerdem sind Methoden der Selbstevaluation einzuführen und zu erproben. Auch Strategien zur Bewältigung von Konflikten innerhalb des Kollegiums oder zwischen (einzelnen Lehrkräften) und der Schulleitung sind zu vermitteln – bevor Möglichkeiten der Zusammenarbeit thematisiert werden. Anders formuliert: Es sind inhaltliche und methodische Kenntnisse zu unterbreiten, um die Lehrkräfte mit dem für ihre gemeinsame schulische (Entwicklungs-)Arbeit unabdingbaren „Handwerkszeug" auszustatten. In diesem Sinne erscheint es sinnvoll, die Beratung als eine Kombination eines eher prozessorientierten Ansatzes einerseits und eines eher fachlichen Ansatzes andererseits zu realisieren.

Um die so umrissenen Zielsetzungen zu erreichen, ist ein Zeitraum von mehreren Monaten oder Jahren realistisch. In Bezug auf ihre *Dauer* ist die Schulentwicklungsberatung demnach als längerfristiger Prozess zu konzipieren. Für eine solche Zeitperspektive spricht auch der Umfang des Beratungsbedarfs, der sich aus der „eigene[n] Merkmalskompilation" (Huber, 2012, S. 6) als komplexem Zusammenspiel der einzelnen Merkmale an Schulen in herausfordernden Lagen ergibt und vielerorts als beträchtlich einzustufen ist. Es geht um die Etablierung grundlegender Strukturen (der Organisation, Kommunikation und Kooperation) ebenso wie um ein Aufbrechen verwurzelter Einstellungs- und Verhaltensmuster (etwa bezüglich der Selbstwirksamkeitserwartungen, der Veränderungsbereitschaft u.a.). Gestützt wird eine längerfristige Beratungsperspektive zudem durch erste Befunde aus der empirischen Forschung: So werden gerade jene Beratungen, die mehr als zwei Jahren andauern, hinsichtlich ihres Nutzens von Schulleitungen in Nordrhein-Westfalen besonders positiv bewertet.

Die oben aufgeführten Merkmale, durch die sich Schulen in herausfordernden Lagen auf der Schülerebene, Klassenebene und Schulebene auszeichnen, umfassen ein breites Spektrum. Sie fallen in den Bereich der Schulorganisation, der Lernkultur in Schule und Unterricht und des Personals. Um die Situation an Schulen in herausfordernden Lagen zu verändern, sind deshalb Aktivitäten der Organisationsentwicklung (z.B. Schulprogrammarbeit, Teamarbeit), der Unterrichtentwicklung (Klassenführung, Methodentraining) und Personalentwicklung (Supervision, Kommunikationstraining) notwendig. Die *Inhalte/Themen* der externen Schulentwicklungsberatung richten sich entsprechend auf alle drei Bereiche der Trias der Schulentwicklung nach Rolff (2010).

Um die Kompensation der zahlreichen Defizite an Schulen in herausfordernden Lagen extern zu unterstützen, bietet sich ein *Beratungstyp* an, der Fortbildungen für das Gesamtkollegium mit der systematischen Kommunikation mit ausgewählten Mitgliedern des Kollegiums verbindet. Eine derartig konzipierte Beratung beinhaltet zum einen Qualifizierungsveranstaltungen, an denen alle Mitglieder des Kollegiums teilnehmen und die sich auf Themen aus dem Bereich der Unterrichtsentwicklung beziehen. Wichtig wären in Anbetracht der herausgestellten Defizite im Lehrerhandeln u.a. eine Auseinandersetzung mit interaktiven Lernformen oder anregenden Aufgabenformaten, aber auch Motivations- oder Selbstwirksamkeitstrainings.

Zum anderen umfasst sie Veranstaltungen, die ausgewählte Mitglieder des Kollegiums anspricht und systematisch für sie relevante Aspekte – Strategien der Schulführung und des Schulmanagements etwa – behandelt.

3.2 Person der Beraterin/des Beraters

Schon in den 1970er Jahren hat Havelock (1976) den Vorschlag unterbreitet, Beratungsteams zu bilden, die aus Personen mit unterschiedlicher Nähe zum zu beratenden System – zu den Schulen also – bestehen. Die Idee dahinter bestand darin, die jeweiligen Nachteile, die der Einsatz von Beratern aus dem schulnahen und schulfernen Bereich mit sich bringt, zu minimieren. Umgekehrt lassen sich die Potenziale von Insidern und Outsidern durch deren Bündelung in Teams optimieren. So ist es auf der einen Seite sicherlich wichtig, dass zumindest ein Berater die Organisation Schule kennt und um die „Fallstricke" innerschulischer Prozesse ebenso weiß wie um die Bedürfnisse der Gruppe der Lehrkräfte (etwa um das Autonomie-Paritäts-Paradigma), die es in jeder Schule gibt und die an Schulen in herausfordernder Lage verstärkt zum Tragen kommen können. Auf der anderen Seite ist aber auch der Blick von außen bedeutsam, der ggf. weniger in den Abhängigkeitsstrukturen des Schulsystems denkt und damit möglicherweise Raum für alternative Herangehensweisen an Probleme hat.

Hinsichtlich des *professionellen Hintergrundes* der Berater, die an Schulen in herausfordernden Lagen tätig werden, erscheint der gemeinsame Einsatz von schulnahen und schulfernen Beratern sinnvoll.

Untermauert wird diese Ansicht durch erste Befunde aus der empirischen Forschung zu den Kompetenzbewertungen von Beratern, die je nach Herkunftsfeld unterschiedlich ausfallen: Jenen Beratern, die aus dem schulnahen Umfeld stammen, wird von Schulleitungen in Nordrhein-Westfalen eine hohe Kompetenz bei schulfachlichen Kenntnissen und Methoden der Schulentwicklung bestätigt, wohingegen schulfernen Beratern eine Stärke vor allem im kommunikativen Geschick zugeschrieben wird.

Beraterteams, die aus Insidern und Outsidern, aus schulnahen wie schulfernen Beratern gleichermaßen bestehen, sind dazu in der Lage, das empirisch belegte, breite Spektrum der von Beratern erwarteten *Kompetenzen* abzudecken. Denn die von Hazle Bussy, Welch und Mohammed (2014) herausgestellten Kompetenzen – die substantielle inhaltliche Expertise (Wissen, Erfahrung und Glaubwürdigkeit in der themenspezifischen Arbeit), die Prozessfähigkeiten (Fähigkeit zur Stärkung der Zusammenarbeit und zur Lösung komplexer Kommunikationssituationen) und zwischenmenschliche Fähigkeiten (authentisches Interesse an den Akteuren und den verfolgten Zielen, um ein Vertrauensverhältnis zum Beratungssystem aufzubauen) – sind an Schulen in herausfordernden Lagen allesamt dringend erforderlich. Wenn man bedenkt, dass Berater dort auf sozial besonders belastete Kontexte stoßen, in denen „sowohl Arbeits- als auch persönliche Beziehungen … gespannt, unproduktiv und oft verletzend" (Altrichter & Moosbrugger, 2011, S. 9) sind und in denen „Gefühle des Drucks und der Machtlosigkeit vor[herrschen]" (ebd.), dann wird ersichtlich, dass zunächst einmal den zwischenmenschlichen Fähigkeiten der Berater eine besondere Bedeutung zukommt, um eine Basis für eine gemeinsame Arbeit zu schaffen. Die Anwendung der in der empirischen Forschung als erfolgreich herausgestellten *Strategien*, etwa Partnerschaften unter Lehrkräften zu schaffen oder Verantwortlichkeiten zu verteilen, erscheint als besondere Herausforderung.

Mit Blick auf die eingangs favorisierten Zielsetzungen von Beratung an Schulen in herausfordernden Lagen übernehmen Berater sowohl die *Rolle* von Prozessberatern bzw. Unterstützern, die insbesondere impulsgebend und moderierend agieren, als auch die von Fachberatern bzw. technischen Experten, die vornehmlich als Trainer, Lösungsgeber und Anweiser in Erscheinung treten.

4. Fazit

Externe Schulentwicklungsberatung an Schulen in herausfordernden Lagen hat vielfältige Unterstützungsleistungen zu tätigen, die darauf abzielen, fehlende Strukturen einzurichten, nicht oder unzureichend vorhandene Kenntnisse und Kompetenzen zu vermitteln sowie tiefsitzende und mitunter unbewusste Einstellungs- und Verhaltensmuster aufzubrechen. Eckpunkte eines Beratungsprogramms wurden im vorliegenden Beitrag nach Sichtung vorliegender konzeptioneller und empirischer Arbeiten herausgestellt. Es wird Aufgabe der Praxis sein, dieses Programm zu erweitern und mit Leben zu füllen. Die Forschung hat sodann zu eruieren, wie wirksam es ist – inwiefern es also dazu geeignet ist, als Unterstützungsansatz für Schulentwicklung in herausfordernden Lagen zu fungieren.

Literatur

Adenstedt, K. (2016). *Schulentwicklungsberatung. Zwischen staatlicher Steuerung und einzelschulischer Entwicklung: Untersuchungen zu Bedarf und Gestalt eines Unterstützungsinstruments.* Bad Heilbrunn: Klinkhardt.

Altrichter, H. & Moosbrugger, R. (2011). Schulen in Schwierigkeiten. Was sagt die Schulforschung über Anzeichen, Ursachen und Lösungen? *Lernende Schule, 56* (14), 8–11.

Arnold, E. & Reese, M. (2010). Externe Beratung. In T. Bohl, W. Helsper, H. G. Holtappels & C. Schelle (Hrsg.), *Handbuch Schulentwicklung* (S. 298–302). Bad Heilbrunn: Klinkhardt.

Dalin, P., Rolff, H.-G. & Buchen, H. (1995). *Institutioneller Schulentwicklungsprozess* (2. Aufl.). Bönen (Westf.): Verlag für Schule und Weiterbildung, Kettler.

Datnow, A. (2000). Power and politics in the adoption of school reform models. *Educational Evaluation and Policy, 22* (4), 357–374.

Datnow, A. & Castellano, M. (2001). Managing and guiding school reform: Leadership in success for all schools. *Educational Administration Quarterly, 37* (2), 219–249.

Dedering, K., Goecke, M. & Rauh, M. (2015). Professional background and working practices of consultants in school development: Initial empirical findings from Germany. *Journal of Educational Change, 16* (1), 27–52.

Dedering, K., Tillmann, K.-J., Goecke, M. & Rauh, M. (2013). *Wenn Experten in die Schule kommen. Externe Schulentwicklungsberatung empirisch betrachtet.* Wiesbaden: Springer VS.

Firestone, W. A. & Corbett, H. D. (1981). Schools versus linking agents as contributors to the change process. *Educational Evaluation and Policy Analysis, 3* (2), 5–17.

Freidus, H., Grose, C. & McNamara, M. (2001). Implementing curriculum change: lessons from the field. In F. O'C. Rust & H. Freidus (Hrsg.), *Guiding School Change: The role and work of Change Agents* (S. 57–77). New York: Teachers College Press.

Gitlin, A. & Margonis, F. (1995). The political aspect of reform: Teacher resistance as good sense. *American Journal of Education, 103* (4), 377–405.

Goecke, M. & Tillmann, K.-J. (2014). Wenn Berater in die Schulen kommen -Schulentwicklungsberatung als Stütze innovativer Schulen? Theorieansätze und Forschungserkenntnisse zum schulischen Wandel. In H. G. Holtappels (Hrsg.), *Schulentwicklung und Schulwirksamkeit als Forschungsfeld* (S. 219–240). Münster: Waxmann.

Hall, G. E. & Hord, S. M. (1987). *Change in schools: Facilitating the process.* Albany, NY: State University of New York Press.

Havelock, R. G. (1973). *The change agent's guide to innovation in education.* Englewood Cliffs, NJ: Educational Technology Publications.

Havelock, R. G. (1976). *Schulinnovation – ein Leitfaden.* Bern/Stuttgart: Paul Haupt.

Hazle Bussey, L., Welch, J. C. & Mohammed, M. B. (2014). Effective consultants: A conceptual framework for helping school systems achieve systemic reform. *School Leadership & Management, 34* (2), 156–178.

Holtappels, H. G., Webs, T., Kamarianakis, E. & Ackeren, I. van (2016). Schulen in herausfordernden Problemlagen – Typologien, Forschungsstand und Schulentwicklungsstrategien. In V. Manitius & P. Dobbelstein (Hrsg.), *Schulentwicklungsarbeit in herausfordernden Lagen* (S. 17–35). Münster: Waxmann.

Holzäpfel, L. (2008). *Beratung bei der Einführung von Selbstevaluation an Schulen.* Münster: Waxmann.

Hopkins, D., Harris, A. & Jackson, D. (1997). Understanding the school's capacity for development. Growth states and strategies. *School Leadership & Management, 17* (3), 401–411.

Hord, S. M. (1992). *Facilitative leadership: the imperative for change.* Austin, TX: Southwest Educational Development Laboratory.

Huber, S. G. (Hrsg.). (2012). Failing Schools – besonders belastete Schulen. *SchulVerwaltung spezial 2,* 9–13.

Huber, S. & Muijs, D. (2012). Die Dynamik des Scheiterns. *SchulVerwaltung spezial 2,* 7–8.

Leithwood, K., Holmes, M. & Montgomery, D. (1979). *Helping school change: strategies derived from field experience.* Toronto, Canada: Ontario Institute for Studies in Education. University of Toronto Press.

Lippitt, G. & Lippitt, R. (1978). *The consulting process in action.* La Jolla: University Associates, Inc.

Mahler, S. (2015*). Turnaround und Organisationales Lernen im Bildungssystem. Zur Entwicklung von Schulen mit gravierenden Defiziten im Bereich der Prozessqualitäten.* Dissertation an der Universität Basel, Fachbereich Erziehungswissenschaft an der Philosophisch-Historischen Fakultät.

Miles, M., Saxl, E. & Lieberman, A. (1988). What skills do educational change agents need? An empirical view. *Curriculum Inquiry, 18* (2), 157–193.

Müller, W. R., Nagel, E. & Zirkler, M. (2006). *Organisationsberatung. Heimliche Bilder und ihre praktischen Konsequenzen.* Wiesbaden: Gabler/ GWV Fachverlage.

Priebe, B. (2011). *Empfehlungen zur Weiterentwicklung von Lehrerfortbildung und Schulberatung im schulischen Unterstützungssystem in Nordrhein-Westfalen. Expertise.* Essen: Neue Deutsche Schule Verlagsgesellschaft.

Rauh, M. & Dedering, K. (2013). Beratungstypen in der externen Schulentwicklungsberatung. *Zeitschrift für Bildungsforschung, 3* (3), 253–269.

Reichel, R. & Rabenstein, R. (2001). *Kreativ beraten. Methoden, Modelle, Strategien für Beratung, Coaching und Supervision.* Münster: Ökotopia.

Richert, A. E., Stoddard, P. & Kass, M. (2001). The promise of partnership for promoting reform. In F. O'C. Rust & H. Freidus (Hrsg.), *Guiding school change: the role and work of change agents* (S. 136–154). New York: Teachers College Press.

Roach, A. T., Kratochwill, T. R. & Frank, J. L. (2009). School-based consultants as change facilitators: Adaptation of the Concerns-Based Adoption Model (CBAM) to support the implementation of research-based practices. *Journal of Educational and Psychological Consultation, 19* (4), 300–320.

Rolff, H.-G. (2010). Schulentwicklung als Trias von Organisations-, Unterrichts- und Personalentwicklung. In T. Bohl, W. Helsper, H. G. Holtappels & C. Schelle (Hrsg.), *Handbuch Schulentwicklung* (S. 29–36). Bad Heilbrunn: Klinkhardt.

Rolff, H.-G., Buhren, C. G., Lindau-Bank, D. & Müller, S. (2011). *Manual Schulentwicklung. Handlungskonzept zur pädagogischen Schulentwicklungsberatung (SchuB)* (4. Aufl.). Weinheim: Beltz.

Schein, E. H. (1969). *Process consultation: it's role in organizational development.* Menlo Park/ London/ Don Mills.

Schlegel, H. (2000). Externe Organisationsberatung und Schulentwicklung. *Organisationsberatung – Supervision – Clinical Management,* 7 (3), 203–211.

Schnebel, S. (2009). Beratung für Schulentwicklung. In S. Blömeke, T. Bohl, L. Haag, G. Lang-Wojtasik & W. Sacher (Hrsg.), *Handbuch Schul*e (S. 575–579). Bad Heilbrunn: Klinkhardt.

Schnebel, S. (2010). Methoden und Techniken der Beratung. In T. Bohl, W. Helsper, H. G. Holtappels & C. Schelle (Hrsg.), *Handbuch Schulentwicklung* (S. 506–514). Bad Heilbrunn: Klinkhardt.

Schnell, H. (2010). Funktionen und Aufgaben der Schulaufsicht. In T. Bohl, W. Helsper, H. G. Holtappels & C. Schelle (Hrsg.), *Handbuch Schulentwicklung* (S. 196–199). Bad Heilbrunn: Klinkhardt.

Schreyögg, A. (2000). Coaching für die Schulentwicklung. *Organisationsberatung – Supervision – Clinical Management*, 7 (3), 213–224.

Shachar, H., Gavin, S. & Shlomo, S. (2010). Changing organizational culture and instructional methods in elementary schools: Perceptions of teachers and professional educational consultants. *Journal of Educational Change, 11* (3), 273–289.

Schlegel, H. (2000). Externe Organisationsberatung und Schulentwicklung. *Organisationsberatung – Supervision, Coaching,* 7 (3), 203–211.

Schönig, W. (2000). *Schulentwicklung beraten: Das Modell mehrdimensionaler Organisationsberatung der einzelnen Schule.* Weinheim & München: Juventa.

Schönig, W. & Brunner, E. J. (Hrsg.). (1993). *Organisationen beraten. Impulse für Theorie und Praxis.* Freiburg: Lambertus.

Straumann, U. (2001). *Professionelle Beratung. Bausteine zur Qualitätsentwicklung und Qualitätssicherung* (2. korrigierte und überarbeitete Aufl.). Heidelberg & Kröning: Ansanger.

Strittmatter, A. (1999). Beratungsqualität. Editorial. *Journal für Schulentwicklung, 3* (4), 4–8.

Tajik, M. A. (2008). External Change Agents in developed and developing countries. *Improving Schools, 11* (3), 251–271.

Tillmann, K.-J., Dedering, K., Goecke, M. & Rauh, M. (2013). Unternehmensberater und -beraterinnen in öffentlichen Schulen – Ein Einblick in die Praxis der externen Schulentwicklungsberatung. *Die Deutsche Schule, 105* (3), 259–275.

Wimmer, R. (2004). *Organisation und Beratung. Systemtheoretische Perspektiven für die Praxis.* Heidelberg: Carl-Auer-Systeme-Verlag.

III
ERFAHRUNGEN UND ERKENNTNISSE

Susanne Böse, Marko Neumann, Therese Gesswein & Kai Maaz

Das Berliner Bonus-Programm zur Förderung von Schulen in schwieriger Lage – Eckpunkte des Programms und erste Ergebnisse der BONUS-Studie

1. Einleitung

In der jüngeren Entwicklung der deutschen Schullandschaft lässt sich gegenwärtig eine Vielzahl an Reform- und Veränderungsprozessen ausmachen. In diesem Zusammenhang sind Schulen, die sich an Standorten in schwierigen sozialen Kontexten befinden, zunehmend in den Fokus der politischen, öffentlichen und wissenschaftlichen Debatte gerückt, nicht zuletzt aufgrund der Befundlage, dass das Lernen an Schulen an benachteiligen Standorten in besonderem Maße durch Merkmale der schulischen Qualität beeinflusst ist (Baumert, Stanat & Watermann, 2006; Palardy, 2008). Damit verbunden rücken in zunehmendem Maße auch Maßnahmen der differentiellen Ressourcenausstattung von Schulen in den Vordergrund (Schulte, Hartig & Pietsch, 2014; Tillmann & Weishaupt, 2015).

Die passgenaue Allokation personeller, finanzieller und sächlicher Ressourcen in Abhängigkeit schulischer Besonderheiten, Bedarfe und Belastungsfaktoren stellt seit jeher eine große Herausforderung für die effiziente und chancengerechte Steuerung des Schulsystems dar. Insbesondere die Frage, in welcher Weise bei der Ressourcenausstattung Merkmale der Zusammensetzung der Schülerschaft zu berücksichtigen sind, wird in diesem Zusammenhang aktuell verstärkt diskutiert (Schulte et al., 2014; Tillmann & Weishaupt, 2015). Der Ansatz der differentiellen Mittelzuweisung basiert im Wesentlichen auf der Grundannahme, dass gleiche Bildungschancen nur mit ungleichem Mitteleinsatz erreicht werden können (Tillmann & Weishaupt, 2015). Gleichzeitig lassen sich auch Bezüge zum wissenschaftlichen und bildungspolitischen Diskurs zur Schulautonomie bzw. zur schulischen Selbstverwaltung im Hinblick auf eine gesteigerte finanzielle Autonomie herstellen (Altrichter, Rürup & Schuchart, 2016).

Dass der Bildungserfolg maßgeblich vom familiären Hintergrund beeinflusst wird, steht außer Frage und wurde in zahlreichen Studien hinlänglich belegt (Maaz, Neumann & Baumert, 2014). Neben der Benachteiligung aufgrund des individuellen familiären Hintergrundes (Bourdieu, 1983) tritt dabei als zusätzlicher Risikofaktor der Besuch von Bildungsinstitutionen, in denen individuelle Belastungsfaktoren häufen und in Form sogenannter „Kompositionseffekte“ (Dumont, Neumann, Maaz & Trautwein, 2013) Bildungserwerbsprozesse beeinträchtigen bzw. negativ beeinflussen können, auf. Als potentiell belastende Merkmale der Schülerzusammensetzung werden beispielsweise hohe Anteile von Schülerinnen und Schülern aus sozial schwächeren Familien (z.B. niedriger sozioökonomischer Status, hoher Anteil von Eltern ohne Erwerbstätigkeit) und aus Familien mit Migrationshintergrund betrachtet, wobei betont wird, dass insbesondere die mit den familiären Hintergrundmerkmalen zusammenhängende leistungsbezogene Zusammensetzung der Schülerschaft das zentrale Kompositionsmerkmal für den Lernerfolg darstellt (Baumert et al., 2006; Dumont et al., 2013). Vor diesem Hintergrund wird häufig von einer doppelten Belastung von Schülerinnen und Schülern mit weniger privilegiertem familiären Hintergrund gesprochen, da sowohl der individuelle familiäre Hintergrund als auch der schulische Lernkontext nachteilig auf den Lernerfolg wirken können (Sachverständigenrat deutscher Stiftungen für Integration und Migration [SVR], 2013; Solga & Wagner, 2001). Insofern ist es naheliegend, auch auf Ebene der schulischen Ressourcenallokation nach Möglichkeiten der Kompensation von Bildungsnachteilen aufgrund der familiären Herkunft zu suchen.

In dem Maße, in dem Schulen Freiräume für den Einsatz finanzieller und sächlicher Ressourcen eingeräumt werden, rücken unmittelbar Fragen der schulentwicklungsbezogenen Rahmenbedingungen und Prozesse an den Schulen vor Ort in den Vordergrund. Im Kontext der (vor allem internationalen) Forschung richtet sich der Blick dabei vor allem auf *improving schools in challenging circumstances* (Harris, 2010; Muijs, Harris, Chapman, Stoll & Russ, 2004) und geht der Frage nach, durch welche Merkmale erfolgreiche Schulen in schwieriger Lage gekennzeichnet sind. Dabei konnten als Qualitätsmerkmale dieser Schulen unter anderem die Nutzung interner und externer Evaluationsdaten im Sinne einer systematischen und evidenzbasierten Schulentwicklung, die Entwicklung einer positiven Schul- und Unterrichtskultur sowie die Förderung interner Kooperationen identifiziert werden (Racherbäumer, Funke, van Ackeren & Clausen, 2013). In Bezug auf diese Charakteristika kommt der Schulleitung eine zentrale Bedeutung zu, da sie in besonderem Maße auf diese Qualitätsdimensionen Einfluss nehmen kann. Schulleitungen an Schulen in herausfordernder Lage werden entsprechend auch als sogenannte *Change Agents* betrachtet, die dazu beitragen, Schul- und Unterrichtsprozesse zu verbessern und die Außenwirkung der Schule nachhaltig aufzuwerten (Harris & Chapman, 2002; Leithwood, Harris & Strauss, 2010). Mit Blick auf den schulentwicklungsbezogenen Ressourceneinsatz kommt der Schulleitung somit eine Schlüsselrolle zu. Entscheidend ist dabei weniger ob, sondern insbesondere wie die Ressourcen eingesetzt werden und welche Rahmenbedingungen die eigenständige Mittelverwendung derart befördern können, dass sie einer effizienten Zielerreichung förderlich sind (Dubs, 2002; Hanushek & Wößmann, 2007).

An diesen Punkten setzt das Berliner Bonus-Programm an, das auf Beschluss der Berliner Landesregierung (Abgeordnetenhaus Berlin, 2013) diejenigen Schulen finanziell unterstützt, die durch eine hohe soziale Belastung aufgrund der Zusammensetzung der Schülerschaft oder des Sozialraumes ihres Standortes gekennzeichnet sind. Im Folgenden sollen zunächst das Bonus-Programm und die mit diesem Programm verbundenen Zielsetzungen dargestellt werden (vgl. Abschnitt 2). Im Anschluss daran wird die wissenschaftliche Begleituntersuchung zum Bonus-Programm, die BONUS-Studie, näher vorgestellt (vgl. Abschnitt 3). Abschließend erfolgt die Darstellung einiger ausgewählter Befunde der Ausgangserhebung im Rahmen der BONUS-Studie (vgl. Abschnitt 4).

2. Das Bonus-Programm und seine Zielsetzungen

Das Bonus-Programm ist ein seit dem 1. Februar 2014 laufendes Förderprogramm in Berlin, mit dessen Hilfe Schulen in schwieriger Lage zusätzliche finanzielle Unterstützung erhalten. Eine Besonderheit des Programms besteht in der Eigenständigkeit der Schulen bei der Entscheidung über den Einsatz dieser zusätzlichen Mittel sowie dem über die Zeit hinweg wachsenden leistungsabhängigen Anteil der zur Verfügung stehenden Mittel. Die Laufzeit des Programms ist zunächst nicht begrenzt. Eine Evaluation soll nach spätestens sechs Jahren erfolgen (Senatsverwaltung für Bildung, Jugend und Wissenschaft, 2013).

2.1 Auswahl der Programmschulen

Das ausschlaggebende Merkmal für die Aufnahme einer Schule in das Bonus-Programm ist ein sozioökonomischer Faktor. Die am Programm teilnehmenden Schulen wurden nach dem Anteil derjenigen Schülerinnen und Schüler ausgewählt, deren Eltern aufgrund des Erhalts von staatlichen Transferleistungen von der Zuzahlung zu Lernmitteln befreit sind: dem sogenannten lmb-Faktor. Liegt dieser Anteil an einer Schule über 50 Prozent, ist diese berechtigt, Fördermittel aus dem Bonus-Programm zu beziehen. Die Aufnahme in das Programm erfolgt unabhängig von der Anzahl der Schülerinnen und Schüler, wobei es für Schulen mit weniger als 100 Schülerinnen und Schülern Sonderregelungen mit abgesenkten Zuweisungen gibt (Abgeordnetenhaus Berlin, 2015; Senatsverwaltung für Bildung, Jugend und Wissenschaft, 2013). Die Startkohorte des Bonus-Programms umfasste insgesamt 220[1] Berliner Grund- und weiterführende Schulen (darunter 123 Grundschulen, 40 Förderschulen, 40 Integrierte Sekundarschulen, 12 Gemeinschaftsschulen und 5 Gymnasien), und damit etwa ein Drittel aller öffentlichen Berliner allgemeinbildenden Schulen.

2.2 Zusammensetzung der Bonus-Mittel

Die pro Schule zur Verfügung stehende Fördersumme kann je nach lmb-Anteil der Schule 50.000 EUR bzw. bis zu 100.000 EUR pro Jahr betragen. Die konkrete finanzielle Unterstützung ergibt sich dabei aus einer Basiszuweisung, einer Kooperationszulage, der Zulage *AktionsraumPlus/Soziale Stadt*[2] und einem Leistungsbonus (vgl. Tab. 1).

1 Stand April 2014
2 „Aktionsräume plus" war eine Pilotinitiative zur Förderung von fünf großräumigen Gebieten in Berlin mit komplexen Problemlagen. Ziel der Initiative war es, den Bewohnerinnen und Bewohnern der benachteiligten Gebiete bessere Zukunftschancen zu ermöglichen. Im Jahr 2013 wurde die Initiative beendet (Senatsverwaltung für Stadtentwicklung und Umwelt, 2013).

Tabelle 1: Basisfinanzierung je Schule zu Beginn des Bonus-Programms

	75%-Schulen	50%-Schulen in Aktionsraum	50%-Schulen außerhalb Aktionsraum
Basiszuweisung	75.000 EUR	25.000 EUR	25.000 EUR
Kooperationszulage	10.000 EUR	10.000 EUR	15.000 EUR
Aktionsraum Plus-Zulage	(alle erfasst)	12.500,- EUR	0,- EUR
Erfolgsunabhängige Zahlung (Strukturbonus)	85.000 EUR	47.500,- EUR	35.000,- EUR
Erfolgsabhängige Zahlung (Leistungsbonus)[1]	15.000 EUR	15.000 EUR	15.000 EUR
Summe je Schule	**100.000 EUR**	**62.500 EUR**	**50.000 EUR**

Anmerkung. Quelle: Senatsverwaltung für Bildung, Jugend und Wissenschaft (2013, S. 2)

[1] Der Leistungsbonus wurde in den ersten beiden Jahren nach Programmstart (2014 und 2015) pauschal in voller Höhe von 15.000,- EUR ausgezahlt. In den Folgejahren steigt sein Anteil am Finanzierungsmodell bei einer gleichzeitig zurückgehenden Basiszuweisung.

Die *Basiszuweisung* beträgt für Schulen mit 50 Prozent oder höherem lmb-Anteil 25.000 EUR und für Schulen mit 75 Prozent oder höherem lmb-Anteil 75.000 EUR. Der *Leistungsbonus* beträgt in den ersten beiden Jahren des Programms konstant 15.000 EUR und wird pauschal in voller Höhe an alle Schulen ausgezahlt. In den Folgejahren steigt sein Anteil an der Gesamtfördersumme an und wird erfolgsabhängig ausgezahlt, während die Basiszuweisung sinkt. Dem erfolgsabhängigen Leistungsbonus liegt eine schulspezifische Zielvereinbarung mit der regionalen Schulaufsicht zugrunde. Hierzu entwickeln alle am Programm teilnehmenden Schulen jährlich Zielstellungen, die an die Ausgangsbedingungen und den Entwicklungsstand ihrer Schulen angepasst sind. Gemeinsam mit der Schulaufsicht legen die Schulen in Zielvereinbarungsgesprächen Kriterien nach dem SMART-Prinzip (***S***pezifisch, ***M***essbar, ***A***kzeptiert, ***R***ealistisch, ***T***erminiert) fest, anhand derer der Entwicklungsfortschritt gemessen wird. So stellt eine Schule beispielsweise das strategische Ziel auf, eine höhere Lesekompetenz bei den Schülerinnen und Schülern zu erreichen und möchte dazu u.a. ein computergestütztes Programm zur Leseförderung beschaffen und einsetzen, wobei am Ende einer Zielvereinbarungsphase geprüft wird, ob dieses auch tatsächlich beschafft und eingesetzt wurde. Auf diese Weise wird der Umfang des Leistungsbonus, der im Folgejahr an die Schulen ausgezahlt wird, anteilig festgelegt. Der Zielvereinbarungsprozess im Bonus-Programm (vgl. Abb. 1) orientiert sich dabei am standardisierten Qualitätszyklus der Schulentwicklung im Land Berlin und stellt somit keine isolierte Maßnahme dar. Dieser sieht vor, dass die Schulen im Schulprogramm bestimmte Entwicklungsvorhaben festhalten und diese anhand gezielter Maßnahmen umsetzen und anschließend evaluieren (Abgeordnetenhaus Berlin, 2015; Senatsverwaltung für Bildung, Jugend und Wissenschaft, 2014a, 2014b).

Neben Basiszuweisung und Leistungsbonus erhalten Schulen eine *Kooperationszulage*, sofern sie die zur Verfügung stehenden Ressourcen in schriftlich vereinbarten Kooperationen mit anderen Schulen, Kindertagesstätten, Hochschulen oder regiona-

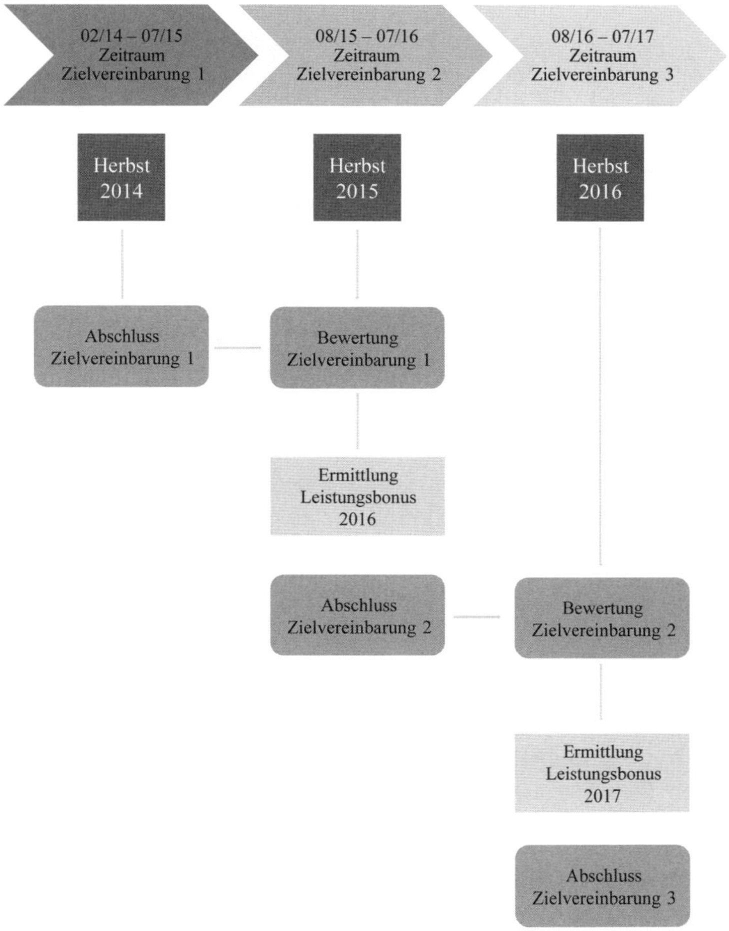

Abbildung 1: Zielvereinbarungsprozess im Bonus-Programm (Senatsverwaltung für Bildung, Jugend und Wissenschaft, 2014a)

len Bildungsverbünden[3] einbringen. Die Kooperationszulage dient dem Zweck, gemeinsame Vorhaben der Kooperationspartner zu unterstützen und auszubauen, wobei die Öffnung der Schulen in den sie umgebenden Sozialraum bereits schulgesetzlich verankert und umgesetzt wird (Senatsverwaltung für Bildung, Jugend und Wissenschaft, 2013, 2014a). Befindet sich die Schule darüber hinaus in einer örtlichen Lage mit einem niedrigen sozialräumlichen Entwicklungsindex, steht den Schulen zudem die Zulage *AktionsraumPlus/Soziale Stadt* in Höhe von 12.500 EUR zu (Abgeordnetenhaus Berlin, 2015; Senatsverwaltung für Bildung, Jugend und Wissenschaft, 2013). Der jährliche finanzielle Gesamtumfang des Bonus-Programms beläuft sich auf rund 15 Millionen EUR.

3 Bildungsverbünde bezeichnen eine verbindlich festgelegte Struktur zur Kooperation von Schulen und Jugendhilfe mit dem Ziel, gemeinsame Maßnahmen zu entwickeln, die auf die Bedarfe der Schule ausgerichtet sind (Senatsverwaltung für Bildung, Jugend und Wissenschaft, 2013).

2.3 Zielsetzungen des Bonus-Programms

Die Senatsverwaltung für Bildung, Jugend und Wissenschaft (SenBJW) verfolgt mit dem Bonus-Programm das Ziel, die Bildungschancen derjenigen Schülerinnen und Schüler zu verbessern, die Schulen in belasteten Sozialräumen besuchen. Es sollen alle Kinder und Jugendlichen zu höchstmöglichen schulischen Erfolgen und vor allem mehr Schülerinnen und Schüler zu Schulabschlüssen zum Ende der 10. Klasse geführt werden. Zudem soll die Anzahl der Schulabbrecherinnen und -abbrecher deutlich gesenkt werden und somit eine zunehmende Entkopplung von Bildungserfolg und sozialer Herkunft angestrebt werden. Außerdem sollen die Schulen befähigt werden, mit der wachsenden Heterogenität ihrer Schülerschaft umzugehen und diese als Chance zu begreifen (Abgeordnetenhaus Berlin, 2015; Senatsverwaltung für Bildung, Jugend und Wissenschaft, 2013).

Die zusätzlichen finanziellen Mittel des Bonus-Programms sollen vor allem dazu verwendet werden, die Benachteiligungen von Schülerinnen und Schülern an Schulen in schwieriger Lage im Bereich der Bildung und der emotional-sozialen Entwicklung auszugleichen. Dabei können die Schulen weitgehend eigenständig über die ihnen zur Verfügung gestellten Mittel entscheiden, müssen jedoch mit der zuständigen Schulaufsicht eine Zielvereinbarung darüber treffen, was genau mit den von der Schule angestrebten Maßnahmen in welchem Zeitraum erreicht werden soll. Grundsätzlich können dabei Vorhaben in Angriff genommen werden, für die bisher keine oder nicht ausreichend Mittel vorhanden waren. Die Einstellung von Lehrkräften sowie bauliche Maßnahmen sind jedoch ausgeschlossen, um für die Schulen negative Kompensationseffekte[4] zu vermeiden (Senatsverwaltung für Bildung, Jugend und Wissenschaft, 2013).

3. Die BONUS-Studie – Anlage und Fragestellungen

Die wissenschaftliche Begleitung des Bonus-Programms erfolgt durch das Deutsche Institut für Internationale Pädagogische Forschung (DIPF, Frankfurt am Main/Berlin) im Rahmen der BONUS-Studie. Die BONUS-Studie untersucht die Umsetzung und die Auswirkungen des Bonus-Programms und nimmt damit sowohl eine prozessbegleitende als auch ergebnisbezogene Perspektive ein. Im Folgenden soll zunächst auf die Anlage der Studie und ihrer Teilbestandteile eingegangen werden. Im Anschluss daran werden die Datengrundlage und Fragestellungen der ersten Schulleiterbefragung und damit der Ausgangserhebung der BONUS-Studie vertiefend dargestellt, um anschließend in Abschnitt 4 auf erste Befunde der Ausgangserhebung einzugehen.

4 Laut dem Berliner Schulgesetz (SchulG) in der Fassung vom 24. Januar 2004 obliegt den Bezirken die Verwaltung und Unterhaltung der äußeren Angelegenheiten der allgemein bildenden Schulen sowie die Bereitstellung des für den ordnungsgemäßen Betrieb der Schulen notwendigen Personals (§109 Abs. 1 SchulG). Aus diesem Grund soll auf die Verwendung von Bonus-Mitteln in diesen beiden Punkten verzichtet werden.

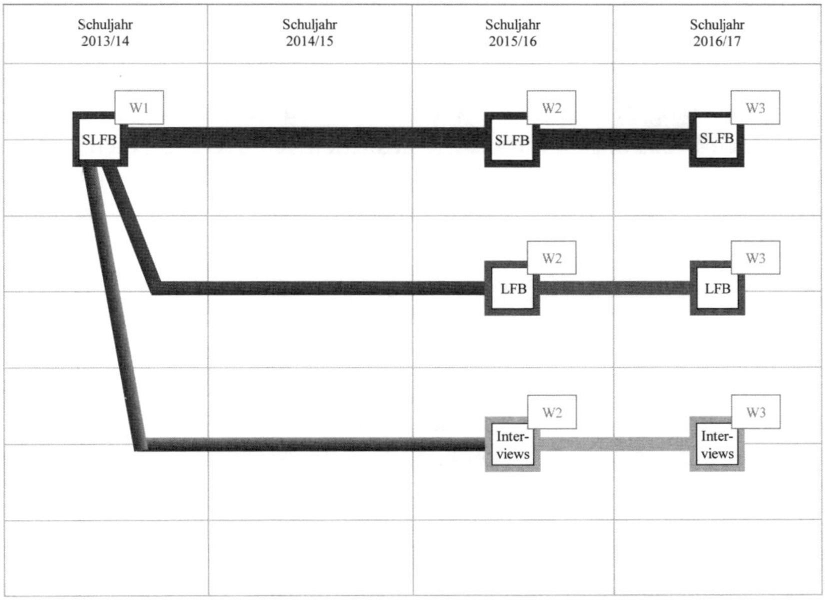

Anmerkung. SLFB = Schulleiterfragebogen, LFB = Lehrkräftefragebogen, Interviews = leitfadengestützte vertiefende Interviews mit Schulleiterinnen und Schulleitern, Lehrkräften sowie Vertreterinnen und Vertretern der regionalen Schulaufsicht und der Berliner Senatsverwaltung.

Abbildung 2: Erhebungsdesign der BONUS-Studie

3.1 Anlage und Erhebungsdesign der BONUS-Studie

Das Erhebungsdesgin der BONUS-Studie erstreckt sich über einen Zeitraum von drei Jahren und umfasst mehrere Bestandteile. Dazu zählen einerseits Befragungen von Schulleitungen und Lehrkräften mittels standardisierter Fragebögen und vertiefender Interviews (vgl. Abschnitt *Befragungen von Schulleitungen und Lehrkräften)* zur Akzeptanz, Umsetzung und Erfolgsbewertung des Programms (vgl. Abb. 2).

Andererseits wird auf weitere Datenquellen (vgl. Abschnitte *Schulstatistische Erhebungsdaten* sowie *Ergänzende Datengrundlagen zur Beschreibung der Schülerzusammensetzung von Schulen in schwieriger Lage*) zurückgegriffen, die zum einen vertiefende Betrachtungen der Zusammensetzung der Schülerschaft von besonders belasteten Schulen ermöglichen und zum anderen Hinweise auf mögliche Auswirkungen des Bonus-Programms liefern können. Im Folgenden soll jeweils kurz auf die einzelnen Bestandteile eingegangen werden.

Befragungen von Schulleitungen und Lehrkräften

Bei der Implementation und Umsetzung des Bonus-Programms an den Schulen vor Ort spielen die Schulleitungen eine zentrale Rolle. Sie besitzen die letztliche Entscheidungshoheit über die Verwendung der zur Verfügung stehenden Mittel (Abgeordnetenhaus Berlin, 2015). Aus diesem Grund werden (bzw. wurden) zu drei Zeitpunkten in den Schuljahren 2013/14 zum Schuljahresende (Welle 1), 2015/16 zum Schuljahresbeginn (Welle 2) und 2016/17 zum Schuljahresende (Welle 3) schriftliche Befragungen der Schulleitungen der am Programm teilnehmenden Schulen durchgeführt (vgl. Abb. 2). Dabei stehen Fragestellungen im Zentrum, die sich einerseits auf die Bewertung und Umsetzung des Bonus-Programms und andererseits auf die mit dem Programm gemachten Erfahrungen und dessen Auswirkungen beziehen, nicht zuletzt mit dem Ziel, mögliche Optimierungsbedarfe des Programms zu identifizieren. Neben den Schulleitungen werden (bzw. wurden) an rund einem Viertel der Schulen in den Schuljahren 2015/16 (Welle 2) und 2016/17 (Welle 3) auch Lehrkräfte mittels eines standardisierten Fragebogens zu ihren Einschätzungen bezüglich des Bonus-Programms befragt, um ihre Sicht auf das Bonus-Programm und dessen Umsetzung in den Blick zu nehmen. Neben den standardisierten schriftlichen Befragungen werden bzw. wurden an ausgewählten Schulen leitfadengestützte Interviews (Welle 2 und 3) mit den Schulleitungen sowie weiteren mit dem Bonus-Programm vertrauten Lehrkräften durchgeführt, anhand derer die konkrete Umsetzung des Bonus-Programms und die damit jeweils verbundenen Handlungslogiken der Akteure näher beleuchtet werden sollen. Um ein möglichst umfangreiches Bild der Einschätzung und Umsetzung des Bonus-Programms zu erhalten, werden zudem Vertreter der Bildungsadministration und der regionalen Schulaufsicht u.a. zur Planung und Konzeption des Bonus-Programms sowie zur Zusammenarbeit mit den Schulen im Hinblick auf die Zielvereinbarungen und das Formulieren strategischer Ziele mittels leitfadengestützter Interviews befragt.

Schulstatistische Erhebungsdaten

Um weitere Hinweise zu den Auswirkungen des Bonus-Programms zu erhalten, werden neben den Befragungsdaten auch einzelschulbezogene Daten der allgemeinen Schulstatistik (u.a. zu Abbrecherquoten, Abschlussquoten, Schuldistanz, Schul- und Prüfungsnoten, Anteil Gymnasialempfehlung, lmb-Anteil) mit dem Ziel herangezogen, deren Entwicklung im Trendverlauf in Abhängigkeit der Teilnahme am Bonus-Programm über einen längeren Zeitraum hinweg nachzuzeichnen.

Ergänzende Datengrundlagen zur Beschreibung der Schülerzusammensetzung von Schulen in schwieriger Lage

Neben Befragungsdaten und Angaben der Schulstatistik stehen darüber hinaus ergänzende Datenquellen aus der ebenfalls vom DIPF durchgeführten BERLIN-Studie zur wissenschaftlichen Begleitung der Berliner Schulstrukturreform (Maaz, Baumert, Neumann, Becker & Dumont, 2013) zur Verfügung. Die Daten ermöglichen eine vertiefende Beschreibung der leistungsbezogenen, sozialen und motivationalen Zusammensetzung der Berliner Schülerschaft an besonders belasteten Schulen, die sich zudem mit dem für die Partizipation am Bonus-Programm ausschlaggebenden Anteil von lernmittelzuzahlungsbefreiten Schülerinnen und Schülern (lmb-Faktor) in Beziehung setzen lässt.

3.2 Datengrundlage und Fragestellungen der Ausgangserhebung der BONUS-Studie

Die Datengrundlage für die Ausgangserhebung der BONUS-Studie (Welle 1, vgl. Abb. 2) bildet die erste Schulleiterbefragung, die im Juni 2014 rund vier Monate nach Beginn des Bonus-Programms durchgeführt wurde. An der Befragung nahmen die Schulleitungen von n=191 der insgesamt N=220 am Bonus-Programm beteiligten Schulen (vgl. Abschnitt 2.1) teil, was einer als hoch einzustufenden Teilnahmequote von 87 Prozent entspricht. Im Folgenden werden die einzelnen Fragenkomplexe der ersten Schulleiterbefragung näher beschrieben.

Fragenkomplex 1: Bewertung des Bonus-Programms durch die Schulleitungen

Im Rahmen des ersten Fragenkomplexes der Ausgangserhebung der BONUS-Studie sollte zunächst die Bewertung des Bonus-Programms und die an das Programm geknüpften Erwartungshaltungen der Schulleitungen hinsichtlich des Erreichens der übergeordneten Ziele des Programms betrachtet werden. Denn es ist davon auszugehen, dass die Akzeptanz einer Maßnahme und die an eine Reformmaßnahme geknüpften Erwartungen eine wesentliche Rolle für die Implementation und erfolgreiche Umsetzung einer schulischen Innovation spielen (Böse, Neumann, Becker, Maaz & Baumert, 2013; Gräsel, 2010; Hasselhorn, Köller, Maaz & Zimmer, 2014). Dabei standen zwei übergeordnete Fragestellungen im Vordergrund:

1) Wie bewerten die Schulleiterinnen und Schulleiter das Bonus-Programm sowohl hinsichtlich globaler und konzeptioneller (übergreifende Perspektive) als auch spezifischer Aspekte (Einzelbestandteile des Bonus-Programms)?
2) Welche Erwartungen haben die Schulleiterinnen und Schulleiter bezüglich der Auswirkungen des Bonus-Programms auf die Schülerschaft sowie die Schule?

Neben einer Gesamtbetrachtung über alle Schulen erfolgte dabei in Teilbereichen auch eine schulformspezifische Darstellung der Befunde für die Schulleitungen der Grundschulen, Förderschulen, Gymnasien, Integrierten Sekundarschulen und Gemeinschaftsschulen. Zudem wurden im Zuge des ersten Fragenkomplexes offene Fragen ausgewertet, mit denen die Schulleitungen Stärken und Schwächen des Bonus-Programms beurteilen und mögliche Optimierungsbedarfe aufzeigen konnten.

Fragenkomplex 2: Umsetzung des Bonus-Programms an den Schulen

Der zweite Fragenkomplex widmete sich den schulischen Ausgangslagen und der Umsetzung des Programms an den Schulen. Mit Blick auf die einerseits heterogenen Problemlagen sowie andererseits vielfältigen Möglichkeiten und Gestaltungsspielräume der Schulen, die im Rahmen des Bonus-Programms zur Verfügung gestellten Mittel einzusetzen, wurden im Zuge des zweiten Fragenkomplexes drei zentrale Fragestellungen formuliert:

1) Durch welche schülerschafts-, schul- und unterrichtsbezogenen Aspekte fühlen sich die Schulen besonders herausgefordert bzw. belastet und welche Ziele und Verbesserungen streben sie mit dem Bonus-Programm an?

2) Welche Maßnahmen sehen die Schulen für die Erreichung ihrer Ziele vor und wie stellt sich der bisherige Mittelabfluss in der ersten Förderperiode dar?
3) Wie gestaltet sich die organisatorische Umsetzung des Bonus-Programms an den Schulen, welche Entscheidungsaspekte werden für die Mittelverwendung herangezogen und wie schätzen die Schulleitungen ihre Erfahrungen und Fähigkeiten im Bereich der freien Mittelbewirtschaftung ein?

Auch hier erfolgte in Teilbereichen neben einer Gesamtbetrachtung über alle Schulen eine schulformspezifische Darstellung der Befunde.

Fragenkomplex 3: Beschreibung der Schülerschaft an Schulen in herausfordernder Lage

Gegenstand des dritten Fragenkomplexes war die vertiefende Beschreibung der Zusammensetzung der Schülerschaft von Schulen mit unterschiedlichen Anteilen an lernmittelzuzahlungsbefreiten Schülerinnen und Schülern (lmb-Faktor), um Hinweise auf die grundsätzliche Eignung des für die Partizipation am Bonus-Programm zentralen lmb-Faktors für die Mittelzuweisung zu erhalten. Im Zentrum steht hier die Frage, wie stark die lmb-Quote mit Merkmalen der leistungsbezogenen und sozialen Zusammensetzung der Schülerschaft der Programm-Schulen assoziiert ist.

4. Ausgewählte Befunde der Ausgangserhebung der BONUS-Studie

Im Folgenden werden erste ausgewählte Befunde aus dem Zwischenbericht zur ersten Schulleiterbefragung im Rahmen der BONUS-Studie dargestellt (Maaz, Böse & Neumann, 2016). Im Zentrum stehen dabei die im vorangegangenen Abschnitt beschriebenen Fragenkomplexe 1 und 2 zur Bewertung und Umsetzung des Bonus-Programms an den Schulen.

4.1 Ausgewählte Befunde zur Bewertung des Bonus-Programms durch die Schulleitungen

Mit Blick auf die Fragestellungen des ersten Fragenkomplexes (vgl. Abschnitt 3.2), sollen im Folgenden zunächst die Ergebnisse zu den Bewertungen der globalen, konzeptionellen als auch spezifischen Aspekte des Bonus-Programms zusammenfassend beschrieben werden. Anschließend wird ein Überblick über die Befunde zu den schülerschafts- und schulbezogenen Erwartungshaltungen der Schulleitungen hinsichtlich der Auswirkungen des Programms gegeben.

Insgesamt positive Bewertung des Bonus-Programms

Die Befunde zur globalen und konzeptionellen Bewertung des Bonus-Programms fielen insgesamt überwiegend positiv aus und liefern damit Hinweise für die grundsätzliche Akzeptanz des Programms auf Seiten der Schulleitungen. Hinsichtlich der globalen Bewertungsaspekte des Programms zeigte sich ein hoher Zustimmungsgrad (vgl.

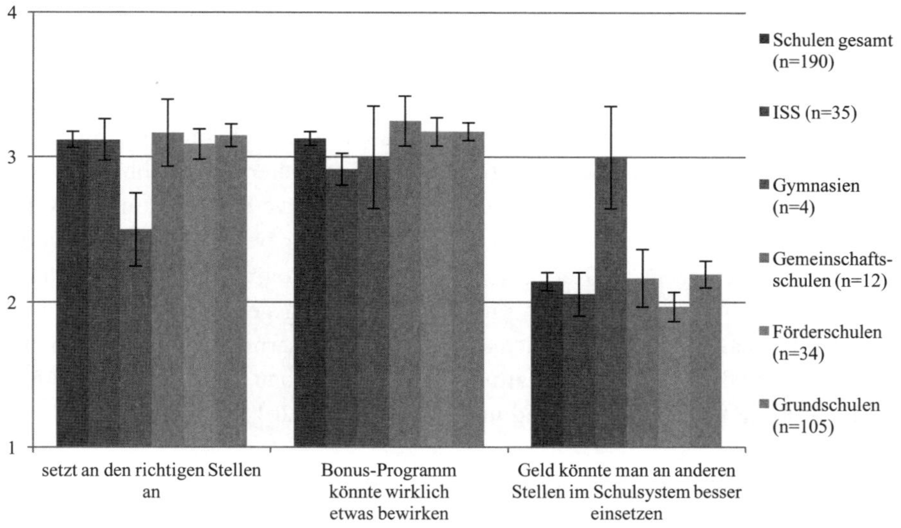

Anmerkung. Skalierung: 1 = *trifft überhaupt nicht zu*, 2 = *trifft eher nicht zu*, 3 = *trifft eher zu*, 4 = *trifft völlig zu.*

Abbildung 3: Globale Bewertung des Bonus-Programms mit Angaben von Schulleiterinnen und Schulleitern der Integrierten Sekundarschulen, Gymnasien, Gemeinschaftsschulen, Förderschulen sowie Grundschulen (Mittelwerte und 95%-Konfidenzintervalle)

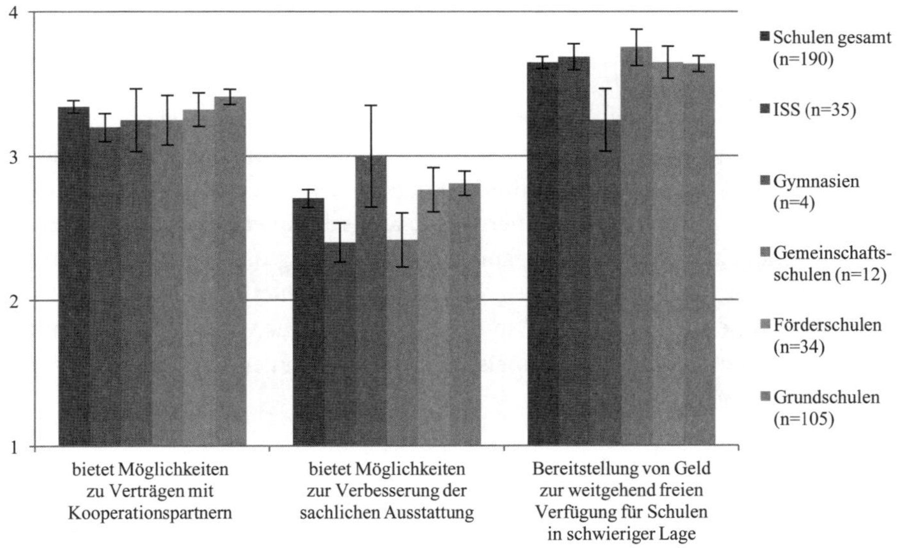

Anmerkung. Skalierung: 1 = *trifft überhaupt nicht zu*, 2 = *trifft eher nicht zu*, 3 = *trifft eher zu*, 4 = *trifft völlig zu.*

Abbildung 4: Konzeptionelle Bewertung des Bonus-Programms mit Angaben von Schulleiterinnen und Schulleitern der Integrierten Sekundarschulen, Gymnasien, Gemeinschaftsschulen, Förderschulen sowie Grundschulen (Mittelwerte und 95%-Konfidenzintervalle)

Abb. 3). Einzig für die Schulleiterinnen und Schulleiter der Gymnasien fanden sich hier zum Teil etwas verhaltenere Einschätzungen, wobei jedoch einschränkend erwähnt werden muss, dass diese Einschätzungen vor dem Hintergrund der geringen Gymnasial-Stichprobe (*N*=4) nicht überinterpretiert werden sollten. Auch die konzeptionellen Aspekte des Programms stießen insgesamt betrachtet auf eine breite Zustimmung unter den befragten Schulleiterinnen und Schulleitern (vgl. Abb. 4).

Insbesondere sei an dieser Stelle auf die (sehr) positive Einschätzung des Grundgedankens der Bereitstellung von finanziellen Mitteln zur weitgehend freien Verfügung verwiesen, der das zentrale Kernelement des Bonus-Programms darstellt. Skeptischer äußerten sich die Schulleiterinnen und Schulleiter hingegen bezogen auf den Aspekt, dass das Bonus-Programm Möglichkeiten zur Verbesserung der sachlichen Ausstattung, wie zum Beispiel die Ausstattung bzw. den Aufbau einer Schulbibliothek (Senatsverwaltung für Bildung, Jugend und Wissenschaft, 2014b), bietet.

Differenzierte Bewertung der einzelnen Bestandteile des Programms

Auch die meisten Einzelbestandteile des Programms wie die autonome Entscheidungshoheit über den Mitteleinsatz, das Ausmaß der Förderung und die angesetzten Förderschwellen sowie die Kooperationszulage und die *AktionsraumPlus*-Zulage trafen überwiegend auf Zustimmung (vgl. Abb. 5).

Gleichwohl stießen einzelne Aspekte auf weniger Akzeptanz bei den Schulleitungen. So standen die Schulleiterinnen und Schulleiter dem Aspekt des über die Jahre ansteigenden erfolgsabhängigen Leistungsbonus bei gleichzeitig zurückgehenden erfolgsunabhängigen Basiszuweisungen eher ablehnend gegenüber. Dies scheint jedoch zu Programmbeginn insofern plausibel und nachvollziehbar zu sein, als dass dieser Aspekt bei den Schulen Unsicherheiten in der weiteren Mittelverwendung hervorrufen könnte und womöglich als Sanktionierung wahrgenommen wird. Die insgesamt eher positive Einschätzung des Abschlusses von bindenden Zielvereinbarungen deutet jedoch darauf hin, dass der im Bonus-Programm verankerte leistungsbezogene Aspekt in seinen Grundsätzen akzeptiert wird. Kritisch äußerten sich die Schulleiterinnen und Schulleiter auch in Bezug auf die Bereitstellung der gleichen Fördersummen unabhängig von der Schulgröße. Lediglich die Schulleiterinnen und Schulleiter der Förderschulen beurteilten diesen Aspekt eher positiv, was vor dem Hintergrund, dass es sich bei diesen Schulen um zumeist eher kleine Schulen handelt, durchaus nachvollziehbar erscheint.

Vorsichtig-zurückhaltende Erwartungen an das Bonus-Programm

Bezüglich des Erreichens der übergeordneten Zielstellungen des Bonus-Programms mit Bezug auf die Schülerschaft (vgl. Abb. 6) und die Schule (vgl. Abb. 7) fanden sich bei den Schulleitungen insgesamt eher vorsichtig-zurückhaltende Erwartungshaltungen. Das spiegelte sich in Einschätzungen leicht über oder unter den theoretischen Skalenmittelwerten der eingesetzten Fragen wider.

Mit Blick auf die intendierte Zielstellung, dass das Bonus-Programm dazu beitragen soll, Bildungsbenachteiligungen von Schülerinnen und Schülern auszugleichen und Schulen in schwieriger Lage unterstützen wird, mit der wachsenden Hete-

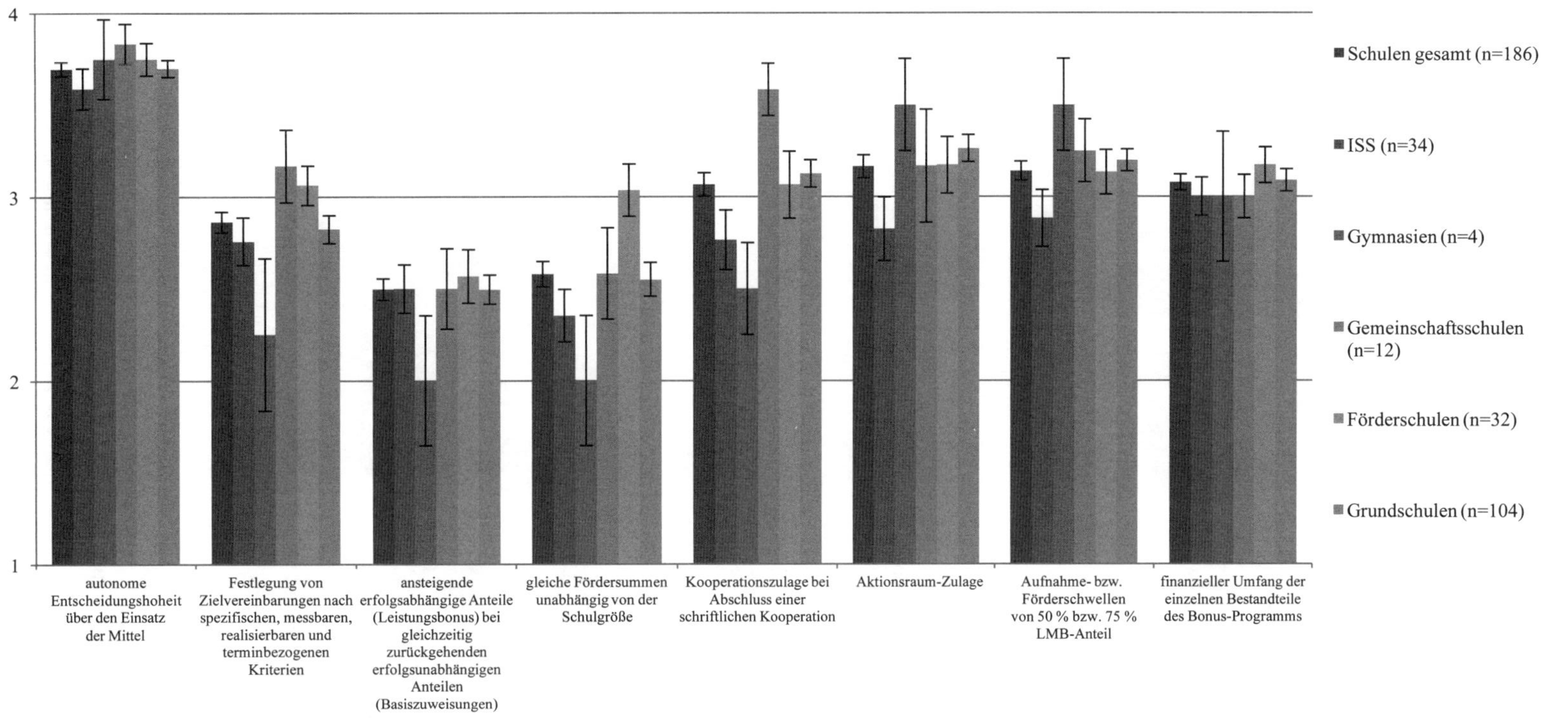

Anmerkung. Skalierung: 1 = *nicht sinnvoll*, 2 = *eher nicht sinnvoll*, 3 = *eher sinnvoll*, 4 = *sehr sinnvoll*.

Abbildung 5: Bewertung einzelner Bestandteile des Bonus-Programms mit Angaben von Schulleiterinnen und Schulleitern der Integrierten Sekundarschulen, Gymnasien, Gemeinschaftsschulen, Förderschulen sowie Grundschulen (Mittelwerte und 95%-Konfidenzintervalle)

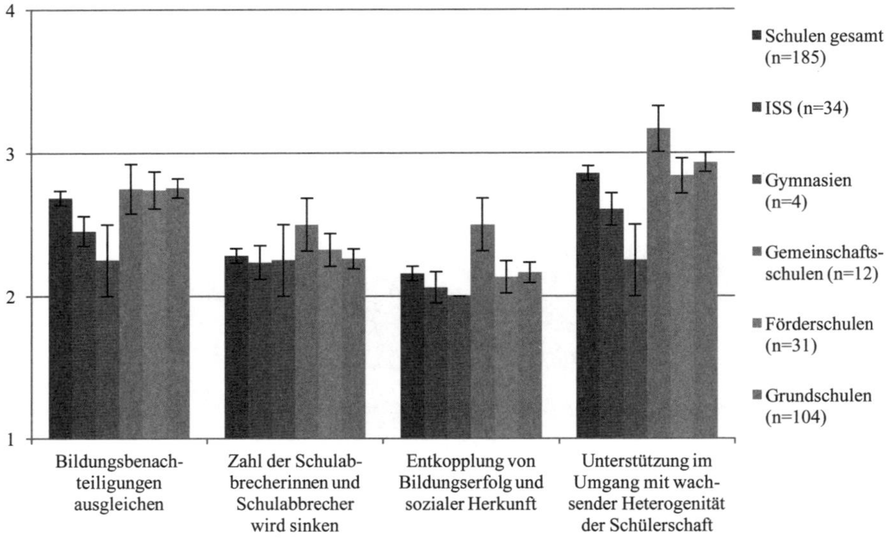

Anmerkung. Skalierung: 1 = *trifft überhaupt nicht zu*, 2 = *trifft eher nicht zu*, 3 = *trifft eher zu*, 4 = *trifft völlig zu.*

Abbildung 6: Erwartungen an das Bonus-Programm bezogen auf die Schülerschaft mit Angaben von Schulleiterinnen und Schulleitern der Integrierten Sekundarschulen, Gymnasien, Gemeinschaftsschulen, Förderschulen sowie Grundschulen (Mittelwerte und 95%-Konfidenzintervalle)

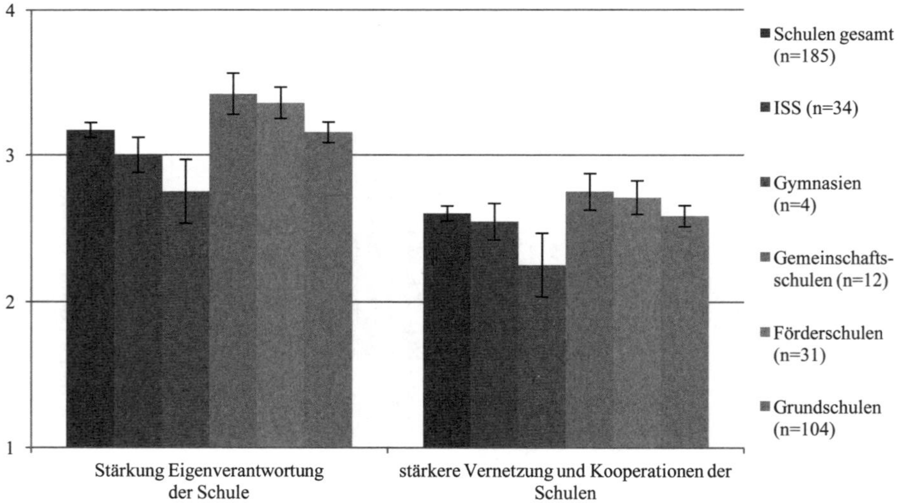

Anmerkung. Skalierung: 1 = *trifft überhaupt nicht zu*, 2 = *trifft eher nicht zu*, 3 = *trifft eher zu*, 4 = *trifft völlig zu.*

Abbildung 7: Erwartungen an das Bonus-Programm bezogen auf die Schule mit Angaben von Schulleiterinnen und Schulleitern der Integrierten Sekundarschulen, Gymnasien, Gemeinschaftsschulen, Förderschulen sowie Grundschulen (Mittelwerte und 95%-Konfidenzintervalle)

rogenität der Schülerschaft umzugehen, zeigten sich eher positive Erwartungen. Vor dem Hintergrund, dass diese beiden Aspekte zentrale Zielsetzungen des Bonus-Programms darstellen, können diese Einschätzungen durchaus positiv gewertet werden. Eher skeptisch zeigten sich die Schulleiterinnen und Schulleiter im Bezug darauf, dass das Bonus-Programm dazu führen wird, die Zahl der Schulabbrecher zu reduzieren und eine Entkopplung von sozialer Herkunft und Bildungserfolg zu erreichen, was gerade mit Blick auf den letzten Aspekt, angemessen-realistische Erwartungshaltungen auf Seiten der Schulleitungen verdeutlicht.

Hinsichtlich der Erwartungen in Bezug auf die Stärkung der Eigenverantwortung der Schulen durch das Bonus-Programm zeigten sich eher optimistische Erwartungen. Vor dem Hintergrund der Regularien des Bonus-Programms, deren zentrales Moment die Bereitstellung zusätzlicher finanzieller Mittel zur weitestgehend freien Verfügbarkeit ist, erscheint diese positive Erwartungshaltung durchaus plausibel. Eher skeptisch zeigten sich die Schulleitungen dahingehend, dass Schulen stärker miteinander kooperieren werden. Dies erscheint mit Blick auf die durchaus positive Bewertung des Aspekts, dass das Bonus-Programm vielfältige Möglichkeiten bietet, mit Kooperationspartnern Verträge zu schließen sowie der positiven Beurteilung der Kooperationszulage eher weniger plausibel.

4.2 Ausgewählte Befunde zur Umsetzung des Bonus-Programms an den Schulen

Im Folgenden soll auf die Ergebnisse der Fragestellungen des zweiten Fragenkomplexes (vgl. Abschnitt 3.2) eingegangen werden. Dabei werden zunächst die Ergebnisse zu den Problemlagen berichtet, mit denen sich die Schulen konfrontiert sehen. Anschließend erfolgt die Skizzierung der Zielsetzungen sowie der Maßnahmen, die mit Hilfe des Bonus-Programms verfolgt werden sollen, wobei auch auf den Mittelabfluss eingegangen werden soll. Abschließend soll dargestellt werden, wie sich die organisatorische Umsetzung des Bonus-Programms gestaltet, welche Entscheidungsaspekte für die Mittelverwendung einbezogen werden und wie die Schulleiterinnen und Schulleiter ihre Kenntnisse und Fähigkeiten in der eigenverantwortlichen Mittelbewirtschaftung einschätzen.

Hauptbelastungsfaktoren an den Schulen: Arbeitsbelastung der Lehrkräfte, hoher Sprachförderbedarf und unzureichende Lernförderung im Elternhaus

Die Schulleiterinnen und Schulleiter der Schulen insgesamt sehen in der allgemeinen Arbeitsbelastung der Lehrkräfte, dem erhöhten Sprachförderbedarf ihrer Schülerinnen und Schüler sowie in der unzureichenden Lernförderung der Schülerinnen und Schüler durch das Elternhaus die größten Belastungsfaktoren (vgl. Abb. 8). Als weitere Belastungsfaktoren werden vor allem hohe Anteile an leistungsschwachen und emotional-sozial beeinträchtigten Schülerinnen und Schülern, Unterschiede in den individuellen Lernvoraussetzungen und erzieherische Problemlagen aufgeführt. Zum Teil lassen sich schulformspezifische Belastungsfaktoren identifizieren, etwa mit Blick auf

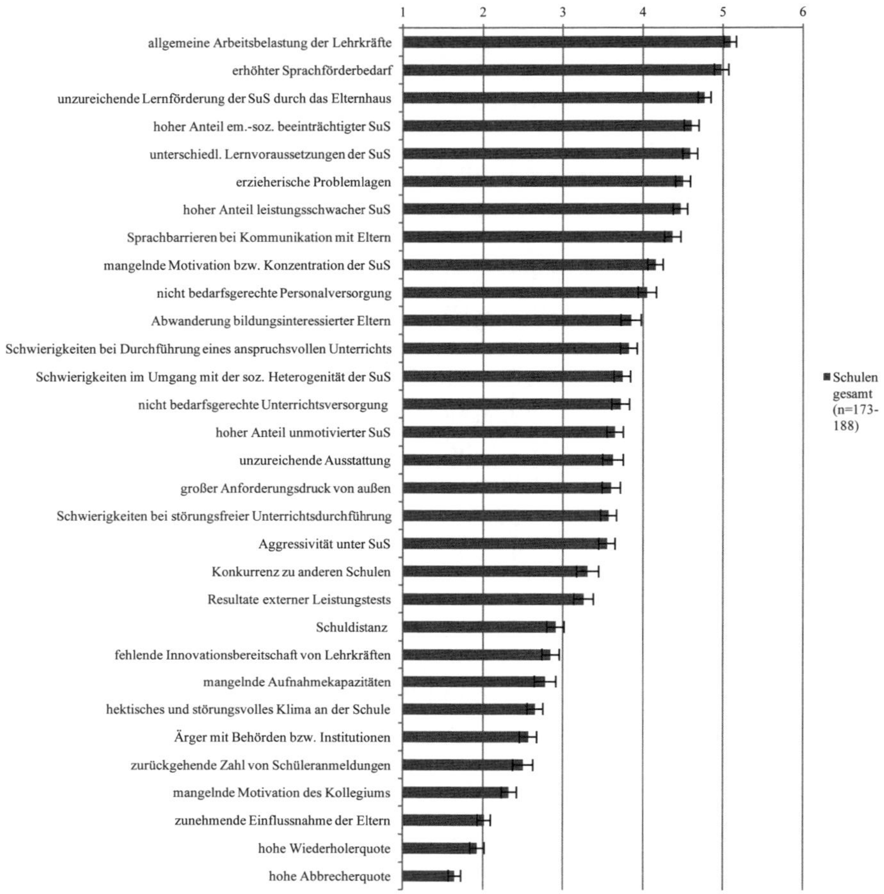

Anmerkung. Skalierung: 1 = *trifft überhaupt nicht zu* bis 6 = *trifft voll und ganz zu*.

Abbildung 8: Schulische Problemlagen mit Angaben von Schulleiterinnen und Schulleitern aller Schulformen (Mittelwerte und 95%-Konfidenzintervalle)

die Abbrecherquote, Schuldistanz und zurückgehende Anmeldezahlen, die für die Integrierten Sekundarschulen von größerer Bedeutung sind.

Hauptziele der Schulen im Rahmen des Bonus-Programms: Lern- und Motivationsförderung und Steigerung sozialer Kompetenzen

Die Zielsetzungen der Schulen (vgl. Tab. 2) beziehen sich hauptsächlich auf eine verbesserte Lern- und Motivationsförderung sowie die Steigerung sozialer Kompetenzen und damit verbundene schulklimatische Verbesserungen sowie schulorganisatorische Entwicklungsaspekte (Struktur, Organisation, Außenwirkung der Schule). Die schulformspezifischen Betrachtungen (vgl. Abb. 9) zeigten, dass für die Integrierten Sekundarschulen besonders die quantifizierbaren Schulerfolge (z.B. Verringerung Abbrecherquote, Schuldistanz) im Vordergrund standen. Die hohen Anteile im Bereich der

Tabelle 2: Zielsetzungen der Schulen im Hinblick auf die Verwendung der Mittel aus dem Bonus-Programm

Meta-kategorie	Kategorie	Beispiele	Relative Häufigkeit (in %)
Schüler	Lernkompetenzen	„Förderung der Lernmotivation", „Verbesserung der individuellen Schülerförderung", „Verbesserung der Lernbedingungen", „Lernförderung"	16,7
	Soziale Kompetenzen/ Schulklima	„Gewaltprävention", „Verbesserung des Schulklimas", „Verbesserung des sozialen Verhaltens", „Verminderung der Aggressivität", „Förderung der Sozialkompetenzen der Schülerinnen und Schüler"	13,8
Schule	Struktur, Organisation, Außenwirkung	„Öffnung der Schule nach außen", „Verbesserung Angebot des Ganztages (TheaterAG, Internetcafé)", „Verbesserung der Kommunikationsstruktur an der Schule", „Koordinierung + Neustrukturierung der Konzepte zur sozialen Kompetenzentwicklung aller am Schulleben Beteiligten", „Wirksamkeit des Schulprofils erhöhen für die Attraktivität der Schule"	15,3

Anmerkung. Die hier dargestellten Ziele sind eine Auswahl der am häufigsten genannten Zielkategorien.

individuellen Lernförderung an den Gemeinschaftsschulen sowie im Bereich der sozialen Kompetenzen und dem Schulklima an den Förderschulen verweisen darauf, dass ein Großteil der Schulen die Mittel aus dem Bonus-Programm für den Ausbau und die Verbesserung schulprogrammatischer Schwerpunktsetzungen verwenden wollen.

Hauptmaßnahmen, welche die Schulen im Zuge des Bonus-Programms ergreifen wollen: Kooperationen, Arbeitsgemeinschaften und Projekte sowie schulinterne Fortbildungen

Der überwiegende Teil der Schulleiterinnen und Schulleiter sah den Abschluss von Kooperationen als geeignete Maßnahme für das Erreichen ihrer Ziele an (vgl. Abb. 10), wobei hier erklärend festgehalten werden muss, dass die Programm-Regularien den Abschluss von Kooperationen mit beispielsweise anderen Schulen, Kindertagesstätten oder Hochschulen mit einer Kooperationszulage in Höhe von 10.000 EUR honorieren (Senatsverwaltung für Bildung, Jugend und Wissenschaft, 2013, vgl. auch Abschnitt 2.2). Beispielhaft für den Abschluss von Kooperationen nannten die Schulleiterinnen und Schulleiter Kooperationsverträge mit Oberschulen zur Gestaltung des Übergangs von der Grundschule in die weiterführende Schule oder Kooperationsverträge mit freien Trägern der Jugendhilfe. Die Installation von Arbeitsgemeinschaften und Projekten wurde als zweithäufigste Maßnahme für die Erreichung der Zielstellungen genannt. Beispielhaft können hier Theater- und Zirkusprojekte sowie die Schulhofgestaltung aufgeführt werden. Am dritthäufigsten wurden schulinterne Fortbildungen als Maßnahme genannt. Hier führten die Schulleiterinnen und Schulleiter z.B. Teamentwicklung, inklusive Schulentwicklung oder Fortbildungen zu Lernwerkstätten als Maßnahmen auf.

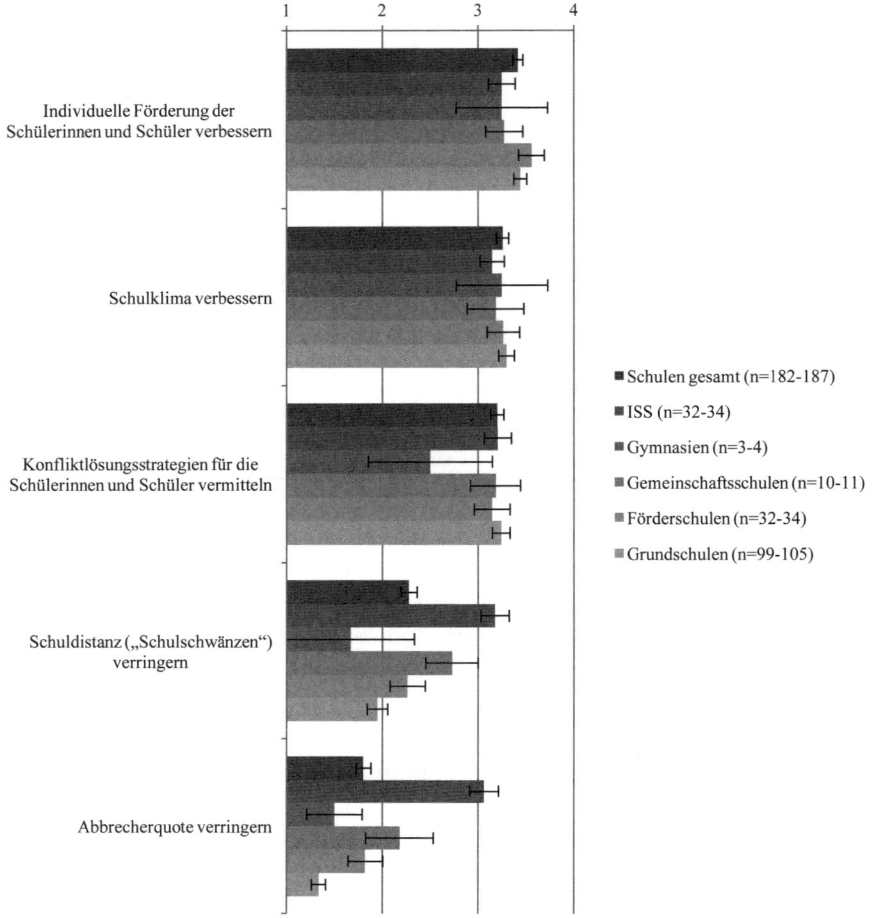

Anmerkung. Skalierung: 1 = *trifft nicht zu* bis 4 = *trifft zu*.

Abbildung 9: Angestrebte Verbesserungen mit Hilfe des Bonus-Programms mit Angaben von Schulleiterinnen und Schulleitern der Integrierten Sekundarschulen, Gymnasien, Gemeinschaftsschulen, Förderschulen sowie Grundschulen (Mittelwerte und 95%-Konfidenzintervalle)

Hohe Mittelausschöpfungsquote am Ende der ersten Förderperiode

Mit einer mittleren Ausschöpfungsquote von knapp 95 Prozent kann festgehalten werden, dass die Schulen nahezu alle der zur Verfügung gestellten Mittel ausgeschöpft haben. Rund 80 Prozent der Schulen haben mehr als 90 Prozent der Mittel verausgabt. Bei rund 8 Prozent der Schulen lag die Ausschöpfungsquote unter 80 Prozent (vgl. Tab. 3).

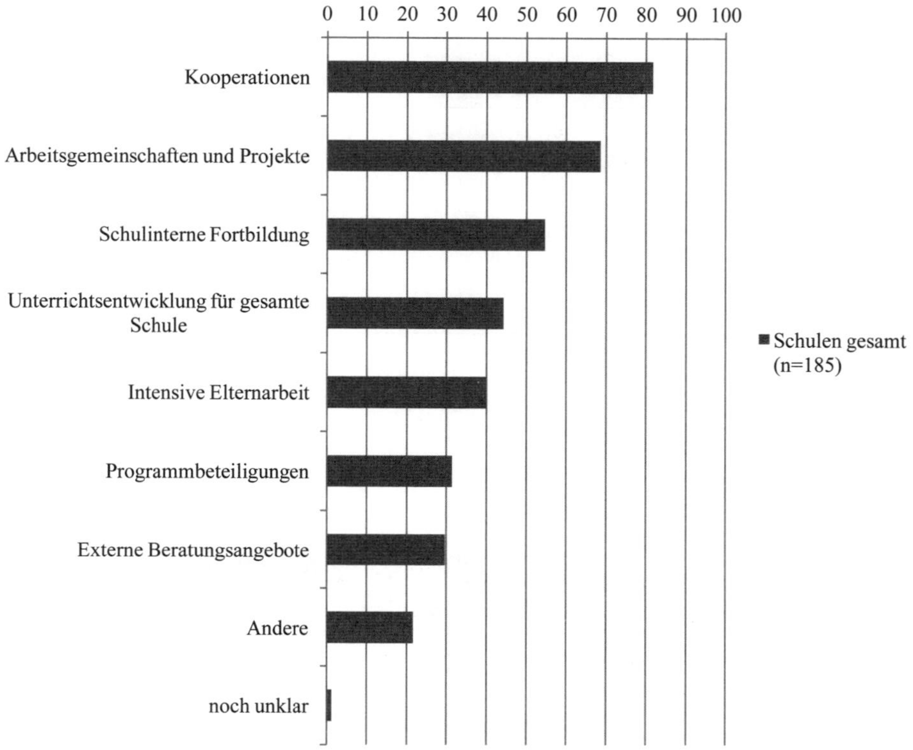

Abbildung 10: Maßnahmen der Zielerreichung im Zuge des Bonus-Programms mit Angaben der Schulleiterinnen und Schulleiter aller Schulformen (in %)

Die Organisation und Koordination des Bonus-Programms liegt in den Händen der Schulleiterinnen und Schulleiter

Die Ergebnisse bezüglich der Verantwortlichkeiten im Bonus-Programm zeigten, dass vor allem die Schulleitungen an den Schulen für die Organisation und Koordination des Bonus-Programms verantwortlich sind. Neu gebildete schulische Gremien für die Umsetzung des Programms sind vergleichsweise selten anzutreffen (vgl. Abb. 11).

Primäre Entscheidungsgrundlagen für die Mittelverwendung: Wünsche des Personals, das Schulprogramm und soziale Bedarfe

In den Entscheidungsprozess über die Mittelverwendung werden vor allem Wünsche bzw. Angebote des Personals, wie z.B. der Lehrkräfte, das Schulprogramm sowie soziale und schulpädagogische Bedarfe einbezogen (vgl. Abb. 12).

Tabelle 3: Anteil verausgabter Mittel aus dem Bonus-Programm für die erste Zielperiode (Abrechnungsstand 25.11.2015)

Anteil verausgabter Mittel	Anzahl der Schulen	Anteil in Prozent	kumulative Prozente
59 bis 70%	6	2,8	2,8
70,01 bis 80%	12	5,6	8,3
80,01 bis 90%	26	12,0	20,4
90,01 bis 99%	64	29,6	50,0
über 99%	108	50,0	100,0

Anmerkung. Quelle: Abrechnungsübersicht SenBJW, 25.11.2015.

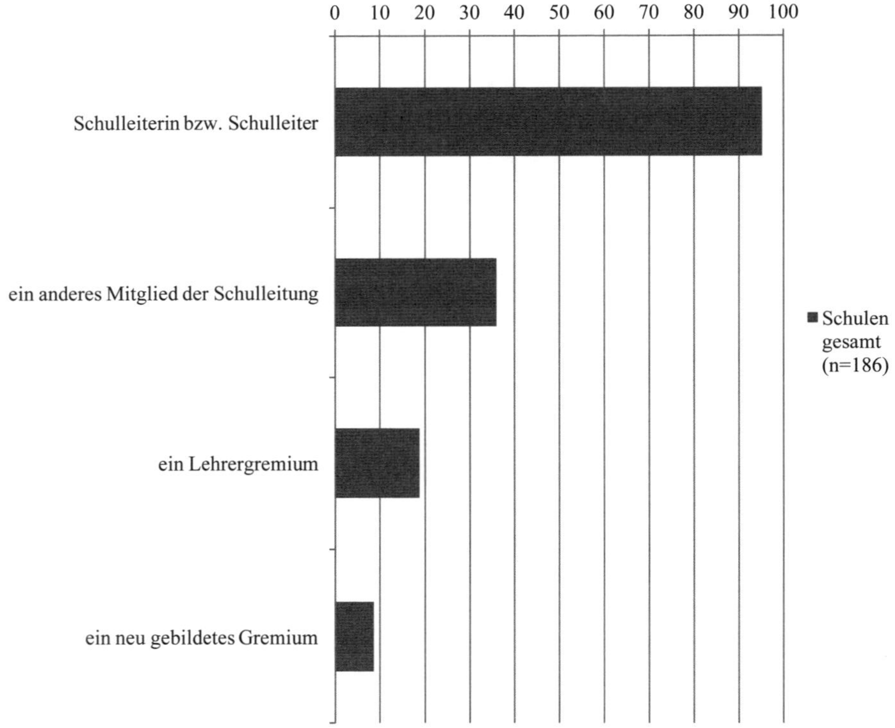

Abbildung 11: Verantwortliche Personen/Personengruppen für das Bonus-Programm mit Angaben der Schulleiterinnen und Schulleiter aller Schulformen (in %)

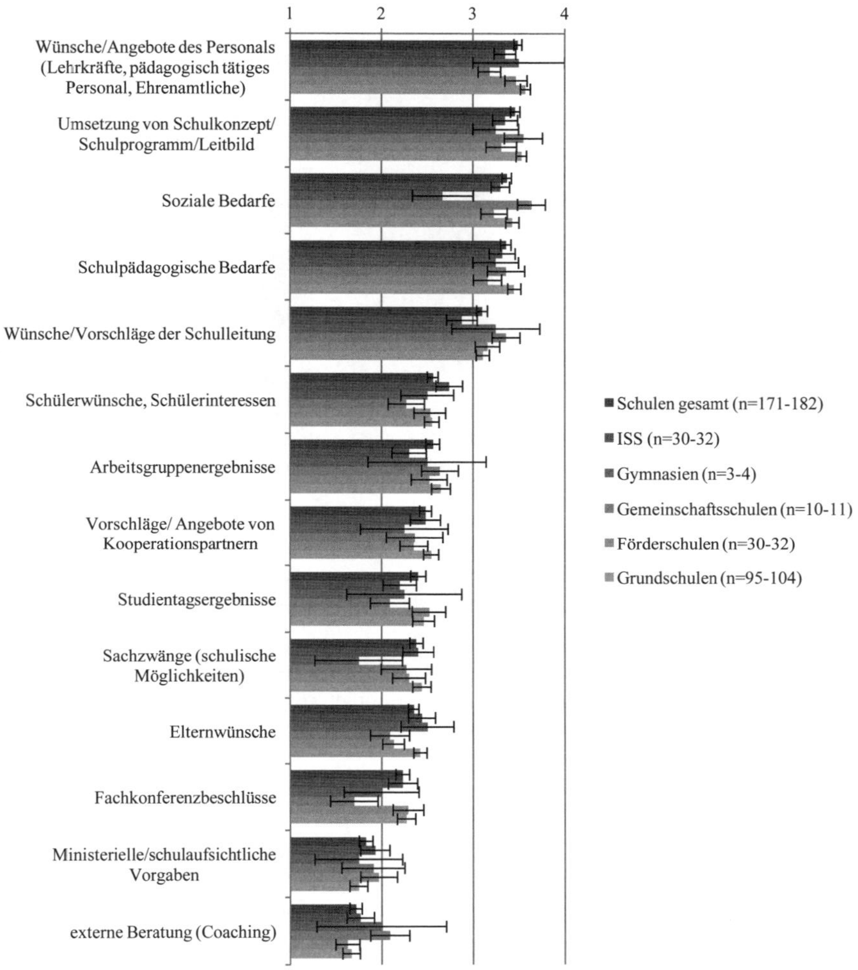

Anmerkung. Skalierung: 1 = *gar nicht* bis 4 = *sehr stark.*

Abbildung 12: Entscheidungsprozess über die Mittelverwendung mit Angaben von Schulleiterinnen und Schulleitern der Integrierten Sekundarschulen, Gymnasien, Gemeinschaftsschulen, Förderschulen sowie Grundschulen (Mittelwerte und 95%-Konfidenzintervalle)

Fundierte Erfahrungen bzw. Kenntnisse und Fähigkeiten in der eigenständigen Mittelbewirtschaftung

Der überwiegende Teil der Schulleiterinnen und Schulleiter hat bereits vor der Einführung des Bonus-Programms Erfahrungen in der Verwendung und Überwachung global zur Verfügung gestellter Sach- und Personalmittel gesammelt. Die (Selbst-) Einschätzungen der Schulleiterinnen und Schulleiter bezüglich ihrer Kenntnisse und Fähigkeiten in der Verwendung und Überwachung global zur Verfügung stehender Sach- bzw. Personalmittel fielen insgesamt eher gut aus (vgl. Abb. 13).

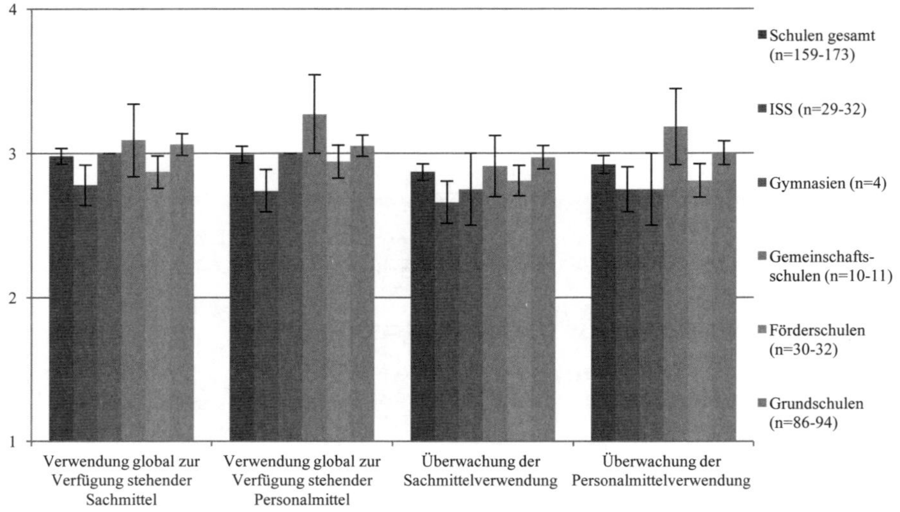

Anmerkung. Skalierung: 1 = *sehr gering*, 2 = *eher gering*, 3 = *eher gut*, 4 = *sehr gut*.

Abbildung 13: Kenntnisse und Fähigkeiten eigenverantwortlicher Mittelbewirtschaftung mit Angaben von Schulleiterinnen und Schulleitern der Integrierten Sekundarschulen, Gymnasien, Gemeinschaftsschulen, Förderschulen sowie Grundschulen (Mittelwerte und 95%-Konfidenzintervalle)

5. Fazit und Ausblick

Die hier berichteten ersten Befunde aus der wissenschaftlichen Begleitung des Berliner Bonus-Programms deuten aufgrund der positiven Bewertung des Programms zunächst darauf hin, dass die Schulen als Adressaten das Programm grundsätzlich angenommen haben. Vor allem dem Grundgedanken des Programms, Schulen in herausfordernden Lagen zusätzliche Mittel zur eigenständigen und weitgehend freien Verfügung zu stellen, stehen die beteiligten Schulen sehr positiv gegenüber, was auch vor dem Hintergrund des Diskurses zur Schulautonomie als ein positives Zeichen gewertet dafür werden kann, dass die Schulen ihre eigenverantwortliche Rolle angenommen haben. Entsprechend scheint es auch wenig verwunderlich, dass die Schulleiterinnen und Schulleiter dem erfolgsabhängigen Leistungsbonus eher skeptisch gegenüber stehen, stellt dieser doch womöglich eine Einschränkung für eine langfristige und nachhaltige Planung und Finanzierung dar.

Einen bemerkenswerten und zugleich erfreulichen Befund stellt die hohe Mittelausschöpfungsquote von knapp 95% in der ersten Zielvereinbarungsphase des Programms dar. Zieht man hier als Vergleichsmaßstab die eher ernüchternden Befunde zur eigenständigen Sachmittelbewirtschaftung aus dem rund 10 Jahre zuvor in Berlin durchgeführten „Modellvorhaben eigenverantwortliche Schule (MeS)" (Avenarius et al., 2006; Senatsverwaltung für Bildung, Wissenschaft und Forschung, 2007) heran, lässt sich mit Blick auf das Ausmaß der Mittelverwendung für die Startphase des Bonus-Programms ein deutlich positiveres Zwischenfazit ziehen. Denkbar ist hier zum einen, dass die Schulen im Verlauf der letzten Jahre routinierter im Umgang mit eigenständigen Mitteln geworden sind, was sich auch in dem Befund andeutet, dass sie ihre Kenntnisse und Fähigkeiten in der Verwendung global zur Verfügung stehender Mittel insgesamt eher gut einschätzen. Auch könnte dies ein Indiz für eine gelungene Begleitung durch die Bildungsadministration sein, die den Schulen passgenaue Beratung und Begleitung zuteilwerden lässt.

Diskussionswürdig erscheint der Befund, dass die Schulleiterinnen und Schulleiter, die Kooperationszulage auf den ersten Blick ein wenig indifferent bewerten. So stehen sie dieser zwar grundsätzlich positiv gegenüber und sehen im Abschluss von Kooperationen auch eine präferierte Maßnahme zum Erreichen ihrer Ziele, gleichzeitig aber gingen sie eher nicht davon aus, dass Schulen aufgrund des Bonus-Programms nun stärker miteinander kooperieren werden. Eine mögliche Erklärung für dieses Befundmuster könnte darin liegen, dass die Schulen bereits im Rahmen des Schulgesetzes dazu angehalten sind, zusammen zu arbeiten, sodass eine (noch) ausgeprägtere Kooperation im Rahmen des Programms als eher unwahrscheinlich eingestuft wird. Hier bedarf es weiterführender Betrachtungen, auch unter Hinzunahme der qualitativen Datengrundlagen der BONUS-Studie.

Mit dem Bonus-Programm hat das Land Berlin ein Förderprogramm auf den Weg gebracht, das zwei derzeit vieldiskutierte Forschungsansätze verbindet: Zum einen erfolgt mit der Ausrichtung des Programms auf Schulen, die sich in einer herausfordernden bzw. schwierigen Lage befinden, die Fokussierung auf die bislang nur unzureichend geklärte Frage, wie es Schulen, die mit multiplen Problemlagen konfrontiert sind, gelingen kann, diesen adäquat zu begegnen und damit, auf längere Sicht hin gesehen, die Qualität der schulischen und unterrichtlichen Arbeit zu verbessern und dabei die spezifischen Bedürfnisse der Schülerschaft angemessen zu berücksichtigen.

Zum anderen zielen die Regularien des Programms, wie beispielsweise die autonome Entscheidung über den Einsatz der Mittel, auf eine Stärkung der schulischen Eigenverantwortung ab, womit dem Umstand Rechnung getragen wird, dass vor allem die Einzelschule als „Motor“ der Schulentwicklung (Dalin & Rolff, 1990) gesehen werden kann. Indem das Bonus-Programm den Schulen größtmögliche Gestaltungsspielräume und Entscheidungsmöglichkeiten einräumt, andererseits aber auch verbindliche Zielvereinbarungen und deren Zielüberprüfung durch die regionale Schulaufsicht vorsieht, verbindet das Programm mit einer weitgehenden Autonomie bei gleichzeitiger Rechenschaftslegung zwei wesentliche Elemente des aktuellen Steuerungsdiskurses (Altrichter & Maag Merki, 2016).

Perspektivisch wird es interessant sein zu sehen, welche mittel- bis langfristigen Auswirkungen das Bonus-Programm auf die Arbeit der Schulen und die Bildungsergebnisse der Schülerinnen und Schüler haben wird. Eine wichtige Frage zielt dabei auf mögliche Bedingungsfaktoren für einen mehr oder weniger erfolgreichen Umgang mit dem Programm auf Ebene der einzelnen Schulen ab, um im Sinne von *Best Practice*-Beispielen Ansatzpunkte für die möglichst erfolgreiche Förderung und Entwicklung von Schulen in schwieriger Lage zu generieren.

Literatur

Abgeordnetenhaus Berlin. (2013). *Drucksache 17/1400. Beschlussempfehlung.* Berlin.

Abgeordnetenhaus Berlin. (2015). *Drucksache 17/2095. Umsetzung der Maßnahmen für Schulen im Bonus-Programm.* Berlin.

Altrichter, H. & Maag Merki, K. (Hrsg.). (2016). *Handbuch Neue Steuerung im Schulsystem* (2. Aufl.). Wiesbaden: VS Verlag für Sozialwissenschaften.

Altrichter, H., Rürup, M. & Schuchart, C. (2016). Schulautonomie und die Folgen. In H. Altrichter & K. Maag Merki (Hrsg.), *Handbuch Neue Steuerung im Schulsystem* (2. Aufl., S. 107–149). Wiesbaden: VS Verlag für Sozialwissenschaften.

Avenarius, H., Brauckmann, S., Döbert, H., Isermann, K., Kimming, T. & Seeber, S. (2006). *Durch größere Eigenverantwortlichkeit zu besseren Schulen: Ergebnisbericht der wissenschaftlichen Begleitung des „Modellvorhabens eigenverantwortliche Schule (MeS)" im Land Berlin.* Berlin, Frankfurt am Main.

Baumert, J., Stanat, P. & Watermann, R. (Hrsg.). (2006). *Herkunftsbedingte Disparitäten im Bildungswesen: Differenzielle Bildungsprozesse und Probleme der Verteilungsgerechtigkeit: Vertiefende Analysen im Rahmen von PISA 2000.* Wiesbaden: VS Verlag für Sozialwissenschaften.

Böse, S., Neumann, M., Becker, M., Maaz, K. & Baumert, J. (2013). Beurteilung der Berliner Schulstrukturreform durch Schulleiterinnen und Schulleiter, Lehrkräfte und Eltern. In K. Maaz, J. Baumert, M. Neumann, M. Becker & H. Dumont (Hrsg.), *Die Berliner Schlstrukturreform. Bewertung durch die beteiligten Akteure und Konsequenzen des neuen Übergangsverfahrens von der Grundschule in die weiterführenden Schulen* (S. 209–261). Münster: Waxmann.

Bourdieu, P. (1983). Ökonomisches Kapital, kulturelles Kapital, soziales Kapital. In R. Kreckel (Hrsg.), *Soziale Ungleichheiten. Sonderband 2 der Zeitschrift Soziale Welt* (S. 183–198). Göttingen: Schwartz & Co.

Dalin, P. & Rolff, H.-G. (1990). *Institutionelles Schulentwicklungsprogramm. Eine neue Perspektive für Schulleiter, Kollegium und Schulaufsicht.* Soest.

Dubs, R. (2002). Finanzautonomie, Globalhaushalt und Globalbudget an Schulen: Ziele, Probleme und Erfolgsvoraussetzungen. In N. Thom, A. Ritz & R. Steiner (Hrsg.), *Effektive Schulführung. Chancen und Risiken des Public Managements im Bildungswesen* (S. 37–63). Bern: Paul Haupt.

Dumont, H., Neumann, M., Maaz, K. & Trautwein, U. (2013). Die Zusammensetzung der Schülerschaft als Einflussfaktor für Schulleistungen: Internationale und nationale Befunde. *Psychologie in Erziehung und Unterricht, 60,* 163–183.

Gräsel, C. (2010). Stichwort: Transfer und Transferforschung im Bildungsbereich. *Zeitschrift für Erziehungswissenschaft, 13* (1), 7–20.

Hanushek, E. A. & Wößmann, L. (2007). The role of school improvement in economic development. *CESifo working paper,* (1911), 1–94.

Harris, A. (2010). Improving schools in challenging contexts. In A. Hargreaves, A. Lieberman, M. Fullan & D. Hopkins (Hrsg.), *Second International Handbook of Educational Change* (1 Aufl., S. 693–706). Dordrecht: Springer.

Harris, A. & Chapman, C. (2002). Democratic leadership for school improvement in challenging contexts. *International Electronic Journal for Leadership in Learning, 6* (9). Verfügbar unter: http://eprints.gla.ac.uk/75099/1/75099.pdf [10.01.2017].

Hasselhorn, M., Köller, O., Maaz, K. & Zimmer, K. (2014). Implementation wirksamer Handlungskonzepte im Bildungsbereich als Forschungsaufgabe. *Psychologische Rundschau, 65* (3), 140–149.

Leithwood, K., Harris, A. & Strauss, T. (2010). *Leading school tunraround: How successful leaders transform low-performing schools.* San Francisco: John Wiley & Sons.

Maaz, K., Baumert, J., Neumann, M., Becker, M. & Dumont, H. (Hrsg.). (2013). *Die Berliner Schlstrukturreform: Bewertung durch die beteiligten Akteure und Konsequenzen des neuen Übergangsverfahrens von der Grundschule in die weiterführenden Schulen.* Münster: Waxmann.

Maaz, K., Böse, S. & Neumann, M. (2016). BONUS-Studie. Wissenschaftliche Begleitung und Evaluation des Bonus-Programms zur Unterstützung von Schulen in schwieriger Lage in Berlin: *Zwischenbericht über die erste Schulleiterbefragung aus dem Schuljahr 2013/2014.* Berlin.

Maaz, K., Neumann, M. & Baumert, J. (2014). *Herkunft und Bildungserfolg von der frühen Kindheit bis ins Erwachsenenalter: Forschungsstand und Interventionsmöglichkeiten aus interdisziplinärer Perspektive (Sonderheft 24–2014 der Zeitschrift für Erziehungswissenschaft).* Wiesbaden: VS Verlag für Sozialwissenschaften.

Muijs, D., Harris, A., Chapman, C., Stoll, L. & Russ, J. (2004). Improving schools in socioeconomically disadvantaged areas. A Review of the research evidence. *School Effectiveness and School Improvement, 15* (2), 149–175.

Palardy, G. J. (2008). Differential school effects among low, middle, and high social class composition schools: a multiple group, multilevel latent growth curve analysis. *School Effectiveness and School Improvement, 19* (1), 21–49.

Racherbäumer, K., Funke, C., van Ackeren, I. & Clausen, M. (2013). Schuleffektivitätsforschung und die Frage nach guten Schulen in schwierigen Kontexten. In R. Becker & A. Schulze (Hrsg.), *Bildungskontexte. Strukturelle Voraussetzungen und Ursachen ungleicher Bildungschancen* (1. Aufl., S. 239–267). Wiesbaden: SpringerVS.

Sachverständigenrat deutscher Stiftungen für Integration und Migration [SVR]. (2013). *Segregation an deutschen Schulen. Ausmaß, Folgen und Handlungsempfehlungen für bessere Bildungschancen.* Berlin: Buch- und Offsetdruckerei H. Heenemann.

Schulte, K., Hartig, J. & Pietsch, M. (2014). Der Sozialindex für Hamburger Schulen. In D. Fickermann & N. Maritzen (Hrsg.), *HANSE – Hamburger Schriften zur Qualität im Bildungswesen. Bd. 13: Grundlagen für eine daten- und theoriegestützte Schulentwicklung. Konzeption und Anspruch des Hamburger Instituts für Bildungsmonitoring und Qualitätsentwicklung (IfBQ)* (S. 67–80). Münster: Waxmann.

Senatsverwaltung für Bildung, Jugend und Wissenschaft. (2013). *Bonus-Programm: Unterstützung für Schulen in schwieriger Lage.* Berlin.

Senatsverwaltung für Bildung, Jugend und Wissenschaft. (2014a). *Handreichung: Zielvereinbarung und Bewertungsprozess im Bonus-Programm.* Berlin.

Senatsverwaltung für Bildung, Jugend und Wissenschaft. (2014b). *Handreichung für das Bonus-Programm.* Berlin.

Senatsverwaltung für Bildung, Wissenschaft und Forschung. (2007). *Bildung für Berlin: MES – Erfahrungen und Empfehlungen.* Berlin.

Senatsverwaltung für Stadtentwicklung und Umwelt. (2013). *Aktionsräume plus: Bilanz und Ausblick.* Berlin.

Solga, H. & Wagner, S. (2001). Paradoxie der Bildungsexpansion: Die doppelte Benachteiligung von Hauptschülern. *Zeitschrift für Erziehungswissenschaft, 4* (1), 107–127.

Tillmann, K.-J. & Weishaupt, H. (2015). Ansätze bedarfsorientierter Ressourcenausstattung von sozial belasteten Schulen in Deutschland. *Zeitschrift für Bildungsverwaltung, 31* (2), 5–26.

Cornelia von Ilsemann & Maike Reese

Das Aktionsprogramm „Schule macht sich stark" im Rückblick

Ein Schulentwicklungsprojekt im Bundesland Bremen für Schulen in kritischer Lage

Das Land Bremen hat im Jahr 2004 das erste Schulentwicklungsprojekt für Schulen „in schwieriger Lage" in Deutschland initiiert. Es konzentrierte sich auf wenige Ziele und stellte den Unterricht in den Mittelpunkt der notwendigen Veränderung. Das Projekt dauerte fünf Jahre und setzte auf systematische Fortbildung der Kollegien, Hospitationsreisen, Erfahrung mit praxistauglichen Schulentwicklungsinstrumenten sowie die gezielte Unterstützung und Beteiligung der Schulleitungen. Begleitend wurden auf Wunsch der Schulen Strukturmaßnahmen umgesetzt (Ganztagsschule, Umwandlung in Gesamtschulen …). Schulaufsicht, Landesinstitut und Behörde waren systemisch einbezogen. Die wissenschaftliche Evaluation des Projekts bezog die Veränderung von Schülerleistungen ebenso ein wie die im Prozess gewonnen professionellen Erfahrungen der Lehrkräfte und die neu entwickelten Team- und Schulentwicklungsstrukturen innerhalb der Schulen. Transferprodukte entstanden sowohl für andere Schulen in Bremen als auch für die Fortbildungsarbeit des Landesinstituts.

Nachfolgend werden zunächst der Kontext und Rahmenbedingungen in Bremen zur Einführung des Schulentwicklungsprojektes dargelegt, bevor Ziele, Maßnahmen und Ergebnisse des Projekts vorgestellt werden. Der Beitrag schließt mit einem Fazit sowie einigen Überlegungen auf Basis der Projekterkenntnisse dazu, was möglicherweise in zukünftigen, ähnlichen Entwicklungsprojekten optimiert werden kann.

1. Kontext und Rahmenbedingungen

Nach den erschreckenden PISA-Befunden des Landes Bremen im Jahr 2001 rief der damalige Bildungssenator Willi Lemke, unterschiedliche gesellschaftliche Gruppen zu einem *Runden Tisch Bildung* zusammen. Die Beteiligten verabschiedeten einvernehmlich ein Maßnahmenpaket, das der Benachteiligung von Jugendlichen aus bildungsarmen Elternhäusern, die in sozial benachteiligten Stadtteilen zur Schule gehen, entgegenwirken und insgesamt höhere Leistungen und mehr Bildungsgerechtigkeit erreichen sollte. Im Ergebnis wurde eine Strategie der Qualitätsentwicklung für Schule und Unterricht erarbeitet. Alle Schulen Bremens waren demnach verpflichtet, eine jährliche Arbeitsplanung zu erstellen, für die bestimmte Schwerpunkte vorgegeben, andere frei wählbar waren. Nach zweimaliger Aufstellung eines solchen Jahresarbeitsplanes mussten die Schulen daraus zum Jahr 2007 verbindlich ein Schulprogramm entwickeln. Parallel wurden alle allgemein bildenden Schulen durch das Institut für Schulentwicklung in Überlingen (Dr. Otto Seydel) extern evaluiert. Die Ergebnisse waren Gegenstand von Zielvereinbarungsgesprächen zwischen den Schulleitungen und der Schulaufsicht. Diese Einzelschritte zu einem regelhaften Qualitätszirkel der Steuerung von zunehmend eigenverantwortlichen Schulen geworden.

In diesem Kontext entstand das Aktionsprogramm für Schulen in „besonders schwieriger Lage“ ebenfalls aus einem Vorschlag des *Runden Tisches Bildung*. Es zielte auf eine empirisch nachweisbare Verbesserung der Schülerleistungen in den Basiskompetenzen und auf die Förderung von Selbstständigkeit und Verantwortungsübernahme bei den Schülerinnen und Schüler Der Name *„Schule macht sich stark“* (*SMS*) war Programm: Schulen sollten nicht von außen umgewandelt werden („turnaround“), sondern sich selbst der Herausforderung stellen, die Verantwortung für das Lernen der Schülerinnen und Schüler zu übernehmen. Für diesen Prozess sollten sie mit dem Projekt professionelle Unterstützung erhalten.

2. Ziele und Maßnahmen des Aktionsprogramms

Ausgewählt wurden Schulen der Sekundarstufe I (Jg. 5 bis 10) in Bremen und Bremerhaven, die in sozialen Brennpunkten lagen und auch im Inneren Krisensymptome zeigten: schlechte Leistungsergebnisse, zerstrittene oder erschöpfte Kollegien, schwache oder neu hinzugekommene Schulleitungen, mangelnde Akzeptanz durch die Eltern und das schwierige sozioökonomische Umfeld (siehe Tab. 1).

Die Teilnahmeentscheidung lag bei den Schulen, wobei eine einfache Mehrheit des Kollegiums dafür votiert haben musste. Eine deutlichere Befürwortung war gerade in Schulen mit inneren Krisensymptomen nicht zu erwarten.

Tabelle 1: Merkmale von Schulen in kritischer Lage

Faktoren	**Indikatoren**
Schwieriges soziales Umfeld	gem. Sozialindex der Stadt Bremen[1]
Kritische Lage des Kollegiums oder der Schulleitung	Wenig Kooperation der Lehrkräfte, unausgeprägtes Leitungshandeln Mangelnde Strukturen für OE/UE/PE
Schwache kognitive Leistungsergebnisse	Mangelnde Kompetenz im Lesen, Schreiben, Rechnen und in weiteren Fachkompetenzen
Soziale Probleme im Schulleben	Erhebliche Konflikte Wenig Verantwortungsübernahme für das eigene Lernen

1 Der Sozialindex wird in Bremen von der Stadtentwicklungsbehörde erstellt. Er enthält bezogen auf jeden einzelnen Wohnblock in der Stadtgemeinde Bremen unterschiedliche Indikatoren, die bereits statistisch erfasst werden, darunter die Alters- und Familienstruktur, das Familieneinkommen bzw. die Abhängigkeit von Transferzahlungen, die Nationalität und die Herkunftssprache der Familie.

Das Projekt konzentrierte sich auf zwei Ziele, die die Kompetenzen der Schülerinnen und Schüler in den Mittelpunkt stellten:

I die Beherrschung der Basiskompetenzen vor allem in den Fächern Deutsch und Mathematik zu sichern,

II die Selbstständigkeit und Verantwortungsübernahme der Schülerinnen und Schüler für ihr eigenes Lernen zu steigern.

Ergänzend wurden auch die gezielte Sprachförderung sowie die Berufsorientierung bzw. Sicherung des Übergangs nach dem Ende des Jg. 10 in Ausbildung oder weiterführende Bildungsgänge in den Fokus genommen.

Einer vorausgewählten Gruppe von Schulen, die die o.g. Kriterien erfüllten, wurde ein zweistufiges Verfahren angeboten. Sie konnten sich zunächst als Piloten für die zu dem Zeitpunkt gerade erst im Aufbau befindliche externe Evaluation entscheiden. Auf der Basis des Evaluationsberichts erfolgte die abschließende Entscheidung. Alle 20 angesprochenen Schulen entschieden sich für die externe Evaluation, 15 wollten anschließend an dem Projekt teilnehmen, für das nur 12 Plätze zur Verfügung standen. Dieses zweistufige Verfahren hat sich bewährt, weil die Schulen selbst sich zu dem Projekt bekannt hatten und dies die Bereitschaft erhöhte, verbindlich an den Bausteinen des Projekts teilzunehmen.

Mit den Projektschulen wurde ein *Kontrakt* geschlossen und die Schulen haben sich konkret dazu verpflichtet:

- Das Erreichen der Ziele des Projekts systematisch zu verfolgen und zu sichern,
- dabei insbesondere die Zahl der Schulabbrecher, Wiederholer und Übergänger in „niedrige" Schularten zu senken bei gleichzeitiger Steigerung des Anteils der Schülerinnen und Schüler, die in einen weiterführenden Bildungsgang übergehen oder einen Ausbildungsplatz bekommen,
- den Unterricht zunehmend auf die individuelle Unterstützung von Schülerinnen und Schülern in heterogenen Lerngruppen auszurichten, und den Schülerinnen und Schülern Erfahrungen bei der Verantwortungsübernahme zuzutrauen und zuzumuten,
- eine Steuergruppe einzurichten, die den schulinternen Entwicklungsprozess koordiniert und steuert,
- an den wissenschaftlichen Evaluationen und der Überprüfung der Lernentwicklung teilzunehmen und die Ergebnisse für die Weiterentwicklung der Schule zu nutzen,
- mit der Schulaufsicht jährliche Ziel- und Leistungsvereinbarungen über zielgerichtete Maßnahmen zur Umsetzung der Projektziele abzuschließen,
- Fortbildung in Bezug auf die o.g. Ziele des Projekts im Kollegium gemeinsam zu planen und für die Umsetzung des Gelernten in der Schule zu sorgen sowie über die Verwendung der Fortbildungsressourcen Rechenschaft abzulegen,
- über den Entwicklungsprozess halbjährlich zu berichten.

Die Schulen erhielten jeweils vier zusätzliche Planungsstunden sowie ein Fortbildungsbudget von bis zu 20.000 EUR pro Jahr. Kaum eine Schule hat dies ausgereizt. Die Behörde sicherte ihnen zudem einen hohen Gestaltungsspielraum für pädagogische Konzepte zu. Sie konnten für unkonventionelle Lösungen von rechtlichen Normen oder Verordnungen abweichen, – mit Ausnahme der Abschlussregelungen. Die Schulen wurden darüber hinaus bei der Entscheidung für Ganztagsschulstandorte vorgezogen.

Die folgende Grafik zeigt die Projektarchitektur des Schulentwicklungsprogramms:

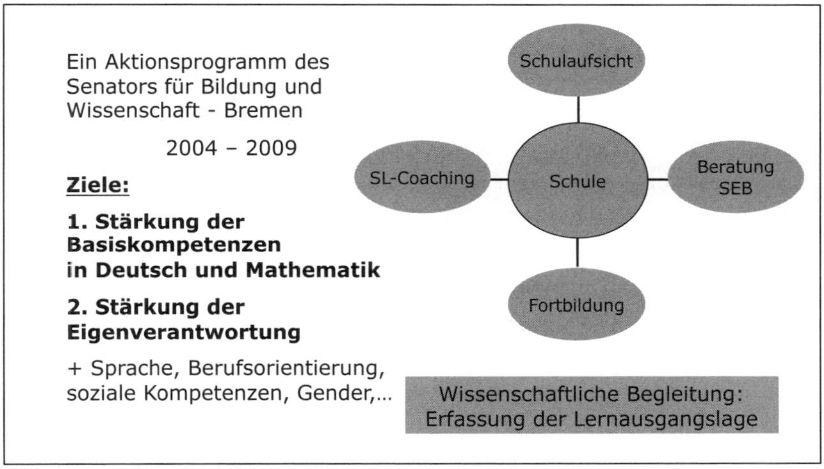

Abbildung 1: Überblick Aktionsprogramm Schule macht sich stark (Reese, 2005)

2.1 Qualifizierung der Lehrkräfte

Die Schulen konnten ihr Fortbildungsprogramm – im Rahmen der Projektziele – selbst steuern. Für dessen Entwicklung bzw. einzelne Fortbildungsmaßnahmen bot auch das Landesinstitut (LIS) Beratung an. Dort wurde ein Team von Unterrichtsentwicklern zusammengestellt, das schulinterne Fortbildungen zu verschiedenen Themenbereichen durchführte. Insbesondere die Jahrgangsfachteams in Deutsch und Mathematik erhielten systematisch schulinterne Fortbildung bei der Erstellung, Umsetzung und Reflexion von Unterrichtseinheiten/Lernarrangements, die didaktisch und methodisch auf die heterogene Schülerschaft der jeweiligen Schulen abgestimmt waren. Jede Schule hatte feste Ansprechpartner in der Begleitung des Prozesses der Unterrichtsentwicklung. Daneben standen natürlich auch die Regelangebote des Landesinstituts den SMS-Schulen offen. Im Laufe der Zeit entstand im Landesinstitut eine *Lernwerkstatt für Lehrkräfte* in der eine umfangreiche Materialsammlung und Software für individualisierenden Unterricht entwickelt wurde. *Hospitationsreisen* zu Best-practice-Schulen ergänzten das Programm, sowohl gemeinsame Reisen aller Schulleitungen als auch schulintern festgelegte Reisen von Schulteams zu individuell gewählten Schulen. Diese gemeinsamen Expeditionen haben sich als überwältigend wirksam und inspirierend erwiesen. Es machte für die Praktiker z.B. einen großen Unterschied, ob sie nur von reformpädagogischen Konzepten hören oder diese in der gelebten und bewährten Praxis erleben. En passant wurden viele kleine Anregungen aufgenommen und für den eigenen Alltag angepasst und übernommen.

2.2 Schulentwicklungsbegleitung für jede Schule

Das Volldampf fahrende Schiff muss bei schwerer See einen ruhigeren Kurs einschlagen

Dem Aktionsprogramm „*Schule macht sich stark*" gingen in allen Fällen schon verschiedene punktuelle Versuche zur Veränderung voraus.

Die Beratung traf dabei auf eine schwierige Ausgangslage, die sich von „gewöhnlichen" Beratungssituationen unterschied. Die schulischen Akteure waren sowohl am Ende ihres Lateins als auch ihrer Kraft. Sie mussten auch den Misserfolg von bisherigen Maßnahmen wahrnehmen und anerkennen. Der Überblick über die zahlreichen „Baustellen" war verloren gegangen, so dass die Prozesse nicht mehr zielorientiert und steuerbar waren. Andererseits war die Wahrnehmung der positiven Seiten und Erfolge eingeschränkt, so dass diese als stärkende Ressource erst wieder erschlossen werden mussten.

Hierfür sind ein externer Blick und strukturierende Hilfe sinnvoll. Für jede Schule stand deshalb ein Schulentwicklungsberater (SEB) zur Verfügung.

Die Beratung von Schulen in kritischer Lage oder von Kollegien in einer Krise ist eine besondere Herausforderung: Sie wurde in Bremen als Teil des Projekts verordnet. Damit wird ein zentrales Grundprinzip der Freiwilligkeit für Beratung konterkariert. Die Beteiligten müssen die Motivation für den Beratungsprozess in der Anfangsphase oft erst entwickeln bzw. mit dem Berater gemeinsam finden. Aus diesem Grunde war die Arbeitsbeziehung mit dem SEB von vornherein auf mindestens ein Jahr definiert, um ein vorschnelles Aufgeben zu verhindern – gleichzeitig bestand die Möglichkeit, das Arbeitsbündnis mit dem Schulentwicklungsbegleiter nach diesem ersten Jahr zu beenden oder eben neu zu bestätigen und fortzuführen.

Die Aufgabe der SEB bestand in der Moderation des Schulentwicklungsprozesses, der Anleitung der Teamentwicklung, der Unterstützung der Arbeit der Steuergruppe und der Hilfestellung bei der Interpretation und Umsetzung der Ergebnisse der Lernstandsuntersuchung („Von Daten zu Taten!"). Mit zunehmender Sicherheit im Prozess haben die Schulleitungen im Laufe der Zeit Schulentwicklungsberaterinnen und Berater ausgetauscht bzw. zu bestimmten Aufgaben gezielt ausgewählt.

2.3 Coaching der Schulleitungen

Eine der wirksamsten Unterstützungsleistungen im Projekt war das kollegiale Coaching der Gruppe der Schulleitungen durch einen externen Berater, – so lautete deren eigene Einschätzung. Zu Themen wie PE-Gesprächen, Umgang mit Widerstand, Rollenklärung bei der Steuerung des Prozesses etc. erhielten die Schulleitungen Unterstützung durch Fallbesprechungen, Intervision, gegenseitige Hilfe und fachkundige Beratung. Das kollegiale Netzwerk der beteiligten Schulleitungen, das sich damals zusammenfand, blieb auch nach dem Abschluss des Projekts erhalten.

2.4 Koppelung mit der Steuerungsebene der Schulaufsicht und dem Unterstützungssystem

Eine Besonderheit des Aktionsprogramms SMS war die enge Verzahnung mit der schulaufsichtlichen Steuerung. Die Schulaufsicht war Mitunterzeichner des Kontrakts mit den Schulen und sicherte darin zu, mit den beteiligten Schulen jährliche Zielvereinbarungen abzuschließen, in denen die Beratungsleistungen, begleitendes Controlling und Meilensteingespräche, Hilfen insbesondere auch bei Personalfragen (Einzelfallunterstützung unter Beachtung der Mitbestimmungsregelungen), beschrieben und in ihrer Umsetzung geregelt wurden. In diesen Zielvereinbarungen wurden auch die Planungen der Schule festgehalten. Auch das LIS war mit seinen Unterstützungsleistungen in den Kontrakt eingebunden.

Die Unterstützung umfasste insgesamt folgende Adressaten und Aktivitäten (siehe Abb. 2):

1. Stärkung der Schulleitungen durch Coaching und Beratung
2. Personalentwicklung und Qualifizierung der Lehrkräfte
   - eine jährlich erneuerte, auf die Ziele der Schulentwicklung abgestimmte Fortbildungsplanung und -dokumentation
   - schulinterne Fortbildung/gemeinsame Unterrichtsentwicklung in Teams
   - Qualifizierung der Steuergruppen
   - didaktische Werkstätten und Materialbörse im Austausch zwischen den Schulen
3. gemeinsame Hospitationsreisen der Schulleitungen zu Best Practice Schulen, später auch individuelle Reisen von Schulteams
4. Unterstützung bei der Reflexion der Lernstands-Diagnose und der Planung von Konsequenzen

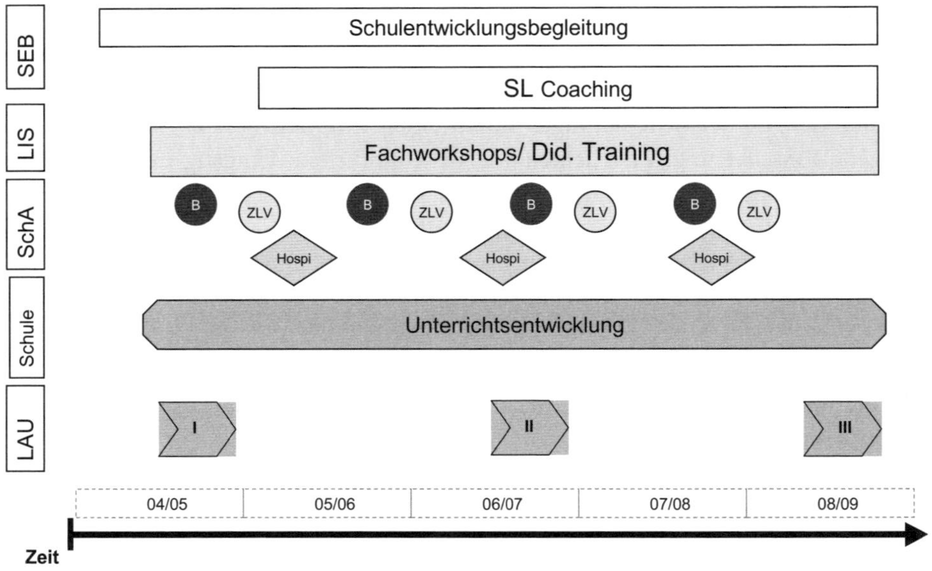

Abbildung 2: Übersicht SMS Programmbausteine 2004–2009 (SEB=Schulentwicklungsbegleitung; LIS=Landesinstitut; SchA=Schulaufsicht mit Berichten und Zielvereinbarungen; LAU=Lernstandsuntersuchung)

3. Projektorganisation und -steuerung

Die besondere Herausforderung eines systemischen Schul- und Unterrichtsentwicklungsprogramms besteht in der Synchronisation der Aktivitäten sowie der Sicherung von Kommunikation, Informationsfluss und Transparenz zwischen allen Beteiligten. Zahlreiche Personen innerhalb und außerhalb der einzelnen Projektschulen waren involviert. Schulübergreifend wurde eine Projektgruppe etabliert, an der sowohl die Schulleitungen als auch Repräsentanten des „Unterstützungssystems“ (Schulaufsicht und Landesinstitut) und der ministeriellen Ebene beteiligt waren. Die Projektleitung lag bei der Abteilungsleiterin des Bildungsressorts (Cornelia von Ilsemann), mit dem Management des Programms wurde eine externe Beraterin (Dr. Maike Reese) beauftragt.

Die Hauptverantwortung für die schulinterne Projektplanung und -durchführung trugen die Schulleitungen. Es war ihre Aufgabe, aus den SMS-Zielen einen Projektplan für den Entwicklungsprozess ihrer Schule zu entwickeln und Maßnahmen abzuleiten. Zur Umsetzung wurde in allen Schulen im ersten Projektjahr eine schulische Steuergruppe aufgebaut, in der verschiedene Fachgruppen und Jahrgänge repräsentiert waren. Für die Mitglieder der Steuergruppen war es zunächst oft schwierig, eine verantwortlich steuernde Rolle und damit eine Sonderrolle im Gesamtteam zu übernehmen. Wichtig war es hier, die Legitimation des Entwicklungsvorhabens im Sinne eines Auftrages durch die Gesamtkonferenz abzusichern. An dieser Stelle sind wir an die Grenzen eines Systems gestoßen, welches damals noch kein mittleres Management kannte.

3.1 Projektverlauf

Das Programm „*Schule macht sich stark*" startete im Herbst 2004 mit der Auswahl der Schulen und Berater sowie der Durchführung der ersten Lernstandserhebung (kurz LAU). Das erste Projektjahr war für die Schulen eine Aufbauphase, in der interne Strukturen (soweit vorhanden) überdacht, neu- oder weiterentwickelt wurden. Steuergruppen wurden eingerichtet, die Jahrgangsteambildung nahm ihren Anfang. Die Fortbildung konzentrierte sich auf dringenden Wunsch der Schulen zunächst auf die Beeinflussung des Sozialverhaltens der Schülerinnen und Schüler (Einigung auf Regeln und Rituale). Die systematische Unterrichtsentwicklung in Jahrgangs- und Fachkonferenzen begann, nachdem mit den Ergebnissen der ersten Lernstandsuntersuchung eine diagnostische Grundlage und gleichzeitig ein Monitoring für alle Schulen vorlag. Im letzten Projektjahr 2009 konzentrierten sich die Schulen auf den Abschluss begonnener Prozesse, die Vorbereitung des Transfers und die Verstetigung der Entwicklung. Es wurde beispielsweise die erprobte freie Lernzeit nun verbindlich in allen Klassen eingeführt, Lernbüros fertig ausgestattet oder Lerntagebücher für alle Schülerinnen und Schüler angeboten.

Das Aktionsprogramm SMS gliederte sich in folgende Phasen:

AUFBAUPHASE 1. Jahr	UMSETZUNGSPHASE 2.–4. Jahr	TRANSFER 5. Jahr
Diagnose	Qualifizierung	Sicherung
Zielentwicklung	Unterrichtsentwicklung	Projekte in Linie
Maßnahmenplan	Projektarbeit	Abschluss der AGs
Projektstrukturen	Schulleitungscoaching	neue Ziele definieren
Steuergruppe	Teamentwicklung	Erfolge feiern
Meilensteinkontrolle, Zwischenbilanzen & Evaluation		

3.2 Die Lernausgangslagenuntersuchung als Basis und Dokumentation der Entwicklung

Im Verlauf des SMS-Projekts wurde die konkrete Ausgangslage und Lernentwicklung (LAU) dreimal im Abstand von je zwei Jahren in den Fächern Deutsch und Mathematik in den Jahrgängen 5, 7 und 9 erhoben. Auch die kognitiven Kompetenzen – wurden erhoben. Darüber hinaus wurden die Schülerinnen und Schüler sowie die Lehrkräfte befragt:

- nach der Selbst- und Fremdeinschätzung ihrer schulischen Leistungen
- nach sozialen Kompetenzen
- nach Selbstständigkeit und Verantwortungsübernahme.

Mit der Durchführung dieser Lernstandsuntersuchungen wurde Prof. Olaf Köller, zunächst Universität Nürnberg, dann IQB, schließlich Leibniz-Institut für die Pädagogik der Naturwissenschaften und Mathematik (IPN) an der Universität Kiel beauftragt.

Die Ergebnisse wurden je Klasse und Jahrgang für die Bereiche Lesen, Rechtschreibung und Mathematik aufbereitet und an die Klassen- bzw. Fachlehrkräfte und die Schulleitung zurückgemeldet. Die Wissenschaftler haben nach Rücksprache mit den Schulleitungen ein gut verständliches Rückmeldeformat mit vielen Grafiken gewählt, das als Powerpointpräsentation für die schulinternen Auswertungskonferenzen zur Verfügung stand. Die Ergebnisse wurden im Vergleich mit Klassen der eigenen Schule sowie mit den Erwartungswerten von Schulen in vergleichbarer Lage dargestellt. U. a. wurden auch Vergleichsdaten aus Hamburger Untersuchungen, bzw. später auch Daten aus der Überprüfung der Bildungsstandards herangezogen.

Um die Rezeption und Interpretation dieser Daten in den Schulen zu erleichtern, hat die Projektleitung schulinterne Workshops angeboten, in denen die verwendeten statistischen Merkmale und deren Interpretationsmöglichkeiten bzw. -grenzen erläutert wurden. Die Frage, inwieweit die Daten schulinterne Unterrichtsentwicklungsprozesse unterstützen oder stimulieren konnten, war Gegenstand der formativen Projektevaluation durch Frau Prof. Arnold (Universität Hamburg), die ein differenziertes Bild zeigt: Diese Form der Überprüfung war den Schulen zunächst unvertraut und viele Lehrerinnen und Lehrer reagierten mit Skepsis. Allerdings änderte sich dies im Laufe der zweiten Erhebung, und bei der dritten zeigten sich bereits professionelle Routinen im Umgang mit den Daten.

4. Erfolg und Ergebnisse des Projekts

4.1 Evaluationsergebnisse

Das erste Ziel des Aktionsprogramms war die Sicherung und Verbesserung der Basiskompetenzen der Schülerinnen und Schüler. Die LAU-Studie ermöglicht für den ersten Jahrgang einen längsschnittlichen Überblick über die Entwicklung der Lernergebnisse von Jahrgang 5 bis 9. In allen Projektschulen hat sich die Schülerleistung insbesondere in Mathematik deutlich verbessert, vor allem von Jahrgang 7 zum Jahrgang 9. Für das Lesen und die Rechtschreibung gilt dies auch, allerdings weniger deutlich. Ende der Klasse 9 erreichten die Schülerinnen und Schüler der zehn schwächsten Schulen Bremens dieselben Leistungen, wie sie alle Bremer Schulen durchschnittlich bei der PISA-Studie gezeigt hatten. Prof. Köller interpretierte dies als eindrucksvolle Leistung des Projektes.

Eine weitere Kennzahl für den Erfolg des Aktionsprogramms war die Senkung der Quote der Schülerinnen und Schüler ohne Abschluss. Sie betrug zu Beginn des Projekts durchschnittlich 10% und sank bis zu dessen Ende auf 1%.

Die abschließende externe Evaluation bescheinigte den Schulen erhebliche Entwicklungsschritte, eine hohe Verantwortungsbereitschaft bei den Schulleitungen, mehr Zuversicht bei den Pädagoginnen und Pädagogen und hohe Zustimmung bei Schülerinnen und Schülern sowie den Eltern zu dem Stand der Entwicklung, dem Klima in der Schule und der Arbeit in den Klassen. Die Schülerinnen und Schüler zeigten im – methodisch variantenreicheren – Unterricht mehr Selbstständigkeit als früher, beschrieben bzw. reflektierten ihr Lernen mit Logbüchern und konnten über ihre jeweiligen Ziele und Aufgaben in Wochenplanzeiten bzw. Projekten Auskunft geben. In einigen Schulen entstanden Lern-Patenschaftssysteme (von älteren zu jüngeren Schülerinnen und Schüler) oder es wurden Streitschlichter ausgebildet. Die Berichte machten aber auch deutlich, dass die Verbesserungen noch nicht in allen Klassen eingeführt wurden und weiterer Stabilisierung bedürften.

4.2 Dokumentation und Transfer

Die Fülle der entstandenen Lösungsansätze und Produkte über alle Schulen war sehr groß: Es sind durchgeplante Unterrichtseinheiten mit vielfältigen Materialien entstanden, Konzepte für den Umgang mit „Regeln und Ritualen" und Projekte im Bereich der Schulsozialarbeit. Bei der Projektpräsentation zum Abschluss berichteten die Schulen über Transferprojekte wie z.B. die systematische Qualitätskontrolle und anschließende Dokumentation erfolgreicher Unterrichtsmaterialien innerhalb der Schule, über interne Planungsinstrumente, binnendifferenzierenden Unterricht und gezielte Sprachförderung. In einer gemeinsamen Plattform des Landesinstitutes wurden diese Ergebnisse auch anderen Schulen zur Verfügung gestellt.

Der Transfer erfolgte auch für das Landesinstitut (LIS). Die Erfahrungen in der Begleitung von Unterrichtsentwicklungsprozessen, in der Schulentwicklungsunterstützung und mit der didaktischen Reflexion hat das LIS für eine Verstetigung und die Einrichtung einer festen didaktischen Lehrerwerkstatt genutzt.

Inzwischen ist eine Sammlung erfolgreicher, diagnostischer Instrumente entstanden, die es den Lehrkräften ermöglichen, den Lernstand der Lerngruppen bei kurzfristiger Auswertung und Rückmeldung zu erheben. Ergänzt wird diese regelmäßig um zeitgemäße individualdiagnostische Instrumente. Dies erscheint uns zukünftig für die Schulen sinnvoller als eine aufwändige empirische Untersuchung, deren Ergebnisse die Schulen erst spät erreichen. Für das Monitoring des Gesamtprozesses in einem bundesweiten Pilotprojekt hat sich die wissenschaftliche Erhebung der Schülerleistungsdaten allerdings bewährt.

Das Bundesland Bremen hat inzwischen sein Schulsystem umgebaut: Neben den Gymnasien gibt es nur noch eine Schulform, die Oberschule, die Schülerinnen und Schülern das Abitur nach neun Jahren ermöglicht. Als integrierte Schulform hat sie sich der Inklusion verpflichtet Die meisten Förderzentren sind schrittweise ausgelaufen. Das stellte die Lehrkräfte, Schulleitungen und das Unterstützungssystem vor große Herausforderungen. Hier zeigte sich an vielen Beispielen, wie gut gerade die ehemaligen SMS-Schulen vorbereitet waren, den Wandel der Schulstruktur konstruktiv zu gestalten. Für sie bedeutet es eine Weiterentwicklung der bisherigen Arbeit, so dass von ihnen besondere *Best Practice*-Impulse für die weitere Entwicklung ausgingen und sie anderen Schulen Hilfestellung geben konnten.

5. Empfehlungen für zukünftige Projekte

5.1 Bewährtes Vorgehen

Angesichts der Erfolge des Projekts kann man festhalten, dass sich die Strukturelemente des Aktionsprogramms bewährt haben:

Wenige, auf den Unterricht bezogene Ziele fokussieren den Prozess.
Wenn die Entwicklungsaufgabe so komplex ist wie in den „Schulen in schwieriger Lage", gibt eine Reduzierung der Ziele allen Beteiligten eine klare Orientierungshilfe. Und da es im Kern um eine Veränderung des Lernens geht, muss der Unterricht in den Mittelpunkt gestellt werden. Davon ausgehend stellen sich den Pädagoginnen und Pädagogen die Fragen nach gemeinsam gefundenen Regeln, nach der Entwicklung von Unterrichtseinheiten im Team und weiteren Schulentwicklungsinstrumenten. Beginnt man in Projekten mit letzteren, weichen viele Beteiligte der Veränderung des Unterrichts aus und beschäftigen sich mit Nebenschauplätzen.

Der verbindliche Kontrakt hat sich im SMS-Projekt bewährt.
Die Bereitschaft, auch anstrengende Entwicklungsschritte auf sich zu nehmen und sich an Absprachen zu halten, steigt mit dem Commitment des Kollegiums gegenüber dem Projekt.

Schulentwicklung langfristig anlegen und planen – aber nicht zu lang
Von vornherein muss ein Schulentwicklungsprozess gerade an Schulen in kritischer Lage über einen mehrjährigen Zeitraum geplant werden. Punktuelle Interventionen, die in gut laufenden Systemen durchaus als Entwicklungsimpuls integriert werden, sind bei Schulen in kritischer Lage eher kontraproduktiv und werden als Irritation wahrgenommen.

Auch wenn in der Fachwelt oft gesagt wird, wirksame Schulentwicklungsprozesse brauchten mindestens 10 Jahre Zeit, war das Aktionsprogramm *SMS* kürzer angelegt, um einerseits Dynamik in die Schulen zu bringen und andererseits, durch die Notwendigkeit fokussiert arbeiten zu müssen, auch schnell Ergebnisse des Einsatzes erfahrbar zu machen. Sichtbare Erfolge sind ein wichtiger Motivator für alle Akteure.

Zusätzliche Ressourcen sind nicht alles!

Schulen in kritischer Lage sind oft überzeugt, dass sich ihre Situation mit mehr Ressourcen (kleinere Klassen, Sozialpädagogen etc…) ändern würde. Wenn die Ursachen aber in mangelnder professioneller Erfahrung, schwacher Leitung oder strukturellen Defiziten liegen, wird sich diese Hoffnung nicht erfüllen. Im Aktionsprogramm SMS hat jede Schule nur 4 Anrechnungsstunden für die Koordination und Planung bekommen sowie finanzielle Mittel für gute Fortbildungen, Reisen oder Beratung. Nur bei der Vorlage von überzeugenden pädagogischen Konzepten (z.B. Laborarbeit in Zusammenarbeit mit der Universität oder ein spezielles Förderkonzept mit einem freien Träger) gab es Unterstützung aus dem Projekt bei der Einwerbung zusätzlicher Ressourcen. Dies hat die Verantwortungsübernahme der Schulleitungen erheblich gestärkt.

Gemeinsam lernen und entwickeln in Jahrgangs- und Fachteams

Eine qualitativ gute und an den Bedarfen der jeweiligen Schulen ausgerichtete Fortbildung ist die Grundlage für eine Veränderung. Die Form der „didaktischen Werkstatt" verbindet dabei die schrittweise Veränderung und deren gemeinsame Reflexion mit neuen Angeboten. Der Aufbau von Teams stabilisiert die gewonnene Professionalität und entlastet die Lehrkräfte sowohl emotional als auch konkret in der alltäglichen Arbeit.

Die Schulleitungen beteiligen und in der Verantwortung lassen

Ohne eine glaubwürdig und professionell agierende Leitung wird die Veränderung in der Schule nicht gelingen können. Deshalb braucht die Schulleitung, gerade auch an Schulen in kritischer Lage, besondere Unterstützung. Im SMS-Projekt hat sich das kollegiale Coaching besonders bewährt (s.o.). Die Einbeziehung der Schulleitungen in die Planung und Steuerung des Projekts hat nicht nur zu viel Akzeptanz geführt, sie hat auch Fehler vermieden (die Projektleitung wäre z.B. manchmal zu schnell vorgegangen) und die Verantwortungsbereitschaft der Leitungen gestärkt.

Freilich hat sich auch gezeigt, dass nicht alle Leitungen dieser komplexen Aufgabe gewachsen waren. In solchen Fällen ist es ggfs. erforderlich, mit einem Personalwechsel zu reagieren. Dass wir das in unserem Projekt zunächst vermieden hatten, führte zu einer Auflösung und Neugründung einer der Projektschulen, weil sie trotz der Erfolge bei Schülerleistungen in den oberen Jahrgängen das Vertrauen bei den Eltern des Stadtteils verloren hatte.

Die externe Schulentwicklungsberatung hilft, den roten Faden im Blick zu behalten

Auch wenn die Schulleitung jederzeit verantwortlich für den Erfolg der Schule bleiben wird, ist ein kompetenter Prozessbegleiter ein guter Lotse auf der Fahrt durch manchmal stürmische See. Sowohl bei der vertiefenden und aktualisierenden Analyse der Ausgangslage als auch bei der Ableitung von Zielen und der Erarbeitung des Masterplans für die Schulentwicklung ist eine systemische Herangehensweise nötig. Erst ein Verständnis der Zusammenhänge erlaubt es, die zentralen „Stellschrauben" für einen nachhaltigen und Erfolg versprechenden Veränderungsprozess zu identifizieren.

Hierarchisch weit oben angebunden und systemisch eingebunden
Es ist hilfreich, wenn die Leitung solcher Schulentwicklungsprojekte in der systemischen Hierarchie weit oben angesiedelt ist oder aber rasch Zugang zu der Behördenspitze hat. Dann kann bei Krisen rasch und verbindlich reagiert werden. Das hilft auch, das Projekt systemisch einzubinden, um es nachhaltig so zu verankern, dass die Schulaufsicht und das Landesinstitut die jeweilige Schule auch nach dem Ende des Projekts weiter begleitet. Gleichzeitig lernen alle Beteiligten, wie sie auch weiterhin „Schulen in kritischer Lage“ unterstützen können.

Strukturelle Änderungen einbeziehen
Die Schülerschaft dieser Schulen ist auf vielfältige Bildungsangebote, ausreichend Bewegung und Möglichkeiten des sozialen Lernens angewiesen. Halbtagsschulen bieten für sie zu wenig Unterstützung. Deshalb hat es sich in Bremen bewährt, die beteiligten Schulen vorrangig zu Ganztagsschulen umzuwandeln, auch wenn dem Kollegium damit eine weitere Herausforderung zugemutet wurde. Schließlich ist eine Investition in marode Gebäude unter zweierlei Gesichtspunkten hilfreich: sie unterstützt eine Pädagogik der Vielfalt („Der Raum als dritter Pädagoge“) und zeigt den Eltern und dem Stadtteil, dass die Behörden der Schule mit zusätzlichen Investitionen eine Chance für die Weiterentwicklung geben.

5.2 Optimierungspotentiale

Dennoch zeigt ein Rückblick aus Sicht der Projektsteuerung Optimierungspotentiale im Sinne der Nachjustierung, bzw. stellt Hinweise für zukünftige Entwicklungsvorhaben für Schulen in kritischer Lage bereit.

Diese liegen vor allem im Spannungsfeld von Vorgaben innerhalb des Projekts und der Eigenverantwortung der Schulen, selbst Wege für die Weiterentwicklung ihres Systems und die Zielerreichung zu finden. Das SMS-Projekt hat den Schulen viel Verantwortungsübernahme abgefordert. Dies hat (nach Aussagen der Schulleitungen) dazu geführt, dass die Schulen die nunmehr erreichten Entwicklungsschritte als ihre eigenen empfinden und sich mit ihnen identifizieren. Andererseits entwickelte sich der Prozess insbesondere zu Beginn dadurch sehr langsam. Gerade bei konfliktreicher Ausgangslage im Kollegium waren Schulleitungen damit überaus gefordert, zum Teil auch überfordert. Manche Schulleitungen gaben deshalb auch an, sie hätten sich zu Beginn mehr Orientierung, gar Verpflichtung gewünscht.

Rückblickend würde die Projektleitung deshalb für ein weiteres Projekt eine andere Balance von Freiraum und Steuerung wählen. Wir würden den Schulen einige Vorgaben deutlicher an die Hand geben, mit klaren Zeitzielen versehen und ihnen damit ein „Geländer und eine Orientierung“ bieten. Die in dem Projekt entwickelten Instrumente für Schulentwicklung und Fortbildung sollten bei ähnlichen Projekten weiter konkretisiert, noch systematischer eingesetzt und durch die Schulentwicklungsbegleitung unterstützt werden. Dabei geht es um:

- *Organisationsdiagnose und Masterplan:* Auch wenn die Diagnose „kritische Lage" bereits steht, muss zum Start eines Aktionsprogramms die Ausgangslage der Schule gesichtet werden und die Informationsbasis über Entwicklungsfelder der Schule systematisch verbreitert werden. Mithilfe der Moderation des Schulentwicklungsbegleiters können diese Analysen partizipativ durchgeführt werden und somit Kooperation und Mitwirkung des Kollegiums von Beginn an gestärkt werden. Mit einem Masterplan der Schul- und Unterrichtsentwicklung gelingt es, auch große Veränderungsaufgaben in umsetzbare Teilschritte zu gliedern und zu steuern. So wird der rote Faden bzw. die *Roadmap* für den Entwicklungsprozess sichtbar.
- *Frühzeitige Bereitstellung handhabbarer diagnostischer Instrumente mit passendem Fördermaterial:* Diese könnten sowohl der individuellen Lernstandserhebungen einzelner Schülerinnen und Schüler als auch ganzer Klassen dienen und Grundlage für systematisch zu erstellende Förderkonzepte bieten. Computerbasierte Instrumente, die mit den Bildungsstandards und den Anforderungen der Bildungspläne korrespondieren, sollten allen Schulen zur Verfügung gestellt werden.
- *Unterstützung in Fragen des Unterrichtsmaterials*: Es gibt zahlreiche Angebote für Unterrichtsmaterial in den unterschiedlichen Fächern. In dieser Fülle, die geeigneten Materialien zu kennen und auszuwählen, ist zeitaufwändig und fordernd. Es sollte deshalb von kompetenter Seite eine Vorauswahl getroffen werden und in den Fach- und Jahrgangsteams die Verständigung auf einheitliche Schulbücher unterstützt werden. Bewährte Unterrichtsmaterialien anderer Schulen sollten – verbunden mit Fortbildung und didaktischer Reflexion – für die Projektschulen beschafft werden. Bei der Stunden- und Einsatzplanung sollten von der Schulleitungen Zeitgefäße für die Zusammenarbeit dieser Teams eingeplant und systematisch unterstützt und kontrolliert werden.
- *Unterstützung durch ein systematisches, didaktisch-methodisches Training* für alle Lehrkräfte, das eine längerfristige Umsetzungsbegleitung enthält. Auch Elemente der kollegialen Fallberatung oder Intervision müssen selbstverständlich sein.
- *Auf die besonderen Bedürfnisse und Herausforderungen einer heterogenen, multikulturellen Schülerschaft muss eingegangen werden.* Gerade für neu hinzugekommene Kinder steht das intensive Sprachlernen im Vordergrund. Hierbei sollten hochqualifizierte Lehrkräfte mit entsprechender Ausbildung in den Bereichen DaF/DaZ eingesetzt werden. Die Herkunftssprachen sollten als Kapital und zu fördernde Kompetenz genutzt werden. Die Zusammenarbeit mit den Eltern muss im Hinblick auf die diversen Hintergründe entwickelt und neue Wege der Kommunikation und Kooperation im Sinne einer Erziehungs- und Bildungspartnerschaft genutzt werden.
- *Datenbasierte Planung der Schul- und Unterrichtsentwicklung:* Die Schulleitung sollte noch stärker an Kriterien und Daten orientiert berichten und dafür Unterstützung durch vorstrukturierte Berichtsformate erhalten. Innerhalb der Schule gilt es, einen Prozess regelmäßiger interner Evaluation und Dokumentation aufzubauen (*Jahreszyklen der Qualitätssicherung*).
- *Die Schulaufsicht muss das datengestützte Zielcontrolling leisten und vor allem das Leitungspersonal intensiv beraten.* Schulleitungen stehen in dieser herausfordernden Lage oft allein da und brauchen eine vertrauensvolle und unterstützende Zu-

sammenarbeit mit der zuständigen Schulaufsicht, die auch bei unkonventionellen Lösungen unterstützt. Diese muss den Schulen gezielt erfahrene und engagierte Pädagogen vermitteln sowie gleichzeitig ggf. uninteressierte und widerständige Lehrkräfte versetzen. Gerade ein Kollegium einer Schule in kritischer Lage kann gravierende pädagogische Schwächen nicht auffangen oder kompensieren. Die Personalführungspflicht der Schulaufsicht ist gerade bei Schulen in kritischer Lage in besonderem Maße gefordert.

6. Fazit

Insgesamt handelt es sich um ein komplexes Interventionsprogramm, das nicht allein mit dem Repertoire einer Fortbildung und/oder Schulentwicklungsunterstützung zu bewältigen ist. Derartige Projekte brauchen Zeit (3–5 Jahre) und müssen gezielte Personalplanungen, Entscheidungen über Investitionen in Gebäude, strukturelle Änderungen (Ganztag), und Verbindungen mit Institutionen im Stadtteil, insbesondere der Jugendhilfe einbeziehen.

Darüber hinaus sind sie in besonderem Maße abhängig vom Konzept der Qualitätssicherung des jeweiligen Landes. Mangelnde Verlässlichkeit, unklare Ordnungsmittel, zu späte Ressourcenzuweisung, politische Richtungswechsel etc. haben bei diesen Schulen eine besonders störende Wirkung, da sie in ohnehin belasteter Situation Mehraufwand in Administration und Kommunikation erfordern.

Allerdings zeigt die Bremer Erfahrung im SMS-Projekt, dass die Erfolge der Schulen ermutigend sind und Schulen ‚in kritischen Lagen' sich mit passgenauer Unterstützung erfolgreich weiterentwickeln können.

Literatur

Arnold, E. & Goetz, M. (2008). *Von Daten zu Taten – Rezeption und Nutzung der Ergebnisse einer Lernstandserhebung in den Schulen des Bremer Projekts Schule macht sich stark.* Unveröffentlichter Bericht Universität Hamburg

Eßel-Ullmann, G. (2000). *Effekte eines Schulentwicklungsprogramms für Schulen in kritischer Lage.* Dissertation Friedrich-Alexander-Universität Erlangen-Nürnberg.

Ilsemann, C., Reese, M. et al. (2008). *Abschlussbericht des Aktionsprogramms Schule macht sich stark.* Unveröffentlichter Bericht, Senator für Bildung und Wissenschaft Bremen.

Köller, O., Eßel-Ullmann, G. & Paasch, D. (2007). *Ergebnisbericht: Deskriptive Befunde der zweiten Lernausgangslagenerhebung im September/Oktober 2006.* Unveröffentlichter Bericht, IQB Berlin.

Reese, M., Ilsemann, C. (2012). Schule macht sich stark – Rückblick auf das Aktionsprogramm für Schulen in kritischer Lage. *Schulverwaltung Spezial, 2,* 31ff.

Reese, M. (2010). Die Schulentwicklungsberaterin als Lotsin durch schwere See. *Schulverwaltung Spezial*, 1, 34ff.

Reese, M. (2012). Orientierungsrahmen für Schulqualität als Mittel der selbstgesteuerten Schulentwicklung. *Friedrich Jahresheft, XX,* 16ff.

Elisabeth Heid

School Turnaround – Berliner Schulen starten durch[1]

Initiierung und Begleitung von Schulentwicklungsprozessen an zehn Grund- und Sekundarschulen in kritischer Lage. Zwischenbilanz nach der ersten Projektphase (2012–2015)

„School Turnaround – Berliner Schulen starten durch" ist ein gemeinsames Projekt der Robert Bosch Stiftung (RBSG) und der Senatsverwaltung für Bildung, Jugend und Wissenschaft (SenBJW). In einer ersten Projektphase (2013–2015) wurden zehn Berliner Grund- und Sekundarschulen in kritischer Lage dabei unterstützt, Schulentwicklungsprozesse zu initiieren und umzusetzen. Ziel ist es, die Handlungsfähigkeit der beteiligten Schulen wiederzuerlangen oder zu stärken. Mittelfristig sollen dadurch in den Bereichen Unterricht, Schulmanagement, Schulkultur und Leistungsergebnisse Verbesserungen erzielt werden. Die im Projekt gewonnenen Erfahrungen sollen künftig allen Berliner Schulen dienen und bundesweit disseminiert werden.

Im folgenden Beitrag wird das Projekt vorgestellt, werden fallspezifisch einige Schulbeispiele dargestellt und Beobachtungen zum Projektverlauf in der ersten Projektphase geschildert. Der Beitrag endet mit Empfehlungen für die Planung und Umsetzung vergleichbarer Vorhaben zur Unterstützung von Schulen in kritischer Lage.

1. Hintergrund

Problemschulen, Brennpunktschulen, Schulen in kritischer Lage – diese Begriffe begleiten den Berliner Bildungskurs mittlerweile seit einem Jahrzehnt. Im Jahr 2006 schrieben Lehrerinnen und Lehrer der Rütli-Schule einen Brandbrief, in dem sie unhaltbare Zustände beklagten: „In vielen Klassen ist das Verhalten im Unterricht geprägt durch totale Ablehnung des Unterrichtsstoffes. Gegenstände fliegen zielgerichtet gegen Lehrkräfte durch die Klassen". Die Schulverwaltung reagierte hierauf: Es wurde eine neue Schulleitung eingesetzt, die Schule mit den benachbarten Schulen zur Gemeinschaftsschule fusioniert, eine gymnasiale Oberstufe eingerichtet. Stiftungsgelder unterstützen das Modellprojekt.

Von der Problemschule zur Vorzeigeschule – der Fall der Rütli-Schule hat gezeigt, dass das geht. Aber ist dieses Modell übertragbar? Wie kann anderen Schulen gehol-

---

1 Der Artikel gibt die privaten Ansichten der Autorin wieder.

fen werden? Denn die Rütli-Schule ist kein Einzelfall: Unter den rund 650 allgemeinbildenden öffentlichen Schulen in Berlin befinden sich viele in prekären Situationen.

Was macht die prekäre Lage einer Schule aus? Ein Kriterium ist eine *herausfordernde soziale Lage*. An etwa ein Drittel der Berliner Schulen sind über 50% der Schülerschaft von der Zuzahlung zu Lernmitteln befreit (SenBJW, 2013, S. 1). Seit 2013 werden diese Schulen in Berlin durch das Bonusprogramm besonders gefördert, das ihnen zusätzliche Finanzbudgets gewährt (SenBJW, 2013, siehe auch Böse et al. in diesem Band). Ein anderes Kriterium ist die *Leistungsschwäche der Schule*, gemessen daran, dass die Schule extern vorgegebenen Standards nicht gerecht wird. Ein Messinstrument hierfür ist die Schulinspektion: Im Jahr 2011 wurde nach der ersten Runde der Berliner Schulinspektion 5% der Schulen ein „erheblicher Entwicklungsbedarf" attestiert; 30% haben einen „mittleren Entwicklungsbedarf" (Vieth-Enthus, 2014). Seit 2008 erhalten die Schulen mit erheblichen Entwicklungsbedarf eine zweijährige Hilfestellung in Form von Prozessberatung oder fachspezifischemCoaching durch pro-Schul, eine Einrichtung der Senatsverwaltung (SenBJW, 2014).

In den USA dauert die Diskussion zu sogenannten „failing schools" schon länger an. Im Jahr 2009 stellte die Obama-Administration Bundesmittel zur Verfügung (Race to the Top, School Improvement Grants), um die schwächsten 5% der Schulen zu verbessern. Die Auflage hierbei: Bundestaaten und School Districts mussten sich für eines von vier Schulentwicklungsmodellen entscheiden: (1) den Neustart der Schule, bei der die bestehende Schule unter neuer Trägerschaft geöffnet wird; (2) die Schulschließung, bei der Schülerinnen und Schüler danach umliegende, „bessere" Schulen besuchen; (3) das Turnaround-Modell, bei dem die Schulleitung ausgetauscht, teilweise neues Lehrpersonal eingestellt, neue Managementstrukturen und pädagogische Ansätze eingeführt werden; sowie (4) das Transformations-Modell, bei der die Schulleitung ausgetauscht, Lehrkräfte intensiv fortgebildet und Lernzuwächse der Schülerinnen und Schüler intensiv nachgehalten werden (FSG, 2010). Diese US-Politik stellt einen Schulterschluss dar zwischen einer Reformbewegung, die sich für eine stärkere Qualitätsorientierung und mehr Wettbewerb im Bildungswesen einsetzt, und der amerikanischen Bürgerrechtsbewegung, die etwa für afroamerikanische Schülerinnen und Schüler gleiche Bildungschancen und exzellente Schulen einfordert.

In den Jahren 2012 und 2013 initiierte die Robert Bosch Stiftung einen Austausch zwischen den Berliner und New Yorker Bildungsverwaltungen. Ein Thema des transatlantischen Dialogs war der Umgang mit Schule in kritischer Lage (Robert Bosch Stiftung, 2012). Im Zuge dessen entstand die Fragestellung, wie ein systematischer „Turnaround" handlungsschwacher Schulen in schwierigem Umfeld im deutschen Kontext gelingen könnte. Die Berliner Senatsverwaltung für Bildung, Jugend und Wissenschaft und die Robert Bosch Stiftung entwickelten im schließlich die Idee, hierzu ein Projekt aufzusetzen, das den Rahmenbedingungen der Schulen vor Ort Rechnung trägt.

2. Projektbeschreibung

2.1 Ziele und Erwartungen

Das Projekt „School Turnaround – Berliner Schulen starten durch“ der Senatsverwaltung für Bildung, Jugend und Wissenschaft und der Robert Bosch Stiftung unterstützt zehn Berliner Schulen in kritischer Lage dabei, Veränderungsprozesse zu initiieren und durchzuführen. Das Pilotprojekt lief in einer ersten Projektphase von Januar 2013 bis August 2015 mit der Aussicht auf Verlängerung um zwei weitere Schuljahre.[2]

Die beteiligten Grund- und Sekundarschulen sollen sich zu Schulen entwickeln, in denen Kinder und Jugendliche wieder gerne und erfolgreich lernen. Dafür sollen sie Verbesserungen in vier Qualitätsbereichen erzielen: 1. Unterricht, d.h. Lehr- und Lernprozesse, 2. Schulmanagement, 3. Schulkultur sowie 4. Ergebnisse, z.B. Abschlüsse. Die Qualitätsbereiche sind dem Berliner Handlungsrahmen Schulqualität entnommen, der u.a. durch die Schulinspektion genutzt wird. So wird eine Stimmigkeit zwischen Projektzielen und den Berliner Schulqualitätskriterien hergestellt.

Darüber hinaus formuliert das Projekt Ziele für die Systemebene: Es soll mithilfe des Projektes in Hinblick auf die Kompetenzen, Steuerungsmechanismen und Ressourcen Erkenntnisse gesammelt werden, die notwendig sind, um eine Schulwende einzuleiten, also den „School Turnaround“ erfolgreich und systematisch in einer deutschen Großstadt durchzuführen. Die im Praxisprojekt gewonnenen Erfahrungen sollen in Berlin aufgegriffen werden, um Schulen in kritischer Lage in Zukunft systematisch zu hinsichtlich ihrer Problemlage frühzeitig zu identifizieren und sie in ihrer Schulentwicklungsarbeit zu fördern. Außerdem werden die Projekterkenntnisse veröffentlicht und mit anderen Bundesländern und Bildungsexperten diskutiert.

2.2 Projektbeteiligte

Am Projekt nehmen sieben *Sekundarschulen* und drei *Grundschulen* in fünf Berliner Bezirken teil. Weiterer Projektpartner sind die zuständigen regionalen *Schulaufsichten* in ihrer Rolle als fachliche Aufsicht, beratende und unterstützende Instanz sowie zuständiger Akteur für die Besetzung von Funktionsstellen. Hinzu kommen die bezirklichen *Schulträger*, verantwortlich für Bau, Ausstattung und Unterhaltung der Schulgebäude und Zuweisung von Schülerinnen und Schülern.

Für die *strategische Projektsteuerung* wurde eine Steuerungsgruppe eingerichtet, bestehend aus Vertreterinnen und Vertretern der SenBJW einschließlich der regionalen Schulaufsicht, der Robert Bosch Stiftung und der Schulträger. Die *operative Steuerung* und Projektdurchführung lag in der Verantwortung eines Kernteams (Vertreter der beiden Projektpartner) sowie einer für das Projekt geschaffenen Geschäftsstelle.

2 Die Projektverlängerung für die Schuljahre 2015/16 und 2016/17 wurde 2015 genehmigt.

2.3 Finanzierung

Das Projektbudget für die erste Projektphase betrug 1,0 Mio. EUR. Jede Schule konnte ein Budget in Höhe von 15.000 EUR eigenständig einsetzen, um ihre Schulentwicklungsziele zu erreichen. 0,56 Mio. EUR waren für die Beratung der Schulen und für Fortbildungen vorgesehen. Die verbleibenden Mittel wurden für die Fortsetzung des Austausches Berlin-New York, für die Geschäftsstelle sowie die wissenschaftliche Begleitung veranschlagt.

2.4 Wissenschaftliche Begleitung

Das Projekt wird wissenschaftlich begleitet durch Prof. Dr. Stephan Gerhard Huber, Leiter des Instituts für Bildungsmanagement und Bildungsökonomie an der Pädagogischen Hochschule Zug, Schweiz. Im Zuge dessen werden die Projektbeteiligten bei der Projektumsetzung kontinuierlich begleitet, die Wirkung wird überprüft und die Projektverantwortlichen bei der Projektdurchführung beraten. Zu Beginn der ersten Projektphase wurde mittels Schulbesuchen und einer Fragebogenerhebung die Ausgangslage der Schulen erfasst. An einer Kontrollgruppe von Schulen mit ähnlicher Beschaffenheit wurde die Fragebogenerhebung ebenfalls durchgeführt. Eine zweite Erhebung fand zu Beginn der zweiten Projektphase statt; die letzte erfolgt zu Projektende.

3. Projektdurchführung

3.1 Auswahl der Schulen

Die Steuerungsgruppe des Projekts entwickelte einen Kriterienkatalog, über den die für das Projekt relevanten Schulen identifiziert wurden. Berücksichtigt wurden die Zusammensetzung der Schülerschaft (hoher Anteil an Schülerinnen und Schüler mit Lernmittelbefreiung oder nichtdeutscher Herkunftssprache), das Ansehen der Schule (sehr geringe Anmeldezahlen), Kennzeichen von Resignation im Kollegium (hohe Fehlzeiten, hoher Unterrichtsausfall), schwache Leistungsergebnisse (VERA 3, VERA 8, Übergangsempfehlungen nach der Grundschule, leistungsschwache Schulabschlüsse der weiterführenden Schulen, hohe Abbruchquoten), Merkmale der Schulkultur (z.B. hohe Fehlquoten der Schülerinnen und Schüler) als auch Schwierigkeiten auf der Leitungsebene (ungeklärte Leitungssituationen oder Unterstützungsbedarf der Schulleitung). Die Schulen wurden daraufhin durch die SenBJW über die Projektteilnahme informiert. Die Teilnahme ist für die zehn Schulen verbindlich.

3.2 Projektauftakt und Anamnese

Die Projektvertreter – Schulleitungen, Schulaufsichten, Schulträger – kamen in Frühjahr 2013 zu einer Informationsveranstaltung zusammen, bei der sie über die Projektziele informiert und die Erwartungen an sie kommuniziert wurden. Es folgten Schulbesuche durch die zukünftige Geschäftsstellenleitung, die dazu dienten, die Schulleitungen kennenzulernen und ihre Perspektive einzuholen. Ein Austausch mit einer Delegation der New Yorker Bildungsverwaltung, die in Berlin zu Besuch war, ermöglichte einen Blick über den Tellerrand zu der Frage „Wie kann ein School Turnaround gelingen?".

Die eigentliche Projektdurchführung startete zum Schuljahresbeginn 2013/14 mit einer Analyse des Ist-Zustands der Schulen (Anamnese). Im Zuge dessen wurden statistische Daten zu den Schulen und Inspektionsberichte, Schulprogramme usw. zusammengestellt. Es folgten jeweils 1,5-tägige Besuche von Expertenteams an den Schulen, in denen Gespräche mit der Schulleitung, Lehrkräften und weiterem pädagogischen Personal sowie Eltern und Schülerinnen und Schülern stattfanden und Unterrichtshospitationen durchgeführt wurden.

Damit wurde in Hinblick auf die vier Qualitätsbereiche herausgearbeitet, was die Stärken, aber auch Problem- und Bedarfslagen der einzelnen Schulen sind. Auf dieser Grundlage wurden für jede Schule Berichte erstellt, die die Beobachtungen der Besuchsteams zusammenfassten und für jede Schule eine Diskussionsgrundlage für die Planung der weiteren Schulentwicklung bot.

3.3 Zielentwicklung

In einem 1,5-tägigen Workshop kamen im Herbst 2013 Vertreterinnen und Vertreter der Schulen (Steuerungsgruppen oder Erweiterte Schulleitungen, falls vorhanden) zusammen. Sie erhielten dort die Möglichkeit, sich schulübergreifend zu den Besuchsberichten auszutauschen. Anschließend setzten sie sich mit ihrem jeweiligen Besuchsbericht auseinander und begannen auf dieser Grundlage, Ziele für den Veränderungsprozess und die Schulentwicklung zu formulieren. Leitfrage war: Welche Verbesserung möchten die Schulen bis Sommer 2015 bei ihren Schülerinnen und Schülern erzielen (Ergebnisse) und welche Veränderungen in Unterricht, Management und Schulkultur erforderlich sind, um diese zu erreichen. Außerdem wurden die Steuergruppen dabei beraten, ein Vorgehen für die Miteinbeziehung ihrer Kollegien in den Entwicklungsprozess zu entwickeln. Unterstützt wurden sie dabei von externen Moderatorinnen und Moderatoren.

3.4 Prozessbegleitung

Ab Januar 2014 erhielt jede Schule Unterstützung und Beratung in Form einer Prozessbegleiterin oder eines Prozessbegleiters. Die Prozessbegleitungen sind Experten, die Erfahrung in der Beratung von Schulen in Schulentwicklungsprozessen mitbringen, beispielsweise Coaches, Supervisoren, Psychologen oder ehemalige Schulleiterinnen und Schulleiter. Sie wurden sowohl aus dem Berliner Unterstützungssystem als auch aus dem Netzwerk der Robert Bosch Stiftung und des Deutschen Schulpreises identifiziert. Bei der Zuteilung von Prozessbegleitung und Schulen wurde auf eine Passung zwischen den Bedarfen der Schule und der Expertise der Prozessbegleitung geachtet.

Die Prozessbegleiter beraten die Schulen mit einem Umfang von ca. 20 Stunden pro Monat. Davon widmen sie 16 Stunden der unmittelbaren Beratung der Schule bzw. der Vor- und Nachbereitung dieser Tätigkeit. Weitere vier Stunden dienen der Dokumentation sowie dem fachlichen Austausch und der gegenseitigen Beratung in monatlichen Treffen. Das genaue Beratungsvolumen orientierte sich am Bedarf der Schule und schwankt daher von Schule zu Schule. Ein Schwerpunkt der Beratung an allen Schulen liegt darin, die Handlungsfähigkeit der Schule zu stärken, indem Steuerungsgremien aufgebaut werden, die Verantwortung für den Schulentwicklungsprozess übernehmen.

3.5 Projektvereinbarungen und Zwischenbilanzgespräche

Unterstützt durch ihre Prozessbegleitungen stellten die Schulen im Frühjahr 2014 ihre Ziele für den Turnaround-Prozess fertig. In Gesprächsrunden zwischen der jeweiligen Schulleitung, Schulaufsicht, Projektvertretern und Prozessbegleitung wurden diese anschließend diskutiert und die zur Zielerreichung erforderlichen Unterstützungsbedarfe durch Schulaufsicht, regionale Fortbildung und Projekt ermittelt. In nachfolgenden Gesprächen mit dem zuständigen Bildungsstadtrat und Schulamtsleiter kam deren Perspektive und Unterstützungsbeiträge hinzu, sodass im Sommer 2014 die Projektvereinbarungen abgeschlossen wurden. In diesen werden die schulischen Entwicklungsziele sowie die Verpflichtungen der Vertragspartner Schule, SenBJW (Zentrale und regionale Schulaufsicht), Schulträger und Robert Bosch Stiftung festgehalten.

Die Projektvereinbarungen spiegeln die individuellen Herausforderungen der Schulen wider. In einigen Schulen geht es darum, messbare schülerleistungsbezogene Ziele zu erreichen, wie etwa die Steigerung der Zahl der Schüler, die einen Abschluss schaffen. Andere Schulen entschieden, ihr Schulprogramm weiterzuentwickeln, die Zusammenarbeit in Teams zu stärken, die Elternarbeit zu intensivieren oder ihre Personalführung zu verbessern.

In etwa halbjährlichen Abständen finden für jede Schule Gesprächsrunden der Projektbeteiligte statt, in denen der Stand des Turnaround-Prozesses besprochen und die in den Projektvereinbarungen getroffenen Ziele und Verpflichtungen nachgehalten werden.

3.6 Besetzung von Leitungsstellen

Zu Projektbeginn bzw. im Laufe des Projekts waren an neun der zehn Schulen die Stelle der Schulleitung oder die der stellvertretenden Schulleitung nicht oder nur kommissarisch besetzt. Eine Kernaufgabe der Schulaufsicht bestand daher darin, die vakanten Stellen zügig und mit qualifizierten Bewerberinnen und Bewerbern zu besetzen. Durch Stellenanzeigen in Wochenzeitungen und im Internet unterstütze das Projekt dieses Unterfangen. Die Schulaufsichten waren angehalten, Besetzungsverfahren mit höchster Priorität durchzuführen.

3.7 Projektinterventionen: Passgenaue, individuelle Unterstützung

Entsprechend ihrer individuellen Ausgangslage und Zielsetzung widmeten sich die Schulen ihrem Veränderungsprozess. Maßnahmen wurden nach Möglichkeit so entwickelt und bereitgestellt, dass sie den Bedarfen der einzelnen Schulen gerecht wurden. An Stellen, an denen mehrere Schulen ähnliche Bedarfe vorwiesen, wurden Angebote zusammengefasst. Entwickelt wurden diese sowohl durch das Berliner Unterstützungssystem als auch durch externe Experten, z.B. aus der Akademie des Deutschen Schulpreises.

Zu den Projektinterventionen gehörten:
- Beratung und Coaching der Schulleitung durch die Prozessbegleitung insbesondere zum Führen des Veränderungsprozesses
- Aufbau von Gremien für Handlungskoordination und Schulentwicklung, z.B. Steuergruppen
- Beratung zu Methoden des Projektmanagements
- Beratung zur Unterrichtsentwicklung bzw. zum verbesserten Umgang mit Heterogenität in der Schülerschaft
- Durchführung von Studientagen zu den schulischen Entwicklungsvorhaben
- Beratung bei der Erstellung von Fortbildungsplanungen
- Beratung zur Gestaltung gebundener bzw. offener Ganztagsangebote
- Beratung der Schulleitung durch persönliche Coaches zur Führungskräfteentwicklung

3.8 Blick über den Tellerrand: Hospitation an Leuchtturmschulen

Die Schulen im Projekt erhielten die Möglichkeit, an einer anderen Schule zu hospitieren, die zu einer ähnlichen Fragestellung arbeitet und in dieser Entwicklung schon weiter voran ist. Für die Suche geeigneter Schulen wurde unter anderem auf das Netzwerk des Deutschen Schulpreises zurückgegriffen. Drei Schulen nutzten dieses Angebot und hospitierten in Gruppen von fünf bis zwölf Personen an Schulen, etwa zur Verbindung von Werkstattlernen und Fachunterricht. Schulübergreifend kamen Vertreterinnen und Vertreter von sechs Schulen zusammen, um von einer Hamburger Schule zu lernen, wie diese ihren Veränderungsprozess angegangen ist.

3.9 Führungskräfteentwicklung

In den ersten Projektmonaten wurde deutlich, dass sich viele der Schulleitungen der Projektschulen in ihren Rollen noch unsicher waren. Viele waren erst seit kurzer Zeit und nur kommissarisch in ihren Positionen und legten den Fokus auf Verwaltungsaspekte (statt gestaltende Aspekte) von Schulleitungshandeln.

Um die Schulleitungen zu unterstützen, wurde ein speziell auf ihre Situation zugeschnittenes Qualifizierungsangebot entwickelt, das sich mit der Führung und Steuerung von Veränderungsprozessen an Schulen in kritischer Lage befasste. Hierzu wurde mit erfahrenen Experten der Hamburger Landesbehörde kooperiert. Das Angebot richtete sich vorrangig an Schulleitungen und stellvertretende Schulleitungen. Ein Ziel war es, bei den Teilnehmenden ein pädagogisches Führungsverständnis zu entwickeln, das Schulentwicklung als Unterrichtsentwicklung begreift. Die Fortbildung befasste sich zudem mit der Etablierung pädagogischer Diskurse, der Gestaltung der Umsetzung des Reformprozesses, z.B. Ressourcenplanung, der Bereitstellung von Unterstützung für das Kollegium, dem Umgang mit Widerstand und dem Führen von schwierigen und motivierenden Gesprächen. An den sechs ganztägigen Bausteinen nahmen fünfzehn Personen aus acht Projektschulen teil.

3.10 Unterrichtsentwicklung

Im zweiten Schuljahr der Projektdurchführung wurde damit begonnen, Unterrichtsentwicklung stärker in den Fokus zu rücken. Den Schulen wurde in diesem Zusammenhang angeboten, an dem 2015 startenden Durchgang der Pädagogischen Werkstatt „Individualisierung und Umgang mit Heterogenität“ (Referenten: Renate Buschmann und Jochen Arlt) teilzunehmen, ein Angebot, das im Rahmen der Akademie des Deutschen Schulpreises (heute: Die Deutsche Schulakademie) entstanden ist. In diesem Durchgang wurden zugleich Fortbildnerinnen und Fortbildner der Berliner regionalen Fortbildungen als Multiplikatoren ausgebildet, die beim Transfer des Gelernten in die Kollegien unterstützen. Drei Schulen nehmen an diesem Angebot teil. Andere Schulen entwickelten eigene, maßgeschneiderte Fortbildungsmaßnahmen in der Unterrichtsentwicklung in Zusammenarbeit mit der regionalen Fortbildung oder mit externen, aus ihren School Turnaround-Budgets finanzierten Experten.

4. Fallbeispiele

Nach den zwei Schuljahren der ersten Projektphase befinden sich die zehn Schulen erst am Anfang oder aber inmitten ihres Veränderungsprozesses. Ausgangslage, Vorgehen und Geschwindigkeit unterschieden sich von Schule zu Schule stark. Im Folgenden werden die je fallspezifischen Entwicklungsprozesse von vier Schulen beschreiben. Für jede Schule wird die Ausgangslage zusammengefasst, die Handlungsfähigkeit bewertet und wesentliche Entwicklungsschritte in Hinblick auf die Qualitätsbereiche Schulmanagement, Unterrichtsqualität, Schulkultur und Ergebnisse beschrieben.

4.1 Schule A

Die Schule hat knapp 450 Schülerinnen und Schüler, von denen über 80% nichtdeutscher Herkunftssprache und ebenso viele lernmittelbefreit sind. Entstanden ist die Schule aus der Fusion einer Haupt- und Realschule. Schulleitung und stellvertretende Schulleitung sind langjährig im Amt.

Ein Schwerpunkt der Beratung im Projekt lag in dem Aufbau von Steuerungsgremien und dem Herausarbeiten einer sinnvollen Abgrenzung der Tätigkeiten dieser Gremien zueinander. Das Schulleitungsteam nahm an der Qualifizierung für Führungskräfte teil.

Im Bereich der Unterrichtsentwicklung widmete sich die Schule im ersten Schritt der Sprachbildung: Es wurde ein Sprachbildungskonzept entwickelt und Sprachstandserhebungen durchgeführt. Ein neu gegründetes Interventionsteam entwickelt Strategien für den Umgang mit verhaltensauffälligen Schülerinnen und Schüler. In den schulischen Praxislerngruppen wurde ein spezielles Rhythmisierungsmodell erprobt. Außerdem hospitierten Lehrkräfte im Unterricht einer anderen Schule. Mitglieder des Kollegiums nehmen an der Pädagogischen Werkstatt „Individualisierung und Umgang mit Heterogenität“ teil. Das Ganztagsangebot wurde umstrukturiert.

Die Schule ist offen für externe Unterstützung und nimmt vielfältige Angebote war. Oft fehlt jedoch dabei der „roten Faden“ und das Kollegium ist durch die Vielzahl der neuen Vorhaben überlastet. Die Prozessbegleitung wurde angeleitet, die Schulleitung insbesondere in Hinblick auf eine Fokussierung der Entwicklungsvorhaben zu beraten.

4.2 Schule B

Die Schule besuchen etwa 450 Schülerinnen und Schüler, von denen über 95% nichtdeutscher Herkunftssprache und lernmittelbefreit sind.

Die Schule wurde zu Projektbeginn kommissarisch geleitet. Im Projektverlauf konnte die kommissarisch tätige Schulleitung im Amt bestellt werden und eine neue stellvertretende Schulleitung gewonnen werden. Im Kollegium regte sich zu Projektbeginn Widerstand gegen die Projektteilnahme. Diesem begegnete die Schulleiterin mit einem Schreiben, in dem sie auf die Notwendigkeit eines Veränderungsprozesses an der Schule und die Chance der externen Unterstützung hinwies.

Noch vor Projektbeginn wurde durch eine Schulentwicklungsgruppe ein künstlerisch-kreatives Schulprogramm entwickelt; dieses wurde nun nach und nach umgesetzt. Schulleitung, Fachbereichs- und Jahrgangsleitungen nahmen an einem durch die Schulleitung organisierten und aus dem Projektbudget finanzierten Führungskräftetraining teil. Im Zuge dessen entschieden sie sich dazu, die Fachbereiche zu stärken und damit die oftmals autonom handelnden Jahrgangsteams zu „einer Schule" zusammenwachsen zu lassen.

Ein Studientag zum Thema „Was ist guter Unterricht" bildete den Auftakt für Entwicklungsvorhaben zum Thema Unterrichtsqualität. Das Kollegium setzte sich dort Schwerpunkte für die Unterrichtsentwicklung (Classroom Management, Strukturierung des Unterrichts, lernförderliches Klima), die in kollegialen Hospitationen aufgegriffen werden. Mitglieder des Kollegiums hospitierten an einer Preisträgerschule des Deutschen Schulpreises. Aus diesem Austausch gingen mehrere Entwicklungsvorhaben hervor, etwa eine neue Rhythmisierung des Schultags und Maßnahmen, die das eigenständige Lernen der Jugendlichen befördern.

In der Schule ist viel in Bewegung. Das schlägt sich bereits auf die Abschlussergebnisse nieder: Während 2013/14 24% der Schülerinnen und Schüler die Schule ohne Abschluss verlassen haben, waren es 2014/15 nur noch 9%. Rund 31% der Abgänger erwarben den Mittleren Schulabschluss mit der Übergangsberechtigung in die Sekundarstufe II (Vorjahr: 17%). Außerdem konnten erste Anmeldungen neuer Schülerinnen und Schüler auf das neue Schulprofil zurückgeführt werden.

4.3 Schule C

Die Schule besuchen über 1.000 Schülerinnen und Schüler, von denen über 80% nichtdeutscher Herkunftssprache und über 60% lernmittelbefreit sind. Mit Projektbeginn wurde die Schulleitung pensioniert und die Stelle der Schulleitung neu besetzt. Die stellvertretende Schulleitung blieb krankheitsbeding über weite Strecken unbesetzt. Spannungen im Leitungsteam erschwerten die Schulentwicklung. Große Teile des Kollegiums lehnten die Problemdiagnose und externe Unterstützungsangebote durch das Projekt ab. Die Belastungssituation für die Führungskräfte ist hoch; sie wurden durch persönliches Coaching unterstützt.

Im Projektverlauf wurde eine Verwaltungsleiterin eingesetzt, durch die sich die Verwaltungsprozesse der Schule verbessern. An der Schule fanden sich einzelne engagierte Lehrkräfte zusammen, die weitestgehend eigenständig – auch unabhängig von School Turnaround – Entwicklungsvorhaben anstießen. Außerdem wurde mit der Überarbeitung des Schulprogramms begonnen. Nach wie vor hat die Schule jedoch einen großen Entwicklungsbedarf.

4.4 Schule D

Die Schule besuchen etwa 500 Schülerinnen und Schüler, von denen 20% nichtdeutscher Herkunftssprache und 50% lernmittelbefreit sind. Sie ist aus einer Schulfusion hervorgegangen und geprägt von vielfältigen Lernansätzen. Zu Projektbeginn war die Schulleitung dauerhaft erkrankt. Die kommissarisch tätige Schulleitung konnte im Laufe der ersten Projektphase im Amt bestätigt werden. Schulleitung und stellvertretende Schulleitung nahmen viele Angebote des Projekts, etwa die Führungskräftequalifizierung, wahr. Sie ergriffen die Projektteilnahme als Chance, Entwicklungsprozesse anzustoßen, die auch in Teilen des Kollegiums als notwendig erachtet wurden. Als erster Schritt wurde eine Steuergruppe eingerichtet, die monatlich tagt und die Schulentwicklungsthemen verantwortet.

Die Schule formulierte als Entwicklungsziel die Stärkung der sozialen Kompetenzen ihrer Schülerinnen und Schüler. Nach einer Hospitation an einer anderen Berliner Schule wurde im ersten Schritt ein Trainingsraum eingerichtet. Ab Frühjahr 2015 konnte durch School Turnaround-Mittel mit der Schulsozialarbeit begonnen werden; ab dem Schuljahr 2015/16 wurde die Schule in das Landesprogramm Schulsozialarbeit aufgenommen.

Ein weiteres Ziel ist es, Stimmung und Zusammenarbeit im Kollegium zu verbessern. Aus einer Hospitation an einer Schule in Hamburg, die mit dem Deutschen Schulpreis ausgezeichnet wurde, brachte das Schulleitungsteam die Idee einer neuen Teamstruktur mit, in der Lehrerinnen und Lehrern sowie Erzieherinnen und Erziehern systematisch zusammenarbeiten – auch im Unterricht.

Für die Unterrichtsentwicklung setze sich die Schulleitung dafür ein, dass das Kollegium an der Pädagogischen Werkstatt „Individualisierung und Umgang mit Heterogenität" teilnimmt. Zudem erarbeitet ein Sprach- und Förderkompetenzteam Förderpläne für Schülerinnen und Schülern mit Förderbedarf.

Die Motivation im Kollegium hat sich erhöht und es herrscht eine weitestgehend positive Stimmung. Auch der Krankenstand im Kollegium hat sich verringert, wenngleich es weiterhin dauererkrankte Lehrkräfte und erhebliche Herausforderungen beim Personaleinsatz gibt.

4.5 Zusammenfassung

Zusammenfassend lässt sich beobachten, dass sich alle Schulen auf den Weg gemacht haben, ihre Handlungsfähigkeit zu stärken, den Turnaround zu erreichen und Schulentwicklung zu betreiben. Schwer fällt es den Schulen aber oft, Maßnahmen anzugehen, die unmittelbar mit Unterricht und dem Lernen der Schülerinnen und Schüler zu tun haben. Aber auch äußere Umstände, insbesondere unbesetzte Leitungsstellen, behindern das Entwicklungstempo.

5. Beobachtungen zum Projektverlauf

Im Folgenden schildere ich aus meiner Position als Leiterin der Geschäftsstelle School Turnaround (2013–2015) heraus Beobachtungen zum Projektverlauf. Diese Beobachtungen, die aus den Praxiserfahrungen in der Projektleitung und der jeweiligen Begleitung der Projektschulen gewonnen wurden, liefern Hinweise für andere Entwicklungsvorhaben im Kontext Schulentwicklungsarbeit in herausfordernder Lage. Perspektivisch wird es spannend sein, diese Einschätzungen zu den Erkenntnissen aus der wissenschaftlichen Begleitung des Projektes zu spiegeln.

5.1 Schulentwicklung ohne Freiwilligkeit – geht das?

Die Teilnahme am Projekt ist für die zehn Schulen verpflichtend. Die Annahme dahinter ist, dass sich ein Großteil der Schulen nicht freiwillig für die Projektteilnahme beworben hätte, da deren Handlungsfähigkeit unzureichend war oder ein Problembewusstsein fehlte. Dies unterscheidet School Turnaround von vielen anderen Schulentwicklungsprojekten, die auf Freiwilligkeit beruhen.

Einige Schulen begriffen die verpflichtende Projektteilnahme als Chance um notwendige Veränderungsprozesse in Gang zu bringen und um die Aufmerksamkeit der Schulbehörde zu nutzen, um auf Handlungsbedarfe auf den verschiedenen Verantwortungsebenen hinzuweisen. Andere Schulen begegneten dem Projekt mit Zurückhaltung oder gar Widerstand: Kritisiert wurde, dass den teilnehmenden Schulen eine „rote Laterne" anhaftet, die der Außenwahrnehmung schadet. Oft hieß es, dass „gute Schule" mit der problematischen Schülerschaft oder Elternschaft vor Ort nicht möglich sei. Vereinzelte Schulen sperrten sich zunächst: Man werde erst handeln, wenn Senat und Schulträger bestimmte Rahmenbedingungen herstelle. Die Berliner GEW lehnte das Projekt mit Verweis auf eine mögliche wirtschaftliche Beeinflussung schulischer Prozesse durch die Robert Bosch Stiftung ab (GEW Berlin, 2011). An vielen Schulen braucht es daher Zeit, bis zwischen der Geschäftsstellenleitung, den weiteren Projektvertretern, Schulleitungen und Kollegien Vertrauen aufgebaut und die Schulentwicklungsarbeit gemeinschaftlich gestartet werden konnte.

5.2 Besuchsberichte: Mal positiver Impuls für die Schulentwicklung, mal Anlass für Widerstand

Zu Projektbeginn besuchten Expertenteams die Schulen und erstellten Besuchsberichte. Die Wirkung dieser Intervention war von Schule zu Schule sehr unterschiedlich. Einige Schulen schätzen das Feedback von außen und griffen dieses für die Schulentwicklung auf. Andere Schulen rieben sich an den Berichten auf und kritisierten Vorgehensweisen oder Datenerhebungsmethoden. Hier konnten die Berichte nicht als Entwicklungsimpuls wirken.

5.3 Breite Projektziele: Passgenauigkeit oder Beliebigkeit?

Das School-Turnaround-Projekt definiert auf verschiedenen Ebenen vielfältige Projektziele, wie z.B. die Verbesserung von Unterrichtsqualität, Schulmanagement, Schulkultur und Ergebnissen aber auch die Stärkung der Handlungsfähigkeit der Schule. Hinzu kommen die Indikatoren, mittels derer die Schule für die Projektteilnahme ausgewählt wurden. Zudem befinden sich alle Schulen in weiteren Entwicklungszusammenhängen, z.B. das Berliner Bonusprogramm, die oft eigene Zielsetzungen mit sich bringen.

Diese Zielvielfalt hat zum Vorteil, dass sie der Heterogenität der Schulen gerecht wird: Jede Schule ist anders – und daher kann und sollte jede Schule andere Ziele formulieren. Die Zielvielfalt birgt aber auch Risiken: Die vielen Auswahlkriterien ermöglichten es den Schulen, ihre Auswahl in Frage zu stellen. Auch gewichteten die verschiedene Projektbeteiligten die verfügbaren Ziele unterschiedlich: Die Schulträger sind insbesondere an einer Steigerung der Anmeldezahlen der Schulen interessiert, da davon die Höhe der Landeszuweisungen für Ausstattung und Unterhaltung der Schulgebäude abhängt. Doch kurzfristige Maßnahmen zur Anmeldezahlsteigerung – z.B. Marketing – stellen noch keine nachhaltige Schulentwicklung dar.

Nicht zuletzt ermöglicht die Zielvielfalt den Schulen, sensiblen Entwicklungsfeldern, wie etwa der Unterrichtsqualität, vorerst aus dem Weg zu gehen. Erst im zweiten Schuljahr der Projektdurchführung wurde Unterricht als verpflichtendes Entwicklungsfeld durch das Projekt „gesetzt". Die Prozessbegleiter wurden angeleitet, mit den Schulleitungen diesbezüglich ins Gespräch zu kommen und für die jeweilige Schule passende Anknüpfungspunkte zu finden. Nach und nach kamen alle Schulen dadurch zum Thema Unterrichtsqualität ins Arbeiten.

Mit einer Beschränkung auf wenige, klar formulierte und messbare Ziele, die zugleich die Auswahlkriterien für die Identifikation der Schulen sind, hätten sich aber vermutlich in einigen Fällen stringenter Ergebnisse erzielen lassen können.

5.4 Besetzte Leitungsstellen als notwendige Voraussetzung für Entwicklung

In neun von zehn Schulen waren in der ersten Projektphase die Stellen der Schulleitung oder stellvertretenden Schulleitung nur kommissarisch besetzt, gar nicht besetzt oder es kam zu Wechseln in der Schulleitung. Die vielen unbesetzten Leitungsstellen stellten eine Herausforderung dar. Dort, wo z.B. nur die Stelle der Schulleitung oder der Stellvertretung besetzt war, hatten diese oft ein hohes Arbeitspensum zu bewältigen. Es fiel ihnen schwerer, sich aus dem Alltagsgeschäft herauszuziehen, um den Veränderungsprozess voranzutreiben. Diejenigen Personen, die sich in Besetzungsverfahren befanden, waren oft darauf bedacht, keine Fehler zu machen und Vorhaben, die im Kollegium viel Widerstand generieren würden, zu vermeiden – doch dies steht teilweise im Widerspruch zu der Notwendigkeit, auch unbequeme Reformen anzustoßen.

5.5 Schulleitung als entscheidender Hebel für die Schulentwicklung

Viele der Schulleitungen der Projektschulen kamen eher zufällig in ihr Amt, z.B. in Folge von Erkrankungen der vorherigen Schulleitungen. Nicht alle hatten an Schulleitungsqualifizierungen teilgenommen. Durch die Beratung der Prozessbegleiter, Coaching, Angebote des Landesinstituts für Lehrerbildung sowie die Qualifizierungsreihe „Führen und Leiten von Veränderungsprozessen" konnten Wissens- und Erfahrungslücken ausgeglichen werden.

Die persönliche Einstellung der Schulleitungen ist für die Entwicklung der Schule entscheidend. An den Schulen, an denen die Schulleitung glaubt, die innere Schulentwicklung beeinflussen zu können und zu müssen, sind bereits große Entwicklungsfortschritte sichtbar. An den Schulen, an denen die Schulleitung den Schlüssel für den Turnaround vorrangig extern lokalisiert oder veränderte Rahmenbedingungen fordert (mehr Lehrkräfte, bildungsnähere Schülerinnen und Schüler, mehr Finanzmittel), verläuft die Entwicklung schleppend.

Die erfolgreichen Schulleitungen bezogen vor ihrem Kollegium außerdem deutlich Position: Sie betonten, dass Veränderung notwendig sei und dass diese auch aus dem Kollegium kommen müsse. Und sie warben in ihrem Kollegium für ihr Anliegen und gewannen Mitstreiterinnen und Mitstreiter für die Schulentwicklungsarbeit. Insofern sind Haltung und Handeln der Schulleitung für den Entwicklungsprozess der Schule entscheidend.

5.6 Schulentwicklungsberater: Allheilsbringer von außen?

Eine wesentliche Projektmaßnahme ist der Einsatz von Prozessbegleiterinnen und Prozessbegleitern. Das Feedback der Schulen zu dieser Projektintervention ist in fast allen Fällen positiv und die Arbeit wer Prozessbegleiter wird wertgeschätzt.

Doch was macht eine erfolgreiche Prozessbegleitung aus? Sind es erfahrene Schulleitungen, Supervisoren, Fachdidaktiker? Müssen sie Erfahrung in der Zusammenarbeit mit Schulen haben oder nicht? Auch im Projekt gibt es hierzu unterschiedliche Auffassungen. Und es wurde deutlich: Es gibt weder ein Qualitätssiegel für Schulentwicklungsberater, noch gibt es sie in großer Anzahl. Insbesondere fehlen Schulentwicklungsberater, die speziell für die Arbeit mit Schulen in kritischer Lage ausgebildet sind.

Wesentlich ist eine gute Passung zwischen der Expertise des Prozessbegleiters und den (sich verändernden) Bedarfen der Schule. Wichtig ist auch die Relevanz zwischenmenschlicher Beziehungen: Schulleitung und Prozessbegleiter müssen „miteinander können". Nicht immer war dies im Projekt gegeben und es wurden daraufhin mehrere Wechsel vorgenommen.

5.7 Freiwilligkeit versus Verbindlichkeit

Ein wiederkehrendes Spannungsfeld im Projekt ist die Frage nach dem besten Vorgehen, um Veränderungen zu bewirken: Ist ein Vorgehen ‚top-down' oder ‚bottom-up' wirkungsvoller? Überspitzt gesagt: Entscheiden Projektpartner oder Schulbehörde, was die Entwicklungsbedarfe der Schule sind, und verpflichteten diese dazu, bestimmte Maßnahmen durchzuführen? Oder entscheiden Schulleitung und Kollegium eigenständig, wie und in welchem Tempo sie sich entwickeln?

Für ein Top-down-Vorgehen spricht, dass dadurch bestimmt werden kann, dass Schulen auch Themen wie die Unterrichtsentwicklung angehen und sich unbequemen Wahrheiten stellen müssen. Doch dieser Herangehensweise birgt die Gefahr, Widerstand generieren. Das gilt insbesondere dann, wenn die anderen verantwortlichen Akteure, wie Schulaufsicht und Schulbehörde, sich nicht zeitgleich ihrem Teil des Problems annehmen. Für ein bottom-up Vorgehen spricht, der systemischen Beratung folgend, dass Zielsetzungen und Lösungen, die aus dem Selbstreflexionsprozess der Schule entstehen, von dem Kollegium akzeptiert werden und eine größere Wirkung entfalten. Gleichwohl mag das Entwicklungstempo langsamer sein – zu Lasten der Schülerinnen und Schüler.

Das School-Turnaround-Projekt wählt den Mittelweg: Die Schulkollegien konnten eigenständig Ziele für die Schulentwicklung formulieren; in den Gesprächsrunden mit Schulleitung, Schulaufsicht und Projektvertretern konnten die Schulrätinnen und Schulräte aber auch Verbindlichkeit einfordern. Dieser Mittelweg bietet Vorteile, kostet aber auch Energie: Im Projekt muss bei jeder neuen Projektmaßnahme erneut austariert werden, ob diese für die Schulen verpflichtend ist oder nicht.

5.8 Zusätzliche Ressourcen helfen – wenn man weiß, wo die Reise hingehen soll

Jede Schule erhielt ein Projektbudget in Höhe von 15.000 EUR, das sie einsetzen konnte, um ihre in der Projektvereinbarung festgehaltenen Schulentwicklungsziele zu erreichen. Viele Schulen setzten diese Mittel zielgerecht ein, z.B. für die Finanzierung von Fortbildungen und Projekten, aber auch das Feiern von Zwischenerfolgen, wie Namensgebungsfesten. Andere Schulen, insbesondere diejenigen Schulen, die eine schwache Handlungskoordination vorwiesen, taten sich schwer damit, die Mittel auszugeben und Verwendungszwecke zu identifizieren. Zusätzliche Gelder sind somit insbesondere dann hilfreich, wenn die Schule eine Vorstellung davon hat, wie sie sich entwickeln möchte.

5.9 Schulentwicklung braucht Zeit: Projektfortführung in der zweiten Projektphase

Nicht zuletzt wurde deutlich: Schulentwicklung braucht Zeit. Nach zwei Schuljahren im Projekt haben sich alle Schulen auf dem Weg gemacht und befinden sich in unterschiedlichen Phasen ihrer Entwicklungsprozesse – aber in jedem Fall noch „mitten drin". Folglich wurde School Turnaround wurde durch die Projektpartner SenBJW und Robert Bosch Stiftung verlängert. In den Schuljahren 2015/16 und 2016/17 werden die Schulen weiter in ihren Entwicklungsprozessen unterstützt. Ziel ist es, dass die Schulen in dieser Zeit eine ausgeprägte eigene Handlungsfähigkeit erlangen und im Anschluss die Schulentwicklung eigenständig fortführen können. Es nehmen dieselben Schulen wie in der ersten Projektphase teil. Zum Projektende werden Erkenntnisse über Gelingensbedingungen, die Wirksamkeit von Interventionen und Lessons Learned aufbereitet und disseminiert.

Für die zweite Projektphase schreiben die Schule ihre Ziele fort. Dabei setzte sich jede Schule auch ein Ziel aus dem Bereich der Unterrichtsentwicklung. Die Fokussierung auf Unterrichtsentwicklung wird damit konsequent weitergeführt. Die Schulleitungen werden in ihrer Rolle als Verantwortliche für den Entwicklungsprozess an ihrer Schule gestärkt. Sie kommen regelmäßig zusammen und werden in die Planung von schulübergreifenden Maßnahmen miteinbezogen. Die Schulaufsichten werden fortan stärker in das Projekt eingebunden, um eine Stimmigkeit der Ansätze von Projekt und Schulaufsicht sicherzustellen und um Verbindlichkeit zu stärken. Außerdem wurde die operative und strategische Projektsteuerung in der zweiten Phase verschlankt, um Entscheidungsprozesse zu beschleunigen. Anstelle der Geschäftsstelle tritt eine Projektleiterin, die direkt an einen Abteilungsleiter der SenBJW berichtet.

6. Empfehlungen

Aus der ersten Projektphase lassen sich für die Planung und Durchführung vergleichbarer Vorhaben folgende, vorläufige Empfehlungen ableiten:

Mit einem schülerorientierten, messbaren Zielsetzung eine klare Richtung vorgeben
Schulentwicklungsprojekte für Schulen in kritischer Lage sollten ihre Zielgruppe nie aus den Augen verlieren: Es geht darum, Schulen dabei zu unterstützen, dass Schülerinnen und Schüler erfolgreich lernen. Das Projekt sollte daher *top-down* eine entsprechende quantitative Zielsetzung für alle beteiligten Akteure formulieren. Dies kann z.B. die Verbesserung der Deutsch- und Mathematikleistungen sein (gemessen anhand von Lernstanderhebungen, siehe Bremer SMS-Projekt) oder die Erhöhung des Anteils der Schülerinnen und Schüler, die die Schule mit einem Abschluss verlassen (für weiterführende Schulen). Dieses Ziel sollte zugleich Auswahlkriterium für die Schulen sein.

Die einzelne Schule erhält dann die Möglichkeit, das Projektziel unter Berücksichtigung ihres Kontexts zu spezifizieren. Schulleitung, Steuergruppe und Kollegium sollten in diesem *Bottom-up*-Prozess involviert sein. Ein mögliches Ziel ist dann z.B. die Verbesserung des Anteils der Schülerinnen und Schüler, die den Mittleren Schulabschluss bestehen von 50% (Jahr 0) auf 80% (Jahr 5). Das Ziel wird zwischen Schule, Schulaufsicht und Projektvertretern vereinbart, regelmäßig überprüft und besprochen. Bei Bedarf kann das Ziel kontextbezogen angepasst werden. Wird an der Schule etwa eine Willkommensklasse eröffnet, kann dies in der Berechnung der Quote der Abgänger ohne Abschluss berücksichtigt werden.

Indem das Projekt jedoch ein schülerzentriertes Projektziel vorgibt, macht es deutlich, worum es geht: Um das Lernen der Schülerinnen und Schüler. Alle Projektmaßnahmen und Entwicklungsvorhaben der Schule müssen auf dieses Ziel ausgerichtet sein – und dass bedeutet, dass Interventionen im Wesentlichen darauf abzielen, die Lernmöglichkeiten und insbesondere den *Unterricht* zu verbessern.

Ergänzend dazu sollte ein qualitatives Ziel gesetzt werden: So sollen alle Schulen im Zuge des Projekts dazu befähigt werden, die Verantwortung für den Schulentwicklungsprozess eigenständig in die Hand zu nehmen, durchzuführen und zu evaluieren. Um dies zu erreichen werden die Schulen dabei unterstützt, die dafür notwendigen Steuerungsstrukturen (Schulleitung, erweiterte Schulleitung, Steuergruppe) zu entwickeln. Außerdem werden sie dabei beraten, Zielsetzungen aus anderen Handlungskontexten des Schulsystems mit ihrer schülerbezogenen Zielsetzung in Einklang zu bringen.

Gliederung des Projekts in klar abgegrenzte Phasen, die auf einander folgen

Damit Schulentwicklung gelingt, müssen einige grundlegende Rahmenbedingungen vorhanden sein. Schulentwicklungsprojekte, die mit Schulen in kritischer Lage arbeiten, sollten daher eine intensive und nicht zu kurze Vorbereitungsphase einplanen, um diese Rahmenbedingungen zu schaffen.

- **Vorbereitungsphase (ein Schuljahr bzw. bis die Voraussetzungen erfüllt sind): Voraussetzungen für Schulentwicklung schaffen**

  Vor Beginn des eigentlichen schulinternen Veränderungsprozesses müssen die *Voraussetzungen* gegeben sein, die einen Turnaround ermöglichen. Dies bedeutet zum einen, dass die Leitungsstellen (Schulleitung, stellvertretende Schulleitung) besetzt sind und die Schule personell und räumlich angemessen ausgestattet ist.

  Ebenso wesentlich ist, dass die Schule, und dabei insbesondere die Schulleitung, den Entwicklungsbedarf der Schule ebenfalls erkennt. Dafür sollten Gespräche mit der Schulleitung stattfinden: Ist ihr bewusst, dass die Verantwortung für das Führen des Veränderungsprozesses bei ihr liegt? Ignoriert sie Probleme oder externalisiert sie Problemursachen und Lösungen? Falls letzteres der Fall ist, müssen Problembewusstsein und Verantwortungsübernahme befördert werden, etwa durch Coaching. Bei Bedarf sollte ein Wechsel der Schulleitung vorgenommen werden.

  In einer *Bestandsaufnahme* werden Stärken, Schwächen und Entwicklungsbedarfe der Schulen festgestellt. Dieser Prozess sollte durchaus partizipativ gestalten werden – etwa indem ein Besuchsteam zusammenzustellen wird, das aus Externen aber auch aus Mitgliedern des Kollegiums besteht.

Auf der Grundlage der ermittelten Bedarfe der Schulen wird ein Projektteam von Schulentwicklungsberatern und Unterrichtsentwicklern zusammengestellt und den Schulen bedarfsentsprechend zugeordnet. Es werden *passgenaue Angebote* entwickelt.

- **Umsetzungsphase (drei bis fünf Schuljahre): Den Veränderungsprozess ermöglichen, Schulentwicklung betreiben**
  Sobald die Vorrausetzungen für Veränderung vorhanden sind, kann Veränderung stattfinden. Entscheidend ist dabei, dass dabei Schwerpunkte gesetzt werden – und nicht etwa alles auf einmal angegangen wird.
  - **Intentionale Schulentwicklung sicherstellen, Steuerungsstrukturen aufbauen und Verbindlichkeit herstellen**
    Schulleitung und Kollegium werden durch Schulentwicklungsberater unterstützt, eine schulspezifische Spezifizierung des Projektziels zu erarbeiten. Das Ziel wird mit der Schulaufsicht vereinbart, um dessen Verbindlichkeit zu erhöhen. Darüber hinaus wird mit der Schule besprochen, welche Gremien, Strukturen und Abläufe geschaffen werden müssen, um den Schulentwicklungsprozess – wie auch das tagtägliche Schulmanagement – zu steuern.
    Die Schule benennt Veränderungen und Entwicklungsvorhaben die notwendig sind, um diese Ziele zu erreichen. Im Gegenzug erhält die Schule passende Unterstützungs- und Beratungsangebote. Ziele, Maßnahmen und Unterstützungsleistungen werden schriftlich festgehalten. In regelmäßigen Gesprächsrunden tauschen sich die Verantwortlichen über Stand der Zielerreichung aus und nehmen notwendige Kurskorrekturen vor.
  - **Den Unterricht in den Fokus nehmen**
    Im Projekt sollte sichergestellt werden, dass die Schulen der Unterrichtsentwicklung nicht aus dem Weg gehen, sondern sich ihr intensiv widmen. Dies könnte die Form einer schulinternen Fortbildungsreihe zu Unterrichtsentwicklung nehmen, an der das gesamte Kollegium teilnimmt. Im Zuge dessen identifiziert das Kollegium Schwerpunkte für die Unterrichtsentwicklung, entwickelt und setzt Maßnahmen zur Unterrichtsentwicklung um und überprüft deren Wirkung. Die Fortbildungsschwerpunkte richten sich nach den schulischen Bedarfen, z.B. Classroom Management, Regeln und Rituale, Differenzierung.
  - **Qualifizierung der Schulleitungen zur Führung des Veränderungsprozesses**
    Eine Ausbildung im Führen von Veränderungsprozessen ist in Berlin nicht Bestandteil regulärer Schulleiter-Qualifizierungen. Und sie ist eine Fähigkeit, die nicht angeboren ist, sondern erlernt werden kann. Schulleitungen sollten daher entsprechende Qualifizierungsangebote angeboten werden – dies kann etwa eine Fortbildungsreihe sein, in der die Schulleitungen regelmäßig zusammenkommen um sich weiterzubilden und gegenseitig zu beraten (Intervision).

Zusätzliche Unterstützung, Beratung und Ressourcen

- **Schulentwicklungsberater und Unterrichtsentwickler**
  Schulentwicklungsberater und Unterrichtsentwickler begleiten und beraten die Schulen in ihrem Veränderungsprozess. Die Beraterinnen und Berater sollten speziell für die Arbeit mit Schulen in kritischer Lage weiterqualifiziert werden. Wichtig ist, dass die Berater in ihrer Rolle klar sind und nicht als „heimliche Schulleitung" tätig sind.

- **Miteinbeziehung der Schulaufsicht von Anfang an**
  Die Schulaufsicht spielt insbesondere in Hinblick auf das Thema Leitung und Personal eine entscheidende Rolle für die Schulentwicklung. Die Schulaufsicht sollte in der Lage sein, fähiges Personal zu gewinnen, schwierige und fördernde Gespräche zu führen und bei Bedarf personelle Konsequenzen zu ziehen. Sie muss für diese Aufgaben von Seiten der Schulverwaltung ausreichend zeitliche Kapazitäten zur Verfügung haben. Gegebenenfalls sollten die Schulen (temporär) aus dem bestehenden System der Schulaufsichten herausgelöst werden. Eine zentrale, dafür ausgebildete Schulaufsicht betreut dann diese Schulen mit besonderer Intensität.

- **Zusätzliche Zeit und Ressourcen für die Entwicklung zur Verfügung stellen**
  Veränderung bedeutet in der Regel eine temporäre Zusatzbelastung – für Fortbildungen, für Austausch, für das Einüben der Neuerungen. Das gilt auch dann, wenn die Schule angeleitet wird, sich in ihrer Arbeit zu konzentrieren, statt Schulentwicklung ausschließlich als Zusatzaufgabe zu betrachten. Die zusätzliche Belastung entsteht oft in einem Umfeld, in dem die tatsächliche und wahrgenommene Belastung bereits hoch ist.

  Schulentwicklungsvorhaben sollten die Mehranstrengung der Schulen würdigen, indem sie ihnen zeitlich begrenzt zusätzliche Ressourcen zur Verfügung stellen: Dies kann erstens ein Projektbudget von ca. 5.000 EUR pro Schuljahr sein, zweitens sind zusätzliche zeitliche Ressourcen für die Schulentwicklung hilfreich, etwa durch die Reduktion des Unterrichtskontingents der Lehrkräfte oder in Form zusätzlicher Stellen (0,5-2,0 VZÄ je nach Schulgröße).

Klare Regeln, klare Konsequenzen: Was passiert, wenn sich eine Schule nicht verbessert?

Anders als in Turnaround-Kontexten in den USA werden im deutschsprachigen Raum keine klaren Konsequenzen gezogen, wenn eine Schule die Schulentwicklungsziele nicht erreicht oder sich nur wenig verbessert. Selbst in verpflichtenden Schulentwicklungsprojekten, wie School Turnaround, können Schulen den Weg der geringen Anstrengung wählen. Dies hat zur Folge, dass Schulen den Weg der geringen Anstrengung wählen können. Projektvertreter sollten im Vorhinein im Klaren darüber sein, ob sie bereit sind, Schulen zu schließen, welche Kriterien sie für diese Entscheidung heranziehen und dies gegenüber den Schulen transparent machen.

7. Zwischenfazit

Aus dem School-Turnaround-Projekt lassen sich in Hinblick auf die Begleitung von Veränderungsprozessen an Schulen in kritischer Lage folgende Zwischenerkenntnisse ziehen:

Erstens, Schulentwicklungsprozesse an Schulen in kritischer Lage brauchen Zielklarheit. Im Vordergrund sollte dabei das Lernen der Schülerinnen und Schüler stehen. Alle Beteiligten – in den Schulen selbst sowie in Aufsicht, Schulträger und Verwaltung – sollten ein gemeinsames Verständnis davon entwickeln, was erreicht werden soll und welchen Beitrag sie jeweils zur Zielerreichung leisten. Der Veränderungsprozess gelingt, wenn alle an einem Strang ziehen.

Zweitens, Schulentwicklung braucht Zeit. Bei Veränderungsprozessen an Schulen in kritischer Lage haben wir es nur sekundär mit „technischen" Problemen zu tun, die durch Expertise oder zusätzliches Geld gelöst werden können. Primär beschäftigen wir uns mit Herausforderungen, in denen schulische Akteure ihre Werte, Prinzipien und Verhalten verändern müssen – in Hinblick auf das, was sie ihren Schülerinnen und Schüler zutrauen, zu der Frage, wie Lernen und guter Unterricht aussehen und wie Kollegium, Eltern und das schulische Umfeld miteinbezogen werden. Für diesen Lern- und Innovationsprozess sollten dementsprechend mehrere Jahre – für Planung und Durchführung – eingeplant werden.

Drittens, wer Veränderung an Schulen in kritischer Lage anstößt und durchführt braucht Mut. Bisher existieren schwache Schulen oft über Jahre hinweg „unter dem Radar" fort. Motivierte Lehrkräfte ziehen weiter. Schwache Schulen werden zu Sammelbecken resignierter oder ausgebrannter Pädagoginnen und Pädagogen. Wer hier Veränderung bewirken will, stößt schnell auf offenen oder verdeckten Widerstand. Projektvertreter und Schulleitungen müssen sich dessen von vorhinein bewusst sein. Sie müssen sich diesem Widerstand stellen und ihn aushalten, müssen Ängste ernst nehmen und den Dialog zu suchen – ohne dabei ihr grundlegendes Ziel aus den Augen zu verlieren: Sich für Schulen einzustehen, in denen alle Kinder und Jugendliche, unabhängig von Herkunft und Elternhaus, bestmöglich Bildungschancen erhalten.

Weiterführende Informationen zum Projekt
www.school-turnaround.de

Literatur

FSG Social Impact Advisors. (2010). *The School Turnaround Field Guide*. Verfügbar unter: http://www.wallacefoundation.org/knowledge-center/school-leadership/district-policy-and-practice/Documents/The-School-Turnaround-Field-Guide.pdf [26.09.2016].

FSG Social Impact Consultants (Hrsg.)(2012). *A Tale of Two Cities. Education Reform in New York City and Berlin*. Verfügbar unter: http://www.bosch-stiftung.de/content/language1/downloads/A_Tale_of_Two_Cities.pdf [26.09.2016].

GEW Berlin. (2013). *Ablehnung des PPP-Projektes School Turnaround. Beschluss der Landesdelegiertenversammlung vom 05.11.2013.* Verfügbar unter: http://www.gew-berlin.de/218_8635.php [26.09.2016].

Robert Bosch Stiftung (2012). *A Tale of Two Cities: Education Reform in New York City and Berlin.* FSG Social Impact Advisors (Hrsg.). http://www.bosch-stiftung.de/content/language1/downloads/A_Tale_of_Two_Cities.pdf

Senatsverwaltung für Bildung, Jugend und Wissenschaft. (2013). *Bonus-Programm. Unterstützung für Schulen in schwieriger Lage.* Verfügbar unter: https://www.berlin.de/imperia/md/content/sen-bildung/bildungspolitik/bonus_programm_web.pdf [26.09.2016].

Senatsverwaltung für Bildung, Jugend und Wissenschaft. (2014). *Sieben Jahre Schulinspektion in Berlin.* Verfügbar unter: https://www.berlin.de/imperia/md/content/sen-bildung/schulqualitaet/schulinspektion/7_jahre_schulinspektion.pdf [26.09.2016].

Vieth-Enthus, S., (2014). Ergebnis der Schulinspektion: Um viele Schulen steht es schlecht. In *Tagesspiegel,* 02.05.2014. Verfügbar unter: http://www.tagesspiegel.de/berlin/ergebnis-der-schulinspektion-um-viele-schulen-steht-es-schlecht/9832914.html [26.09.2016].

Joachim Herrmann

Discussion failed!

Hinweise an die deutschsprachige Schulentwicklungsdiskussion zu „failing schools" aus einer Hamburger Perspektive

In seiner Übersicht der internationalen Schulforschung wies Huber 1999 in einem Nebensatz darauf hin, dass sich „schlechte" Schulen möglicherweise nicht allein durch das Fehlen der Eigenschaften „guter" Schule auszeichnen, sondern ganz eigene Charakteristika aufweisen könnten (Huber, 1999, S. 8). Acht Jahre später fassen Huber und Muijs unter dem Titel „mission failed?" zusammen, „was die englische Schulforschung über schlechte Schulen herausgefunden hat". Abgeschlossen wird diese Zusammenfassung mit dem Hinweis auf die Begrenztheit „aller schulischen Maßnahmen", da „der Schlüssel zu einer Verbesserung der Lernergebnisse [...] letztlich im politischen Handeln insgesamt und in [...] Maßnahmen gegen die Armut, Bildungsferne, Arbeitslosigkeit, gesundheitliche Defizite, defizitäre Wohnumstände, Erziehungsschwächen und vieles mehr" liege. Als Gründe dafür, dass Schulen zu „failing schools" werden, zählen neben dem Leitungshandeln, der Kooperation und den Lehrfähigkeiten auch die „Kompetenzen und Verhaltensauffälligkeiten der Schüler" und „schwierige Bedingungen im Elternhaus" (Huber & Muijs, 2007, S. 99).

Der Hinweis auf Merkmale und Verhalten der Schülerinnen und Schüler als *ein* Grund für schulische Fehlleistungen verschafft ungewollt einer Tradition im Bildungswesen Ausdruck, die in der englischen Diskussion selbst bemerkt wird:

> „The understanding from the school effectiveness tradition that individual schools make a difference, joined with the understanding that schools must be the site of change [...] have together created a widespread assumption in [GB] that the school should be the unit of accountability, and of improvement. ... However, this is not how many of the OECD countries make judgements in their education systems [...]. In Sweden, Germany and France pupils are seen as the differentiating factor, as all schools are considered to be more or less equally effective" (Lodge, 1998, S. 159).

Während in der angelsächsischen Fachdiskussion (vor allem in England und den USA) das Thema der so genannten failing schools seit Jahren ein eigenes Praxis- und Forschungsfeld bildet, wurde das Thema im deutschsprachigen Raum lange Zeit eher vernachlässigt und der Diskurs beschränkte sich weitgehend auf zusammenfassende (und kommentierende, s.o.) Wiedergaben des „Forschungsstandes" (etwa: Holtappels,

2008) sowie allgemeingültige Hinweise zu sinnvollen Schritten einer Schul- und Unterrichtsentwicklung. Selbst neuere Diskussionsbeiträge (etwa im Rahmen des Schwerpunktthemas *Schulen in Schwierigkeiten* der Zeitschrift LERNENDE SCHULE, 2011) konzentrieren sich auf zusammenfassende Rezeptionen des angelsächsischen Forschungs- und Diskussionsstandes (etwa: Bonsen, 2011; Priebe, 2011; Mörking, Oldenburg, Schwank & Sommer, 2011). Dabei kehren in der Regel die bereits bekannten additiven Rezepte „der allgemeinen Schulentwicklungsliteratur" (Altrichter & Moosburger, 2011, S. 10) wieder, ohne dabei mögliche Folgen der Spezifik von „failing schools" auch für die Gestalt von Interventions- bzw. Unterstützungsstrategien zu reflektieren.

Die Randständigkeit des Themas im deutschsprachigen Fachdiskurs ging allerdings auch mit der Tatsache einher, dass in Deutschland das Phänomen „Schulen in Schwierigkeiten" bislang kein Gegenstand konkreter Interventionstätigkeit war. Dieser Zustand hat sich in den letzten Jahren verändert: Die Stadtstaaten Hamburg und Bremen[1] haben im Rahmen konkreter Unterstützungsprojekte auf die Situation ausgewählter Schulen zu reagieren versucht, Tagungen des Schweizer „Forum Bildung"[2] und der Deutschen Gesellschaft für Erziehungswissenschaft[3] befassen sich ebenfalls mit dem Thema. Das Rahmenprogramm zur Förderung der empirischen Bildungsforschung des BMBF führte im Zeitraum 2010–2013 ein Forschungsprojekt zu „Strategien der Qualitätssicherung von Schulen in schwieriger Lage" an der Universität Duisburg-Essen durch[4] und auch die Robert-Bosch-Stiftung befasst sich in verschiedenen Projekten, so in einem Vergleich der Innovationsstrategien der Städte Berlin und New York (Robert Bosch Stiftung, 2012) und einer darauf aufbauenden Projektmaßnahme in Berlin[5], mit der Herausforderung von Schulen in schwieriger Lage.

Die in den letzten Jahren durchgeführten Forschungsvorhaben haben aus dem internationalen Bereich bekannte Erkenntnisse auch für die Situationen deutscher Schulen bestätigen können. Die konkreten Entwicklungs- und Unterstützungsvorhaben folgten und folgen ihrerseits sehr unterschiedlichen Konzeptionen und Entwicklungshypothesen, die teilweise auf recht eindimensionalen Wirkungshypothesen fußen.

Der vorliegende Beitrag soll weder vorhandene Konzepte kritisieren, noch weitere Maßnahmen oder Ansätze nur additiv darstellen. Im Folgenden wird vielmehr der Anspruch erhoben, Erkenntnisse auf Basis einer mehr als 10-jährigen kontinuierlichen Unterstützung, Begleitung und systematischen Erhebung von Entwicklungen und Entwicklungsständen zu verallgemeinern. Diese Erkenntnisse stammen aus der umfassenden Investition der Stadt Hamburg in ein Unterstützungsprogramm für Schulen in schwieriger Lage, einer in Deutschland bislang einmaligen Maßnahme, die

---

1 Vgl. http://www.senatspressestelle.bremen.de/detail.php?gsid=bremen146.c.10860.de [31.03. 2016].

2 Vgl. Pädagogische Hochschule der Fachhochschule Nordwestschweiz und Forum Bildung der Schweiz (2011), verfügbar unter: http://www.forumbildung.ch/web/veranstaltungen/archiv_detail/tagung_failing_schools [31.03.2016].

3 Es handelte sich um ein Segment des 23. Kongresses der DGfE „Erziehungswissenschaftliche Grenzgänge".

4 Vgl. http://www.stebis.de/news/Schulen_in_schwieriger_Lage1.html, vgl. hierzu auch http://www.brennpunkt-schule.de/ [31.03.2016].

5 Vgl. Projektinformationen auf der Projektseite www.school-turnaround.de [31.03.2016].

seit 2006 kontinuierlich mit inzwischen ca. 60 Schulen intensive Entwicklungsprozesse durchgeführt hat.

Zunächst wird daher ein grober Abriss sowohl der Hamburger Entwicklung gegeben, ebenso werden die Steuerungsfragen benannt, die sich in diesem Prozess stellten. Anschließend werden zunächst die zentralen Kernprobleme von Schulen in schwieriger Lage und die ebenso zentralen Entwicklungsnotwendigkeiten entfaltet. Schließlich lassen sich zentrale Eckpunkte für die Arbeit eines wirksamen Unterstützungssystems im Sinne der Angemessenheit für die Komplexität des Gegenstandes umreißen.

1. „Schulentwicklung im System" – die Hamburger Maßnahme zur Unterstützung von Schulen in schwieriger Lage

Das ursprüngliche Projekt der Hamburgischen Schulbehörde wurde im Jahre 2006 als Reaktion auf Ergebnisse der Hamburger Studie „Kompetenzen und Einstellungen von Schülerinnen und Schülern" in der Jahrgangsstufe 7 (KESS 7, vgl. Bos, Bonsen & Gröhlich, 2009) initiiert. Ziel war einerseits eine „Stärkung von Schulen in strukturschwachen Regionen (‚Schulen in schwieriger Lage') durch spezifische Förderkonzepte", andererseits eine präzisere Identifikation der Bedingungen, die in einer Schule Entwicklungsprozesse erschweren. Dieses Projektvorhaben wurde im Landesinstitut für Lehrerbildung und Schulentwicklung Hamburg durchgeführt.

Nach zwei Jahren Begleitung und Unterstützung hatte sich das Projekt sowohl aufgrund der erfolgreichen Arbeit in 20 Schulen als auch aufgrund der Einblicke in die Situation der konkreten Schule und der „Schwierigkeiten" deren Lage soweit etablieren können, dass es in eine regelhafte Unterstützungsmaßnahme des Landesinstituts überführt wurde (LI Hamburg 2008, 2010). Seitdem arbeitet ein festes Team im Landesinstitut inzwischen mehr als zehn Jahre in unterschiedlichen Projekten und Vorhaben an der Unterstützung und Begleitung von Schulen, die als Schulen in schwieriger Lage gelten.

Die mangelnde Präzision der verbreiteten Begrifflichkeit so genannter „failing schools" als auch des Terminus „schwierige Lage" besteht darin, dass kein enger, zumal kein automatischer oder gar determinierender Zusammenhang von Lage und Leistung einer Schule existiert. So finden sich „gute Schulen" in Brennpunktstadtteilen wie auch „failing schools" in privilegierter Lage. Betrachtet man lediglich die Lage, existiert hier ein bedeutsamer Unterschied in der grundlegenden Problematik: Der einen Schule gelingt die Förderung jener Schülerinnen und Schüler nicht, die keinen Zugang zu außerschulischen Bildungsressourcen haben. Der anderen Schule misslingt das Ausschöpfen eines hohen Potentials ihrer Schülerinnen und Schüler, die mit viel häuslicher Unterstützung und außerschulisch erworbenen Kompetenzen zur Schule kommen. Letztlich bleibt es – unter Bedingungen begrenzter Ressourcen – eine politische Entscheidung, welche der beiden Problematiken als dringlicher erachtet wird.

Mit einer Ausnahme von zwei Jahren, in denen vor allem jene Schulen begleitet wurden, die in der Schulinspektion (die in Hamburg keine Leistungsdaten berücksichtigt) auffällig erschienen, handelte es sich um Schulen, die in Brennpunktstadtteilen liegen, die also mit einer Schülerschaft arbeiten, die einen eher sozioökonomisch schwachen Hintergrund hat und über wenig Zugang zu Bildungsressourcen – sowohl im Sozialraum als auch hinsichtlich häuslicher und elterlicher Unterstützung – verfügt.

2. Ausgangslage: Schule unter Bedingung einer „schwierigen Lage"

Die sozial-räumlich schwierige Lage einer Schule ist allerdings nicht umstandslos mit einem „erheblichen Entwicklungs- und Unterstützungsbedarf" gleichzusetzen. Unabhängig von der sozialräumlichen Lage gibt es Schulen mit (für die jeweiligen Ausgangsbedingungen) guten Leistungsergebnissen ebenso wie solche mit problematischen hinsichtlich des Erwartbaren. Die Differenz zwischen Schulen in guter und solchen in belasteter sozialräumlicher Lage besteht darin, dass Schülerinnen und Schüler mit einem bildungsnahen Hintergrund und außerschulischem Zugang zu Bildungsressourcen die Problematik einer unzureichenden schulischen Förderung individuell ausgleichen können – kurz: die unabhängig von dem schulischen Angebot ausreichend lernen können und gefördert werden. Dies ist unter lebensweltlichen Bedingungen einer schwierigen Lage in der Regel nicht der Fall, wodurch die Gefahr einer Zuspitzung unzureichender, für berufliche wie private Perspektiven risikoreicher Kompetenzentwicklung entsteht.

Die folgenden Ausführungen beziehen sich auf Schulen in schwieriger Lage, die im Vergleich zu Schulen der gleichen Schulform deutlich unterdurchschnittliche Leistungen und eine geringere Leistungsentwicklung zeigen, und die darüber hinaus – denn erst hieraus ergibt sich ein spezifischer Unterstützungsbedarf – nicht in der Lage scheinen, aus eigener Kraft die interne Arbeitsweise zu verändern.

Es werden zunächst die beobachtbaren Faktoren dargestellt, denen vor dem Hintergrund 10-jähriger Begleitung und Zusammenarbeit sowie systematischer Beobachtung und Datenanalyse eine zentrale Bedeutung für die Situation dieser Schulen zukommt.

Im anschließenden Abschnitt 3 werden dann entsprechende Entwicklungsbedarfe skizziert um schließlich (Abschnitt 4) funktionale Interventionsstrategien und den Charakter eines wirksamen Unterstützungssystems darzulegen.

2.1 Unterricht in „schwieriger Lage"

Die pädagogische Praxis, die Unterrichtsgestaltung und -führung in Schulen in schwieriger Lage ist innerhalb der Einzelschule von einer großen Spanne unterschiedlicher Stile und Vorgehensweisen geprägt. Dies ist kein typisches Phänomen der hier zur Diskussion stehenden Schulen – im Gegenteil ist die Tatsache einer großen Heterogenität der Unterrichtspraxis innerhalb einer Schule gut dokumentiert (Behörde für Schule und Berufsbildung Hamburg, 2011). Den Lehrkräften sind zumeist Herkunft und Lebensbedingungen ihrer Schülerinnen und Schüler gut bekannt. Im kollegiumsinternen Diskurs über Bedingungen und Möglichkeiten des Unterrichts verdichten sich solche Kenntnisse jedoch häufig zu einer homogenisierenden Konstruktion von lernschwachen Schülerinnen und Schülern mit wenig häuslicher Unterstützung (vgl. auch Idel, 2016). Solche verdichteten Bilder der Schülerschaft ziehen nicht selten eine Unterrichtspraxis nach sich, die von geringen Erwartungen geprägt ist, sich auf den Erwerb und das Training von Basisfähigkeiten konzentriert und eher kleinschrittig vorgeht.

Vielfach tritt eine hohe Aufmerksamkeit auf die Einhaltung von Regeln, ein hohes Maß an Ritualisierung mit hinzu, da übliche Verhaltensweisen unter den Kindern und Jugendlichen nicht den schulischen bzw. unterrichtlichen Kommunikationsformen entsprechen, was aus Perspektive jener Konstruktion als gering ausgeprägtes Sozialverhalten erscheint.

In der Konsequenz lässt sich überdurchschnittlich häufig ein Unterricht beobachten, der nur geringe Anteile herausfordernder, kognitiv anspruchsvoller Aufgaben umfasst, der eng strukturiert und kleinschrittig vorgeht und nur geringe Erwartungen an die Schülerinnen und Schüler richtet.

Dies führt einerseits zu einer Unterforderung derjenigen, die kognitiv durchaus mehr Potential als erwartet mitbringen – aber ebenso zu einer Unterforderung der tatsächlich wenig leistungsstarken Schülerinnen und Schüler, da diese im reinen Üben und Trainieren von Basisfähigkeiten auf die Dauer kaum Möglichkeiten einer inhaltlichen Sinnperspektive erkennen können.

Wo Schüler allerdings auf diese Unterrichtssituation mit Störungen, mit geringer Arbeitsbereitschaft oder gar Verweigerung reagieren, drohen sich jene Konstruktion einer homogen lernschwachen Schülerschaft und die Kopplung von Leistungsschwäche und sozialem Verhalten scheinbar kontinuierlich zu bestätigen.

Angesichts des Verhaltens und angesichts der Umgangsformen, die Kinder und Jugendliche in ihren lebensweltlichen und familiären Verhältnissen gewohnt sind und die nicht umstandslos mit schulischen Arbeits- und Interaktionsroutinen kompatibel sind, wird in vielen Schulen mit Regelwerken, Ritualen und Rückmeldeformaten an erwünschten Verhaltensweisen gearbeitet.

Die Beobachtungen der vergangenen Jahre erwecken jedoch häufig den Eindruck, dass solche Rituale und Thematisierungen von erwünschtem und unerwünschtem Verhalten sehr viel Raum einnehmen. So drohen sie zu einem Selbstzweck zu geraten und ihre eigentliche Funktion, lernförderliche Arbeits- und Verhaltensweisen zu fördern, zu verlieren. In der unterrichtlichen Praxis entsteht nicht selten eine Dichotomie dahingehend, zunächst am Sozialverhalten arbeiten zu müssen, bevor mit dem fachlichen Lernen begonnen werden kann. Dadurch wird es jedoch für die Schülerinnen und Schüler mitunter schwierig, den funktionalen Zusammenhang von Regeln und Ritualen zum fachlichen Unterrichtsgeschehen zu erkennen – was wiederum eine Eigendynamik von Unruhe und Störungen nach sich ziehen kann.

Kinder und Jugendliche aus sozial benachteiligten Verhältnissen in ihrer Alltagsroutine zu verstehen und anzuerkennen, ohne die Notwendigkeit einer Anpassung an schulische und unterrichtliche Anforderungen zu relativieren[6], stellt, diesen Eindruck konnten wir in unseren Beobachtungen gewinnen, für die Lehrkräfte eine hohe Anforderung dar, deren Bewältigung häufig misslingt.

2.2 Schulleitung in „schwieriger Lage"

Auch Schulleitung sieht sich in den hier untersuchten Schulen spezifischen Herausforderungen gegenüber:

- Die Belastung der Lehrkräfte in solchen Schulen ist in der Regel ungleich höher als in anderen Schulen, weil schulisch bedeutsames Verhalten und die auf einer bestimmten Altersstufe in der Regel erwarteten fachlichen wie methodischen Kompetenzen nicht in der Selbstverständlichkeit vorausgesetzt werden können, wie dies in „guter Lage", unter Bedingung bildungsnaher Familienverhältnisse und außerschulischer Bildungsressourcen der Fall ist.
- Neben der internen, kollegialen Perspektive existieren weitere Anforderungen, die unter Bedingung einer schwierigen Lage eine höhere Bedeutung haben als in andere Schulen. Häufig sind Schulen in Brennpunktstadtteilen in ein Netzwerk unterschiedlicher Akteure und Institutionen eingebunden, die einerseits schulische Arbeit unterstützen können und wollen, die andererseits selbst mit Kindern und Familien arbeiten (Jugend- und Sozialbehörden, Vereine, Beratungsstellen, freie Träger der Jugendhilfe und Familienfürsorge uvm.).
- Schließlich kann es tatsächlich vorkommen, dass es aus unterschiedlichen Gründen vermehrt zu Konflikten im schulischen Alltag kommt, die nicht ohne weiteres schnell und konstruktiv geklärt werden können, die gelegentlich eskalieren und eine schnelle und gemeinsame Klärung benötigen.

Kollegiumsbelastung, überdurchschnittlich umfangreiche Koordinationsaufgaben, häufige Interventions- und Klärungsanforderungen im Alltag und andere Anforderungen bringen es mit sich, dass die Schulleitung in hohem Maße mit Koordinations-, mit Entlastungs- bzw. Motivations- sowie mit Interventionsaufgaben gefordert ist. Dabei ist auch auf Leitungsebene die Belastung spürbar höher als in Schulen in weniger belasteter Lage. Belastung, Umfang und Häufigkeit solcher Anforderungen sind dann auch die Ursache dafür, dass die Zeit für inhaltlich-strategische Aufgaben fehlt, dass vor allem die Ruhe für konzeptionelles Denken und Arbeiten kaum aufzubringen ist.

In vielen Fällen befindet sich das Leitungshandeln in schwieriger Lage gleichsam in einem *Modus des Reagierens*, der sich seinerseits zu verselbständigen droht. Zwar sehen schulische Leitungskräfte, dass sie mehr Zeit und Aufmerksamkeit in die inhaltliche und konzeptionelle Weiterentwicklung investieren sollten. Zugleich wird diese Investition aus der Not heraus auf einen Zeitpunkt verschoben, zu dem die unmittel-

6 Ruby K. Payne hat in anschaulicher Weise die Konflikte beschrieben, die für Kinder und Jugendliche aus Armutsverhältnissen entstehen, wenn lebensweltlich kompetentes Verhalten in Schule sanktioniert wird, weil eine mittelschichtsorientierte Perspektive auf deren selbstverständliche Routinen allein Defizite erkennen mag, vgl. Payne (2013).

baren organisatorischen und koordinierenden Anforderungen, die Klärungen und Interventionen („Brände löschen") bewältigt und gelöst sein werden, so dass dann mehr Ressource in die „grundsätzlicheren" Herausforderungen investiert werden können.

Dies ist eine Hoffnung, die sich in den mehr als zehn Jahren unserer Beobachtung und Begleitung von Schulen in schwieriger Lage noch niemals erfüllt hat und sich vermutlich niemals erfüllen *kann*. Eine umfassende und vor allem nachhaltige Regelung organisatorischer und pädagogischer Anforderungen setzt ja voraus, dass es bereits einen inhaltlichen Maßstab und ein konzeptionelles Verständnis in der Schule gibt, um entlang solcher Maßstäbe aktiv zu werden. Es entsteht für Leitungshandeln auf diese Weise eine Eigendynamik, die sich selbst kontinuierlich reproduziert und zugleich auch die Belastung weiter mit steigert.

2.3 Schulkultur: „Mit diesen Kindern geht das nicht!"

Auf den ersten Blick erscheint die Aufgabe einfach: Es braucht einen angemessenen, die Ausgangslage der Schülerinnen und Schüler berücksichtigenden und anspruchsvollen Fachunterricht, der eine bessere „Passung" von Lehrerhandeln und Lernbedarfen realisiert. Ebenso braucht es ein Leitungshandeln, das sich nicht allein im organisatorischen und koordinierenden Modus des Reagierens erschöpft, sondern die Organisation zielgerichtet an den Erfordernissen des pädagogischen Handelns ausrichtet.

Allerdings ist es offenbar deutlich schwieriger, solche Entwicklungen anzustoßen, als es sich dem außenstehenden Beobachter erschließen mag. In der Regel herrscht in einer Schule eine je spezifische Kultur, die bereits Interpretations- und Erklärungsmodelle im kollegialen Diskurs zur Verfügung stellt. So wird nicht selten eine Empfehlung zu passenderem Unterricht mit dem Hinweis quittiert, dies sei „mit diesen Kindern" nicht möglich, es müsse „erst am sozialen Verhalten gearbeitet werden" oder es sollten zunächst „die Basiskompetenzen sichergestellt" sein. Auch Schulleitungen, deren Alltag im aufreibenden Regulieren, Schlichten und Disziplinieren besteht, stimmen den obigen Hinweisen umstandslos zu, sind aber dadurch noch keineswegs in der Lage, eine eingespielte Routine zu verlassen.

Beobachtungen der Rationalisierung, d.h. einer vermeintlich sachlich-schlüssigen Erklärung geringer Lernzuwächse der Schülerinnen und Schüler (z.B. aufgrund der Notwendigkeit zunächst „das Soziale" zu stärken, bevor mit fachlichem Lernen begonnen werden könne, vgl. LI Hamburg, 2010, S. 18 ff.), oder der Externalisierung von Problemen (auf die Eltern, die Politik, die Ressourcenlage) ebenso wie die Verantwortungszuweisung an die Schülerinnen und Schüler sind keineswegs Ausdruck von Desinteresse. Vielmehr verdichten sich im kollegialen Diskurs Sichtweisen zu einer „Kultur", in die unterschiedliche Erfahrungen eingehen und in der die Beteiligten sich zu verständigen suchen. Der kollektive Impuls, auf Situation und Ausgangslage der Schülerinnen und Schüler zu reagieren (und den Fokus auf das soziale Verhalten, auf die Basiskompetenzen zu legen) ist so richtig und angemessen, wie es auf der anderen Seite entwicklungshinderlich ist, wenn die im kollegialen Diskurs etablierte Sichtweise von Rationalisierungen oder Externalisierungen sich verselbstständigt und zu einem Erklärungsmuster wird, das einen Status Quo reproduziert.

„Kultur" meint hier insbesondere verselbstständigte Erwartungsstrukturen in der kollegialen Kommunikation: In der täglichen Zusammenarbeit und der (in allen Organisationen üblichen) Etablierung wiederkehrender Muster, in denen bestimmte Themen auf eine bestimmte Art und Weise ausgetauscht, kommuniziert und im Gespräch bearbeitet werden, verfestigen sich solche Sichtweisen und Konstruktionen über Schule, über die Schüler, über Lernen und Unterrichten. Manche solcher verfestigten Muster können dysfunktionale Routinen und Arbeitsweisen in Form selbst erfüllender Prophezeiungen immer wieder reproduzieren (a.a.O., S. 9).

Die Analyse der Schulkultur vieler Schulen in schwieriger Lage zeigt wiederkehrende Kumulationspunkte der Kommunikation. Die einzelnen Ausprägungen und Verknüpfung variieren zwar, jedoch stellen die folgenden Facetten häufige inhaltliche Bezugspunkte dar.

- Es herrscht ein vermeintlich sehr klares Wissen um Herkunft und lebensweltliche Hintergründe der Schülerinnen und Schüler,
- sowie ein häufig intuitives Wissen darum, welche Implikationen diese Hintergründe für das Lernen und den Unterricht mitbringen. Diese richten sich oft auf einen Bedarf an Klarheit und Struktur der Unterrichtsgestaltung, an eine möglicherweise kleinschrittigere Vorgehensweise im Lehr-Lernprozess und an einen starken Bedarf nach einer differenzierten Unterrichtsgestaltung – allerdings auf einem niedrigen Anforderungsniveau.
- Innerhalb des kollegialen Austausches und der schulinternen Kommunikation drohen Einzelaspekte sich zu verselbstständigen: Es findet gelegentlich eine "zu" enge Führung statt, die Kreativität und Ideenreichtum ausschließt; zugunsten eines kleinschrittigen Vorgehens findet gelegentlich ein weitgehender Verzicht auf tiefere Denkanforderungen statt; gelegentlich findet eine allgemeine Reduzierung des fachlichen Anspruchsniveaus statt.
- Auf diese Weise und nicht zuletzt aufgrund der Reaktionen der Schülerinnen und Schüler führt ursprüngliche Empathie gelegentlich zu Belastungsempfinden, auch zu Frustration und gelegentlich äußert diese sich auch in zynischen Kommentaren und Sichtweisen bei Einzelnen.
- Die Schulleitung bleibt davon nicht unberührt, auch sie "sorgt" sich um die Lehrkräfte und ist um Entlastung bemüht, was jedoch auch eine Scheu mit sich bringt, Lehrkräften gegenüber Anforderungen zu formulieren.

Der Mechanismus, der sich in den Schulen vollzieht und hier als Kultur im Sinne kollektiver Kommunikationsmuster bezeichnet wird, ist in der Organisationstheorie ausführlich beschrieben: In Interaktionssituationen bilden sich in der Sequenzialität von Äußerungen und Entgegnungen Erwartungen bezüglich der Anschlussfähigkeit zukünftiger Äußerungen oder Entgegnungen je anderer Interaktionspartner aus. Diese Erwartungen entstehen auf Seiten aller Beteiligter, so dass berücksichtigt wird, was mit hoher Wahrscheinlichkeit geeignet ist, den Verlauf der Interaktion aufrecht zu halten. In dem Maße, in dem die Zahl der Beteiligten und die Zahl der Konstellationen, in denen Kommunikation erfolgt, steigt, bilden solche Erwartungen eine latente Struktur im Hintergrund, die insgesamt die Kommunikation in einer Schule kulturell prägt und ausrichtet (Luhmann, 2000, S. 145 ff.; vgl. auch Helsper, 2008, Combe, 2015).

Solche Prozesse und Mechanismen sind hilfreich, weil sie Verstehen ermöglichen und Verlässlichkeit sichern. Zugleich leisten sie dies genau dadurch, dass das denkbare Spektrum von Themen und Beiträgen zu Themen innerhalb der Kommunikation verengt wird – nicht mehr alles, was zu bestimmten Themen und Fragestellungen sagbar wäre, ist in einer etablierten Diskurskultur auch legitim zu äußern. Angesichts herausfordernder und anforderungsreicher Situationen im unterrichtlichen und schulischen Alltag bieten diese „Muster" eine Interpretationsfolie, die auch schwierige Situationen in der kollegialen Kommunikation erklärbar macht, die aber ihrerseits das Spektrum möglicher Varianten der Erklärbarkeit einschränkt.

Die individuelle pädagogische Praxis der Lehrkräfte im Unterricht und die Vielfalt und Unterschiedlichkeit der individuellen Erfahrungen im Unterricht sind dabei immer umfangreicher und tiefer als die Reflexion und Interpretation im kollegialen Diskurs, der durch die Fokussierung auf bestimmte Muster und Interpretations-"folien" eine inhaltliche Verengung vornimmt und dadurch zugleich eine Flexibilität ermöglicht, die auch neue und unvorhergesehene Situationen schnell interpretierbar und bearbeitbar macht. Auf diese Weise bleiben jedoch auch jene individuellen Vorgehensweisen und Erfahrungen un-kommuniziert, die für einen Entwicklungsprozess im Umgang mit herausfordernden Arbeitsbedingungen erfolgversprechender sein können als die bisherigen Routinen, die sich jedoch im kollektiven Diskurs weiterhin reproduzieren. Dadurch sind die Erfahrung und die Praxis nicht aus dem schulischen Geschehen getilgt, sie bleiben aber individuell und werden nicht in der Kommunikation aufgegriffen – sie stehen der Schule als Organisation gleichsam nicht zur Verfügung.

Schulkultur bzw. der Mechanismus verselbstständigter Kommunikationsmuster haben einen identitätsstiftenden und einen Probleme wie Erfolge *rationalisierenden* Effekt: Sie bestätigen bisherige Routinen und lassen in der Schule selbstverständlich und alternativlos erscheinen, wie über das Geschehen gesprochen wird. Das erschwert die Thematisierung, die Suche, aber auch die Akzeptanz – streng genommen: schon das Zur-Kenntnis-Nehmen – andersartiger Sichtweisen und alternativer Praktiken.

3. Entwicklungsbedarfe

Die zentrale Schwierigkeit der hier diskutierten Schulen besteht in der komplexen Überlagerung unterschiedlicher Herausforderungen im Alltag. Dadurch fällt es allen Beteiligten innerhalb der Schule schwer, eine Entlastung vom täglichen Handlungs- und Entscheidungsdruck zu finden, die jedoch eine Voraussetzung für den Blick auf Alternativen und bisher nicht realisierte Handlungsmöglichkeiten wäre. Sowohl der Vergleich von erfolgreichen Schulen in schwieriger Lage mit solchen, die hinsichtlich ihres pädagogischen und sozialen Alltags aus dem „Modus des Reagierens" keinen Ausweg finden, als auch die erfolgreich verlaufenden Unterstützungsprozesse in den vergangenen 10 Jahren verweisen auf drei zentrale Schlüsselmomente. Es handelt sich dabei um bestimmte, schulinterne Veränderungen, die selbst eng miteinander verzahnt sind und die eine Voraussetzung dafür bilden, schulischen Alltag neu zu entwerfen und zu gestalten.

3.1 Strategische Entwicklungsperspektiven

Gelingende Schul- und Unterrichtsentwicklung setzt eine Vorstellung davon voraus, was Ziel und Richtung einer gemeinsamen Entwicklung in der Schule sein soll. Eine solche Vorstellung ist mehr als nur die gut gemeinte Überzeugung, man müsse ausgewählte Elemente der Unterrichtsgestaltung einführen oder das System von Abläufen und Zuständigkeiten optimieren.

Hier ist die Rede von einem gemeinsamen Bild von Unterricht, von Lernen und Lehren. Es geht um eine gemeinsame Vorstellung darüber, welche konkrete Ansprache die Schülerinnen und Schüler der jeweiligen Schule brauchen, was für eine differenzierte Unterstützung und was für Anforderungen – und auf welche Weise dies von den Lehrkräften realisiert werden kann.

Eine solche strategische, d.h. auf die Zukunft ausgerichtete und zugleich offene gemeinsame Vorstellung gelingenden Lernens und Lehrens müsste dann den Maßstab bilden, an dem sich Gestaltungsfragen im pädagogischen Handeln wie auch in der Gestaltung der Organisation messen ließen (vgl. Wimmer & Nagel, 2000): Welche Bedarfe ergeben sich aus der strategischen Entwicklungsperspektive für die Lehrkräfte? Welche Formen (Strukturen und Inhalte) professioneller Kooperation erscheinen dann funktional? Welche formalen Strukturen fördern die geplante und gemeinsam getragene Entwicklung – und welche nicht (mehr)?[7]

Im Rahmen einer solchen Entwicklungsstrategie kommen der Art und Weise und den Inhalten von Entscheidungen eine hohe Bedeutung zu. Zwar werden in einer Schule ebenso wie im Unterricht permanent Entscheidungen getroffen, aber in der Regel in der konkreten Situation und in unmittelbarer Reaktion auf ein besonderes Vorkommnis. Für einen strategischen Entwicklungsprozess sind jedoch solche Entscheidungen bedeutsam, die einen Rahmen bilden für zukünftiges Handeln und zukünftige weitere Entscheidungen, die sich also nicht allein in und für die einzelne Situation erschöpfen.

Wenn ein *gemeinsames Bild von Lernen* und Unterrichten den Maßstab bildet für die Gestaltung von Unterricht, von Organisations- und Kooperationsstrukturen, dann muss dies in den Entscheidungen im Alltag sichtbar werden. Die Verantwortung der Schulleitung besteht weniger darin, die gemeinsame Strategie der Schulentwicklung zu

---

7 Hinter diesem Verständnis von „Strategie“ steht auch ein Grundverständnis von Schulentwicklung, das sich von der alten Vorstellung der „Trias aus Unterrichtsentwicklung, Organisationsentwicklung und Personalentwicklung“ (etwa bei Rolff) löst: Schulentwicklung ist im Kern Unterrichtsentwicklung, die strukturellen, organisatorischen und personellen Dimensionen der Gestaltung von Schule sind jener funktional nachgeordnet. Sie mögen eine immanente *Eigen*logik haben, gewinnen aber ihre *Gestaltungs*logik aus den Erfordernissen der Unterrichtsentwicklung, vgl. hierzu Fullan (2006).

formulieren und die Kommunikation darüber aufrecht zu halten. Sie besteht vor allem darin, solche Entscheidungen zu treffen, die förderliche Strukturen für einen Prozess schaffen, der sich an jenem *gemeinsamen Bild von Lernen* orientiert, das den strategischen Maßstab bildet. Es sind dadurch „strukturbildende" Entscheidungen oder so genannte Entscheidungsprämissen, die einen Rahmen für zukünftiges Handeln bilden.

Eine „Strategie" oder „strategische Entwicklung" umfasst somit einerseits ein differenziertes Bild vom Lernen der Schülerinnen und Schüler der Schule und vom Unterricht, andererseits enthält sie Kriterien für Entscheidungen im Alltag, die über die funktionale Gestaltung von Strukturen, Ressourcen, Vorhaben und Personen entlang des Zukunftsbildes von Lernen an der jeweiligen Schule getroffen werden.

3.2 Unterricht mit „diesen Kindern"

Die Herausforderung, Unterricht für heterogene Lerngruppen zu gestalten und durchzuführen, ist kein Spezifikum von Schulen in schwieriger Lage. Allerdings ist das Misslingen dieser Herausforderung an solchen Schulen mit anderen Konsequenzen verbunden. Zum einen haben Schülerinnen und Schüler in sozialen Brennpunkten häufig wenig bis gar keinen Zugang zu organisierter Bildung außerhalb von Schule. Zum anderen fällt es Schülerinnen und Schüler mit wenig Routinen institutionalisierten Lernens häufig schwer, einen Umgang mit einer wenig adaptiven, d.h. an ihren Bedarfen ausgerichteten Unterrichtsführung zu finden. Nicht selten kommt es in der Folge zu Unruhe und jener Kreislauf der selbst erfüllenden Prophezeiung droht sich zu wiederholen.

Die flächendeckenden Unterrichtsbeobachtungen der vergangenen 10 Jahre in Hamburg haben deutlich gemacht, dass differenzierter Unterricht, der hohe Anforderungen an die Schülerinnen und Schüler stellt und auf hohem fachlichen Niveau arbeitet, auch unter Bedingungen einer schwierigen Lage und mit Kindern und Jugendlichen aus so genannten bildungsfernen Milieus realisiert werden kann – in nicht wenigen Fällen wird unter dieser Bedingung das Potential, über das einige Schülerinnen und Schüler verfügen, erst sichtbar.

Die Anforderung für Planung und Gestaltung des Unterrichts, für das Lehren besteht insbesondere darin, neben dem (häufig auf- und nachholenden) unterrichts*fachlichen* Anspruch weitere Fähigkeiten, die in bildungsfernen Milieus nicht umstandslos vorausgesetzt werden können, zugleich und ergänzend auch zu unterrichten: Arbeitsmethodische Fertigkeiten, Sprache, Selbstorganisation und selbstständiges Handeln, kommunikative Fähigkeiten für gemeinsames Lernen.

Eine Voraussetzung hierfür liegt im individuellen (aber zugleich lern- und trainierbaren) Vermögen der Lehrkräfte, eine Trennung zwischen dem sozialen und häuslichen Hintergrund einerseits und dem kognitiven Potential der Schülerinnen und Schüler andererseits vorzunehmen (Idel, 2016, S. 102 ff.). Die Konstruktion einer engen Verknüpfung sozialer *und* kognitiv-fachlicher Perspektiven gälte es zu differenzieren: Es mag gute Gründe geben, als Schule in schwieriger Lage in soziales Lernen sowie kompensatorische Maßnahmen zu investieren. Eine enge Kopplung von sozialen und fachlichen Kompetenzen birgt dagegen die Gefahr einer vorschnellen Reduzierung von Erwartungen und Leistungsansprüchen.

Dass eine andere Praxis möglich ist, zeigt nicht allein die Tatsache, dass auch in den von uns begleiteten Schulen einzelne Lehrkräfte anspruchsvollen und fachlich herausfordernden Unterricht mit guten Leistungsergebnissen praktizieren. Es sind auch Entwicklungen in ganzen Kollegien, die sich in gemeinsamer Auseinandersetzung verständigten und einen Unterricht zu planen und zu realisieren begannen, der von Denkaufgaben und anforderungen geprägt ist, die zeigen, dass neben der Vielzahl überfachlicher Anforderungen der Anspruch eines an Standards orientierten und von hohen Erwartungen geprägten Unterrichts erfolgreich aufrecht erhalten werden kann.

Allerdings gilt es dabei zu berücksichtigen, dass es hier nicht umstandslos um eine Übertragung der Strategien geht, die im reformpädagogischen Diskurs als Antwort auf die Arbeit mit heterogenen Lerngruppen gelten: geöffneter Unterricht, selbstständiges Arbeiten und Lernen, die Lehrkraft als Lernbegleiter. Gerade mit Schülerinnen und Schülern aus bildungsfernen Milieus braucht es ein anderes Maß an Steuerung, andere Instrumente und Methoden als dort, wo die Fähigkeiten zu selbstständigen Handeln in offenen Situation schon vorausgesetzt werden kann. Der fachliche Anspruch allerdings – und das ist der entscheidende Aspekt an dieser Stelle – bleibt hiervon jedoch unberührt.

3.3 Etablierung eines Diskurses des Gelingens

Jenseits der individuellen Unterschiede in der Art und Weise der Gestaltung von Unterricht und pädagogischer Arbeit prägt vor allem der kollegiale Diskurs das Geschehen in einer Schule: Das Verständnis von „Schulkultur" (s.o.) als der Art und Weise, wie in der kollegialen Kommunikation über Lernen und Unterrichten, wie über die Schülerinnen und Schüler und wie über Lehren und Lehrersein gesprochen und gedacht wird, eröffnet einen Raum für inhaltliche Kooperation, begrenzt ihn zugleich aber auch. Ermöglichung gelingt durch die Etablierung bestimmter geteilter Themen und Sichtweisen, während die Begrenzung sich durch die Reduzierung auf eben diese Themen und Sichtweisen ergibt. Der Effekt besteht darin, dass die Unterschiedlichkeit der individuellen Praxis nur zu einem geringen Teil Eingang in diesen Diskurs findet.

Es lassen sich in der Forschung eindrückliche Beispiele dafür finden, wie individuelle Positionen und Erfahrungen, die vom etablierten und erwarteten thematischen Diskurs unter Lehrkräften abweichen, ignoriert oder gar explizit abgelehnt und ausgeschlossen werden (Herrmann, 2014, S. 13 f.). Denjenigen, die in diesem Sinne „nicht gehört" werden, bleibt nur der Rückzug ins Individuelle oder die Fraktionierung. Solche Mechanismen sind insbesondere dort bedeutsam, wo Pädagoginnen und Pädagogen neu in eine Schule kommen, weil diese aus dem kollegialen Diskurs schnell einen Eindruck gewinnen, was an der jeweiligen Schule möglich ist und was nicht – was nicht selten Gefahr läuft, konkrete Erfahrungen in der Arbeit mit Kindern bereits von vornherein aus der Perspektive der kommunikativen Konstruktion zu beurteilen.

Insofern wäre ein Prozess der Unterrichtsentwicklung, der auf eine andere, eine bessere Ausschöpfung der Potentiale der Schülerinnen und Schüler abzielt, anstatt Ansprüche aus einer sozialen Perspektive bereits im Vorgriff reduziert, auch auf einen anderen Diskurs angewiesen. Die etablierte kollegiale Kommunikation müsste es ermöglichen, auch solche Erfahrungen zu thematisieren, die die reale Möglichkeit einer anderen Praxis „mit diesen Kindern“ aufzeigen.

Es ist eine privilegierte und zugleich eine der schwierigsten Aufgaben von Schulleitung, den schulinternen Diskurs sowie die von gegenseitigen Erwartungshaltungen geprägte Kommunikation in Bewegung zu bringen und zu verändern – nicht zuletzt, weil sie selber Teil eben dieser Kommunikationskultur ist und damit Anteil an ihrer Aufrechthaltung hat.

Eng gekoppelt an die kollegiale Kommunikation und die etablierten Diskursmuster ist der Umgang mit Heterogenität innerhalb des Kollegiums. Es ist zumeist unüblich und in der Regel ungewohnt, in einem schulischen Kollegium offen über Unterschiede zu sprechen. Zu groß scheint die Nähe zur Bewertung, zu Beurteilung und Kritik an denen, denen man eigentlich auf gleicher Augenhöhe und als gleichermaßen kompetent begegnet. Offensichtliche Unterschiede werden dann auch häufig der Spezifik der Lerngruppe, dem Stil oder der Persönlichkeit der Lehrkraft zugerechnet – und damit gewissermaßen der Einflussmöglichkeit entzogen. Die Veränderung und Öffnung des Diskurses mit dem Ziel, Unterschiedlichkeit thematisieren zu können, ist daher auch kein Selbstzweck. Die kollegiale Erkundung der Unterschiede im unterrichtlichen Lehrerhandeln zielt vor allem darauf ab, individuelle Handlungsmöglichkeiten zu erweitern, voneinander zu lernen und dadurch mehr Möglichkeiten zu schaffen und zur Verfügung zu stellen, Einfluss auf das Lernen der Schülerinnen und Schüler nehmen zu können.

4. Unterstützung von Schulen „in schwieriger Lage“

Auf der Suche nach einem weiterführenden oder vertiefenden Verständnis der hier dargestellten Beobachtungen und Erkenntnisse in der deutschsprachigen Fachdebatte zum Thema fällt auf, dass konkrete Aspekte, die sich in der Hamburger Projektarbeit als bedeutsam erwiesen haben, kaum aufgegriffen werden, sich aber womöglich als bedeutsame Hinweise für die Entwicklung von Unterstützungsangeboten erweisen könnten:

- Die Relevanz des kollegialen Diskurses, kommunikative Muster, die „Kultur“ einer Schule und die Möglichkeiten ihrer analytischen Rekonstruktion sowie der Konsequenzen für gelingende Intervention,
- das Problem einer sichtbar und spürbar nicht an den Schülerinnen und Schülern orientierten Form der Unterrichtsgestaltung; Unterricht, in dem kaum oder kein Lernen stattfindet; Geringe Lehrfähigkeiten, unstrukturierter und teilweise desinteressierter Unterricht – Phänomene, die nicht ohne weiteres mit dem allgemeinen Hinweis auf Fortbildung abgetan werden können,

- die zentrale Schwierigkeit von Schulen, die eigene Situation einschätzen und den eigenen Anteil an der Aufrechthaltung der schwierigen und belasteten Situation erkennen zu können. Insbesondere dieser Aspekt wurde bereits vor knapp 20 Jahren in der englischen Diskussion aufgegriffen:

  > „However, it was the degree to which a school had the capacity to recognize and deal with its own weaknesses that was referred to as a distinction between ineffective and failing schools" (Lodge, 1998, S. 151).[8]

Von weit größerer Bedeutung scheint jedoch zu sein, dass die Beobachtungen und Erkenntnisse aus der Projektarbeit eine bestimmte Perspektive nahelegen, die in der bisherigen Debatte kaum berücksichtigt wird: Während sich häufig der Blick auf einzelne Elemente und Merkmale bzw. einzelne Ursachen richtet, die als typisch für „failing schools" gelten, scheint es bei näherer Betrachtung wesentlicher zu sein, die Zusammenhänge und Beziehungen zwischen den Einzelmerkmalen näher zu untersuchen. Es sind weder die einzelnen Probleme in der schulischen Arbeitsweise, der Kultur oder der Leitung, es sind auch nicht die belasteten und „schwierigen" lebensweltlichen Verhältnisse der Schülerinnen und Schüler. Es ist auch nicht allein die Summe dieser Einzelaspekte. Vielmehr sind es bestimmte Konstellationen und inhaltliche Beziehungen zwischen jenen Merkmalen, die über die „Abwärtsspirale" entscheiden, welche eine Schule in schwieriger Lage zu einer „failing school" macht.

Zusammenhänge und Beziehungen in den Blick zu nehmen bedeutet, dem Wechselspiel der Einzelaspekte, ihrem inneren und inhaltlichen Zusammenhang, eine höhere Bedeutung beizumessen als den einzelnen Elementen selbst:

> So macht es einen erheblichen Unterschied, ob hohe Investitionen und intensives Engagement in den Bereich des sozialen Lernens und des friedlichen Miteinanders in der Schule als „kompensatorische" Strategie zur Ermöglichung von fachlichem Lernen betrachtet wird, oder aber als notwendige Vorleistung, ohne die mit fachlichem Lernen nicht begonnen werden kann.

In der Projektarbeit in Hamburg hat sich gezeigt, dass nicht eine bestimmte Vorgehensweisen (oder bestimmte, gehäuft auftretende Verhaltensweisen der Schulleitung, bestimmte Merkmale der allgemeinen Unterrichtsführung) die Problematik der jeweiligen Schule ausmachen, sondern vielmehr die Art und Weise, wie diese „Elemente" als miteinander in Beziehung stehend gedacht werden, welche Funktion sie füreinander haben: So ist beispielsweise entscheidend, in welcher Zweck-Mittel-Relation die jeweilige Schulkultur zur Ausgangslage der Schülerschaft und zum Anspruch eines kontinuierlichen Kompetenzerwerbs der Schülerinnen und Schüler steht. Nicht eine hohe Investition in das soziale Lernen, in Regeln des Verhaltens und Rituale im schu-

---

8 Wie so häufig bildet Anton Strittmatter, der eben dieses Problem ausführlich thematisiert (Strittmatter, 2008, S. 31), eine wohltuende Ausnahme in der deutschen Fachdebatte, während Kategorisierungen der Erscheinungsformen von „failing schools", additive Auflistungen von Ursachen, Merkmalen und Veränderungsmaßnahmen weitgehend oberflächlich und tautologisch bleiben (müssen).

lischen Alltag sind ein Problem, sondern deren Verselbstständigung zu einem reinen Selbstzweck und damit eine unausgesprochene Relativierung fachlicher Ansprüche an die Arbeit der Schülerinnen und Schüler.

Erst die Analyse solcher Zusammenhänge ermöglicht evidente Belege für eine problematische Arbeitsweise einer Schule, da sich auf dieser „kulturellen" Ebene der reproduzierende Charakter einer unproduktiven Arbeitsweise identifizieren lässt, nicht jedoch an den oberflächlich zu beobachtenden Erscheinungsformen des Schullebens. Letztlich folgen vergleichbare Arbeitsweisen einer Schule bzw. der einzelnen Lehrkraft häufig sehr unterschiedlichen Grundüberzeugungen über Sinn und Zweck eben dieser Arbeitsweise. Dies mag für ihre Wirksamkeit von größerer Bedeutung sein als die Arbeitsweise selbst: „Teachers in ostensibly similar schools can see things very differently" (Gray, 2000, S. 10).

Die englischsprachige Fachdiskussion scheint zunehmend häufiger Themen der Kultur, der Haltung und der systemischen Bedingungen und der Selbstbeschreibung (und erkenntnis) von Schulen zu thematisieren (Gray, 2000; Gunzelmann, 2008; Stoll & MacBeath, 2005). Auch die Betonung des Aspekts „Kohärenz", also der inhaltlichen Passung und gegenseitigen Verschränkung von Maßnahmen, Vorgehensweisen und Routinen hin zu einer gemeinsamen und auf das Lernen der Schülerinnen und Schüler gerichteten Struktur der Schule (Bryk u.a., 2010, S. 42 ff.), bekommt aus solcher Perspektive eine operative Gestalt.

Vor allem jedoch die Frage nach einer gelingenden *Intervention* bzw. nach Gelingen und Gelingensbedingungen einer *Unterstützung* von Schulen in schwieriger Lage muss sich dieser Perspektive, dem Blick auf Zusammenhänge statt auf Einzelelemente stellen.

In den vergangenen 10 Jahren hat das Unterstützungssystem in Hamburg kontinuierlich an der Entwicklung und Weiterentwicklung konzeptioneller und praktischer Grundlagen der verändernden Begleitung und Unterstützung von Schulen gearbeitet und hat durch eine systematische begleitende Praxisforschung immer wieder Veränderungen vorgenommen.

Im Ergebnis bzw. in der Betrachtung des gegenwärtigen Entwicklungsstandes lassen sich die folgenden Elemente eines erfolgversprechenden Interventions- und Unterstützungsansatzes nennen.

4.1 Die allgemeine Interventionshypothese

Wenn der Kern der Problematik solcher Schulen sich nicht an konkreten Handlungsweisen der Organisation, der Schulleitung und der Lehrkräfte festmacht, sondern an dem Wechselspiel solcher Einzelelemente zueinander, dann wird auch eine unterstützende Intervention nur in dem Maße erfolgreich sein, in dem diese relationale Struktur bearbeitet wird. Solche Konsequenz ist keineswegs trivial, impliziert sie doch eine Vorgehensweise, die inhaltliche Unterstützungsleistungen ermöglicht, in der Art und Weise ihrer Durchführung aber vorrangig den funktionalen Zusammenhang zu weiteren Aspekten schulischer und unterrichtlicher Arbeit thematisieren bzw. berücksichtigen muss. Zugleich bestimmen sich auch die Unterstützungsinhalte selbst aus den vorgefundenen relationalen Strukturen der jeweiligen Schule. Intervention und Unterstützung gleichsam „eine Ebene tiefer": Nicht mehr nur bestimmte Arbeitsweisen verändern, sondern zugleich auch die den bisherigen Arbeitsweisen zugrunde liegenden miteinander verflochtenen kollegialen Begründungsmuster in ihrem rationalisierenden und die Situation reproduzierendem Charakter. Für die (externe Begleitung und Durchführung von) Maßnahmen der Schulentwicklung besteht die Herausforderung genau darin, immer konkrete und für die Einzelschule passgenaue Inhalte der Unterstützung anzubieten, diese Inhalte aber zugleich immer auch als Medium zu betrachten, die kollektiven Kommunikationsmuster einer Schule, also die Legitimierung bestimmter und den Ausschluss anderer Perspektiven auf das Geschehen in Bewegung zu bringen. Anforderungen an wirksame Fortbildung, wie sie beispielsweise Lipowsky (2014) referiert, werden so um eine weitere Dimension ergänzt.

Schematisch ließe sich dieser Anspruch als Versuch beschreiben, auf einen in der Schule formulierten Unterstützungsbedarf in doppelter Weise zu reagieren: Einerseits erfolgt Beratung/Fortbildung/Training in Hinblick auf die tatsächliche, im Alltag realisierbare Bewältigung der als schwierig erlebten Situation – andererseits muss die Art und Weise von Beratung/Fortbildung/Training derart gestaltet sein, dass eine Umsetzung ihrer Inhalte im schulischen/unterrichtlichen Alltag einen veränderten kollegialen Diskurs nach sich zieht.

In der Regel ist ein entscheidender Moment bei diesem Anspruch die Schaffung von Situationen, in denen die Heterogenität und gelegentlich auch die Widersprüchlichkeit unterschiedlicher Praktiken und unterschiedlicher Erfahrungen der beteiligten Lehrkräfte thematisiert und explizit gemacht wird – während sie ansonsten in der etablierten Diskursroutine der Schule weitgehend unausgesprochen bleibt.

> In einer Schule fand eine Verständigung darüber statt, dass entgegen einer verbreiteten Unterrichtsroutine sehr kleinschrittigen, eng geführten und auf das Üben fokussierten Arbeit die Schülerinnen und Schüler häufiger mit komplexen Aufgabenstellungen konfrontiert werden sollten, um Denkanforderungen zu stellen und Denk- und Diskussionssituationen zu schaffen. Die praktischen Erfahrungen der Lehrkräfte im Nachgang fallen unterschiedlich aus, manche konnten sehr positive, für sie selbst ‚überraschende' Erfahrungen machen, andere konnten solche Beobachtungen nicht machen und waren eher ernüchtert. Im Austausch (während einer Folgefortbildung, in der Erfahrungen gemeinsam reflektiert werden) fallen angesichts der zutage tretenden Differenzen im Kollegium Äußerungen, die den Unterschied relativieren (z.B. man habe „einen guten Tag" erwischt, die jeweilige Klasse sei auch für das Einzugsgebiet der Schule „untypisch" u.ä.). In solchen und vergleichbaren Situationen würde es immer darum gehen, die Differenz groß zu machen, auf ihr zu beharren und sie als Differenz in der Gestaltung der Praxis genauer zu beschreiben: Was haben präzise diejenigen im Unterricht getan, die von positiven Erfahrungen berichten? Wie lässt sich dieses Vorgehen verallgemeinern? Es würde gleichsam darum gehen, unterrichtspraktische

Gelingensbedingungen zu identifizieren – um der scheinbaren Selbstverständlichkeit, dass „diesen Kindern“ Denken eben schwerfalle, Handlungsmöglichkeiten entgegenzusetzen. Diese würden aber nicht normativ von Seiten der Fortbildner eingeführt (oder gar angepriesen), sondern aus den Praxiserfahrungen innerhalb des Kollegiums stammen.

Die Interventionshypothese basiert also auf einem spezifischen Zweck-Mittel-Verständnis der Inhalte von Beratung/Fortbildung/Training: Die Auswahl von Inhalten der Unterstützung richtet sich grundsätzlich an den Interessen und Bedarfen der Schule aus, die Art und Weise ihrer Umsetzung in Beratung/Fortbildung/Training dagegen sollte geeignet sein, den etablierten Begründungsdiskurs in einem Kollegium in Bewegung zu setzen (indem die Heterogenität individueller Unterrichtspraxis entgegen der kommunikativen Gemeinsamkeiten zum Thema wird).

Thematisch und diesem Anspruch folgend fokussiert die Unterstützung und Begleitung von Schulen drei unterschiedliche, aber auf bestimmte Weise miteinander verknüpfte Vorgehensweisen:

4.2 Fortbildung/Beratung zur Entwicklung strategischen Leitungshandelns

Der Begriff „Strategie“ – wie oben ausgeführt – impliziert, dass in einer Schule ein klares und differenziertes Bild davon existiert, welchen Unterricht „diese Schülerinnen und Schüler“ am jeweiligen Standort brauchen, wie sie lernen, was sie an Struktur, an Anforderung und Unterstützung brauchen und welches Lehren dieses Bild erfordert. „Strategie“ meint zudem, die Entscheidungen, die in der Schule getroffen werden, an diesem Zukunftsbild auszurichten, d.h. strukturelle, organisatorische und personelle Entscheidungen so zu treffen, dass sie einem Prozess der Etablierung der Praxis jenes auf die Zukunft gerichteten Bildes einer erfolgreichen Schule förderlich sind.

In der Regel ist es nicht trivial, in konkreten Situationen in der Auswahl von Handlungsalternativen die „richtige“ Entscheidung zu treffen. Welche Kooperationsstruktur ist geeigneter, um Fähigkeiten selbstständigen Arbeitens und Lernens zu fördern – eine fachorientierte oder eher eine jahrgangsorientierte? Dies ist alles andere als einfach oder gar linear zu entscheiden. Was allerdings in der Regel einfacher entschieden werden kann, ist die negative Wendung, d.h. die Frage, was *nicht mehr* geschehen soll, d.h. was in der kollegialen Kooperation nicht mehr Thema sein soll, wie nicht mehr gemeinsam geplant und reflektiert werden soll.

Diese zwei Seiten des Strategiebegriffs prägen die Arbeit und die Begleitung im Unterstützungsprozess solcher Schulen zunächst und dies vor allem in der Unterstützungsarbeit mit der Leitungsebene. In Fortbildungen und Seminarveranstaltungen, in der direkten Beratung von Schulleitungen und von Leitungsgruppen wird systematisch und intensiv an einem „Zukunftsbild von Lernen und Lehren“ gearbeitet, das so konkret beschrieben werden kann, dass es sich zunehmend zu einem Kriterium schulinterner Entscheidungen entwickelt. Gleichzeitig werden Leitungen und Leitungsgruppen in die Reflexion bisheriger und bislang „üblicher“ Entscheidungsprozesse geführt:

Welchen Kriterien folgten vergangene Entscheidungen? Wie erklären sich aus dieser Reflexion möglicherweise andere Prozesse und Routinen in der Schule?

Neben der Erarbeitung einer inhaltlichen und einer auf Entscheidungsprozesse bezogenen Strategie geht es in der fortbildnerischen Unterstützung und der Beratungsarbeit mit Schulleitung auch darum, die Leitung an einem analytischen Zugang zu der jeweiligen Kultur der eigenen Schule zu beteiligen. Aus einer Binnenperspektive die Kommunikationsmuster der eigenen Schule analytisch zu betrachten, fällt dabei häufig nicht leicht, weil die analytische Distanz in vielen Fällen erst aufgebaut werden muss. Sie fällt vor allem deshalb nicht leicht, weil schnell – und durch die Begleitung und Beratung forciert – der Anteil sichtbar wird, den das Leitungshandeln selbst an der Reproduktion bestimmter Routinen und scheinbaren Selbstverständlichkeiten hat. Wo es jedoch gelingt, ist sowohl die Notwendigkeit als auch die Handlungsmöglichkeit zu Veränderungsprozessen für die Beteiligten sehr viel greifbarer und notwendiger, als sie es häufig zuvor noch ist.

„Strategisches Leitungshandeln" bezeichnet ein inhaltliches Vorgehen, für das zwei Rahmenbedingungen leitend sind:

- Die Arbeit mit der Leitung einer Schule folgt *nicht* einem abstrakten top-down-Prinzip. Die Erarbeitung eines Zukunftsbildes von Lernen und Lehren an der jeweiligen Schule ist ohnehin ein gemeinsamer Prozess aller Beteiligter, ob die Leitung diesen für sich beginnt oder ob von vornherein eine gemeinsame Erarbeitung mit dem gesamten Kollegium erfolgt (beide und weitere Formen können dabei unterstützt und begleitet werden). Wohl aber kommt der Leitung eine besondere Rolle hinsichtlich der aus solcher Erarbeitung folgenden Veränderung von Entscheidungen und Entscheidungsprozessen zu. Alle strukturellen, ressourcenabhängigen und personellen Entscheidungen können nur von Leitung getroffen werden. Dadurch liegt – ob gewollt oder ungewollt – die Verantwortung der Realisierung jenes strategischen Zukunftsbildes in Gestalt von Entscheidungen ohnehin bei der Leitung. Auch dies muss Begleitung und Beratung sichtbar machen: Die erarbeitete Perspektive eines gemeinsamen Entwicklungsprozesses nicht in den Entscheidungen im Alltag zu berücksichtigen ist selbst eine Entscheidung.
- Zum anderen besteht die Schwierigkeit in der Unterstützung nicht darin, mit einer Schulleiterin oder einem Schulleiter ihr/sein Bild des Unterrichts an der eigenen Schule zu erarbeiten. Die eigentliche Herausforderung liegt in der Gestaltung eines Prozesses, in dem ein *gemeinsames* Bild in einer Leitungsgruppe oder gar in einem Kollegium entsteht, dessen Gemeinsamkeit sich nicht in Schlagworten erschöpft, sondern tatsächlich in einer gemeinsamen und differenzierten Vorstellung. Das Offenlegen individueller, teilweise persönlicher Überzeugungen und Grundannahmen ist in den allermeisten Fällen keine Routine, sie fällt schwer und deckt auch Differenzen auf. Dies konstruktiv zu gestalten und einen Verständigungsprozess zu ermöglichen, der sachlich und professionell gestaltet wird, ist eine entscheidende Aufgabe der Begleitung solcher Prozesse, die – das wird an der hier angerissenen Komplexität deutlich – häufig einen längeren Zeitraum in Anspruch nimmt.

4.3 Training zur Unterstützung der Unterrichtsentwicklung – Didaktisches Training

Jede erfolgversprechende Intervention und Unterstützung wird im Kern auf Unterricht, auf Unterrichtsentwicklung und die Frage gelingenden Lernens und Lehrens abzielen müssen. Diese Fokussierung folgt dabei nicht allein dem allgemeinen Postulat, Unterricht sei das „Kerngeschäft" von Schule. Vielmehr geht es hier darum, dass erst in der Auseinandersetzung über das konkrete Handeln im Unterrichtsgeschehen für die Beteiligten Sinn entsteht. Schulentwicklungsprozesse werden individuell bedeutsam, wenn sie den Lehrkräften versprechen, die Komplexität und Kontingenz im Unterricht zu verändern.

Zugleich sind jene individuellen und kollektiven Konstruktionen einer „lernschwachen Schülerschaft" ebenso wie die schulkulturellen Muster der kollegialen Kommunikation eng gekoppelt an das Erleben und die Erfahrungen im Unterricht. Eine wirksame Unterstützung der Unterrichtsentwicklung wird daher sowohl die konkrete Frage nach Handlungsmöglichkeiten und -strategien zur Gestaltung eines anspruchsvollen, differenzierten Unterrichts beantworten, als auch die Auseinandersetzung über die kollektiven Sichtweisen darauf, was „mit diesen Kindern" möglich ist und was nicht, initiieren und aufrechthalten müssen (vgl. Lipowsky 2010, 2014).

Didaktisches Training ist ein Unterstützungs- und Begleitformat, das mit ganzen Kollegien und Kollegiumsgruppen arbeitet, mit Lehrkräften konkrete Unterrichtserfahrungen analysiert und auf Basis allgemein-didaktischer Prinzipien spezifische Strategien der Unterrichtsplanung und Gestaltung sowie Fähigkeiten der Steuerung im Unterrichtsprozess fortbildet, trainiert und deren Umsetzung gemeinsam reflektiert.

Es orientiert sich in seiner konkreten thematischen Ausrichtung einerseits an den Interessen und Bedarfen, die in der Schule von den Lehrkräften und im Kollegium selbst formuliert sind. Da diese individuellen und gemeinsamen Bedarfe in der Regel selbst wiederum geprägt sind von den persönlichen und im kollegialen Diskurs etablierten Erklärungen (und Rationalisierungen) des Geschehens, orientieren sich Inhalt, Gestaltung und Form des Trainings immer auch an den schulkulturellen Mustern. Das bedeutet im Vollzug, dass die Trainingsinhalte immer auch ein „Mittel" sind, die Heterogenität von Vorgehensweisen und Erfahrungen im Unterricht, die in einem Kollegium existieren, anzusprechen und zu thematisieren. Das Training ist nicht selten ein Ort, in dem sich jene Auseinandersetzung darüber, was möglich ist und was nicht, in teilweise vehementer Weise Ausdruck verschafft (gelegentlich auch als Streit unter Kolleginnen und Kollegen, häufig aber auch als „Entdeckung" der Möglichkeit, voneinander zu lernen) – und dadurch ein ebenso privilegierter Ort, diese Auseinandersetzung zu forcieren und aufrechtzuhalten.

Die Trainingsstrategie besteht in diesem Sinne gerade nicht darin, Einheitlichkeit und Konsens über Prinzipien der Unterrichtsgestaltung zu ermöglichen, sondern gerade die Differenzen und den Dissens zu thematisieren[9]. Anerkennung von Differenz und Dissens wird dabei nicht als Selbstzweck fokussiert, sondern als eine Voraussetzung für die Erarbeitung und Identifizierung von gemeinsamen Erkenntnisinteressen innerhalb eines Kollegiums. Auf diese Weise wird das Didaktische Training zu einem Ort, in dem nicht allein die reine Vermittlung von Inhalten und didaktischen Kenntnissen erfolgt. Im Zentrum steht vielmehr eine strukturierte und angeleitete Form von kollegialen Lernprozessen, in denen auf Grundlage konkreter methodischer, fachinhaltlicher und auf das Lehrerhandeln bezogener Erfahrungen immer auch eine Auseinandersetzung über die individuellen und kollegialen Sichtweisen auf Lernen, auf Schüler, auf Unterricht und das didaktische Handeln stattfindet. Das allgemeine Ziel des Didaktischen Trainings ließe sich formulieren als das Bewusstmachen – und dadurch das „Zurück-Gewinnen" – des Einflusses, den das Lehrerhandeln auf das Lernen der Schülerinnen und Schüler hat, auch und gerade in Kontexten, in denen Unterrichtserfahrungen häufig mit dem Empfinden von Ohnmacht gekoppelt sind.

Erfolg eines Didaktischen Trainings besteht nicht allein in der unterrichtlichen Umsetzung von Trainingsinhalten – er besteht in der kollektiven Erkenntnis, mit „diesen Kindern geht es doch".

4.4 Schulentwicklungsbegleitung – Struktur und Arbeitsweise des Unterstützungssystems

Die Unterstützung und Begleitung von Schulen in schwieriger Lage richtet sich auf drei unterschiedliche schulische Handlungsfelder: Das Leitungshandeln und die Steuerung von Entwicklungsprozessen, auf die Kooperation und Teamarbeit im Kollegium und auf die Unterrichtsentwicklung.

Zusammenarbeit, Teambildung und -entwicklung innerhalb eines Kollegiums gilt gemeinhin als bedeutsamer Schlüssel für das Gelingen von schulischen Entwicklungsprozessen – allerdings muss auch dieser Gemeinplatz vor dem Hintergrund der Funktionsweise schulkultureller Kommunikationsmuster präzisiert werden. Formale wie informelle Formen des Austauschs, der Kooperation und inhaltlichen Zusammenarbeit sind ihrerseits geprägt von der jeweils herrschenden Schulkultur. Zugleich bilden eben diese Orte der Kooperation Gelegenheit, etablierte Diskursroutinen zu reproduzieren. In diesem Sinne sind Kooperation und Teamarbeit natürlich bedeutsam für die Schul- und Unterrichtsentwicklung, sie gewinnen ihre förderliche Bedeutung jedoch in dem Maße, in dem in und durch Zusammenarbeit eine Erweiterung der kulturellen Routinen und Muster und damit eine neue kollektive Sichtweise auf Lernen und Lehren gelingt.

Insofern ist auch die Unterstützung von Kooperationsprozessen in Schulen von dem doppelten Charakter der Intervention geprägt: Beratung in Kooperationsprozes-

9 Max Miller hatte in seinem Versuch der Begründung einer „soziologischen Lerntheorie" den Dissens als treibende Kraft für kollektive Lernprozesse benannt, indem er die Verständigung darüber, worin und in Hinblick worauf genau ein Dissens besteht („Konsens über den Dissens"), als Motor und Voraussetzung für Verstehensprozesse beschrieb, vgl. Miller (1986).

sen, Teamentwicklung und -training, ohne nur auf Effizienz der Arbeit und konsensorientierte Effektivität zu blicken, sondern mit einer inhaltlichen Perspektive. Die Weiterentwicklung von Unterricht braucht einen Ort der Reflexion, an dem sowohl das Gelingen und Misslingen eines alternativen Lehrerhandelns gemeinsam reflektiert, als auch eine schrittweise veränderte Sichtweise möglich wird. Auch in Zusammenarbeitssituationen besteht die Entwicklungsstrategie in der Explizierung von Differenzen, die nicht vorschnell einem Konsens zugeführt werden, sondern in einer Präzisierung des Dissens in gemeinsame Erkenntnisfragen transformiert werden kann. Der Schritt hin zu einem höheren Maß an Offenheit, einem höheren Maß an Anerkennung von Differenz und einem konstruktiven Umgang mit dieser ist aller Erfahrung nach ein wesentlicher Kern von Professionalisierung in Kooperation.

Das Unterstützungssystem insgesamt besteht aus mehreren Personen, die entweder im Bereich der Schulentwicklungsbegleitung oder im Bereich des Didaktischen Trainings spezialisiert sind, und die als Team von drei bis fünf Personen jeweils eine Schule begleiten. Ein schulbezogenes Team besteht aus einer Schulentwicklungsbegleiterin/einem Schulentwicklungsbegleiter sowie zwei bis vier Didaktischen Trainerinnen/Trainern (je nach Größe des schulischen Kollegiums). Die Schulentwicklungsbegleitung verantwortet die Fortbildung, Beratung und Begleitung im Bereich strategischen Leitungshandelns und im Bereich der Teamarbeit und Kooperation, während das Didaktische Training im Feld der schulischen Unterrichtsentwicklung durch Fortbildungen, Trainings und Beratung tätig ist.

Die an der Begleitung einer Schule beteiligten Schulentwicklungsbegleiterinnen und Didaktischen Trainerinnen arbeiten eigeninitiativ, d.h. sie agieren in der jeweiligen Schule selbstständig, orientierten sich an Anfragen und Bedarfsformulierungen in der Schule, greifen aber auch ihrerseits Situationen auf, in denen sie intervenieren und Unterstützung anbieten. Da schulintern jedoch verschiedene Vorhaben, Aktivitäten und Handlungsstränge eng miteinander verknüpft und zugleich von den spezifischen schulkulturellen Kommunikationsmustern geprägt und strukturiert sind, sind auch die einzelnen Unterstützungsmaßnahmen und Beratungsvorhaben in ihrer Wirksamkeit darauf angewiesen, gut aufeinander abgestimmt zu sein. Die „lose Kopplung" der einzelnen Unterstützerinnen in der Begleitung der jeweiligen Schule findet ihren gemeinsamen Rahmen inhaltlich in einer kohärenten Orientierung an den Bedingungen gelingenden Lernens in der jeweiligen Schule und zugleich an der Orientierung an den jeweiligen Mustern und Routinen, die in der betreffenden Schule etabliert sind. Unterstützung bzw. Intervention muss immer zugleich innerhalb der herrschenden Routinen verarbeitet werden können (also tatsächlich eine Unterstützung für die Bewältigung der als schwierig erlebten Handlungssituationen darstellen) und diese selbst in Veränderung bringen (indem die schulinterne Umsetzung einer Unterstützung auch individuelle wie kollektive Konstruktionen von Lernen und Lehren auszutauschen zwingt). Dies präzisiert sich im systemischen Begriff von Irritation: Eine Information oder eine Erkenntnis, die nicht geleugnet werden kann, die aber in die herrschende kommunikative Routine nicht integriert werden kann, ohne die Routine selbst zu verändern.

Das Gelingen einer solchen Unterstützung hängt somit von einer sehr engen, jedoch nicht formalen („eng gekoppelten“) Zusammenarbeit innerhalb der schulbezogenen Teams, aber auch innerhalb der gesamten Unterstützungsmaßnahme ab. Kontinuität von Trainerinnen und Schulentwicklungsbegleiterinnen innerhalb der Gesamtmaßnahme wie auch innerhalb der schulbezogenen Teams sind dafür eine Voraussetzung ebenso wie eine inhaltliche Leitung und Führung im Unterstützungssystem.

Es sind sowohl die Kontinuität wie auch eine gemeinsame Haltung des Hinterfragens, der Selbstkritik und beständigen Optimierung des Vorgehens in der Unterstützung, die die Basis für die derzeitige Wirksamkeit der Hamburger Maßnahme geschaffen haben. Hierfür wiederum hat der Ansatz eines analytischen und wissenschaftliche Methoden der Praxisforschung[10] nutzenden Vorgehens in und während der Beratungs- und Fortbildungsaktivitäten ein Fundament geschaffen.

4.5 Schulaufsicht?

Die Herausforderungen, vor denen Schulen in schwieriger Lage stehen, lassen sich nicht vollständig mit pädagogischen und innerorganisatorischen Maßnahmen bewältigen. Auch Aspekte organisatorischer Rahmenbedingungen, Aspekte der Infrastruktur im schulischen Einzugsgebiet, der Stadtentwicklungsplanung ebenso wie Ressourcen- und Ausstattungsfragen, die nicht im Gestaltungsbereich der Einzelschule liegen, können eine Situation erschweren. Zugleich zeigt der Blick auf die Funktionsweise jener schulkulturellen Muster, die sich im kollegialen Diskurs etabliert und verselbstständigt haben, dass in einem Entwicklungsprozess möglicherweise Fragen der Verbindlichkeit oder Beteiligung entstehen können, die selber nicht mit pädagogischen oder strategischen Kommunikationen innerhalb der Schule beantwortbar sind. Die Herausforderung der Entwicklung von Schulen als reine Frage gelingender Unterstützung zu entwerfen gerät daher an seine Grenzen, wo eher ressourcen- und ausstattungsbezogene Leistungen erforderlich sind oder wo etwa formale Verbindlichkeit und personelle Interventionen sinnvoll erscheinen.

Solche Beispiele und Überlegungen zeigen, dass die Arbeit und die Unterstützung von Schulen in schwieriger Lage auch ein spezifisches Handeln der jeweils zuständigen Schulaufsicht erforderlich macht. Dies ist in Hamburg eine eigenständige Herausforderung und zeigt sich auch als anspruchsvolle Aufgabe in anderen Projekten (etwa dem „School Turnaround“-Programm in Berlin, vgl. Heid in diesem Band), weil die Grundfrage der konzeptionellen Orientierung von Schulaufsicht in Deutschland (die

10 Es handelt sich hier um eine wissenschaftliche Vorgehensweise, die methodisch aus einer Synthese der sequenzanalytischen Objektiven Hermeneutik mit den eher heuristischen Strategien bei Kleining und Bohnsack stammt. Sie ist in ihrer Forschungspraxis zudem eingebunden in eine beständige und den Unterstützungsprozess einer Schule begleitende komparative Analyse und in einen engen Austausch mit der Schule selbst, wie es ursprünglich etwa in der Schulentwicklungsforschung bei Bastian und Combe entworfen wurde. Vgl. hierzu vor allem Herrmann 2012, S. 80 ff.; ders. 2014, S. 23 f.; vgl. auch Vogd 2009. Zur Schulentwicklungsforschung vgl. Gudjons, Combe & Bastian, 2000; Bastian & Combe, 2001.

in den Bundesländern zudem eine jeweils eigene Form der Bearbeitung gewinnt) berührt ist: Wie lässt sich die formale Aufsichts- und Kontroll- bzw. Steuerungsfunktion mit der Funktion bzw. dem Auftrag oder gegebenenfalls dem Selbstverständnis von Beratung vereinbaren?

Zumindest für die gleichzeitige Situation eines die Schule begleitenden Unterstützungssystems und einer an der Entwicklung der Schule interessierten und die Spezifik der schwierigen Lage berücksichtigenden Aufsicht lässt sich erfahrungsgemäß wiederum eine Konstellation der „losen Kopplung“ als hilfreich skizzieren: Wenn das Unterstützungssystem die inneren Bedingungen und Inhalte eines Schul- und Unterrichtsentwicklungsprozesses in der jeweiligen Schule berät, begleitet, fortbildet und stärkt, dann kann (und sollte) die zuständige Aufsicht in Distanz zu ihrer inhaltlich beratenden Funktion und Aufgabe treten und die eher formale rechenschaftsbezogene Funktion in den Vordergrund stellen. Der Idealfall ist die Erarbeitung einer strategischen Entwicklungsperspektive und deren schrittweise Umsetzung (auch und besonders im Unterricht und im pädagogischen Handeln) in der Schule, die durch das Unterstützungssystem begleitet und beraten wird und von der Aufsicht eingefordert und hinterfragt wird. Dabei geht es in dieser „Arbeitsteilung“ vor allem darum, dass die Aufsicht in ihrer Erwartungsäußerung gegenüber der Schule nicht schon Inhalte und konkrete Vorgehensweisen setzt oder vorschreibt, sondern dass sie der Schule eine eindeutige Benennung und (insbesondere) Begründung ihrer Entscheidungen abverlangt. Eine solche Konstruktion folgt nicht der Logik einer Genehmigung oder einer Beurteilung von richtig/falsch bzw. ausreichend/nicht ausreichend. Sie folgt der Logik von Verbindlichkeit und Ergebniserwartung gegenüber der Einzelschule, die aufgrund solcher Erwartung vor der Herausforderung eines Entwicklungsprozesses steht, für den sie wiederum eine enge und umfangreiche Unterstützung in Anspruch nehmen kann.

Die Gefahr inhaltlicher Setzungen oder des Vorschreibens konkreter Maßnahmen oder Vorgehensweisen besteht nicht so sehr darin, dass diese falsch sein könnten oder dass ein Unterstützungssystem eher akzeptiert ist als die Aufsicht. Es besteht darin, dass die Schule vor dem Problem steht, sich zwischen zwei unterschiedlichen inhaltlichen Orientierungen entscheiden zu müssen – der einen von Seiten der Unterstützung, das formal als Angebot auftritt, das andere von Seiten der Aufsicht, das formal eher den Charakter einer Anweisung annehmen kann. Genau diese Situation schafft eine Gelegenheit, nicht mehr in eigener Verantwortung zu handeln, sondern eine Vorschrift zu vollziehen – ob die Intervention der Aufsicht so intendiert sein mag oder nicht.

In diesem Sinne lassen sich das Vorgehen und die Interventionshypothese, wie sie weiter oben skizziert wurden, als Stärkung der Eigenverantwortung von Einzelschulen verstehen: Unterstützung für eine organisationsinterne Reflexion der Praktiken und Routinen, um diese bewusst zu gestalten statt sie sich unbemerkt verselbstständigen zu lassen, um einen offenen Diskurs auch und gerade über Differenzen und Dissens zu etablieren, aus dem heraus gemeinsames Lernen möglich wird.

5. Zum Schluss

Seit zehn Jahren arbeitet das Unterstützungsprogramm „Schulentwicklung im System“ und hat in dieser Zeit die Grundlagen und das Vorgehen der eigenen Arbeit mehrfach neu entworfen. Es ist an der Zeit, das Thema „Schulen in schwieriger Lage“ nicht mehr wissenschaftlichen Allgemeinplätzen oder schnellen, vor allem nur strukturellen Lösungen zu überlassen. Es braucht eine tiefe, erfahrungsbasierte Auseinandersetzung, die die Komplexität der Situation anerkennt, diese nicht reduziert, sondern konstruktiv mit ihr umgeht und sie bearbeitet, ohne Hoffnung auf lineare und einfache bzw. einfach übertragbare Antworten, sondern im Vertrauen darauf, dass die Beteiligten in den Schulen selbst ein Interesse an der Weiterentwicklung ihrer eigenen Arbeit haben.

Hierzu einen Beitrag zu leisten und Erfahrungen zur Verfügung und zur Diskussion zu stellen, ist die Intention dieses Beitrags.

Literatur

Altrichter, H. & Moosbrugger, R. (2011). Schulen in Schwierigkeiten. Was sagt die Schulforschung über Anzeichen, Ursachen und Lösungen? *Lernende Schule, 56*, 8–11.

Bastian, J. & Combe, A. (2001). Fallorientierte Schulentwicklungsforschung. Der Schulversuch „Profiloberstufe“ an der Max-Brauer-Schule. In K.-J. Tillmann & W. Vollstädt (Hrsg.), *Politikberatung durch Bildungsforschung. Das Beispiel: Schulentwicklung in Hamburg* (S. 171–188). Opladen: Leske + Budrich.

Behörde für Schule und Berufsbildung (Hrsg.). (2011). *Jahresbericht der Schulinspektion Hamburg 2009 - 2010*. Hamburg: Institut für Bildungsmonitoring.

Bonsen, M. (2011). Von der „failing“ zur „turnaround“ school. Was Schulleitungen aus der Forschung zu erfolgreicher Umsteuerung von Organisationen lernen können. *Lernende Schule, 56*, 12–15.

Bos, W., Bonsen, M. & Gröhlich, C. (Hrsg.). (2009). *KESS 7. Kompetenzen und Einstellungen von Schülerinnen und Schülern an Hamburger Schulen zu Beginn der Jahrgangsstufe 7*. Münster: Waxmann.

Bryk, A. S., Sebring, P. B., Allensworth, E., Luppescu, S. & Easton, J. Q. (2010). *Organizing schools for improvement. Lessons from Chicago*. Chicago: University of Chicago Press.

Combe, A. (2015). Schulkultur und Professionstheorie. Kontingenz als Handlungsproblem des Unterrichts. In J. Böhme, M. Hummrich & R.-T. Kramer (Hrsg.), *Schulkultur – Theoriebildung im Diskurs* (S. 117–135). Wiesbaden: Springer VS.

Fullan, M. (2006). The Meaning of Educational Change. A Quarter of a Century of Learning. In A. Lieberman (Hrsg.), *International Handbook of Educational Change* (S. 214–228). New York: Springer.

Gray, J. (2000). *Causing Concern but Improving. A Review of Schools' Experiences*. Verfügbar unter: http://www.education.gov.uk/research/data/uploadfiles/RR188.pdf [01.08.2010].

Gudjons, H., Combe, A. & Bastian, J. (2000). *Profile in der Oberstufe. Fächerübergreifender Projektunterricht in der Max-Brauner-Schule Hamburg*. Hamburg: Bergmann + Helbig.

Gunzelmann, B. (2008). Hidden Assumptions, Attitudes, and Procedures in Failing Schools. *Educational Horizons, 86* (2), 85–89. Verfügbar unter: http://files.eric.ed.gov/fulltext/EJ781672.pdf [03.10.2016].

Helsper, W. (2008). Schulkulturen. Die Schule als symbolische Sinnordnung. *Zeitschrift für Pädagogik, 54* (1), 63–80.

Herrmann, J. (2012). *Mythos Selbstständigkeit von Schule? Fallstudien zum Modellvorhaben „Selbstständige Schule NRW"*. Opladen: Verlag Barbara Budrich.

Herrmann, J. (2012). Unterricht, Unterrichtsqualität und -entwicklung in ‚Schulen in schwieriger Lage'. *SchulverwaltungSpezial, 14* (2), 27–30.

Herrmann, J. (2014). Qualitative Fallstudien. In Senatsverwaltung für Bildung, Jugend und Wissenschaft Berlin (Hrsg.), *Wissenschaftliche Begleitung der Pilotphase Gemeinschaftsschule Berlin. Anlage zum Bericht 2013*, Berlin. Verfügbar unter: https://www.berlin.de/imperia/md/content/sen-bildung/bildungswege/gemeinschaftsschule/ fallstudien_gems_2014.pdf [29.03.2016].

Holtappels, H. G. (2008). Failing Schools. Systematisierung von Schultypologien und empirischer Forschungsstand. *journal für schulentwicklung, 1* (8), 10–19.

Huber, S. (1999). Effectiveness & Improvement. Wirksamkeit und Verbesserung von Schule – eine Zusammenschau – Internationale Schulentwicklungsforschung III. *schul-management, 30* (5), 8–18.

Huber, S. & Muijs, D. (2007). Mission failed? Was die englische Schulforschung über schlechte Schulen herausgefunden hat. *Friedrich Jahresheft 2007*, 99–101.

Idel, T.-S. (2016). Individualisierung und Differenz. Ein Konzept für mehr Bildungsgerechtigkeit? In K. Rabenstein & B. Wischer (Hrsg.), *Individualisierung schulischen Lernens. Mythos oder Königsweg?* (S. 93–108). Seelze: Friedrich Verlag.

LI Hamburg. (2008). *Zwischenbericht zum Projekt „Schulentwicklung im System"*. Verfügbar unter: http://li.hamburg.de/contentblob/3025990/data/pdf-zwischenbericht-zum-projekt-schulentwicklung-im-system-pdf-datei.pdf [31.03.2016].

LI Hamburg. (2010). *Abschlussbericht zum Projekt „Schulentwicklung im System*. Verfügbar unter: http://li.hamburg.de/contentblob/3025990/data/pdf-abschlussbericht-zum-projekt-schulentwicklung-im-system-pdf-datei.pdf [31.03.2016].

Lipowsky, F. (2010). Lernen im Beruf. Empirische Befunde zur Wirksamkeit von Lehrerfortbildung. In F. Müller (Hrsg.), *Lehrerinnen und Lehrer lernen. Konzepte und Befunde zur Lehrerfortbildung* (S. 51–70). Münster: Waxmann.

Lipowsky, F. (2014). Theoretische Perspektiven und empirische Befunde zur Wirksamkeit von Lehrerfort- und -Weiterbildung. In E. Terhart, H. Bennewitz & M. Rothland (Hrsg.), *Handbuch der Forschung zum Lehrerberuf* (S. 511–541). Münster: Waxmann.

Lodge, C. (1998). *What's Wrong With Our Schools? Understanding 'Ineffective' and 'Failing' Schools*. In L. Stoll & K. Myers (Hrsg.), *No Quick Fixes. Perspectives on Schools in Difficulty* (S. 147–162). London: Routledge Falmer.

Luhmann, N. (2000). *Organisation und Entscheidung*. Wiesbaden: Westdeutscher Verlag.

Miller, M. (1986). *Kollektive Lernprozesse. Studien zur Grundlegung einer soziologischen Lerntheorie*. Frankfurt/Main: Suhrkamp.

Mörking, D., Oldenburg, J., Schwank, E. & Sommer, N. (2011). Der Beitrag der Schulinspektion zur Schulentwicklung – Kann die Schulinspektion Schulen in Schwierigkeiten „retten"? *Lernende Schule, 56*, 21–25.

Murphy, J. (2010). Nine Lessons for Turning Around Failing Schools. *Kappan, 91* (8), 93–97.

Payne, R. K. (2013). *A framework for understanding poverty. A cognitive approach*. Highlands: aha! Process.

Priebe, B. (2011). Neu durchstarten – Was Fortbildung und Beratung dabei leisten müssen. *Lernende Schule, 56*, 18–20.
Stoll, L. & MacBeath, J. (2005). Promoting High Expectations in Challenging Circumstances: Meanings, Evidence and Challenges for School Leaders. In P. Clarke (Hrsg.), *Improving Schools in Difficulty* (S. 137–155). London: Continuum.
Strittmatter, A. (2008). Nach der Diagnose ist vor der Diagnose – Über den Umgang mit erheblichen Qualitätsdefiziten an Schulen. *journal für schulentwicklung, 1* (8), 31–36.
Vogd, W. (2009). *Rekonstruktive Organisationsforschung*. Opladen: Budrich.
Wimmer, R. & Nagel, R. (2000). Der strategische Managementprozess – zur Praxis der Überlebenssicherung in Unternehmen. *OrganisationsEntwicklung 1*, 4–19.

Veronika Manitius & Bernd Groot-Wilken

Kooperatives Wissensmanagement im Rahmen von Schulentwicklungsprojekten als Transferstrategie für die Unterstützung von Schulen in herausfordernder Lage

1. Einleitung

Inwiefern Schulen, die deutlich in ihrer schulischen Performanz hinter den an sie gestellten Erwartungen zurückbleiben und deren Schulentwicklungsarbeit eher als defizitär zu kennzeichnen ist, gelingend in ihrer Qualitätsentwicklung unterstützt werden können, findet sich als zentrale Fragestellung in den beobachtbar zunehmenden bildungsadministrativen programmatischen Setzungen und Projekte wieder, welche explizit solche Schulen adressieren (vgl. Quesel, Husfeldt, Landwehr & Steiner, 2013, Huber, 2012).

Der nachfolgend vorgestellte kooperative Ansatz aus Nordrhein-Westfalen (NRW) kann zu solchen Unterstützungsbemühungen zugeordnet werden. Die Frage danach, wie die hier interessierenden Schulen adäquat unterstützt werden können, ist für die Steuerungsakteure des Landes wie Ministerium und Landesinstitut auch insofern eine besondere Herausforderung, weil im Flächenland NRW mit mehr als 5.500 Schulen, fünf Bezirksregierungen und differenten demografischen Strukturen mit städtischen Ballungsgebiete und gleichzeitig zahlreichen ländlichen Regionen eben nicht durch das Land einfach direkt in einzelnen Schulen interveniert und ein jeweils fallbezogenes Unterstützungsangebot ausgesprochen werden kann.

Gerade vor dem Hintergrund, dass zumindest im deutschsprachigen Raum bislang noch wenig Erkenntnisse darüber vorliegen, welche Unterstützungsleistungen für Schulen in herausfordernden Lagen sich als wirksam erweisen, stellt sich zudem für die Bildungsadministration die Frage, inwiefern die Entwicklung solcher Unterstützungsmaßnahmen tatsächlich evidenzorientiert erfolgen kann. Diese Herausforderung ist zugleich Bestandteil des grundsätzlichen Spannungsfeldes zwischen an Praxis und Administration herangetragenen Anspruch wissenschaftlicher Reflexionsarbeit und der „erfahrungs- bzw. institutionengeprägten und tradierten Handlungspraxis in Einzelschulen" (van Ackeren et al., 2013, S. 52).

Angesichts dieser Herausforderungen wird in dem hier dargestellten Projekt aus NRW der Ansatz verfolgt, mittels einer kooperativen Projektanlage, in der vor allem Universitäten (TU Dortmund und Universität Duisburg-Essen) und Bildungsadministration (Qualitäts- und UnterstützungsAgentur – Landesinstitut für Schule NRW, kurz:

QUA-LiS) die kontinuierlich im Projektverlauf generierten Projektergebnisse daraufhin zu überprüfen, inwiefern sie als relevante Erkenntnis in die vorhandenen regelhaften Unterstützungsstrukturen in NRW, insbesondere das Fortbildungssystem, überführt werden können. Zentrale Intention ist hierbei, aus einem explorativen Projekt für die regelhaften Unterstützungsstrukturen profitieren zu können und dabei die Evidenzorientierung durch die Partnerschaft in einem wissenschaftlich begleiteten Schulentwicklungsprojekt sicherzustellen, dabei aber u.a. durch eine aktive Rolle der QUA-LiS die im Projektverlauf gewonnenen empirisch gestützten Informationen dialogisch zu bearbeiten und zu rekontextualisieren (vgl. Heinrich, 2015, siehe auch Bremm et al. in diesem Band). Genutzt werden hierfür seitens der QUA-LiS Instrumente des Wissensmanagements. Nachfolgend sollen der Projektansatz und vor allem das Vorgehen der QUA-LiS für den Wissenstransfer mithilfe dieser Instrumente erläutert werden.

2. Skizze eines Unterstützungsbedarfes: Schulentwicklung in herausfordernder Lage

Die wesentlichen Kennzeichen, die zumeist eine herausfordernde, belastete oder kritische Lage (vgl. zur Begriffsvielfalt Manitius & Dobbelstein in diesem Band) ausmachen, sind in den Beiträgen dieses Bandes bereits differenziert dargelegt. Im Wesentlichen sind zwei Linien in den vorliegenden Definitionsbemühungen auszumachen: Zum einen wird mit der „herausfordernden Lage" auf die lokal-räumliche Verortung des Schulstandortes innerhalb einer Kommune rekurriert, mit der ein spezifisches Wohnklientel, beschreibbar über Sozialindikatoren wie z.B. einem hohen Anteil an SGB-II-Bezieher, einhergeht. In dieser Argumentationslinie werden für Schulen in solchen Standorten besondere Herausforderungen in der Beschulung einer Schülerschaft, die eher durch Bildungsferne ihres Elternhauses gekennzeichnet ist, ausgemacht. Dies berücksichtigt, dass Schule nicht losgelöst von ihrer Umwelt betrachtet werden kann und sich über ihre lokale Verortung auch jeweils milieu-bedingte Herausforderungen in der pädagogischen Arbeit ergeben. Gleichzeitig stellt diese Fokussierung auf die soziale Lage der Schülerschaft eine Verengung dar, da damit die Schulen nicht berücksichtigt sind, die sich beispielsweise in Stadtteilen befinden mit hohen Anteilen an Schülerinnen und Schülern aus bildungsnahen Elternhäusern aber im schulischen Output (z.B. Lernstandserhebungen, Schulinspektion usw.) vergleichsweise schlecht abschneiden. Zudem birgt die Herausstellung der sozialen Lage der Schülerschaft die Gefahr, eben diese auch ursächlich für die unzureichende schulische Performanz zu sehen.

Demgegenüber berücksichtigen zum anderen vor allem Argumentationslinien aus dem internationalen Diskurs (vgl. z.B. Dinham, 2016; Murphy & Meyers, 2008, Quesel et al., 2013), dass die Definition dessen, was die herausfordernder Lage der Schulen ausmacht, vorrangig über die jeweilige innerschulische Lage und dortigen Defiziten im pädagogischen und schulentwicklerischen Handeln auszumachen ist und das hierbei häufig – aber nicht zwangsläufig – ein Standort der Schule in sozial belasteten Vierteln einhergeht. Diese Herangehensweise impliziert eher eine komplexe

Wechselwirkung zwischen durch die sozialen Hintergrundmerkmale der Schülerinnen und Schüler indizierten Herausforderungen an das pädagogische Handeln und einer innerschulischen Überforderung, die sich etwa ausgedrückt in einem hohem Belastungsempfinden des Kollegiums.

Um dieser Komplexität in den jeweiligen schulentwicklerischen Herausforderungen dieser Schulen gerecht zu werden, bietet es sich daher an, zunächst von einer möglichst offen gehaltenen Definition dessen, was *Schulen in herausfordernden Lagen* kennzeichnet, auszugehen. Ein entsprechender Vorschlag könnte lauten: Schulen in herausfordernder Lage sind gekennzeichnet durch je spezifische Problemlagen, die zumeist multifaktoriell bedingt und komplex miteinander verwoben sind. Bestimmte Kernprobleme treten an diesen Schulen häufig auf und sind über innerschulische wie außerschulische Faktoren auszumachen. Dazu gehören z.B. (vgl. auch Holtappels 2015),

- Mangelnde Führungskompetenz der *Schulleitung* (z.B. unzureichende Zusammenarbeit von Schulleitung und Kollegium …)
- geringe (unterrichtsbezogene) *Zusammenarbeit* im Kollegium und des an Schule tätigen pädagogischen Personals
- Defizite in der *Unterrichtsqualität* (ineffiziente Klassenführung, wenig kognitive Aktivierung, unzureichender Umgang mit Heterogenität)
- ineffektive *Organisationsstrukturen* (mangelnde Kommunikation, unzureichende Gremienarbeit ...)
- hohes *Belastungserleben* der Lehrerinnen und Lehrer sowie hohe *Fluktuation* im Kollegium
- defizitäre *Schulentwicklungskompetenz* (unzureichender Umgang mit Daten, mangelnde Personalentwicklungsarbeit, unrealistische Zielsetzungen, erfolglose Strategien …)
- unzureichende *Elternarbeit*
- mangelnde Öffnung und Vernetzung nach außen (keine Ressourcenerschließung)
- mangelnde *Schulprofilierung* („schlechter Ruf“)
- hoher Anteil an Schülerinnen und Schülern mit Familien, die ein g*eringes kulturelles, soziales* und *ökonomisches Kapital* aufweisen (Einkommensarmut, Arbeitslosigkeit, Bildungsferne)
- hoher Anteil an Schülerinnen und Schüler mit *familiären Problemen* und *kritischen Lebensereignissen*
- hoher Anteil an Schülerinnen und Schüler mit einem *problematischen soziokulturellen Milieu im Wohnumfeld*

Die offen formulierte Definition verdeutlicht, dass die jeweilige Spezifik der schulischen Problemlage auch für das Finden von Ansatzpunkten zur Unterstützung jeweils ermittelt werden muss. Eine erste Orientierung bieten dabei die genannten Faktoren, die sich in der Literaturlage empirisch begründet wiederfinden (Murphy & Meyers, 2008) und auch in Praxisberichten häufig als die zentralen Kennzeichen angeführt werden, welche die herausfordernde Lage der Schulen kennzeichnen. Insbesondere die innerschulischen Aspekte dürften dabei für Unterstützungsbemühungen besonders relevant sein, da sie bereits Ansatzpunkte für eine notwendige qualitative Weiterentwicklung pädagogischen und schulentwicklerischen Handelns aufbieten, wohingegen die soziale Lage der Schülerinnen und Schüler zuvorderst ein Indikator ist, der für pädagogische Bemühungen Implikationen liefert, nicht aber durch Schule veränderbar ist.

Die Notwendigkeit der jeweiligen fallbezogenen Zuwendung zu Schulen, die sich in herausfordernder Lagen befinden und Unterstützung bedürfen, erscheint aufgrund der jeweiligen schulspezifischen Problemlage plausibel, steht in systemischer Perspektive die Steuerungsabsicht *Unterstützung von Schulen in herausfordernder Lage* gerade in einem großen Flächenland wie in NRW jedoch vor die Schwierigkeit, als Land nicht mit jeder Schule in eine „Fall-Beziehung" zur Unterstützung von Schulentwicklungsarbeit treten zu können. Vielmehr stellt sich die Frage nach grundsätzlichen Erkenntnissen über erfolgversprechende Unterstützungsansätze und inwiefern diesbezüglich vorhandene Regelstrukturen im Unterstützungssystem eines Landes (z.B. das Fortbildungssystem) für die Schulentwicklungsarbeit seiner Schulen genutzt und ggfs. auch entsprechend weiterentwickelt werden können. Vor dem Hintergrund dieser Spannungslage – die notwendige fallbezogene Unterstützung von Schulen aufgrund ihrer spezifischen Problemlage einerseits und dem Erfordernis, auch regelhafte Unterstützungsstrukturen (in großen Flächenländern) weiterzuentwickeln andererseits – erscheint ein Ansatz vielversprechend, wie er derzeit in NRW im Projekt „Potenziale entwickeln – Schulen stärken" erprobt wird: Mittels einer kooperativen, dialogisch ausgerichteten Projektanlage eine Auswahl an Projektschulen in herausfordernden Lagen in ihrer Schulentwicklungsarbeit zu begleiten *(Schulentwicklungsteil)* und hierbei zentrale Erkenntnisse z.B. zur gelingenden Unterstützung dieser Schulen auch unter Berücksichtigung des jeweiligen schulischen Kontexts und der schulinternen Gemengelage zu generieren, die daraufhin geprüft werden, inwiefern sie in die regelhaften Unterstützungsstrukturen wie etwa das Fortbildungssystem des Landes überführt werden können *(Wissensmanagementteil)*. Konzeptionell stellt in diesem Projekt die Nutzung von Instrumenten des Wissensmanagements eine wesentliche Transferstrategie dar, die dabei helfen soll, eine *systematische* Vermittlung der Erkenntnisse aus einem eher explorativ angelegten Projekt in das regelhafte Unterstützungssystem des Landes zu gewährleisten. Dies setzt ein spezifisches Verständnis von Wissensmanagement als Instrument in Transferbemühungen voraus.

3. Kooperatives Wissensmanagement als Transferstrategie im Schulsystem

Nimmt man Wissensmanagement als einen möglichen Ansatzpunkt, um Schulentwicklungsarbeit zu unterstützen, dann stellt sich die Frage, welches *Wissen* koordiniert auf welche Weise wohin transferiert werden soll. Gerade im Zusammenhang mit Transferbemühungen wird im bildungsbezogenen Diskurs derzeit vor allem über Wissensbestände in Form von Evidenzen verhandelt mit dem Ziel, eine stärker evidenzorientierte oder evidenzinformierte Strukturierung der Praxis zu erreichen (vgl. van Ackeren et al., 2013; Thiel 2014).

Ohne nun den andernorts vielfach zu beobachtenden Diskurs zu den Herausforderungen einer Evidenzorientierung und den Verständnisweisen von „Evidenz“ (Bellmann & Müller 2011; Bromme, Prenzel & Jäger, 2014; Pant, 2014; Thiel, 2014; Biesta, 2010) zu eröffnen, ist für den hier gesetzten thematischen Fokus der Unterstützung von Schulentwicklung in herausfordernden Lagen letztlich von Interesse, dass *relevante* Wissensbestände (Forschungswissen, schulinternes Wissens, administrativ ermitteltes Wissen, fachliches Wissen, sonstige Expertisen etc.) generiert und ggfs. koordiniert werden. Die Bestimmung und Entscheidung über Relevanz ist dabei Bestandteil eines Sensemaking-Prozesses (Coburn, 2005), der wiederum als wichtige Voraussetzung erfolgreicher Transfer-Bemühungen gelten kann. Dies meint, dass die Transferadressaten Informationen, Daten und Wissen letztlich rekontextualisieren müssen, damit z.B. Wissensbestände zur Unterstützung von Schulentwicklungsarbeit genutzt werden können.

Modelle des Wissensmanagements fokussieren zumeist auf die organisationale Ebene bzw. auf das für das Wissensmanagement erforderliche Wechselspiel zwischen organisationalem Wissensmanagement und individuellem Nutzen von Wissen, z.B. durch individuelles Lernen, was wiederum der Organisationsentwicklung zuträglich ist (vgl. z.B. Nonaka & Takeuchi, 1997). Für ein Wissensmanagement koordiniert zwischen verschiedenen Akteuren eines Systems erscheint das Münchener Modell (vgl. Reinmann-Rothmeier, 2001) von Interesse, weil es besonders die unterschiedlichen Dimensionen des Wissensmanagements als *Prozess* in den Blick nimmt und auch danach fragt, in welcher Konstellation Wissensmanagement erfolgen kann. In diesem Modell wird hinsichtlich des Umgangs mit Wissen in vier zentralen Kategorien unterschieden: (1) *Wissensrepräsentation* als der Vorgang, der Wissen transparent, verständlich und „greifbar „macht. Hier geht es also zum einen um die Bereitstellung von Wissen und zum anderen um den Einsatz geeigneter Formate, um Wissen zu transportieren. Für das Management bedeutet dies zum Beispiel, geeignete Instrumentarien zu finden, die Wissen besser zum Vorschein bringen sowie auf organisationale Rahmenbedingungen zu achten, welche Wissenstransparenz fördern. Unter (2) *Wissensnutzung* ist der Prozess gemeint, mit welchem die Anwendung des Wissens erfolgt, was z.B. die Nutzung von Wissen als Grundlage für Entscheidungen und Handeln meint. Dies ist ein hochgradig anspruchsvoller und von Komplexität gekennzeichneter Schritt des Wissensmanagements, da es hierbei darum geht, die Trägheit des Systems zu überwinden, also zum Beispiel Handlungsroutinen zu verändern und von gewohnten Mustern abzuweichen. Der Bereich der (3) *Wissenskommunikation* meint die unmittelbaren Aktivitäten des Wissensaustausches, der Wissensverteilung und der Wissensverbreitung. Leitend ist dabei die Annahme, dass erst durch Kommunikation Wissen über einen einzelnen Wissensträger hinaus Anwendung finden kann. Herausfordernd für das Wissensmanagement ist an dieser Stelle, gelingende Kommunikationsprozesse zu gestalten, welche eine hohe Interaktionsdichte, Vertrauen zwischen den Teilnehmenden und kooperative Handlungen kennzeichnen. Schließlich wird im Modell der Bereich der (4) *Wissensgenerierung* thematisiert, der z.B. die Umwandlung von Informationen zu Wissen, z.B. Handlungswissen umfasst. Dies kann beinhalten, vorhandenes Wissen zu hinterfragen und zu modifizieren, bzw. Informationen und Daten hinzuziehen, um neues Wissen zu kreieren. Für diesen Schritt wiederum ist es aus der Management-Perspektive bedeutsam, die jeweiligen Träger von Wissen und Expertise sowie Informationsgeber auch in entsprechende Kommunikationssettings zusammenzubringen.

Auch wenn die hier skizzierten vier Prozessbereiche des Wissensmanagements sicher nicht streng kategorial trennscharf sind (so dürfte Wissenskommunikation übergreifend auch in den anderen Bereichen eine zentrale Rolle für das Gelingen des jeweiligen Prozesses spielen), so ergibt sich aus ihnen näherungsweise ein Bild dessen, was wesentliche Aspekte des Wissensmanagements sind. Im Münchener Modell werden sie als Bestandteil eines regelhaften organisationalen Kreislaufes gefasst, wonach das Wissensmanagement insgesamt darauf ausgerichtet ist, zum Erreichen des Organisationsziels beizutragen und entsprechende Evaluationsschleifen, welche wiederum auf das Wissensmanagement rückwirken, mitzudenken.

Die Autoren verknüpfen das Modell zudem auch mit Überlegungen, welche Personenkonstellationen für ein solches Wissensmanagement günstig sind. Hierbei sprechen sie von so genannten *Communities*, welche aus Personen bestehen, die geleitet von ähnlichen Interessen und Problemlagen lösungsorientiert zusammenarbeiten und hierbei auch abseits von Hierarchie, eher kooperativ denn kompetitiv zusammenarbeiten. Diese Communities tragen deshalb zu Wissensmanagement-Prozessen bei, weil sie Kommunikation auch abseits von hierarchischen oder organisationalen Strukturen ermöglichen, lösungsorientiert zu Austausch und Expertise entlang ähnlicher und damit verbindender Problemstellungen verhelfen und für die Mitglieder einen motivationsförderlichen, vertrauensvollen und identitätsstiftenden Rahmen aufbieten, der Wissensgenerierungs- und Lernprozesse fördert und somit auch Innovationen vorantreibt. Auch aus systemischer Perspektive wird vorgeschlagen, Wissensmanagement weniger top down durchzusetzen, sondern eher strategisch geschickt über gut platzierte Pilotprojekte, die zentrale Steuerung und dezentrale Bemühungen gleichermaßen mit berücksichtigen, zu gestalten (Willke, 2004).

Der Übertrag dieser theoretischen Überlegungen zum Wissensmanagement auf das Schulsystem birgt einige Schwierigkeiten, da das Münchener Modell vor allem Wissensmanagement in organisationaler Perspektive beleuchtet und somit von einem zentralen Organisationsziel ausgeht, auf das sich auch Bemühungen des Wissensmanagement hin ausrichten. Bezüglich des Schulsystems stellt sich dies angesichts der Vielfalt an Organisationen und Akteuren anders da, hier ist vielmehr von Zielkollisionen und unterschiedlichen Interessenslagen auszugehen, die auch entsprechendes Konfliktpotenzial mit sich bringen können. Von daher ist ein Übertrag bezogen auf das Schulsystem in erster Linie thematisch zu denken, weil das unterstellt, dass von ähnlichen Zielen der Beteiligten auszugehen ist: Ausgehend von einem Interesse der beteiligten Akteure im Schulsystem daran, dass Schulen in herausfordernder Lage gelingend unterstützt werden, ist das übergeordnete systemische Ziel, dass die Schulentwicklungsarbeit dieser Schulen sich so verbessert, dass sich eine entsprechende Qualitätsentwicklung auch im Output der Schule (wie der Leistung von Schülerinnen und

Schülern) niederschlägt. Ein Wissensmanagement ausgerichtet an dieser Leitidee kann dann in den unmittelbaren Arbeitsbeziehungen relevanter Akteure z.B. mit Blick auf das Ziel „gelingende Unterstützung der Schulentwicklungsarbeit in Schulen in herausfordernden Lagen“ entsprechend gestaltet werden.

Die Vorstellung von Akteurskonstellationen im Sinne einer Community, die themenbezogen auch abseits von hierarchischen Strukturen agiert, findet sich im Schulsystem vor allem im Bereich einer netzwerkgestützten Schulentwicklung (vgl. Manitius & Berkemeyer, 2015; Rürup, Röbken & Emmerich, 2015). Diese spezifische Schulentwicklungsstrategie erfährt in den letzten 10 Jahren erhebliche Resonanz, wie z.B. die Vielfalt an Programmen und Maßnahmen im Rahmen so genannter Bildungslandschaften zeigt. Ähnlich dem Gedanken der Communities liegt das Potenzial von z.B. schulischer Netzwerkarbeit vor allem darin, als intermediäre Organisationsform die Möglichkeit zum Austausch und Lernen aufzubieten und über solche Strukturen auch Innovationen zu erzeugen und letztlich schulische Qualitätsentwicklung zu fördern. Im deutschsprachigen Raum verläuft der Diskurs hierzu vor allem mit Blick darauf, wie die einzelne Schule als Organisation von Vernetzungsaktivitäten profitieren kann (Berkemeyer, Bos, Järvinen, Manitius & Holt, 2015).

Interessant erscheint in einer stärker systemischen Perspektive, die amerikanischen Arbeiten zu so genannten *Research-Practice-Partnerships* in School-Districts aufzugreifen, womit der Gedanke der Wissensmanagementbetreibenden Community dahingehend ausgeschärft wird, dass unterschiedliche Akteure innerhalb solcher Partnerschaften gerade auch aufgrund ihrer unterschiedlichen Handlungslogiken kooperativ agieren müssen für eine erfolgreiche Zielerreichung. Ausgehend von einem Scheitern einfacher, linear gedachter Übersetzungsleistungen z.B. von Forschungsergebnissen, die dann der Praxis bereitgestellt werden, wird der Ansatz der Research-Practice-Partnerships wie folgt definiert: „Long-term, mutualistic collaborations between practioners and researchers that are intentionally organized to investigate problems and solutions for improving district outcomes“ (Coburn, Penuel & Geil, 2013, S. 2). Research-Practice-Partnerships sind demzufolge möglichst längerfristig angelegt, konzentrieren sich auf die Lösung von Praxisproblemen und agieren in Wechselwirkung zueinander – beide Seiten der Partnerschaft profitieren und lernen von der Zusammenarbeit. Hierfür werden gezielt unterschiedlichste Strategien eingesetzt, um eine enge Kooperation zu fördern. Zentral für die unmittelbare Zusammenarbeit ist der Gedanke des *joint work* (Penuel, Allen, Coburn & Farrell, 2015), wonach der Fokus der Arbeit gemeinsam ausgehandelt und die Verantwortung für die Zusammenarbeit geteilt wird. Dieser Aspekt unterscheidet sich z.B. von üblichen Kooperationen zwischen Forschung und (Bildungsadministrations-)Praxis, in welchen etwa Forschung beratend für Folgeeinschätzungen angefragt oder für Evaluationsstudien zur Erforschung von Praxis beauftragt wird. Ein weiteres Kennzeichnen solcher Partnerschaften ist es, dass gemeinsam Analysen von Daten auch auf der Basis unterschiedlicher Datenquellen vorgenommen werden. Dies erweist sich als anschlussfähig an den Diskurs um die Herstellung von Evidenz über Aushandlung der beteiligten Akteure (Heinrich, 2015) sowie einer wissensbasierten, partizipativ und diskursiv angelegten Evidenzgenese (Weiland, 2013).

Weiter ist es für die Research-Practice-Partnerships von Bedeutung, dass den unterschiedlichen Logiken, also auch den Unterschieden der Partner begegnet wird, indem Grenzen überschritten (*boundary crossing*) werden und sich somit der Logik und dem Professionsbereich des Anderen über solche Grenzüberschreitungen angenähert wird (vgl. Penuel et al., 2015). Dies kann z.B. in Kommunikationssettings, die Diskussion und Austausch zwischen Vertretungen aus Wissenschaft und Schulpraxis ermöglichen, erfolgen oder auch in spezifischen Publikationsformaten, die unterschiedliche Sichtweisen auf einen Gegenstand berücksichtigen (vgl. exemplarisch Seidel et al. 2016). Solche Grenzüberschreitungen tragen zu *boundaries practice* bei, wenn sie mit entsprechende Reflexionsarbeit einhergehen und Lernprozesse evozieren und schließlich Veränderung von Routinen bewirken (Penuel et al., 2015).

Für ein Wissensmanagement, dass in systemischer Perspektive als Transferstrategie für die Unterstützung von Schulen in herausfordernder Lage genutzt werden soll, bieten die vorangestellten theoretischen Ausführungen wichtige Hinweise: Die im Münchener Modell des Wissensmanagements kategorial beschriebenen Prozessdimensionen zeigen auf, wie sich entsprechend eine „Aufgabe Wissensmanagement“ skizzieren lässt. Hierzu gehören etwa die Entwicklung und der Einsatz zentraler Instrumente des Wissensmanagements, die die Wissensgenese und -nutzung stützen. Ferner kommt der Wissenskommunikation eine erhebliche Bedeutung – auch in der Transferperspektive – zu, was für ein gelingendes Wissensmanagement wiederum heißt, für entsprechende Kommunikationsformen und -settings und letztlich auch das Aufeinandertreffen und wenn erforderlich konstante „Nähe“ der relevanten Akteure zu sorgen.

Bei dem herausfordernden Anspruch, zur Unterstützung von Schulentwicklungsarbeit in herausfordernder Lage evidenzinformiert und unter Einbezug relevanter Ressourcen der verschiedensten Akteure im System vorgehen zu wollen (vgl. Bremm et al. in diesem Band), erscheint der Ansatz der Research-Practice-Partnerships plausibel, da er konzeptionell gelingende Kooperation bei gleichzeitig differenten Handlungslogiken der Partner vorsieht. Dies begründet sich darin, dass er konstant gehaltene Nähe, regelmäßige Kommunikationssettings und Dialogforen sowie den Raum für zielorientierte, wissensbasierte Verhandlung sowie Schaffung von Problemlösungen unter Einbezug relevanter, aber in ihrer Handlungslogik höchst unterschiedlicher Akteure, vorsieht. Studien zur Wirkung solcher Partnerschaften zwischen Forschung und Praxis stützen diese positiven Zuschreibungen. Demnach liegt ihr Vorteil insbesondere auch darin, langfristig auch zur Professionalisierung der Beteiligten im Sinne einer Veränderung von Routinen und Verhaltensweisen im schulischen Kontext beizutragen und dies vor allem dann, wenn diese Partnerschaften dialogbasiert und langfristig zusammenarbeiten (Coburn & Penuel, 2016; Akkerman & Bakker, 2011). Weitere Studien zeigen auf, dass solche Partnerschaften deutlich transformativer wirken als es klassische, linear gedachte Transferstrategien leisten können (Penuel et al., 2015).

4. Wissensmanagement im Projekt „Potenziale entwickeln – Schulen stärken" in NRW

Die kooperativ konzipierte Struktur des Projekts „Potenziale entwickeln – Schulen stärken" in NRW kann ähnlich einer Research-Practice-Partnership verstanden werden. Allerdings wird die Akteurskonstellation Schulpraxis-Wissenschaft insbesondere erweitert um die Bildungsadministration, die einen aktiven Part in der projektbezogene Zusammenarbeit einnimmt.

Das Projekt besteht aus einem Forschungs- und einem Entwicklungsteil mit Angebotsentwicklung und Interventionserprobung. Beteiligt sind 36 Schulen der Sekundarstufe aus der Metropolregion Ruhr, die sich in herausfordernden sozialräumlichen Kontexten befinden. Weitere Projektpartner sind die Stiftung Mercator, die Universitäten Dortmund und Duisburg-Essen sowie die QUA-LiS.

Ziel des Projekts ist die Identifikation von schulischen Entwicklungsbedarfen angesichts herausfordernder Kontextbedingungen und die datenbasierte Erarbeitung bzw. Zusammenstellung von Schulentwicklungsangeboten zur Unterstützung von Schulen in herausfordernden Lagen. Dabei werden Schulen, die ihre Potenziale so nutzen, dass sie gute Ergebnisse erreichen, ebenso einbezogen, wie Schulen, die bislang weniger erfolgreich arbeiten und größere Entwicklungs- und Unterstützungsbedarfe haben. Allen Schulen ist jedoch gemeinsam, dass sie jeweils spezifische Erfordernisse für die Gestaltung der Schulentwicklungsprozesse vor dem Hintergrund ihrer herausfordernden Kontextbedingungen haben. Auf der Grundlage der Forschungsanalysen zu den konkreten spezifischen Handlungsbedingungen der Schulen wurden im Projekt Schulnetzwerke mit jeweils vergleichbarem Bedarf gebildet (vgl. Bremm et al. in diesem Band).

In den Netzwerken werden in Zusammenarbeit mit den universitären Projektteams und der QUA-LiS Entwicklungs- und Unterstützungsmöglichkeiten erarbeitet, die die jeweils herausfordernden einzelschulischen Spezifika berücksichtigen. Die Netzwerkschulen greifen z.B. auf Angebote des Fortbildungssystems in NRW zurück und werden hierbei unterstützt von Netzwerkbetreuerinnen und -betreuern der Universitäten sowie von Arbeitsgruppenmitgliedern der QUA-LiS. Im Bedarfsfall werden Angebote des freien Fortbildungsmarktes einbezogen und über das dafür vorgesehene Budget über die Unis finanziert. Aus dem Kooperationszusammenhang des Projektes heraus (Schulen, Projektteams der Unis sowie QUA-LiS) erfolgt die Entwicklung spezifischer kontextsensibler Unterstützungsangebote sowie ggf. die Anpassung bestehender Angebote für die Schulen. Die so im Projekt (weiter-)entwickelten und generierten Angebote zur Unterstützung von Schulen werden perspektivisch daraufhin geprüft, inwiefern sie zur Entwicklung bedarfsspezifische Konzepte und Materialien für die Professionalisierung des Fortbildungspersonals genutzt werden können.

Letztere Zielstellung verweist auf das zentrale Interesse, aus einem Schulentwicklungsprojekt für 36 Schulen Erkenntnisse zu generieren, die daraufhin geprüft werden, inwiefern sie für die landesweiten Unterstützungsstrukturen in NRW Relevanz besitzen und entsprechend transferiert werden. Für ein großes Flächenland wie NRW mit über 5.500 Schulen ist der Ansatz also, sich praktisch an einer Partnerschaft zwischen

Stiftung, Schulen, Wissenschaft und Bildungsadministration (Ministerium, Landesinstitut und insbesondere auch das Fortbildungssystem) zu beteiligen und relevante Ergebnisse des Projektes (z.B. Forschungswissen, Erfahrungen, Materialien) zu einer gelingenden Unterstützung für Schulen in herausfordernden Lagen mit Bedarfen im Unterstützungssystem zu koppeln und ggfs. so aufzubereiten, dass eine Überführung in die Unterstützungssysteme wie etwa dem Fortbildungssystem, ermöglicht wird.

Diese Zielsetzung wird verfolgt mit einer dialogisch angelegten und gestalteten Partnerschaft im Projekt sowie der Strategie, mithilfe des Einsatzes von Wissensmanagement-Instrumenten durch die QUA-LiS, aktiv für eine systematische Ermittlung von potentiell bedeutsamen Wissensbeständen und den Zusammentrag von Expertisen zu sorgen und parallel dazu bereits einen transferorientierten Dialog von Projektbeginn an mit dem möglichen „Adressat" Fortbildungssystem zu initiieren und zu pflegen, um auch die Expertise der im Fortbildungssystem Tätigen mit einzubeziehen und bedarfsgerecht die Transferbemühungen auszurichten.

Kooperative Projektstruktur

Die Akteurskonstellation im Projekt als Praxis-Wissenschaft-Administration-Partnerschaft stellt sich vor dem Hintergrund der jeweiligen Rollen und Aufgaben der Akteure wie folgt dar (vgl. Abb.1): Das Projekt wird operativ durch die beteiligten Universitäten umgesetzt, die hierfür entsprechende Fördergelder durch die Stiftung Mercator erhalten. Die Universitäten nehmen im Projekt damit eine Doppelrolle ein, da sie einerseits den Schulentwicklungsteil verantworten und die Projektschulen in ihrer Schulentwicklungsarbeit unterstützen, indem sie die Ressourcen des Projektes koordinieren, die Schulnetzwerke mit moderieren und steuern und andererseits sowohl Netzwerkarbeit als auch die Schulentwicklungsarbeit erforschen, also z.B. auch die durchgeführten Maßnahmen evaluieren, bzw. für deren Evaluation sorgen.

Ein Beispiel für die dialogisch angelegte Evidenzbehandlung auf Grundlage verschiedener Wissenssorten (Forschungsergebnisse und schulinternes Wissen) zeigte sich z.B. darin, dass die im Rahmen einer Eingangserhebung erfassten schulspezifischen Daten zur jeweiligen Schulqualität der Einzelschulen mit fast jeder Schule in einer gemeinsamen Sitzung zwischen Wissenschaftlerinnen und Mitgliedern aus Schulleitung, Steuergruppe und zum Teil auch Kollegien, besprochen und die unterschiedlichen Sichtweisen auf die so ermittelten innerschulischen Entwicklungsbereiche abgeglichen wurde. Erst nach dieser Aushandlung erfolgte dann die finale Zuordnung einer Schule zu einem Netzwerk mit Schulen ähnlicher Problemlagen als Ergebnis einer gemeinsamen Verständigung.

Darüber hinaus stehen die beteiligten Universitäten in einem engen Austausch mit QUA-LiS, z.B. im Rahmen regelmäßig stattfindender Partnertreffen auf Projektleitungsebene. Hier geht es darum, bereits *im Prozess* in einen inhaltlichen und transferorientierten Diskurs über den Projektstand, die einzelschulischen Maßnahmen und erzeugten wissenschaftlichen Befunde zu gelangen.

QUA-LiS nimmt mit Blick auf die Transferbemühungen im Projekt eine zentrale Rolle ein: Zum einen werden über QUA-LiS mit 5 Stunden entlastete Lehrkräfte (begleitende LK) den Netzwerken zur Verfügung gestellt. Mit diesen Lehrkräften, die die

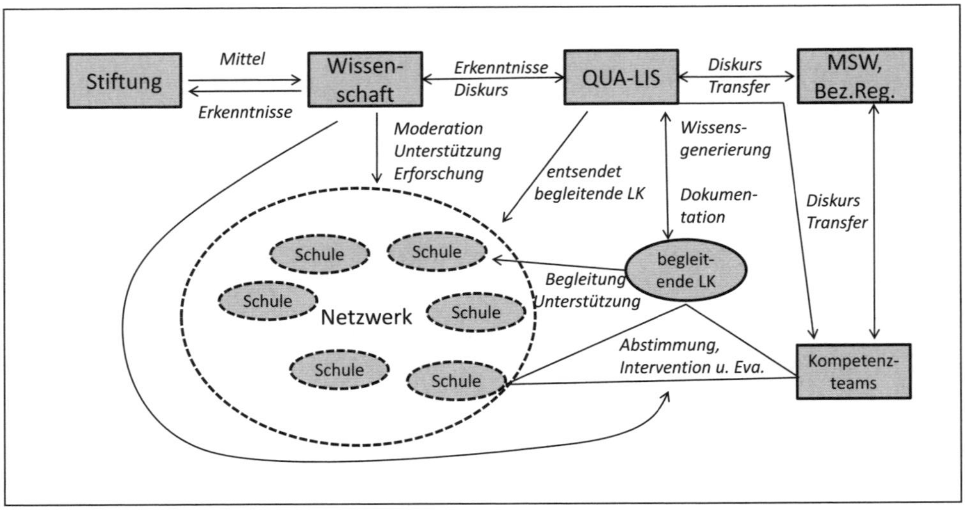

Abbildung 1: Akteurskonstellation im Projekt „Potenziale entwickeln – Schulen stärken" (eigene Darstellung)

Projektschulen begleiten und unterstützen, steht QUA-LiS ebenfalls in einem regelmäßigen Austausch, setzt hier auch Instrumente des Wissensmanagements ein, nutzt regelmäßige Treffen mit den Lehrkräften allein oder auch gemeinsam mit den Wissenschaftlerinnen und Wissenschaftlern für den Dialog. Schließlich sorgt QUA-LiS für die Information des Ministeriums für Schule und Weiterbildung NRW und den Bezirksregierungen und koordiniert hier auch regelmäßigen Austausch, um Zwischenstände zum Projekt in den Diskurs mit den Verantwortlichen für Qualifizierung und Fortbildung zu bringen. Dies bedeutet auch, die für die Projektschulen zuständigen lokal ansässigen Kompetenzteams (K-Teams) ebenfalls mit einzubeziehen.

Schließlich fungieren die begleitenden Lehrkräfte als eine wichtige Schnittstelle in diesem Gefüge der Projektpartner. Sie sind maßgeblich im Schulentwicklungsteil des Projektes tätig und unterstützen die Einzelschulen in ihrer Entwicklungsarbeit, z.B. indem sie bei dem Finden geeigneter Fortbildungen mit tätig werden, Dokumentationsarbeit leisten und Rückkopplung auch zu der Arbeit in den Netzwerken herstellen. Eine weitere wichtige Aufgabe, die die diese Lehrkräfte erfüllen, liegt darin, zum Wissensmanagement im Projekt beizutragen. Für den Dialog mit QUA-LiS werden hierfür Instrumente des Wissensmanagements ausgefüllt und als Grundlage für vertieften Austausch genutzt.

Instrumente des Wissensmanagements

Die im Projekt eingesetzten Instrumente des Wissensmanagements wurden unter Rückgriff auf relevante Fachliteratur (Probst, Raub & Romhardt, 2012) zunächst von QUA-LiS entwickelt, erprobt und nach dem ersten Jahr zum Teil in gemeinsamer Abstimmung mit den Wissenschaftlerinnen und Wissenschaftlern und den begleitenden Lehrkräften im Projekt angepasst und verändert. Theoretisch begründet folgte die Entwicklung der Instrumente entlang einer heuristischen Struktur (vgl. Abb. 2):

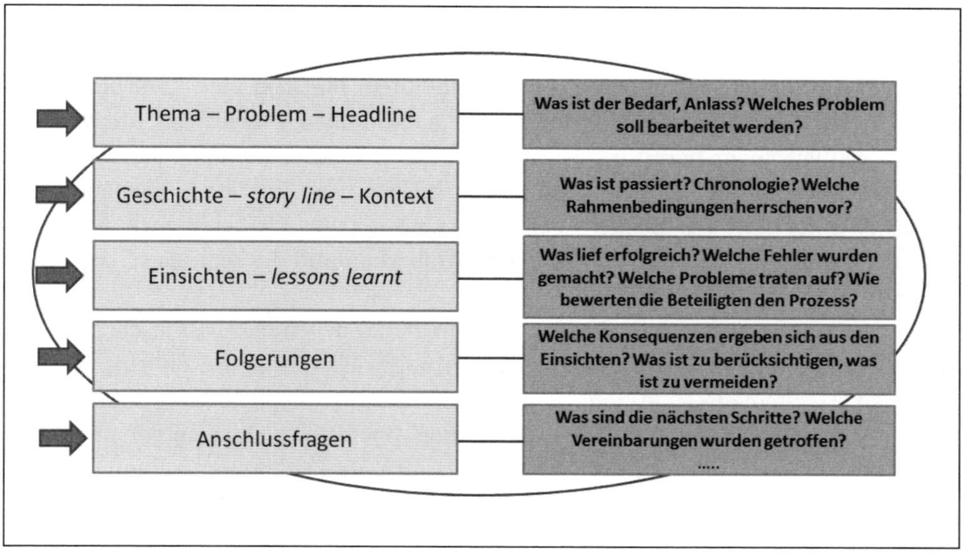

Abbildung 2: Struktur für die Entwicklung der Wissensmanagement-Instrumente (eigene Darstellung, in Anlehnung an Willke, 2004)

Demnach ist es bedeutsam, dass gerade für die Genese von Wissen über komplexe Prozesse – wie etwa auch die Schulentwicklungsarbeit an Schulen in herausfordernder Lage – Datenmaterial mit hohem narrativem Anteil, also zum Beispiel erzählte Fallgeschichten gewonnen wird. Geht man zunächst davon aus, kurz den Anlass, das *Problem*, das bearbeitet werden soll, zu benennen (also zum Beispiel die Notwendigkeit, dass innerschulische Teamstrukturen aufgebaut werden müssen), dann ist vor allem die dann zu erzählende *Geschichte* dazu von Interesse, in welcher dargelegt wird, was genau an Schritten vorgenommen wurde, welche Entscheidungen wie und zu was getroffen wurden, was spezifische Kontextmerkmale waren usw. Daran anschließend knüpft sich die Frage danach an, welche *Einsichten* gewonnen wurden, also was zum Beispiel im Rahmen einer Fortbildung zur Teamentwicklung als nützlich erlebt und genutzt wurde, aber auch, welche Umsetzungsprobleme sich beispielsweise ergaben und welche Schlüsse und *Folgerungen* aus diesen Einsichten daraus gezogen wurden. Abschließend werden die *Anschlussfragen* z.B. nach den nächsten Schritten thematisiert.

Eingesetzt werden im Projekt drei zentrale Instrumente: 1. *Dokumentationstabelle* über den Entwicklungsverlauf in der Schulentwicklungsarbeit der Schulen, 2. *Mikroartikel* und 3. *Interviews.*

In der Dokumentationstabelle notieren die begleitenden Lehrkräfte in vorgegebenen Kategorien, was Ereignisse, nächste Schritte, Planungen und Termine sind. Diese Dokumentation erfolgt je Schule und dient zum einen der Dokumentation der einzelschulischen Begleitung als auch als Grundlage für die Interviews, in denen vertieft über die jeweilige Schulentwicklungsarbeit der Projektschulen gesprochen werden kann. Die Dokumentationstabellen werden sowohl den wissenschaftlichen Teams als auch QUA-LiS zur Verfügung gestellt.

Halbjährlich verfassen die begleitenden Lehrkräfte zudem einen Mikroartikel, der inhaltlich der skizzierten Wissensmanagement-Struktur (vgl. Abb. 2) folgt und in welchem entlang dieser Struktur die Lehrkräfte in einem Fließtext eine „Geschichte" ihrer Wahl aus der Schulbegleitung im Projekt aufschreiben. Gerade der Mikroartikel erzeugt deutlich mehr narratives Material, als das etwa über die eher standardisierte Dokumentationstabelle möglich ist und ist auch Grundlage, um in den ebenfalls halbjährlichen Interviews der begleitenden Lehrkräfte mit der QUA-LiS auch noch mal vertieft die Fallgeschichten im Projekt nachzuvollziehen und die zentralen Erkenntnisse herauszuarbeiten.

Perspektivisch dient das so erzeugte Datenmaterial neben den wissenschaftlich gewonnenen Ergebnissen wie Evaluationsauswertungen als Grundlage für eine sich anschließende systematische Auswertung, deren Essenz schließlich auch kommunikativ an die zentralen Akteure z.B. im Fortbildungssystem sowie auch an entsprechende Stellen im Ministerium rückgekoppelt werden sollen. Im Zusammenspiel mit den wissenschaftlich gewonnenen Ergebnissen ergibt sich hier also eine multiperspektivisch gewonnene und triangulativ ausgewertete Wissensbasis für die Transferarbeit in die regelhaften Strukturen.

Nach nun fast anderthalb Jahren Einsatz im Projekt zeigt sich, dass die Instrumente zudem eine Reflexionsfunktion für die die Projektschulen begleitenden Lehrkräfte erfüllen. Indem diese einen Mikroartikel verfassen und in den Interviews vertieft über die Schulentwicklungsarbeit sprechen, kann die eigene Unterstützungsleistung reflektiert werden und zum Teil auch kritisch mit Blick auf eigene (Professionalisierungs-) Bedarfe beleuchtet werden. Diese Reflexionsmöglichkeiten werden zudem noch erweitert durch das regelmäßige Aufeinandertreffen aller begleitenden Lehrkräfte, wo ähnlich kollegialer Fallberatungen einzelne Herausforderungen in der Schulentwicklungsbegleitung erörtert werden.

5. Fazit und Perspektiven

In diesem Beitrag wurde mit Blick auf die Frage, wie Schulen in herausfordernder Lage unterstützt werden können und wie Wissen dazu nachhaltig zum Beispiel in die Unterstützungsangebote im Schulsystem wie etwa das Fortbildungssystem überführt werden können, die Rolle eines entsprechend konzipierten Wissensmanagements, integriert in ein kooperativ und dialogisch angelegtes Projekt, diskutiert.

Der Einsatz unterschiedlicher Instrumente für das Wissensmanagement sowie die kontinuierliche Sicherstellung von Kommunikation, Austausch und Abstimmung im Projekt im Rahmen unterschiedlicher Kommunikationssettings hat sich bislang bewährt, um einerseits die Projektschulen möglichst adäquat zu begleiten und zu unterstützen und um andererseits in systematischer Weise unterschiedliche Wissensbestände zu generieren und zusammenzuführen. Ein solches Vorgehen ist hinsichtlich der zu koordinierenden und moderierenden komplexe Prozesse durchaus anspruchsvoll, erlaubt aber durch die konstante Nähe der beteiligten Partner im Projekt flexible Reaktionen und schnellere Abstimmungsmöglichkeiten, die sich gerade vor dem Hintergrund der verschiedenen Handlungslogiken der beteiligten Partner als günstig erweisen.

Das Projekt hat noch eine Laufzeit bis Frühjahr 2019. Perspektivisch sieht die Projektplanung daher zukünftig eine noch zu intensivierende, transferorientierte Zusammenarbeit mit dem Fortbildungssystem vor. Dabei dienen die aus den verschiedenen Datenquellen zusammengetragenen Ergebnisse als Grundlage und müssen entsprechend für den Austausch und Diskurs mit zentralen Akteuren des Fortbildungssystems ausgewertet und aufbereitet werden.

Literatur

Akkerman, S. F. & Bakker, A. (2011). Boundary crossing and boundary objects. *Review of Educational Research, 81*, 132–169.

Bellmann, J. & Müller, T. (Hrsg.). (2011). *Wissen, was wirkt: Kritik evidenzbasierter Pädagogik.* Wiesbaden: VS.

Berkemeyer, N., Bos, W., Järvinen, H.-S., Manitius, V. & van Holt, N. (Hrsg.). (2015). *Netzwerkbasierte Unterrichtsentwicklung: Ergebnisse der wissenschaftlichen Begleitforschung zum Projekt „Schulen im Team".* Münster: Waxmann.

Biesta, G.J.J. (2010). Why „what works" still won't work: from evidence-based education to value-based education. *In Studies in Philosophy and Education, 29* (5), 491–503.

Bromme, R., Prenzel, M. & Jäger, M. (2014). Empirische Bildungsforschung und evidenzbasierte Bildungspolitik: Eine Analyse von Anforderungen an die Darstellung, Interpretation und Rezeption empirischer Befunde. *Zeitschrift für Erziehungswissenschaft, 17*, 3–54.

Coburn, C. (2005). Shaping Teacher Sensemaking: School Leaders and the Enactment of Reading Policy. *Educational Policy, 19* (3), 476–509.

Coburn, C.E. & Penuel, W. E. (2016). Research-Practice Partnerships in Education: Outcomes, Dynamics, and Open Questions. *Educational Researcher, 45* (1), 48–54.

Coburn, C.E., Penuel, W.R. & Geil, K.E. (2013). *Research-Practice Partnerships: A Strategy for Leveraging Research for Educational Improvement in School Districts.* New York, NY: William T. Grant Foundation.

Dinham, S. (2016). *Leading Learning and Teaching.* Camberwell, Victoria: ACER Press.

Heinrich M. (2015). Zur Ambivalenz der Idee evidenzbasierter Schulentwicklung. Das Beispiel „Schulinspektion" – fortschrittlicher Rückschritt oder Innovation? *Zeitschrift für Pädagogik, 61* (6), 778–792.

Huber, S. (2012). Failing Schools – besonders belastete Schulen. *Schulverwaltung NRW spezial, 14*, (2), 1–4.

Holtappels, H. G. (2015). Schulentwicklung unter herausfordernden Bedingungen. Vortrag im Rahmen der Auftaktveranstaltung „Projekt Potenziale entwickeln – Schulen stärken", 20.03.2015, Essen.

Manitius, V. & Berkemeyer, N. (2015). Unterrichtsentwicklung mithilfe von Netzwerken. In H.-G. Rolff (Hrsg.), *Handbuch Unterrichtsentwicklung* (S. 595–608). Weinheim: Beltz.

Murphy J. & Meyers C.V. (2008). *Turning Around Failing Schools. Leadership Lessons from the Organizational Sciences.* Thousand Oaks, CA. Corwin Press.

Nonaka, I. & Takeuchi, H. (1997). *Die Organisation des Wissens. Wie japanische Unternehmen eine brachliegende Ressource nutzbar machen.* Frankfurt a. M.: Campus.

Pant, H. A. (2014). Aufbereitung von Evidenz für bildungspolitische und pädagogische Entscheidungen: Metaanalysen in der Bildungsforschung. *Zeitschrift für Erziehungswissenschaft, 17*, 79–99.

Penuel, W. R., Allen, A.-R., Coburn, C. E. & Farrell, C. (2015). Conceptualizing research–practice partnerships as joint work at boundaries. *Journal of Education for Students Placed at Risk (JESPAR), 20*, 182–197.

Probst, G., Raub, S. & Romhardt, K. (2012). *Wissen managen. Wie Unternehmen ihre wertvollste Ressource optimal nutzen* (7. Aufl.). Wiesbaden: Springer Gabler.

Quesel, C., Husfeldt, V., Landwehr, N. & Steiner, P. (Hrsg.). (2013). *Failing Schools. Herausforderungen für die Schulentwicklung.* Bern: hep Verlag.

Reinmann-Rothmeier, G. (2001). Münchener Modell: Eine integrative Sicht auf das Managen von Wissen. *Wissensmanagement, 5*, 51–55.

Rürup, M., Röbken, H. & Emmerich, M. (2015). *Netzwerke im Bildungswesen: Eine Einführung in ihre Analyse und Gestaltung.* Wiesbaden: Springer Fachmedien Wiesbaden.

Thiel, F. (2014). Evidenzbasierte Bildungspolitik – Generierung und Nutzung wissenschaftlichen Wissens. In Bundesministerium für Bildung und Forschung (Hrsg.), *Bildungsforschung 2020 – Herausforderungen und Perspektiven* (S. 116–127). Berlin: BMBF.

van Ackeren, I., Binnewies, C., Clausen, M., Demski, D., Dormann, C., Koch, A. R. & Zlatkin-Trotschanskaia, O. (2013). Welche Wissensbestände nutzen Schulen im Kontext von Schulentwicklung? Theoretische Konzepte und erste Befunde des EviS-Verbundprojektes im Überblick. *Die Deutsche Schule 12*, 51–73.

Weiland, S. (2013). Evidenzbasierte Politik zwischen Eindeutigkeit und Reflexivität. *Technikfolgen – Theorie und Praxis, 22* (3), 9–15.

Willke, H. (2004). *Einführung in das systemische Wissensmanagement.* Heidelberg: Carl-Auer-Systeme.

IV
DISKUSSION UND PERSPEKTIVEN

Wolfgang Böttcher

Schulen in schwieriger Lage: eine Herausforderung für wen?

> „Beginning with the passage of the No Child Left Behind (NCLB) Act in 2001, policy makers and politicians have focused an unprecedented amount of attention on the nation's lowest-performing public schools. These are schools comprised of large percentages of students labeled at risk. Prior to NCLB, being at risk was considered by many to be a condition that certain students brought with them to school, a condition rooted largely in poverty and its effects on the young. Educators worried about the readiness of these children for school. The NCLB Act raised another possibility—that schools were not ready for the children of poverty. Students were at risk, in other words, by virtue of the school they were required to attend." (Duke, 2012, S. 9)

Schulen, die in „unbelasteten Lagen" arbeiten, können in verschiedenen Hinsichten durchaus „schlechte" Schulen sein. Aber das scheint eher unwahrscheinlich, und selbst wenn sie zum Beispiel im Hinblick auf die Leistungsentwicklung der ihnen anvertrauten Schülerinnen und Schüler wenig wirksam sind, wird das nicht zu einem wirklich großen Problem führen. Im Leistungsranking werden sie immer noch im „gesicherten" Bereich liegen, weil sie – unabhängig von ihrer internen Qualität – von der „externen Produktion", also dem positiven Einfluss der bildungsnahen Familien profitieren. Schulen in „belastetem Umfeld" können das nicht. Auf eine Unschärfe muss hingewiesen werden: Eine Schule in „schwierigem Umfeld" ist nicht unbedingt identisch mit einer Schule mit „schwieriger Schülerkomposition", also einem hohen Anteil an Schülerinnen und Schülern mit niedrigem sozioökonomischen Status und – statistisch gesehen – damit verbundenen geringeren Chancen auf erfolgreiche Bildungskarrieren. Während für viele Fragestellungen (wie z.B. für Verfahren belastungsspezifischer Mittelzuweisungen oder Schulvergleiche) diese Differenz bedeutend sein kann, soll sie hier vernachlässigt werden.

Mit dem Fokus auf eine pädagogisch schwierig zu erreichende Schülerschaft ist quasi automatisch nicht nur die Möglichkeit, sondern sogar die Wahrscheinlichkeit des Scheiterns dieser Schulen mitgedacht. Im Editorial eines Sonderheftes der Zeitschrift „SchulVerwaltung" mit dem Titel „Failing Schools – besonders belastete Schulen" schreibt der Herausgeber: „International hat sich für »nicht wirksame Schulen« der Begriff »Failing Schools« etabliert. Ob diese »Etikettierung« professionell angemessen ist oder ob andere Bezeichnungen wie »Schulen in belasteter Situation«,

»Schulen in schwierigen Umständen«, »scheiternde Schulen« bzw. »Schulen in Schieflage« oder »besonders belastete Schulen« die Situation dieser Schulen besser beschreiben, sei dahingestellt" (Huber, 2012, S. 1). Deutlich wird die Prioritätensetzung und die Problemsicht: Wirkungslosigkeit ist pädagogisch und gesellschaftlich dann besonders relevant, wenn es um die Schulen geht, die eine schwierige Ausgangslage haben und mit gewisser Wahrscheinlichkeit ihre sozial „herausfordernde" Schülerschaft nicht in notwendiger Weise qualifizieren können. Auch wenn Huber noch deutlich macht, dass es in seinen Augen nicht richtig wäre, „eine konkrete Einzelschule öffentlich so zu etikettieren" (ebd.), so ist eindeutig, dass Einzelschulen in dieser Perspektive der Gegenstand wissenschaftlicher Besorgnis sind und nunmehr die Forschung herausfordern.

Es geht in der Regel in diesem thematischen Zusammenhang, wenn also auch nicht um „eine konkrete" Schule, so doch um die (abstrakte) Einzelschule als Analyseeinheit. Womöglich belegen auch die Beiträge im vorliegenden Buch die – von mir behauptete – Dominanz dieser Fokussierung auf die „einzelschulische Sicht".

Und genau diese Sicht auf das Phänomen möchte ich im Folgenden kritisieren und als Alternative eine „systemische Sicht" skizzieren, die sich gravierend (wissenschaftlich und praktisch) vom Blick auf „die Schule" unterscheidet, weil sie die Ebene der mittleren und obersten Schulaufsicht – also die Systemebene – adressiert. Meine These ist, dass die Bewältigung der Herausforderung, um die es „eigentlich" geht, nicht primär Aufgabe für die Einzelschule ist. Diese „eigentliche" Aufgabe ist es, soweit innerhalb des Bildungssystems möglich, die Kinder aus schwierigen ökonomischen und sozialen Verhältnissen zu fördern und einen Beitrag dazu zu leisten, dass sie nicht von Bildungs- und darauf aufbauenden Lebenschancen ausgeschlossen werden. Es geht dabei nicht primär um „Schulen" und „Schulentwicklung", es geht um gesellschaftliche Chancengleichheit und die Rolle der Bildungspolitik, die sich daran messen lassen muss, ob sie dazu beitragen kann, dass alle Bevölkerungsgruppen – wenigstens einigermaßen angemessen – in den Segmenten der Gesellschaft repräsentiert sind, die wir allgemein als erstrebenswert erachten. Wenn man so will, ist das eine im Hinblick auf die ideologische Begründung der offenen Gesellschaft und die Funktionen der Bildung eine sehr bürgerliche Position.

Die Schule als Organisation – sogar als lernende Organisation?

Die unausgesprochene und selbstverständliche Erwartung hinter dem Themenfeld, das mit dem obigen Zitat von Huber skizziert wird, ist, dass die Einzelschule ihre Probleme, wenn nicht ganz alleine, dann doch mit gewisser, wenn auch nicht klar definierter Unterstützung, lösen kann. Es kann gelingen, so die Botschaft! Die Forschung findet sogar solche Einzelschulen, die „trotz widriger" Umstände gute Leistungsergebnisse erzielen (siehe auch Holtappels et al. in diesem Band).

Im Grunde ist es ein noch vertieft zu erkundendes Thema der Forschung: Wie schaffen Schulen es, trotz widriger Umstände, (wenigstens relativ) „gut" zu sein? Nicht, dass diese Frage irrelevant wäre. Es ist kaum wissenschaftlich tiefschürfende

Forschung nötig, um zu erkennen, wie unterschiedlich Schulen sind, und dies unabhängig von den jeweiligen „äußeren“ Umständen. Und sicher belegt dieser Tatbestand, dass das innere „Schulmanagement“ nicht irrelevant ist. Aber umgekehrt wirft dieser Befund für mich eine andere Frage auf: Wie kann es sein, dass schulpolitisch – und auch erziehungswissenschaftlich – hieraus geschlossen wird, dass die Einzelschule die Verantwortung für die „Selbstverbesserung“ und die Bewältigung besonders schwieriger pädagogischer Aufgaben hat, statt hier ein Systemproblem zu sehen und entsprechend intensiv zu beforschen? In der Erziehung ist es wegen der Besonderheit der „Bildungsproduktion“ womöglich schwierig, eine Analogie mit einem großen Unternehmen vorzuschlagen. Vielleicht kann sie sich aber doch als hilfreich erweisen: Wie würde ein Großunternehmen mit einer hohen Anzahl von Filialen handeln, wenn einzelne Filialen in einem besonders schwierigen Markt agieren müssen? Nur wenn die Leitung des Unternehmens durch dauerhaft schlechten Kundendienst einzelner Filialen oder ihren Verlust keinen Unternehmensschaden erwartet, würde sie hier nicht systematisch eingreifen. Es gäbe keinen Grund zu erwarten, dass sie sich je nach individueller Kraft aus dem Sumpf ziehen werden. Was würde das Top-Management eines Konzerns tun, wenn die Differenzen zwischen den Filialen zu groß würden? Wenn das Unternehmen an Identitätsbildung interessiert ist, werden Maßnahmen zur Standardsicherung notwendig. Das Leitziel eines Filialunternehmens kann es (von denkbaren Ausnahmen abgesehen) nicht sein, dass seine Kunden nicht wissen, was sie in den einzelnen Filialen erwartet und dass es also entweder von ihrem besonderem Wissen abhängt, vom Glück oder vom Wohnort, ob sie in der „guten“ Filiale landen.

In von den Bundesländern verantworteten Schulsystemen sollte die Schaffung einer korporativen Identität und einer weitgehend identischen Leistungserbringung nicht nur auf wirtschaftlicher Rationalität beruhen. Sie ist gesetzlicher Auftrag. Die Schulgesetze der Länder bezeugen den Integrationsauftrag und die Sicherung der allgemeinen Bildung für alle.

Zurück zur Einzelschule: Der Fokus von Politik und Schulentwicklungsforschung liegt, wenn ich es richtig sehe, auf der (abstrakten) Einzelschule. „Die“ Schule kann sich demnach selbst so „managen“, dass sie Mehrwert auf Seiten der ihr anvertrauten Schülerschaft erzeugt. Diese Erwartung wird an Schulen in jedem „Umfeld“ gerichtet. Und dass es solche und solche Schulen gibt, diejenigen, die trotz guter Bedingungen nicht wirklich gut sind und solche, die wider Erwarten gut sind, scheint die Richtigkeit der Annahme zu beweisen, dass Schulen ihr Geschäft erfolgreich selbst betreiben können. Wenn es Schulen schaffen, trotz ihrer schlechten Ausgangslage überdurchschnittliche Schülerleistungen zu erzeugen, können sie sich berechtigte Hoffnung darauf machen, es bei einem der Schulwettbewerbe in die Preisränge und in die Zeitung zu schaffen. Schulen können also lernen. Dass es manche nicht hinreichend tun, wäre dann im Prinzip ihnen selbst anzulasten. Es erinnert ein wenig daran, dass die wenigen erfolgreichen Arbeiterkinder als Beleg für die Chancengleichheit und Durchlässigkeit des Bildungssystems herhalten müssen.

Das wohl prominenteste theoretische Modell der „optimistischen Schulentwicklung“ dürfte die „Lernende Organisation“ sein. Akademisch insbesondere von Chris Argyris (z.B. 1999) entwickelt und von seinem Schüler Peter Senge (1996) „pragmatisiert" und popularisiert, hat es den Schulentwicklungsdiskurs stark beeinflusst. Die „Lernende Schule" ist – wenn auch nicht immer explizit – eine Leitfigur der Schulentwicklung.

In einem bemerkenswerten Beitrag hat die Organisationssoziologin Veronika Tacke schon vor Jahren auf verschiedene problematische Aspekte dieser von der Pädagogik leichtfertig übernommenen Denkfigur aufmerksam gemacht (2004). Das Konzept des in der pädagogischen Schulforschung und Teilen der Lehrerschaft so populären „organisationalen Lernens" schade der Lehrerprofession, denn es übersehe, dass Organisationslernen wenig mit der Profession des Lehrers, also mit Bildung und Erziehung, „viel dagegen mit Organisation und Management zu tun" hat (Tacke, 2004, S. 33).

Wenn nun Lehrende (Profession) zunehmend für Schulentwicklung (Management) eingespannt werden, dann geschehe dies auf Kosten ihrer Profession, so Tacke (ebd.). Diese Entwicklung verschärfe die ohnehin bereits vorhandene De-Professionalisierung, die dadurch erzeugt werde, dass der Lehrerschaft in der monoprofessionellen Schule verschiedene neue Aufgaben im Nahbereich der Profession (z.B. Krisenberatung, sozialpädagogische Interventionen) abverlangt werden. Aber Unterrichten und Managen sind zwei grundverschiedene Dinge!

Zudem merkt Tacke an, dass mit dem Konzept der „Lernenden Schule" auch nicht geklärt worden sei, inwieweit und in welchem Sinne Organisationen wie die Schule eigentlich lernen können. Selbst wenn die Lehrer in der Lage und bereit sind, für die Innovation der Organisation zu arbeiten, setze das Konzept übertriebene Hoffnungen auf organisatorische Strukturänderungen frei. „Wenn Lehrer lernen, ändert das nicht schon Organisationen" (S. 36). Unter welchen Bedingungen können also organisatorische Entscheidungen zu organisatorischen Strukturveränderung führen? Solche und andere schwierig zu beantwortende Fragen der Organisationsforschung werden in Schulpolitik und -forschung galant übersprungen.

Man kann die Problematik der Analogie von Organisation und lernendem Organismus aber auch aus einer etwas anderen Perspektive angehen, wenn man fragt, was eine Lernende Organisation ausmacht und vergleichend versucht, die Schule als Organisation zu beschreiben. Nur an einige Merkmale der lernenden Organisation kann hier erinnert werden. Solche Organisationen sind in hohem Maße sensibel für die Entwicklungen in den „Umwelten", in denen sie agieren. Des Weiteren ist der Wunsch nach Veränderung, also ein eigenes Interesse an Innovation, ein zentrales Organisationsmerkmal. Eine solche Organisation lernt nicht im Sinne einer schlichten Anpassung (Single-Loop-Learning) an Erwartungen, wenn Leistungen nicht erreicht werden. Sie „rüttelt" an den Prinzipien der Organisation: Im Modell des organisationalen Lernens geht es um Veränderung auch der Pläne und Rahmenbedingungen (Double-Loop-Learning). Nicht „inkrementeller" Wandel, sondern Wandel auch im „Grundsätzlichen" ist die realistische Option für eine lernende Organisation.

Eine Organisation kann dies nur erreichen, wenn Lernfähigkeit und Lernambitionen seiner Mitarbeiter ausreichend hoch sind. Um dies zu erreichen, sind ausgeprägte Kompetenzen der Führung der Organisation unerlässlich, um Personal zu motivieren und zu führen. Es bedarf effizienter Instrumente der Qualifikationsvermittlung, der Motivierung und der Informationsverarbeitung. Verlässliche Kommunikationswege ermöglichen ein gemeinsames Lernen und fördern die Klugheit von Entscheidungen (vgl. z.B. Gidion, 2003).

Man muss gar nicht fragen, ob in dieser Skizze eines idealistischen Organisationsmodells die Schule zu entdecken ist. Zugespitzt kann man fragen, ob man in irgendeiner gängigen (und nicht extrem unterkomplexen) Beschreibung von Organisation die „Schule als Organisation" ausmachen kann. Mit Mintzberg „lässt sich die Struktur einer Organisation ganz einfach definieren als die Gesamtsumme aller Mittel und Wege, die der Organisation zur Arbeitsteilung und dann zur Koordinierung der Einzelaufgaben dienen" (Mintzberg, 1992, S. 17). Die Koordinierung von Einzelaufgaben erfolgt in Organisationen demnach im Rahmen von fünf grundlegenden und in der Regel in Kombination genutzten Instrumenten. Diese sind

(1) die wechselseitige Abstimmung,
(2) die persönliche Weisung,
(3) die Standardisierung der Arbeitsprozesse,
(4) die Standardisierung der Arbeitsprodukte und
(5) die Standardisierung der Qualifikationen der Mitarbeiterinnen und Mitarbeiter (ebd., S. 19).

Die Einzelschule ist sicher ein soziales System, das Planung, Regeln und Ordnung kennt, aber sie ist bereits dann kaum als Organisation (also als ein spezifischer Typus sozialer Systeme) zu erkennen, wenn man die Imperative von Mintzberg als Grundlage für eine Definition anerkennt. Schule entzieht sich geradezu solcher Maßnahmen mit dem Verweis auf die Besonderheiten schulischer Bildungsarbeit wie Wirkungsunsicherheit, Technologiedefizit, Ko-Produktion oder die Komplexität des Bildungsauftrags. Wir kommen zu einem mehrfach widersprüchlichen Befund: Einerseits kann man eine hohe Akzeptanz des Konzepts der lernenden Schule feststellen, bei andererseits gleichzeitiger Aversion gegenüber (normalen) Maßnahmen organisationaler Steuerung. Und außerdem will die Profession sich aufgeschlossen und kompetent (also besonders professionell) zeigen und akzeptiert (zunehmend und durch die Schulforschung zusätzlich motiviert) Aufgaben der Schulentwicklung. Andererseits de-professionalisiert sie sich, indem sie eine Arbeit (wenn auch durchaus in der Realität häufig widerwillig) übernimmt, die Management ist und nicht Bildung: „Strukturell betrachtet, hat das Konzept des Organisationslernens mit dem Erziehungsauftrag der Lehrerprofession nichts zu tun, dafür aber umso mehr mit Organisation" (Tacke, 2004, S. 37). Das Missverständnis mag darauf beruhen, dass die lernende Schule das Bild des automatisch lernenden Organismus erzeugt (welcher Pädagoge wollte gegen die positive Vorstellung vom Lernen argumentieren?) und das Wissen darüber, dass eigentlich eine hoch komplexe Organisation gemeint ist, verdeckt.

Ohne hier einen genauen Nachweis führen zu können, gleicht eine Schule weniger einer lernenden Organisation als vielmehr einem Mehrfamilienhaus (vgl. Böttcher, 2002), bei dem der Hausmeister zwar durchaus so einiges „organisieren" muss und ein paar Regeln fürs Treppenhaus formulieren kann, aber er weder die Mieter aussuchen kann, noch die Wohnungen betreten darf, falls er nicht hinein gebeten wird. Er führt keine Organisation. Wahrscheinlich kann eine durchschnittliche Schulleitung für die Schule so viel bewirken wie der Hausmeister des Mietshauses, das einer Wohnungsbaugesellschaft gehört.

Selbstständige Schule als angewandtes Konzept moderner Unternehmensführung?

Die Vorstellung, dass ein (komplexes) soziales System, das sich allenfalls im Prozess der „Organisationswerdung" befindet, in der Lage sein sollte, die Lösungen für ihre Management- oder Leistungsprobleme – und auch andere durch ihre herausfordernde Lage erzeugte Probleme – selbstständig oder mit allenfalls marginaler Hilfe zu bewältigen, beruht auf sich ergänzenden Entwicklungen innerhalb der Erziehungswissenschaft und der Schulpolitik. Der Befund, dass Differenzen zwischen Schulen der gleichen Schulart gelegentlich größer sind als Unterschiede zwischen den Schularten, führte zum prägenden Begriff der Schule als „pädagogische Handlungseinheit" (z.B. Fend, 1986, 1988). Gemeinsame Aktivitäten von Wissenschaft, Politik und Stiftung führten zum Ideal der Schule als „Haus des Lernens" (Bildungskommission, 1995). Die „lernende Schule" passt in dieses Paradigma, das seinerseits wesentlich von politischen und wissenschaftlichen Entwicklungen im United Kingdom und den USA bestimmt war; allerdings im Kontext von dortigen rechtlich und politisch sehr speziellen Rahmungen. Befeuert wurde dieser Prozess von der OECD, die schon früh die Güte der Einzelschule in den Blick nahm (1989) und sie „unter Beobachtung" stellte (1995).

Diese Fokussierung auf die Schule als Entität führte zu einem systemischen Steuerungsmodell, das unter Überschriften wie „Autonomie" von Schulen oder deren „erhöhte Selbstständigkeit" firmierte. Diese Politik der „Dezentralisierung" lehnte sich an ein genuin betriebswirtschaftliches Modell moderner Unternehmensführung an. Freilich übersieht die Politik auch hier die Komplexität des Konstruktes sowie die anspruchsvollen Bedingungen seiner Realisierung. Im Prinzip allerdings ist es durchaus kompatibel mit der Grundstruktur eines Schulsystems, das, wie ein Konzern, aus verschiedenen Leistungszentren und einem Top-Management besteht: Der Schulaufsicht, dem Ministerium als „Top-Management" und dem Mittelmanagement (z.B. den staatlichen Schulämtern) und den die operative Leistung erbringenden Filialen (den Schulen, die selbstverständlich auch eine interne Führungsspitze haben).

Dezentralisierung löste das traditionelle Vertikalprinzip unternehmerischer Entscheidungen durch das Horizontalprinzip ab. Mit erhöhter Autonomie jeweils untergeordneter Subsysteme wird die klassische Entscheidungskaskade eines Unternehmens, welche die Funktionen Zielvorgabe, Kontrolle und Aufgabenausführung trennt und hierarchisch ordnet, abgelöst (vgl. Wildemann, 2003, S. 337). Die mit der Dezentralisierung angestrebte Neugestaltung wandelt eine verrichtungsorientierte Organisation in eine, in der es eine durchgängige Produktverantwortung gibt. Es erfolgen also Veränderungen in zentralen Unternehmensfunktionen mit dem Ziel, hierarchieorientierte Verhaltensweisen zu überwinden. Insbesondere auch das Aufgabenportfolio der Führung wird umgebaut. Strategisches und operatives Management werden unterschieden, aber systematisch miteinander vernetzt. Schwerpunkt der Führungsarbeit liegt im Bereich der Strategie: Die Unternehmensspitze ist für die Strategieformulierung zuständig. Sie hat auch die Aufgabe, die Unternehmenseinheit trotz Autonomie zu sichern. „Die strategische Unternehmensführung erstreckt sich (…) auf einen Ausgleich von Kreativität und Freiheit der Module“ (Wildemann, 2003, S. 337).

Folgt man Wildemann, so lassen sich weitere Aufgabenschwerpunkte der Führung benennen: Ressourcenallokation bezüglich Finanzmitteln und Managementkapazität, Koordination von Querschnitts- und Schlüsseltechnologien, Koordination zur Realisierung von Größen- und Synergieeffekten, Ermöglichung eines aussagefähigen Berichtswesens oder die Überwachung der Ergebnisentwicklung (vgl. ebd., S. 338). Weitere Aufgaben sind die Beratung der autonomen Einheiten sowie Führungskräfteentwicklung (ebd., S. 339). Auch ist das Verbinden der Module durch Netzwerkstrukturen, die durch Informationsaustausch zur Erfahrungsakkumulation und Wissensvermehrung beitragen, zu sichern. Aufgabe der Führung wäre es, den Zugriff auf zentrale Datenbänke zu sichern, um so den Entscheidungsaufwand zu reduzieren und schnelle Reaktionen zu ermöglichen. Im Prinzip sind alle Funktionen zentral organisiert, die „kerngeschäftsrelevant für die Führung aus der Einheit des Ganzen heraus sowie für die langfristige Entwicklung des Unternehmens von entscheidender Bedeutung sind“ (ebd., S. 339).

Das Konzept ist also für die Organisationsführung höchst anspruchsvoll. Unternehmerische Führung ist eine Dienstleistung, die alle Mitarbeiter befähigt und motiviert, Unternehmensziele zu erreichen (vgl. ebd., S. 338). Als Voraussetzung für brauchbare Zielvereinbarungen muss im Unternehmen eine klare Unternehmenspolitik bzw. Strategie bestehen. Nach der Strategieentwicklung ist es eine der wichtigsten Aufgaben der obersten Führungsspitze, jenen Mitarbeitern Schwerpunkte zu vermitteln, die Mitarbeiter innerhalb ihres operativen Bereiches führen sollen.

Wesentlich für die hier vorgetragene Argumentation ist die Erkenntnis, dass Dezentralisierung nicht mit Abwärts-Delegation zu verwechseln ist. Die Führungsaufgaben für das Gesamtunternehmen sind beim Top-Management und eben nicht bei den Modulen angesiedelt. Dezentralisierung erfordert „neues“ Denken und eine Umstrukturierung des Gesamtunternehmens.

Auch wenn analytisch die strategische und die operative Ebene getrennt sind, ihre Zusammenarbeit gerade im Bereich der gerade beschriebenen Entscheidungen dürfte sich aus Sicht der Unternehmensspitze insbesondere dann anbieten, wenn sie davon ausgehen kann, dass die operative Ebene zur Lösung wichtige Informationen liefern kann. Aber es dürfte sich als Fehler erweisen, das Schulsystem als Kompilierung eines aus vielen Einzelbetrieben bestehenden Konglomerat zu betrachten und anzunehmen, dass wettbewerbliche Elemente zwischen ihnen oder Vertrauen in ihre Innovationskräfte die Qualität des Gesamtunternehmens entwickelt. Es macht im Hinblick auf die „Governance“ einen wesentlichen Unterschied, das Schulsystem tatsächlich – wie dieser Begriff es ja nahelegt – als ein (!) System zu begreifen, das seine (garantierte und weitgehend harmonisierte) Systemleistung an verschiedenen Orten disseminiert oder distribuiert – oder eben nur als Ansammlung ähnlicher, aber selbstverantwortlicher Dienstleister, die mit minimaler strategischer Führung des Dienstleistungssektors agieren sollen. Unter dieser Perspektive ist es eine Trivialisierung des Konzeptes, die Komplexität der Führungsaufgaben auf übergeordneter Ebene zu unterschätzen und gleichzeitig zu akzeptieren oder gar herauszufordern, dass die Einheiten – Filialen oder Module in der Sprache der Betriebswirtschaft – unterschiedlich oder gar konkurrierend arbeiten.

Was muss die Konzernführung im Paradigma der Dezentralisierung zur Stärkung der Filialen tun?

Auf die Frage, wer verantwortlich ist, wenn sich bestimmte Unternehmensfilialen eines Konzerns in „herausfordernder Lage" befinden und deshalb tatsächlich oder wahrscheinlich, gemessen an durchschnittlichen Filialen, unzureichende Leistungen erbringen, dürfte nunmehr eine Antwort naheliegen: die Unternehmensführung. Im Fall von Schulen, verstanden als Module eines Systems aller Schulen eines Bundeslandes, wird diese Antwort deshalb noch eindeutiger ausfallen, weil Filialen eines Konzerns womöglich eher als Organisationen funktionieren als „organisationswerdende" Schulen. Im folgenden Kapitel soll anhand einiger Beispiele skizziert werden, welche strategischen Maßnahmen in den Blick der Unternehmensführung genommen werden könnten, um zu ermöglichen, dass die Kunden jeder Filiale das Angebot erhalten, das die Identität des Unternehmens definiert und sichert.

Um dieses „Garantieversprechen" einzulösen, wird im Hinblick auf die Verpflichtung des staatlichen Schulsystems, die enge Verkoppelung zwischen sozialer Herkunft und Bildungserfolg zu lösen, die Forderung nach strategischer Führung exemplarisch mit Inhalt gefüllt. Dabei ist hier immer die oberste Schulaufsicht adressiert und es geht eben nicht um die operativen Einheiten, auf die Maßnahmen der Schulentwicklung ausgerichtet sind. Selbstverständlich kann hier keine kompakte und robuste „praktische Theorie" vorgelegt werden. Aber die Denkrichtung sollte – hoffentlich – deutlich werden. Hierzu sollten Skizzen von sechs strategischen Aufgabenfeldern ausreichen.

Unternehmensziele – Bildungsstandards

Die zentrale Aufgabe der strategischen Führung eines Unternehmens ist die Beschreibung der Produkte bzw. der zu erbringenden Leistungen. Im Prinzip haben die Schulministerien dies auch erkannt und nationale Bildungsstandards als Kernelement der so genannten neuen Steuerung entwickeln lassen. Freilich ist es nicht gelungen, die selbstgestellte Aufgabe, fachliche „Kerne" zu identifizieren (vgl. auch Klieme et al., 2003), also „das Wesentliche" der Fächer unterrichtsrelevant zu destillieren, befriedigend abzuarbeiten. Die mit Standards verbundenen Leistungsbeschreibungen sind keinesfalls so eindeutig formuliert, dass sie Lehrerinnen und Lehrer (und Schülerinnen und Schüler sowie Eltern) in ihrem pädagogischen Handeln orientieren. Für das Fach Deutsch an Hauptschulen heißt es zum Beispiel: „Die Schülerinnen und Schüler bewältigen kommunikative Situationen des persönlichen, beruflichen und öffentlichen Lebens angemessen und adressatengerecht" (KMK, 2004, S. 9). An welche kommunikativen Situationen ist gedacht, welche Medien sind angemessen, welche Adressaten, wann sind diese Situationen bewältigt, was sind erkennbare Kriterien? Ein solcher Standard, der durchaus typisch ist, lässt sich nahezu beliebig füllen. Er ist in der vorliegenden Form leer. Die Hülle muss nun von Lehrerinnen und Lehrern mehr oder weniger autonom gefüllt werden. Genau diese Autonomie war ein Kritikpunkt der Experten der sog. Klieme-Expertise. Und dies mit guter Begründung, denn eine hohe Autonomie der einzelnen Lehrerinnen und Lehrer über schulische Inhalte gefährdet wesentliche Ideen eines staatlichen Schulwesens, das Grundbildung und soziale Integration sichern soll. Sowohl die Vagheit als auch Grenzenlosigkeit – weder sind „Kerne" bestimmt, noch sind Grenzen jenseits von Kernen markiert – lassen es offen, was Schülerinnen und Schüler tatsächlich lernen müssen.

Die im Gutachten mit Nachdruck vertretene These von der Notwendigkeit der Einführung von Mindeststandards wurde zugunsten von Regelstandards stillschweigend „beerdigt". Mindeststandards, so eine zentrale These der Klieme-Expertise, ermöglichen die Ausrichtung der pädagogischen Arbeit auf die durch PISA aufgedeckte große Risikogruppe verbindlich. Regelstandards legitimieren hingegen ihre weitere Exklusion (mehr hierzu: Böttcher, 2006). Die konkrete Antwort auf die Frage, was Schülerinnen und Schüler nach der Pflichtschulzeit können, wollen und wissen sollten, um ein Fundament für die eigene Weiterbildung zu haben, ist nicht einmal angemessen diskutiert. Was moderne Grund- bzw. Allgemeinbildung als Minimalziel der schulischen Bildungsarbeit ausmacht und notwendige Bedingung für eine Reduzierung der Chancenungleichheit wäre, ist nicht einmal den operativen Akteuren klar.

Wissensmanagement – was in der Bildung funktioniert

Die Führung der Einzelschule und ihre Mitarbeiterinnen und Mitarbeiter sind weitgehend auf sich gestellt, wenn es darum geht, ihre pädagogische Arbeit zu verbessern. Ein wichtiges Element einer dezentralen Unternehmensführung, die Einheiten des Systems miteinander in einen systematischen Austausch zu bringen, erfolgt hier nicht durch verbindliche Aktivitäten der strategischen Führung. Allenfalls fordert sie nunmehr von den Schulen, sich in Netzwerken zu organisieren. Die Vernetzung könnte an das Mittelmanagement delegiert werden, keinesfalls jedoch für die Führung einer einzelnen Filiale: Es wäre Aufgabe der regionalen Schulaufsicht, diese Vernetzungsarbeit zu „managen".

Auch das Wissen über „evidenzbasierte" Konzepte der Organisation oder Wissen über wirksames pädagogisches Handeln zu verbreiten, ist aus Sicht der Dezentralisierung eine strategische Managementaufgabe. In manchen Staaten haben sich zu diesem Zweck mit öffentlichen Mitteln ausgestattete Agenturen etabliert, die versuchen, Forschungsergebnisse zu synthetisieren. Beispiele hierfür finden sich in England, Dänemark, den Niederlanden oder Norwegen. In Deutschland ist es offenbar den Schulleitungen und den einzelnen Lehrerinnen und Lehrern überlassen, nach robusten Forschungsergebnissen zu suchen, die ihre Arbeit orientieren könnten.

Auch lässt sich in Deutschland keine systematische, aus strategischen Erfordernissen abgeleitete und staatlicherseits konzipierte Weiterbildungslandschaft ausmachen. Weiterbildung ist mehr oder weniger Privat- und in jedem Fall Glücksache.

Unter der Maxime, Chancengleichheit zu stärken, ließen sich im Prinzip Maßnahmen konzipieren, einschlägige Erfahrungen weiterzugeben, Forschungsergebnisse in praktisches Handeln zu übersetzen oder Schwerpunkte in der dritten Phase der Lehrerbildung setzen.

Kompetenz der Mitarbeiter – Lehrerbildung

Auch die erste Phase der Lehrerbildung hat keinen Schwerpunkt zur Vermittlung von Kompetenzen, die „schwierige Lage" mancher Schulen besser zu meistern. Zwar sind staatliche Eingriffe in die Struktur der Lehrerbildung regelmäßig und massiv. Beispiele für solche Interventionen sind die Einführung von Bachelor- und Masterstudiengängen, die Etablierung von Praxissemestern oder die Schaffung von Zentren der Lehrerbildung bzw. „Schools of Education". Inhaltlich finden wir eher zaghafte – und nicht evaluierte – Vorstöße, wie die Einführung von Standards der Lehrerbildung für die Bildungswissenschaften.

Ob und wie jedoch das besondere Thema der Bildungsungleichheit hierbei behandelt wird, ist dem Zufall überlassen. Ob die neu geschaffenen Professuren für Inklusion hier Abhilfe schaffen, ist zunächst offen.

Statt eine Fokussierung und ggf. Differenzierung von anderen als fachlichen Ausbildungsschwerpunkten zu fördern, läuft das unausgesprochene strategische Konzept der Länder und damit auch der KMK offenbar darauf hinaus, der Lehrerprofession immer mehr und vielfältige Aufgaben aufzubürden. Der Staat hätte gegenüber jedem anderen Arbeitgeber den Vorteil, wesentliche Teile der Ausbildung seiner zukünftigen Mitarbeiterinnen und Mitarbeiter strategisch wenigstens im Hinblick auf einige der großen Probleme steuern zu können. Auch diese Chance nimmt er nicht wahr.

Lobbying – Bildungswerbung

Während die Einzelschule aufgefordert ist, ein Profil zu erstellen, vermisst man auf der strategischen Ebene eine vergleichbare Selbstverpflichtung. Während die Einzelschule sich ins rechte Licht setzen wird, gewissermaßen mit Qualität wirbt und Schwierigkeiten verschweigt, könnte die staatliche „Werbung" insofern die gegenteilige Ausrichtung haben, als die Notwendigkeit Ungleichheit ausgleichender Maßnahmen herausgearbeitet wird. Mit darauf abzielender Kommunikation ließen sich nicht nur Bildungsinvestitionen besser legitimieren, womöglich ließen sich auch andere Politikfelder wie das Gesundheits- oder das Sozialministerium motivieren, in durch Bildung erzeugte Prävention zu investieren.

Ressourcenmanagement – Mittelallokation im Bildungswesen

Strategisches Management hat auch die Aufgabe, Ressourcen innerhalb des eigenen Unternehmens aufgabenbezogen zu allozieren. Man kann nicht erkennen, dass die Mittelzuweisung im Schulwesen mehr als in Ansätzen der Idee folgt, diejenigen Einzelschulen zu stärken, die eine schwierige Schülerkomposition aufweisen. An diese Schulen gehören die besten und bestbezahlten Lehrerinnen und Lehrer und weiteres pädagogisches Personal, das andere als unterrichtsbezogene Qualifikationen mitbringt. Mehr noch wäre mit Blick auf die Bildungsbiographien der Menschen eine Allokation sinnvoll, die diejenigen stärker profitieren lässt, die am stärksten auf öffentliche Förderung angewiesen sind. Während die weniger erfolgreichen Schülerinnen und Schüler mit Absolvierung der Pflichtschulzeit im Prinzip aus der Bildungsfinanzierung fallen, werden die erfolgreichen bis zum Studienabschluss und nicht selten darüber hinaus öffentlich gefördert. Noch allgemeiner: Jedes pädagogische und bildungsorganisatorische Programm sollte nicht nur Ziele formulieren, sondern es sollten auch solide Ressourcenberechnungen erfolgen. Ein bedeutendes Beispiel dafür, dass auch auf Ausgleich ausgerichtete Programme ohne ein solches Vorgehen vom Scheitern bedroht sind, ist die Inklusion. Auch hier wiederum wird das Scheitern auf Ebene der Einzelschule mit ihrer „schwierigen" Schülerpopulation virulent, ohne dass sie sich selbst in ausreichendem Maße helfen kann.

Qualitätsmanagement – Bildungsmonitoring

Als letztes Beispiel sollen hier die Verfahren des Qualitätsmanagements im Schulwesen erwähnt werden. Zwar lassen sich mit den internationalen Vergleichsstudien und der Bildungsberichterstattung Verfahren der Systembeobachtung finden. Gerade mit Blick auf den nationalen Bericht, der ja wesentlich Daten auf Systemebene publiziert, kann man nicht erkennen, welche Ableitungen für strategische Aufgaben aus ihm gezogen werden. Eine Rezeptionsforschung zu Bildungsberichten ist allerdings – nach meinem Kenntnisstand – nicht vorhanden. Die auf Ebene des Top-Managements beschlossenen Beobachtungsinstrumente dienen allerdings eher der Kontrolle der operativen Einheiten als den notwendigen Reflexionen auf Seiten der strategischen Führung: Mit Vergleichsarbeiten oder Schulinspektionen als Monitoringverfahren werden die Schulen in den Blick genommen. Programmatisch dienen diese Beobachtungen den einzelschulischen Entwicklungen. Beide werden von den schulischen Akteuren eher akzeptiert als dass sie genutzt würden (vgl. Böttcher, 2013). Offenbar sind sie nicht darauf ausgelegt, nützlich zu sein. Sie können auch nicht genutzt werden, weil sie nicht in Verfahren der Innovation eingebunden sind und nicht in verändertes operatives Handeln übersetzt werden können.

Für unsere Fragestellung besonders relevant ist hierbei auch, dass Verfahren zur Reduktion von Bildungsungleichheit nicht Gegenstand der Analyse der Inspektoren sind. Auch bei der Auswertung von Vergleichsarbeiten wird die Perspektive der „schwierigen Lage" allenfalls als Relativierung der Position einer Schule in einer Leistungsskala durch das Prinzip des „fairen Vergleichs" in Rechnung gestellt. Es ist aber mit Blick auf die Ungleichheit kaum ein befriedigender Befund, wenn nicht genügende Schulleistungen damit relativiert werden, dass sie relativ zur Ausgangssituation der Schule sogar „gut" sind. Für einen Jugendlichen und seine Zukunft ist es von zentraler Bedeutung, eine brauchbare Grundbildung erworben zu haben. Wenn er unterhalb dieses Niveaus bleibt, ist es kein Trost, wenn es – relativ – noch schlimmer hätte kommen können.

Lassen sich Schulen in schwierigen Lagen verbessern? Und sollte das Ziel sein?

Die Skizze der – aus meiner Sicht – eklatanten Defizite strategischer Steuerung der deutschen Schulsysteme ist grob und mit wenig abgestuften Farben gemalt. Allerdings ist diese Kritik durchaus empirischer Prüfung zugänglich. Vor diesem Hintergrund könnte der Hinweis auf die Forschungslage in den USA hilfreich sein. Scheiternde Schulen und Versuche, sie zu verbessern, sind seit langem Thema sowohl einer Vielzahl reformorientierter Eingriffe als auch der Forschung über ihre Wirkung (siehe auch den Beitrag von Mintrop & Klein in diesem Band). Scheiternde Schulen sind Schulen mit schwachen Leistungsergebnissen ihrer Schülerschaft. Mit der Einführung der nationalen „No Child Left Behind"- Gesetzgebung (NCLB), in der die Kontrolle und erwartete Leistungsentwicklung der Schulen Schwerpunkte bilden, haben Versuche schulischer „Turnarounds" und einschlägige Forschung noch einmal deutlich zugelegt (vgl. Duke, 2012, S. 9). Folgt man dem Review von Duke, so sind die Versuche, solche Schulen zum Positiven „umzudrehen", kaum erfolgreich, und wenn doch, dann noch seltener dauerhaft. Auch die extremen Varianten, das komplette Lehrerteam oder das Schulmanagement auszutauschen oder gar Schulen zu schließen, sind ebenfalls nicht empfehlenswert.

Auch wenn die nationale Schulforschung über kein ausreichendes Wissen darüber verfügt, wie eine nachhaltige Verbesserung durchgeführt werden kann, scheint doch ein gewisser Optimismus dahingehend zu bestehen, dass viele Schulen unter gewissen Bedingungen, Können und Wollen vorausgesetzt, die notwendige Qualitätsentwicklung bewerkstelligen können (vgl. Holtappels, 2012, S. 16). Wenn die Schule sich verbessern will, aber nicht kann, sollte sie, so Holtappels, Unterstützung bekommen, worin auch immer die Unterstützung bestehen soll und wer sie anbietet. Wenn aber Schulleitung oder Teile der Lehrerschaft nicht kooperieren oder harmonieren, so Holtappels weiter „müssen nach zwecklosen Unterstützungsangeboten jedoch auch Veränderungen erzwungen werden. Will man nicht zum schärfsten Mittel, der Schließung, greifen, bleiben letztlich nur solche Interventionen, die auch bei nicht mehr haltbaren Produktionsfirmen, Läden oder Restaurants der einzige Ausweg sind: Neues Konzept mit neuem Personal" (S. 16). Und erst jetzt kommt die politische Führungsebene ins Spiel: „Wenn die bestmögliche Förderung der Bildung und Entwicklung von Kindern und Jugendlichen gewährleistet sein soll, ist die Systemebene hier zu Mut und Verantwortung aufgerufen" (ebd.).

Womöglich meint Holtappels das nicht ganz so, wie es hier den Anschein hat: Ein Plädoyer für das hart gegen die lernunwillige pädagogische Handlungseinheit durchgreifende Ministerium. Aber deutlich wird, dass die Schule die Einheit ist, die primär gefragt ist, wenn es um Wandel zum Besseren geht. Erst bei den „harten" Maßnahmen adressiert er das Top-Management und appelliert an seinen „Mut". Das kann man anders sehen: Mut würde es erfordern, die strategischen Aufgaben zu übernehmen, die an der Konzernspitze unverzichtbar sind, und von einer akkuraten Problembestimmung ausgehend, Lösungen zu entwickeln. Die Schule in herausfordernder Lage ist nicht „das" Problem, sie ist Ausdruck eines größeren Problems, das zwar das Bildungssystem nicht allein lösen kann. Aber erst recht kann die betroffene Einzelschule, eine kompetenzbeschränkte Einrichtung, die kaum über Steuerungsinstrumente einer „normalen" Organisation verfügt, diese ausgesprochen schwierige Aufgabe nicht lösen. Das ist keine Abkehr von Fragen an die pädagogische und managerielle Führung der Einzelschule, aber eine deutliche Relativierung.

Mutig wäre es, würde die Konzernspitze, also die Schulministerien, das Thema der Bildungsungleichheit und ihren Zusammenhang mit ökonomischer und sozialer Ungleichheit aktiv angehen. Das wäre dann die strategische Aufgabe einer starken und verantwortungsvollen „Systemebene", Kindern zu helfen, deren Bildungs- und Lebenschancen – wahrscheinlich – eingeschränkt sind. Sie müsste Programme zu ihrer Stärkung entwickeln und systematisch evaluieren, um so von den Ergebnissen zu lernen.

Im Übrigen scheint auch die OECD eine neue Blickrichtung einzuschlagen. Im Webinar „Low-Performing Students" im Februar 2016 thematisierte Andreas Schleicher die vom Scheitern bedrohten Schülerinnen und Schüler und eben nicht die Schule als Problemeinheit. In der Liste der Variablen, die ein Scheitern der Kinder und Jugendlichen wahrscheinlich sein lassen, tauchen nur einige wenige von den Schulen selbst zu beeinflussende Variablen auf. Die Kritik an Chancenungleichheit thematisiert den Zusammenhang von Bildung und Sozialstruktur. Bildungspolitik muss, um Gleichheit zu fördern und Menschen zu unterstützen, stärker bildungssoziologisch aufgestellt sein und sich nicht an einer (schlecht durchdachten und schlecht gemachten) Organisationspädagogik ausrichten.

Literatur

Argyris, C. (1999). *Die lernende Organisation: Grundlagen, Methode, Praxis.* Stuttgart: Klett-Cotta.

Bildungskommission NRW (1995). *Zukunft der Bildung – Schule der Zukunft.* Neuwied, Kriftel, Berlin: Luchterhand.

Böttcher, W. (2002). *Kann eine ökonomische Schule auch eine pädagogische Schule sein?* Weinheim: Juventa.

Böttcher, W. (2006). „Standards-Based Reform". Oder: Kann man für die Schulreform von den USA lernen? In F. Eder, A. Gastager & F. Hofmann (Hrsg.), *Qualität durch Standards?* (S. 71–86). Münster: Waxmann.

Böttcher, W. (2013). Das Monitoring-Paradigma – Eine Kritik der deutschen Schulreform. *Empirische Pädagogik, 27* (4), 497–509.

Duke, D. L. (2012). Tinkering and Turnarounds: Understanding The Contemporary Campaign To Improve Low-Performing Schools. *Journal of Education for Students Placed at Risk, 17,* 9–24.

Fend, H. (1986). Gute Schule – Schlechte Schule. Die einzelne Schule als pädagogische Handlungseinheit. *Die Deutsche Schule, 82* (3), 275–293.

Fend, H. (1988). Schulqualität. Die Wiederentdeckung der Schule als pädagogische Gestaltungsebene. *Neue Sammlung, 28* (4), 537–547.

Gidion, G. (2003). Personalmanagement in lernenden Organisationen. In H.J. Bullinger, H.J. Warnecke & E. Westkämper (Hrsg.), *Neue Organisationsformen im Unternehmen.* (S. 963–978). Berlin: Springer.

Holtappels, H. G. (2012). Typologien über das Scheitern von Schulen. *SchulVerwaltung Spezial, 2*, 14–16.

Huber, S. G. (2012). Failing Schools – besonders belastete Schulen. Editorial. *SchulVerwaltung Spezial, 2*, 1.

Klieme, E. u.a. (2003). *Zur Entwicklung nationaler Bildungsstandards. Eine Expertise* (Broschüre).

Mintzberg, H. (1992). *Die Mintzberg-Struktur. Organisationen effektiver gestalten*. Landsberg am Lech: Verlag Moderne Industrie.

Organization for Economic Co-operation and Development (OECD) (1989). *Schools and Quality*. Paris.

Organization for Economic Co-operation and Development (OECD) (1995). *Schools under Scrutiny*. Paris.

Organization for Economic Co-operation and Development (OECD) & Schleicher, A. (2016). *Low-Performing Students. Whey they fall behind and how to help them succeed.* PowerPoint Presentation.

Sekretariat der Ständigen Konferenz der Kultusminister der Länder in der Bundesrepublik Deutschland (KMK) (2004). *Bildungsstandards im Fach Deutsch für den Hauptschulabschluss*. Verfügbar unter: http://www.kmk.org/fileadmin/veroeffentlichungen_beschluesse/2004/2004_10_15-Bildungsstandards-Deutsch-Haupt.pdf [30.10.2015].

Sekretariat der Ständigen Konferenz der Kultusminister der Länder in der Bundesrepublik Deutschland (KMK) (2005). *Bildungsstandards der Kultusministerkonferenz. Erläuterungen zur Konzeption und Entwicklung*. München: Neuwied.

Senge, P. (1996). *Die fünfte Disziplin: Kunst und Praxis der lernenden Organisation* (2. Aufl.). Stuttgart: Klett-Cotta.

Tacke, V. (2004). Organisation im Kontext der Erziehung. Zur soziologischen Zugriffsweise auf Organisationen am Beispiel der „lernenden Organisation". In W. Böttcher & E. Terhart (Hrsg.), *Organisationstheorie in pädagogischen Feldern. Analyse und Gestaltung* (S. 19–42). Wiesbaden: VS Verlag für Sozialwissenschaften.

Wildemann, H. (2003). Dezentralisierung von Kompetenz und Verantwortung. In H.-J. Bullinger, H. J. Warnecke & E. Westkämper (Hrsg.), *Neue Organisationsformen im Unternehmen* (S. 334–351). Berlin: Springer.

Nils Berkemeyer

„Herausfordernde soziale Lagen": Eine unzureichende Problemanalyse für die Steuerung des Schulsystems und seiner Unterstützungssysteme

> „Die übliche, aber peinliche Praxis, mittels Schlagworten zu argumentieren, muss dringend durch eine solche Art öffentlichen Diskurses ersetzt werden, die unserer gleichen menschlichen Würde selber größere Achtung entgegenbringt." (Nussbaum, 2015, S. 184)

1. Einführung

Aktuell finden sich vermehrt Projekte (vgl. u.a. die Beiträge in diesem Band), die Schulen in herausfordernden oder schwierigen sozialen Lagen (der Beitrag wird diese beiden Varianten synonym verwenden) unterstützen wollen. Dies ist womöglich auch ein Reflex einer vermehrt lokal orientierten Bildungspolitik, die durch die Kommunen vorangetrieben wird. Dabei haben es insbesondere die einwohnerstarken Kommunen mit solchen sozialen Lagen zu tun. Vor allem kommunale Bildungsberichte wie beispielsweise der 2. Mannheimer Bildungsbericht (Stadt Mannheim, 2013) bzw. regionale Bildungsberichte wie beispielsweise der Bildungsbericht Ruhr (Regionalverband Ruhr, 2012) verweisen auf derartige Lagen und die aus den Ungleichheitsverhältnissen kommunaler Quartiere entstehenden Handlungsbedarfe. Offensichtlich wird dabei die Umwelt der Schulen zum Problem oder zu einem die schulischen Prozesse belastenden Faktor ernannt. So spricht van Ackeren (2008, S. 47) beispielsweise auch von „Schulen in benachteiligten Regionen". Die Frage, die sich an diese Diagnose anschließen lässt, ist, wie Schulentwicklung auf solche Diagnosen reagieren soll, oder – noch weiter zugespitzt: Kann Schulentwicklung überhaupt auf Diagnosen wie diese reagieren? Der Beitrag wird die These verfolgen, dass die Analyse einer herausfordernden Lage für eine problemorientierte Steuerung wenig nützlich ist, ja, dass im Grunde die eigentlichen Probleme, die es durch Steuerung und Unterstützung zu bearbeiten gilt, überhaupt nicht in den Blick geraten. Um diese These zu untermauern wird der Beitrag eklektizistisch verschiedene Themen aufgreifen, sodass hier noch keine „Beweisführung" in einem strengen Sinne gelingen wird. Vielmehr entsteht in der Zusammenschau der einzelnen Schritte ein Mosaik, welches das Bild einer für pädagogisches

Handeln sowie administrative Steuerung unzureichenden Diagnose der Problemsituation zeigt. Zunächst soll hierfür noch einmal exemplarisch auf die typische Diskurslage geschaut werden. Anschließend soll der Begriff der sozialen Lage erläutert werden, wobei die erste Ursache der fehlerhaften oder unzureichenden Diagnose zu Tage tritt. Hieran anschließend soll eine weitere Form der Diagnose angedeutet werden, die zunächst eine schultheoretische Grundlagenbestimmung im Anschluss an Dewey vornimmt, um darauf aufbauend Perspektiven für die Steuerung von Schulentwicklung aufzuzeigen.

2. Die Diagnose „Schule in herausfordernder Lage"

An dieser Stelle sollen lediglich wesentliche Befunde des Überblicksaufsatzes von van Ackeren (2008) zusammengefasst werden. Van Ackeren identifiziert drei Schubkräfte für das Thema „Schule in herausfordernden Lagen": (1) der empirisch nachgewiesene Zusammenhang von Schülerschaft, Schulstandort und Kompetenzerwerb, der insbesondere an Brennpunktschulen zu regionalem Handlungsbedarf führt, (2) die ebenfalls empirisch belegte Tatsache, dass es Schulen gibt, die trotz des oben beschrieben Zusammenhangs „erwartungswidrig" gut abschneiden, die also einen „Mehrwert" erzeugen, und schließlich (3) die Frage nach den richtigen Strategien für Schulen in herausfordernden Lagen – dass letztere der Gegenstand dieses Bandes ist, kann gleichsam als Indiz für die Richtigkeit der Beobachtungen von van Ackeren gelesen werden.

Theoretische Ansätze seien, so van Ackeren weiter, rar. Immerhin ließe sich aber auf drei Ansätze verweisen, die Erklärungen und mögliche Umgangsweisen zusammen diskutieren. Zunächst wäre da der aus der Managementtheorie stammende Kontingenzansatz, der auf die Notwendigkeit einer situationsorientierten Führung verweist. Demnach müssen Schulen in nicht herausfordernden sozialen Lagen anders geführt werden, als solche in herausfordernden sozialen Lagen. Dabei wird davon ausgegangen, dass Situationen grundsätzlich beherrschbar sind, wenn sich Führung, und damit Organisation, hinreichend anpassen. Zudem wird die als problematisch erachtete Situation zumeist von der Organisation und ihrem Einfluss auf die Situation getrennt betrachtet. Neuberger (2002) kritisiert entsprechend, dass dieser Ansatz auf einer Maschinenmetapher basierte und darum für komplexes Führungsverhalten kein ausreichendes Erklärungspotential biete. Der kompensatorische Ansatz hingegen besagt, dass Schulen in schwierigen sozialen Lagen durch zusätzliches Engagement und eine Priorisierung sozial-emotionaler Arbeit vor akademischen Zielsetzungen Wirksamkeit entfalten können. Auf diese Weise bestimmt dieser Ansatz im Grunde bereits das richtige Verhalten für den Situationsansatz, demzufolge Kompensation über die Aktivierung der Human-Ressourcen durch Führung erfolgt. Die Additivitätshypothese, die die Kumulationseffekte von schwierigen sozialen Lagen betont, lässt sich komplementär zum Kompensationsansatz lesen, da hier vor allem darauf verwiesen wird, dass die Problemlagen sich zu einer insgesamt sehr negativen Haltung bei Lehrkräften, Schülerinnen und Schülern sowie Eltern aufsummieren. Hier wird also darauf verwiesen, was passiert, wenn Lehrkräfte kein zusätzliches Engagement aufbringen und „falsche" Prioritäten setzen.

Van Ackeren resümiert, dass angesichts der theoretischen sowie empirischen Befunde und Erklärungen, Schulen in schwierigen sozialen Lagen mit mehr Ressourcen ausgestattet werden müssen und zudem auf eine adaptive Führung angewiesen sind.

Statistisch betrachtet ist es nun fast zwangsläufig, dass es Schulen gibt, die erwartungswidrig schlecht abschneiden. Dies hängt im Grunde hauptsächlich von der Normierung der Testschwierigkeit ab und wäre nur dann theoretisch vermeidbar, wenn auf Mindeststandards hin geprüft würde. Zudem sollte hier auch noch einmal die Kausalität der Aussagen genauer untersucht werden: Jedenfalls erscheint die Annahme, soziale Lagen seien per se identisch, weil man sie mit wenigen Informationen als solche klassifizieren kann, nicht ganz unproblematisch. Es ist durchaus möglich, dass die Umwelt (also die schwierige soziale Lage) mitunter günstiger wirkt als eine als vergleichbar angenommene andere soziale Lage. Dies wäre zumindest noch einmal genauer zu prüfen.

Insgesamt betrachtet fällt auf, dass die Bearbeitung des „Problems" im Wesentlichen über die Fähigkeiten der Akteure erfolgen soll und, nicht zuletzt auf Basis der Forschungsergebnisse, auch davon ausgegangen wird, dass die Aktivierung der Akteure und der durch sie gewählten Strategien die Schulen in schwierigen sozialen Lagen zu letztlich akzeptablen oder gar guten Ergebnissen führen könne. Die Sorglosigkeit dieser Feststellung überrascht, genauso wie die Ausblendung struktureller und sozialstaatlicher Perspektiven – zumindest wenn man mit Frede der Ansicht ist, dass „die Einsicht jedes mittelmäßigen Managers, dass Funktionsmängel ihre Ursachen nicht in Personen und deren Motivation, sondern in Struktur und Organisation haben" (Frede, 2000, zitiert nach Willke, 2014, S. 103).

Auch die fehlende Skepsis bezüglich der Befunde, die Schulen als „erwartungswidrig gut" deklarieren, und der daraus abgeleiteten Schlussfolgerung, dass es grundsätzlich möglich sei, Schulen in schwieriger sozialer Lage zu guten Ergebnissen zu führen, muss überraschen. Gehen wir nur hypothetisch von gleichverteilten Fähigkeiten bei Lehr- und Führungskräften aus, so wird schnell sichtbar, dass die Hoffnung auf Besserung durch Personalaktivierung nicht ohne weiteres plausibel ist. Eine gezielte personelle Ressourcensteuerung, die dabei vonnöten wäre, dürfte nicht zuletzt an den Personalvertretungen scheitern, aber auch an fehlenden belastbaren Informationen über die tatsächlichen Qualitäten des Lehrpersonals. Zudem stellt sich die Frage, welche Kompetenzen Lehrkräfte für die zu bearbeitenden Probleme tatsächlich benötigen. Anders formuliert: Sind die üblichen Kompetenzen hier ausreichend? In Bezug auf Schulleitungen lässt sich diesbezüglich noch sagen, dass aktuell bereits zahlreiche Stellen unbesetzt bleiben und die Qualifizierung von Schulleitungen vermutlich nicht auf Schulen in schwierigen sozialen Lagen abgestimmt ist, sofern dies überhaupt möglich ist. Selbstredend muss auch auf Personal und weitere Akteure (Unterstützung und Beratung) gesetzt werden, aber hier lässt sich im Grunde nicht viel bewirken, da die Qualifizierung langwierig und der Erfolg derselben fraglich ist. Die Wissenschaft würde daher gut daran tun, sich nicht an der Rhetorik der Delegation der Probleme in Form von Aktivierungssemantiken (Lessenich, 2012) zu beteiligen. Vielmehr kommt es darauf an, die Problemlage in ihrer gesamten, das Schulsystem insgesamt reflektierenden Komplexität zu verstehen und zugleich realistische Handlungsoptionen zu erörtern.

3. Zum Begriff der sozialen Lage und seiner Verwendung zur Qualifizierung von schulischen Problemlagen

Die häufig vorzufindende Formulierung von „Schulen in herausfordernden sozialen Lagen" ist im Grunde ein unangebrachter Begriff. Mit dem Begriff der sozialen Lage ist nämlich im Allgemeinen keine sozialräumliche Beschreibung eines Ortes gemeint, sondern ein Merkmalsbündel, welches die Lage einer Person bzw. einer Gruppe von Menschen beschreibt (Hradil, 2005). Welche Merkmale sich aber bei Schulen in herausfordernden Lagen verdichten, wird nicht immer offen mitgeteilt, häufig begnügt man sich mit Beschreibungen wie „bildungsfern" oder dem Verweis auf einen „Migrationshintergrund". Diese sozialwissenschaftlichen Kategorien sind für gesellschaftsanalytische Zwecke hilfreich, auch helfen sie Kontexte von Schulsystemen zu beschreiben. Was sie aber nicht können, ist pädagogisches Handeln zu orientieren. Der Befund „mit Migrationshintergrund" ist keine pädagogische Diagnose, sondern eben „nur" eine sozialwissenschaftliche Beschreibung (Hradil, 2005); ganz ähnlich argumentiert auch Emmerich (2016). Bereits die Kategorie „mit Migrationshintergrund" ist für pädagogisches Handeln unbrauchbar, da sie für pädagogisches Handeln eine Leerformel bleibt. Vielmehr muss konstatiert werden, dass die Übernahme dieser sozialwissenschaftlichen Kategorie in den schulischen Alltag allzu leicht zu Vereinfachungen und mitunter sogar zu Stigmatisierungen führt.

Schulen in schwierigen sozialen Lagen, oder, wie van Ackeren (2008) formulierte, in „benachteiligten Regionen", sollten nicht einfach als der Region enthoben verstanden werden. Die Schule selbst ist als Ort Teil der Regionalisierung innerhalb eines Sozialraums (Berkemeyer, Hermstein & Manitius, 2016), wenngleich ihr in diesem stets eine besondere Funktion zukommt, wie wir weiter unten unter Bezugnahme auf John Dewey noch sehen werden. Darum sollten wir nicht davon sprechen, dass eine Schule von einer „sozialen Lage" betroffen ist und so eine Differenz zwischen Schule und Umwelt einführen, durch die die schulische Umwelt als nachteilig und minderwertig beschrieben wird. Doch vor allem sollten wir nicht der Illusion aufsitzen, die Einzelschule habe nur je eine spezifische Umwelt. Vielmehr ist sie selbst, wie der Sozialraum, auch eine Ansammlung von Umwelten. Dies wird beispielsweise in einer sozialökologischen Perspektive, wie sie Bronfenbrenner (1980) entwickelt hat, deutlich (siehe hierzu auch Berkemeyer, Hermstein & Manitius, 2015).

Im Übrigen ist damit auch ausgesagt, dass aus einer schwierigen sozialen Lage nicht zwangsläufig ein Nachteil für die Schule resultieren muss. Mitunter wird so getan, als hätten Schulen ein Handicap, weil sie in einem bestimmten Ortsteil liegen und bestimmte Schülerinnen und Schüler unterrichten „müssen". Diese Sichtweise ist unpassend, da Schule eine Schule für alle Kinder der Gesellschaft ist und sie keinen Anspruch auf einen bestimmten Schülertypus haben kann. Dass dies mitunter dennoch zunehmend auch bei gut nachgefragten, integrierten Systemen so ist, stellt eine Pathologie des modernen Schulsystems dar, keinesfalls aber einen legitimen Anspruch. Es kommt letztlich also darauf an, wie der Wohlfahrtsstaat (Lessenich, 2012) Schulen ermächtigt, mit spezifischen sozialen Lagen ihrer Schülerinnen und Schülern umzugehen, welche Ressourcen er in Form von Geld, Strukturierungen und Kompetenzen hierfür zur Verfügung stellt und vor allem, wie er selbst als Sozialstaat aktiv wird. Anders formuliert, kommt es also darauf an, wie der Staat Chancengerechtigkeit im Schulsystem unter Bedingungen gesellschaftlicher Ungleichheit realisieren will (vgl. hierzu ausführlich Berkemeyer, Bos, Hermstein, Abendroth & Semper, im Ersch.).

Es sei zudem darauf hingewiesen, dass soziale Lagen Resultate gesellschaftlicher Reproduktionsverhältnisse sind (Bourdieu, 2002) und in modernen ausdifferenzierten Gesellschaften keineswegs als Resultate individueller – und demzufolge auch individuell zu verantwortender – Verhaltensweisen angesehen werden können. Dabei ist im Bereich der sozialen Lagen von einer Dynamik auszugehen. Dies zeigen nicht zuletzt typisierende Lagebeschreibungen wie das „katholische Arbeitermädchen vom Lande" in den 1960er und 1970er Jahren und der „Junge mit Migrationshintergrund aus einem Arbeiterviertel in der Großstadt" heute. Soziale Lagen werden aber auch durch Aspekte der Erwerbsarbeit, der Lebenssituation in Bezug auf Partnerschaft u.a.m. bestimmt (Berkemeyer & Meißner, im Ersch.).

Insgesamt sollte davon abgesehen werden, Einzelschulen über wenige quantitative sozialwissenschaftliche Kategorien zu beschreiben und diesen Beschreibungen zu große Reichweiten zu unterstellen, da diese häufig keinen unmittelbaren Anschluss für pädagogisches Handeln anbieten. Bedeutsamer und sinnvoller scheint es hingegen, die jeweils faktischen Probleme einer Schule zu erfassen, die der Erfüllung ihres gesellschaftlichen Auftrags entgegenstehen. Dabei gilt: Nicht die soziale Lage kennzeichnet das Problem, sondern die strukturell unangepasste Organisation mit ihrem typischen Ziel- und Programmkonservatismus. Chancengerechtigkeit, dies muss dabei gesehen werden, entsteht nicht durch gleiche Schulen und auch nicht durch differenzierte Schularten, Chancengerechtigkeit entsteht durch die Realisierung von geeigneten, adaptiven Umwelten innerhalb der Schule – Umwelten, denen es gelingt, die Lebenswelt der Schülerinnen und Schüler aufzugreifen und zu bereichern. Diese Grundidee wird in Kapitel vier unter Rückgriff auf Dewey weiter ausgeführt.

4. Der Auftrag der Schule im Kräftefeld der Gesellschaft und deren Steuerungsansprüche

Die vielleicht wichtigste Funktion von Steuerungsprozessen, neben der Koordinierung der Organisationseinheiten eines Systems im Allgemeinen, ist die Lösung von auftretenden Problemen. Diese können endogen oder exogen entstehen. Bei Schulen in herausfordernden sozialen Lagen scheint das Problem exogen begründet zu sein, so jedenfalls wenn man der Begrifflichkeit „in herausfordernder Lage" folgt und annimmt, dass Probleme ihren Ursprung in der Lage einer Schule haben. Würde eine herausfordernde Lage auch durch interne Umstände erzeugt, was ja sinnvollerweise mitgedacht werden muss, so müssten allerdings Analysen deutlich breiter angelegt werden und alle Schulen, die erwartungswidrig schlecht abschneiden, müssten in den Fokus rücken. Dies ist jedoch selten der Fall, denn de facto würde dies bedeuten, dass renommierte Gymnasien auf einmal als Schulen „mit herausfordernder Lage" bezeichnet würden (denn wie oben bereits ausgeführt finden sich in allen statistisch gebildeten Gruppen auch solche Fälle, die erwartungswidrig sind). Die Vorstellung hingegen, dass schulische Probleme vor allem exogen erzeugt sind, ist mittlerweile in vielen Köpfen verankert, weil wir uns in den letzten Jahren auf eine eben solche unpräzise Sprechweise eingelassen haben. Die Implikation dieser exogen verorteten Problemlage wäre, dass als Lösung die Umwelt zu verändern sei. Dies kann aber nicht ernsthaft als zentraler Ansatzpunkt schulsystemischen Handelns angenommen werden. Die Veränderung der Umwelt findet nur mittelbar durch die Gestaltung der schulischen Umgebungen statt, nicht aber unmittelbar. Unmittelbare Ansätze zur Veränderung der sozialen Umgebung müssen im Rahmen von integrierten Politiken durchdacht werden (vgl. Kapitel 5) und können nicht von Einzelschulen allein realisiert werden. Zudem suggeriert die Rede von herausfordernden sozialen Lagen, es gebe Lagen, die nicht herausfordernd oder aber neutral in Bezug auf die schulischen Aufgaben seien. Diese Vorstellung erscheint jedoch nur dann sinnvoll, wenn davon ausgegangen würde, dass die deutsche Schule nur mit einem spezifischen Schülertypus arbeiten will oder kann. Selbstredend muss die Schule mit allen Kindern einer Gesellschaft arbeiten, wie dies beispielsweise in der deutschen Grundschule auch vergleichsweise gut gelingt und wie es auch durch die starke Betonung individueller Förderung in vielen Ländergesetzen zum Ausdruck kommt. Dass dennoch in den Vorstellungen vieler Akteure des Systems häufig eine typisierte Schülerrolle dominiert, die die akteureigenen Skripte und Deutungsmuster durchdringt und zudem materiale Bildungstheorien – also Bildungsvorstellungen, die auf eine Containerisierung von Wissen anstatt auf Problemlösefähigkeit und kritisches Denken setzen – Handlungsroutinen bestimmen, bleibt trotz schulgesetzlicher Veränderungen eine Tatsache (exemplarisch Kühn, 2014). Schultheoretisch ist die Frage danach, wie sich das Verhältnis von Einzelschule und sozialer Umgebung beschreiben lässt, bereits früh von Dewey (1993) in den Blick genommen worden. Zur besseren Fundierung der weiteren Argumentation sollen nachfolgend seine Überlegungen diesbezüglich kurz dargestellt werden.

4.1 John Deweys Überlegungen zu Umwelt, Schule und dem demokratischen Ideal

Dewey widmet sich in seinem Hauptwerk zur schulischen Bildung „Demokratie und Erziehung" (1993) im zweiten Kapitel explizit der Bedeutung der sozialen Umgebung und entwirft die Schule als besondere soziale Umgebung. Bereits mit dieser Differenzierung von gesellschaftlichen Umgebungen und einer besonderen schulischen Umgebung macht Dewey darauf aufmerksam, dass aus Sicht der Schule die Gesellschaft immer eine besondere soziale Umgebung ist und darum von dieser auch proaktiv aufzugreifen ist (dies war auch einmal die Idee der Schulprofilanalyse (Schneider, 2010), die allerdings durch die Programmatik „Schulprogramm" verdrängt worden ist). Dewey bestimmt Umgebung als Zusammenhang solcher Umstände, „die die charakteristischen Tätigkeiten eines Lebewesens fördern oder hindern, anregen oder unterdrücken" (Dewey, 1993, S. 28). Normativ sind für Dewey solche sozialen Umgebungen wertvoll, die demokratische Erfahrungen bzw. Erfahrungen, die das Lernen als Erfahrungslernen begünstigen und unterstützen, ermöglichen. Damit ist die soziale Umgebung politisch sowie normativ-lebensweltlich bestimmt, weniger analytisch-sozialwissenschaftlich. Dewey skizziert, ähnlich wie Bronfenbrenner (1980) dies viele Jahre später ausarbeitet und empirisch elaboriert, eine orts- und milieusensible Theorie der politisch-lebensweltlichen Sozialisation, die er als Ausgangspunkt für schulisches Handeln betrachtet. Dabei ist zunächst bedeutsam, dass viele Gemeinschaften und ihre je spezifischen Einflüsse die Gesellschaft bilden und darum auch als bedeutsam für Schule zu erachten sind. Darum sollten wir nicht so tun, als gebe es in „herausfordernden sozialen Lagen" nichts, woran Schule anknüpfen könnte. Die negativen Konnotationen dürfen also nicht die Analyse der tatsächlichen Lebenswelt an einem spezifischen Ort überlagern und wir dürfen nicht die Werte einer Gemeinschaft (eines Ortes, eines spezifischen Milieus) unmittelbar als überlegen oder gar die Gesellschaft repräsentierend begreifen. Immer wenn dies geschieht, zeigt sich darin nur unsere eigene Sozialisation und die unbewusste Wirkung unserer Umgebung, auch dies formulierte Dewey bereits bevor Bourdieu die wissenschaftliche Maxime einer reflexiven Soziologie prägte, in der der eigene Standpunkt reflexiv als „Beobachtungsfehler" mit zu berücksichtigen ist (Bourdieu & Waquant, 1996).

Was folgt nun für Dewey aus diesen Einsichten in Bezug auf die Schule? Hierzu heißt es: „Dass nämlich die einzige Möglichkeit für die Erwachsenen, diese Art der Erziehung [gemeint sind die bewussten und unbewussten erzieherischen und sozialisatorischen Prozesse, N.B.] zu beeinflussen, in der Beeinflussung der Umgebung besteht, innerhalb deren die Unreifen handeln und deshalb auch denken und fühlen" (Dewey, 1993, S. 37).

Dewey benennt nun drei Funktionen – man könnte auch von Prinzipien sprechen – die für die Gestaltung der besonderen Umgebung, als die die Schule verstanden wird, gelten sollen:

1. Die Schule soll, da das kulturelle Leben zu komplex ist, eine vereinfachte Umwelt bereitstellen. Dies meint aber nicht, dass bestimmte Wesenszüge gesellschaftlicher Umwelten, die für das Zusammenleben von Gemeinschaften wichtig sind, unberücksichtigt bleiben können.
2. Die Schule soll Aspekte, die in den Umgebungen als wertlos und wertwidrig erkannt werden, aus der Gestaltung der Schulumgebung eliminieren. Dies bedeutet vor allem, dass die Schule für ihre besondere Umgebung jenen Gestaltungsprinzipien verpflichtet ist, die wir heute allgemein in den Verfassungen der Länder wiederfinden und die sich den Menschenrechten verpflichtet sehen. Dies beinhaltet Gewaltfreiheit, Anerkennung gesellschaftlicher Vielfalt in Bezug auf Werte und Weltanschauungen sowie die Anerkennung des Einzelnen als zu schützende Person. Dabei konzipiert Dewey die Schule als „entgegenwirkendes" Organ bzw. als kompensatorische Instanz. Hierzu formuliert er: „Wenn eine Gesellschaft

aufgeklärt wird, erkennt sie, dass es ihre Pflicht ist, nicht alle ihre gegenwärtigen Leistungen weiterzugeben, sondern nur diejenigen, die im Sinne einer besseren Gesellschaft der Zukunft wirken. Die Schule ist die wichtigste Einrichtung im Dienste dieser Aufgabe“ (Dewey, 1993, S. 39).

3. Die Schule soll die „verschiedenen Faktoren der sozialen Umgebung gegeneinander ausbalancieren und dafür sorgen, dass jeder Einzelne Gelegenheit findet, sich der Beschränkungen derjenigen Gruppe, in der er hineingeboren ist, zu entziehen und in lebendige Berührung mit einer breiten Umgebung zu kommen. Begriffe wie ‚Gesellschaft‘ und ‚Gemeinschaft‘ sind irreführend, weil sie uns leicht auf den Gedanken bringen, dem einzelnen Wesen entspräche ein einzelnes Ding. In Wirklichkeit ist eine moderne Gesellschaft ein Gewebe vieler, mehr oder weniger innig verbundener Gesellschaften“ (ebd., S. 40). Und dies gilt, wie Dewey kurz danach weiter ausführt, bereits für die einzelne Stadt, die sich politisch als homogene Einheit präsentiert, faktisch aber die gesellschaftliche Heterogenität bereits in sich enthält.

Nimmt man diese Punkte zusammen, so erhält die Schule in Bezug auf die Gesellschaft eine kompensatorische und moderierende Funktion und soll als Korrektiv gesellschaftlicher Entwicklung fungieren. Solche fortschrittsoptimistischen Überlegungen finden sich auch in aktuellen gesellschaftstheoretischen Überlegungen, wie sie beispielsweise Honneth (2011) angestellt hat, wieder. Während Dewey den Fortschritt der Gesellschaft als Prozess der Aufklärung in und durch Schule begreift, wird bei Honneth die Weiterentwicklung der Gesellschaft durch Kämpfe bestimmt, die sich letztlich an aufklärerischen Werten orientieren. Der Stellenwert der Schule als Organisation sowie als Teilsystem wird von Honneth in diesem Zusammenhang allerdings kaum erörtert. Dies bleibt ein Desiderat der Schultheorie.

Der Exkurs zu Deweys schultheoretischen Überlegungen hat verdeutlicht, dass die normativen Zielsetzungen für die Frage nach den Aufgaben, die Schule zu erfüllen hat, hoch relevant sind. Erst wenn die Aufgabenbestimmung und die Prioritäten klar sind, kann dementsprechend zweckrational gesteuert werden. In Bezug auf Schulen, die mit dem Prädikat „in herausfordernden Lagen“ versehen sind, wäre also zunächst zu klären, was durch Steuerung eigentlich erreicht werden soll und ob Schule unter gegebenen Umständen die Steuerungserwartungen erfüllen kann.

Zunächst muss nochmals betont werden, dass es fragwürdig ist, Schulen mit der Diagnose ihrer herausfordernden Lage zu konfrontieren. Mit Dewey wäre aber zu formulieren, dass die Einzelschule als Mediator einer gesellschaftlich-demokratischen Entwicklung wirkt und so ihre soziale Umwelt moderiert sowie auch von dieser moderiert wird. Hiermit verknüpft sind die schulischen Aufgaben, kompensatorisch und fördernd auf die Demokratiefähigkeit der nachwachsenden Generation einzuwirken. Lassen wir dies als Zielbestimmung gelten – immerhin dürfte dies mit allen Schulgesetzen kongruent sein – so stellt sich die Frage, wie dieses Ziel durch Steuerung erreicht werden kann.

4.2 Gesellschaft, Schule, Steuerung

Sicherlich sind Deweys Erwartungen an Erziehung sehr weitreichend und darum erscheint es durchaus sinnvoll, diese pragmatisch und im Spiegel aktueller Forschungen zu prüfen und gegebenenfalls weniger weitreichend zu fassen. Dies muss dann aber nicht heißen, dass Deweys Zielbestimmung von Schule und Erziehung grundsätzlich aufzugeben ist.

In diesem Sinne sei mit Ditton, quasi als pessimistischer Kontrapunkt zu Dewey und in der Tradition Bernfelds (2000), an die Grenzen der Institution Schule als Impulsgeber für gesellschaftliche Veränderungen erinnert:

> „Es wäre unrealistisch zu erwarten, dass durch Reformen im Bildungswesen allein der Kreislauf der sozialen Reproduktion durchbrochen werden könnte. Man kommt nicht um die Erkenntnis herum, dass Schulsysteme auch ein Spiegel der jeweiligen Gesellschaft sind. Insofern trifft die Einschätzung von Jencks (1973) durchaus zu, dass der Weg zu einer weniger durch Ungleichheit gekennzeichneten Gesellschaft nicht in erster Linie über Reformen des Schulsystems verläuft, sondern über direkt wirksame Maßnahmen zum Abbau von Ungleichheit" (Ditton, 2016, S. 306f.).

Diese Bilanzierung gilt zunächst für die bestehenden Strukturen und Programme des Schulsystems, und zwar vor allem für Schulsysteme entwickelter westlicher Staaten, womöglich könnten aber Weiterentwicklungen i.S. von konflikthaften Ausdifferenzierungsprozessen (Berkemeyer et al., im Ersch.) dazu führen, dass die Deweysche Aufgabenbestimmung von Schule stärker zu ihrem Recht kommt.

Für die Fragen nach möglichen und sinnvollen Ansätzen der Steuerung in Anknüpfung an diese Zielbestimmung, muss zunächst daran erinnert werden, dass das Schulsystem in einen gesellschaftlichen Gesamtzusammenhang eingebettet ist, oder, mit Dewey gesprochen, in viele Gemeinschaften und Gesellschaften. In einem bildungssoziologischen Zusammenhang wurde dies von Berkemeyer und Meißner (im Ersch.) als Einbettung der Schule in das Kräftefeld der Gesellschaft konzipiert und so stärker auf die durch Differenzierung entstehenden Interdependenzen verwiesen, wohingegen Dewey zunächst auf die Disparitäten der Lebenswelten hinweist, die bei Berkemeyer und Meißner im Wesentlichen in der Sozialstruktur wiederzufinden sind. Neben dieser können zudem das politische System, die Kultur bzw. Kulturen eines Staates, einer Region, etc. sowie das Wirtschaftssystem als zentrale, das Schulsystem beeinflussende Kräfte unterschieden werden.

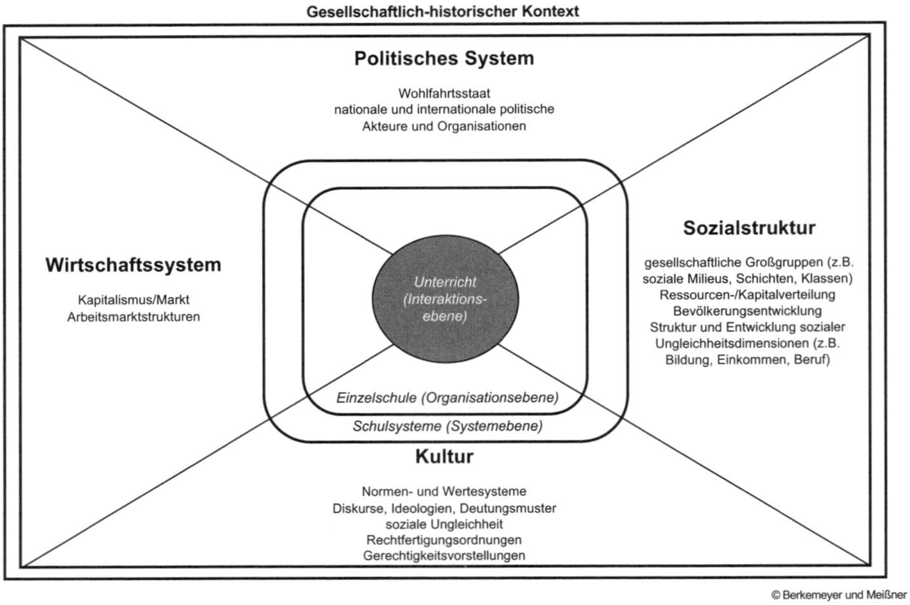

Abb. 1: Schule im Kräftefeld der Gesellschaft (vgl. Berkemeyer & Meißner, im Ersch.)

Mit dem Hinweis auf den gesellschaftlichen Charakter von Schulen gilt es jedoch gleichzeitig zu vermeiden, Schulsysteme als passiv und strukturdeterminiert aufzufassen. Stattdessen müssen die reziproken Verhältnisse zwischen den verschiedenen gesellschaftlichen Ordnungen und dem Schulsystem berücksichtigt werden. In diesem Sinne ist es das analytische Anliegen, herauszukristallisieren, ob, und wenn ja, wie, gesellschaftliche Akteure teilsystemische Interdependenzen und Transformationsprozesse im Mehrebenensystem Schule kondensieren, Spuren hinterlassen, sich auf organisationaler und individueller Ebene in die jeweiligen Handlungs- und Kommunikationspraktiken einschreiben bzw. eigensinnig rekontextualisiert werden, deren Beziehungsgeflechte beeinflussen und wie diese Dynamiken in die jeweiligen Ordnungssysteme respektive auf die gesamtgesellschaftliche Ebene zurückwirken. Schulen wie Schulsysteme erscheinen aus einer solchen Perspektive in Anlehnung an Anthony Giddens (1988) als strukturierte und zugleich strukturierende Handlungssysteme, die Ordnungsrelationen sowohl stabilisieren als auch destabilisieren und dynamisieren können.

Es dürfte sich nun vor allem in Bezug auf die Potenziale der Selbstausgestaltung, auch im Sinne der Gestaltung der Schule als soziale Umgebung für Kinder und Jugendliche (Dewey, 1993), entscheiden, inwiefern es Schulen bzw. dem Schulsystem gelingen kann, Einfluss auf Kinder und Jugendliche auszuüben, die eine Schule mit der Diagnose „herausfordernde soziale Lage" besuchen. Betrachtet man beispielsweise die Rolle der Schule in Bezug auf die Ermöglichung gesellschaftlicher Aufstiege in Form von Bildungsabschlüssen, so ist verschiedentlich nachgewiesen worden, dass Schule diesbezüglich in der Vergangenheit wenig zu leisten vermochte. Doch warum ist das so? Könnte Schule mehr leisten, wenn bildungspolitische Programme ihre Zielsetzungen und damit auch Ressourcen anders gestalten und verteilen würden? Letztlich geht es gesellschaftspolitisch wohl um die Frage, ob Schule eine sozialpolitische Funktion haben soll oder ob sie, wie vielleicht bisher, lediglich gesellschaftliche Verhältnisse weitgehend unreflektiert reproduziert (die Reproduktion sozialer Ungleichheit wird für die Einzelschule überhaupt nicht gezielt analysiert und als Datum zur Verfügung gestellt). Letzteres würde sich in die „'starre Gewalt' des Laufs der Dinge" (Bourdieu, 2002, S. 91) oder, wie Beck formuliert hat, die „organisierte Unverantwortlichkeit" (Beck, 1988) einordnen lassen. Jedenfalls wäre dies die Bewertung, zu der wir kämen, wenn wir uns mit Dewey dazu entschließen würden, Schule mehr zumuten zu wollen als bloße Wissensvermittlung - was auch nicht nichts wäre.

Wenn also davon ausgegangen werden soll, dass der moderne Sozialstaat sich zu einer kompensatorischen und somit in die gesellschaftlichen Verhältnisse eingreifende Erziehung bekennt und nicht „dieses Gefühl der Unabwendbarkeit dieser Art des kollektiven Leidens, das wie vom Schicksal gelenkt all diejenigen trifft, die an Orten der gesellschaftlichen Verbannung versammelt sind, wo die Leiden eines jeden Einzelnen durch das Unglück noch verstärkt wird, das aus dem Zusammenleben all der Unglücklichen und vielleicht besonders auch aus dem Schicksals-Effekt geboren wird, der der Zugehörigkeit zu einer stigmatisierten Gruppe anhaftet" (Bourdieu, 2002, S. 92), akzeptiert, muss über Möglichkeiten und Grenzen einer solchen Steuerung nachgedacht werden, die, dies ist bereits deutlich geworden, nicht allein schulsystemimmanent gedacht werden darf.

Es geht also um eine gesellschaftssensible Steuerung jenseits trivialer Evidenzmodelle. Aber nicht etwa, weil jene die Ökonomisierung des Schulsystems besiegeln oder grundsätzlich unsinnig seien, wie es mitunter von Gewerkschaften und manch einem Schulpädagogen behauptet wird (Brügelmann, 2015), sondern weil anthropologische Voraussetzungen Neuer Steuerung (Berkemeyer, im Ersch.) genauso wenig beachtet werden wie die Tatsache, dass Steuerung immer auf Kommunikation basieren muss. Keine statistische Information wird automatisch zu einer spezifischen Handlung in Einzelschulen führen. Dies ist einer der Irrtümer Neuer Steuerung, die glaubt, ohne Norm steuerungswirksam werden zu können bzw. die Norm einer spezifischen Form des Wissenschaftsbetriebs als allein orientierungsmächtig anzunehmen. Für Bildungspolitik und Professionen bleiben Daten Informationen, aus denen erst einmal ein Argument werden muss. Doch bereits an diesem Punkt scheitert der Kommunikationsprozess Neuer Steuerung häufig. Erst wenn Argumente verfügbar sind, kann die gemeinsame Kommunikation beginnen, wobei der Ausgang, dies muss leider konstatiert werden, stets offen bleibt.

Gesellschaftssensibel ist die Steuerung des Schulsystems dann, wenn sie einerseits die Kräfte der jeweiligen gesellschaftlichen Akteure berücksichtigt, ohne dabei aber die Eigensinnigkeit des pädagogischen Auftrags zu vergessen. Gesellschaftssensibel ist Steuerung andererseits, wenn die Zielsetzungen für das Steuerungshandeln aus den gesellschaftlichen Zusammenhängen abgeleitet werden und vor allem jene Themen stärken, die die Gesellschaft in ihren grundgesetzlich legitimierten Zielsetzungen voranbringen kann. Für eine Steuerung in diesem Sinne erweist sich das von Willke (2014, S. 67) konzipierte Modell der Kontextsteuerung als hilfreich:

„Die Grundhypothese des Modells der Kontextsteuerung ist, dass die Selbststeuerung eines komplexen Systems angemessener und produktiver ist als der Versuch externer Steuerung, und dass nur die Absicht der Koordination autonomer Akteure externer Steuerung in Form einer Kontextsteuerung legitimiert, die als wechselseitige Abstimmung die Form des Dialogs über die Verträglichkeit von Optionen annimmt." (Wilke, 2014, S. 67).

Nachfolgend soll der Versuch unternommen werden einige Steuerungsperspektiven zu skizzieren, die sich insgesamt der Idee der Kontextsteuerung verpflichtet sehen. Dabei werden alle gesellschaftlichen Rahmenbedingungen und bildungspolitischen Rahmungen samt der Bildungsadministration, mit denen es die Einzelschule zu tun hat, als Kontexte verstanden. Dass Programme der Kontextsteuerung insbesondere auch auf Systeme setzen, die als intermediäre oder operative Kopplungen auftreten, wie beispielsweise regionale Bildungsbüros (Manitius, Berkemeyer, Jungermann & Bos, 2013), ist naheliegend, denn hier kann der Dialog über die jeweils gesetzten Bedingungen besonders gut gelingen. Immer vorausgesetzt, dass die jeweiligen Verbindungen nicht hierarchisch, sondern systemisch-dialogisch verstanden und gelebt werden.

5. Aspekte einer Steuerungsarchitektur sozialstaatlicher Schulpolitik

Die Steuerung von Schule ist ganz maßgeblich von der Definition der zu steuernden Probleme abhängig. Darum soll hierauf zunächst dezidiert eingegangen werden, um anschließend Unterstützungssysteme als wesentliche Elemente von Kontextsteuerung vorzustellen. Das Kapitel schließt mit einigen Ideen zur Ausgestaltung eines systematischen Interventionscontrollings als einem Unterstützungssystem, das den Anforderungen an ein integriertes Qualitätsmanagement und an Prinzipien der Kontextsteuerung entspricht. Ein mit Interventionen verbundenes Controlling soll hier explizit als „kontrollierendes" (Berkemeyer, 2011) Unterstützungssystem verstanden werden. Die Vorstellung, dass Unterstützung *ausschließlich* im Kontext freiwilliger Akteurskonstellationen entstehen kann, wird damit zurückgewiesen. Unterstützung ist gerade dort zu organisieren, wo Akteure bzw. Organisationen dies offenkundig selbst nicht können oder wollen. Damit die Unterstützung zieladäquat organisiert werden kann, bedarf es eines Controllings, das die Systemziele überwacht.

5.1 Probleme bearbeiten, nicht Probleme erfinden

Für die Analyse von Steuerungsproblemen werden von Dose (2003, S. 41) unter Rückgriff auf die Arbeit von Peters (2000, zitiert nach Dose 2003) sechs Kategorien[1] der Problemanalyse benannt:

---

1 Es werden nachstehend nur fünf Kategorien berichtet, da sich eine Kategorie auf die Analyse einer Maßnahme und nicht auf die Analyse des Problems bezieht.

a) Steuerungsprobleme sind auf ihre *Lösbarkeit* hin zu befragen. Zum einen hinsichtlich der Bereitschaft, eine politische und oder gesellschaftliche Mehrheit für eine Problemlösung zu gewinnen und Widerstände aufzubrechen. Zum anderen muss gefragt werden, ob ein adäquates Programm zur Lösung des Problems vorliegt. Nicht alle Steuerungsprobleme sollten dabei als prinzipiell lösbar eingestuft werden. Vielmehr kann der Versuch der Lösung aktuell nicht lösbarer Probleme zu einem chronischen Steuerungsversagen werden.
b) Die zweite Analysekategorie für Steuerungsprobleme richtet sich auf die *Komplexität* eines Problems. Auch hier wird wieder gefragt wie komplex ein Problem einerseits in politischer Hinsicht und andererseits in programmatischer Hinsicht ist.
c) Es werden *Umfang und Reichweite* eines Problems analysiert.
d) Probleme werden hinsichtlich ihrer *Monetarisierbarkeit* befragt. Oftmals wird – auch im Bildungsbereich – unterstellt, dass Steuerungsprobleme durch Geld gelöst werden könnten (mehr Lehrerinnen und Lehrer, mehr Sozialpädagoginnen und -pädagogen, bessere Bezahlung, bessere Ausstattung, etc.).
e) Schließlich wird das Ausmaß der *institutionellen Interdependenz* in den Blick genommen. Damit wird untersucht, welche Akteure aus welchen gesellschaftlichen Feldern in welchem Umfang an dem Problem beteiligt sind.

Betrachtet man die fünf Kategorien, wird deutlich, dass bei der Analyse eines Problems verschiedene Analysekategorien gleichzeitig in den Blick kommen und sie darum sinnvoller Weise gemeinsam genutzt werden sollten. Insgesamt sind diese Kategorien nicht als ideale Orientierung für die Analyse von Steuerungsproblemen zu betrachten. Es gibt jedoch– so Dose – bislang keine Alternativen. Es erscheint für rationale Problemlösungen als unumgänglich, Problemanalysen *vor* die Diskussion von Lösungsvorschlägen und ihnen inhärenten Problemdefinitionen zu stellen. In Bezug auf das hier zu erörternde Thema muss zunächst nochmals gefragt werden, worin eigentlich das Problem besteht. Weiter oben wurde bereits argumentiert, dass soziale Lagen selbst noch nicht als Problem definiert werden dürfen, jedenfalls geben sie keine hinreichende Problemdefinition für pädagogisches Handeln her. Vielmehr können aus spezifischen Lagen - und nicht nur aus der einen bestimmten schwierigen sozialen Lage - unterschiedliche Probleme im Sinne von Handlungsnotwendigkeiten entstehen. Hierbei muss zudem vermieden werden eine soziale Lage kausal mit einem bestimmten Problem in Verbindung zu bringen. Dies mag mitunter aus den Forschungsbefunden eine nahe liegende Schlussfolgerung sein, sie genügt aber nicht den Ansprüchen einer pädagogischen Problembearbeitung, die letztlich immer auch die Bearbeitung eines einzelnen Falles ist. Soll also nachfolgend ein Problem analysiert werden, muss es zunächst benannt oder definiert werden. Eine solche Problembeschreibung ist anspruchs- und voraussetzungsvoll. Hier sollen nur einige Beispiele für eine Problembeschreibung gemacht werden, um auf diese Weise Schwierigkeiten aufzuzeigen, die mit der Beschreibung und Definition verbunden sein können:

- Die Organisation der Schule, die weitgehend den Prinzipien des 19. Jahrhunderts folgt, ist für die Spätmoderne, und insbesondere für die spätmoderne Stadt mit ihren jeweiligen Segregationen, nicht geeignet.
- Die Lehrkräfte sind für den Umgang mit Jugendlichen, die über nur geringere Erfolgswahrscheinlichkeiten zur Erreichung höherer Abschlüsse im Bildungssystem verfügen, nicht ausgebildet.
- Die Eltern von Schülerinnen und Schülern, die sich in schwierigen sozialen Lagen befinden, bereiten ihre Kinder nicht gut genug auf die Anforderungen der Schule vor.

Die drei Beschreibungsversuche zeigen exemplarisch, welche sehr unterschiedlichen Konsequenzen hinsichtlich des Steuerungshandelns aus Beschreibungen resultieren können. Sie erscheinen mir letztlich jedoch ungenau und vor allem immer schon perspektivisch und politisch eingeschränkt, was nicht bedeutet, dass sie deshalb falsch sein müssen. Solche Problembeschreibungen sind vielmehr nicht hinreichend nützlich, weil sie keinen konkreten Hinweis für (sozial)pädagogisches Handeln liefern. Alle drei Beschreibungsversuche verbleiben zu stark im Abstrakten und liefern daher keine exakte Problembeschreibung. Eine solche müsste zumindest ansatzweise die Beschreibung des Problems mit Handlungsperspektiven zusammenbringen. Insbesondere in einer Verknüpfung von Problembeschreibung bzw. -analyse mit Handlungsperspektiven würde ein deutlicher Mehrwert bestehen. Aus diesem Grund ist es auch notwendig, die Problembeschreibung entlang der Zielsetzungen der Schule zu formulieren und anzugeben, was genau nicht erreicht wird, aus welchem Grund dies so ist und was getan werden kann, um diesen Zustand zu ändern. In einer solchen Beschreibung fallen dann viele Faktoren zusammen, sodass es letztlich zu Prioritätssetzungen kommen muss, die vermutlich auch von der eingeschätzten Machbarkeit eines Lösungsvorschlags abhängen dürften (vgl. Analysepunkt a), womit zugleich stets auf die politische Abhängigkeit einer zu implementierenden Lösungsstrategie verwiesen ist und somit auch deutlich wird, dass in Demokratien Machbarkeitskalküle (auch im Sinne der Mehrheitsfähigkeit) Evidenzannahmen vorgezogen werden dürfen, ja vielleicht auch müssen. Da die Machbarkeit wesentlich vom Willen der Mehrheit der beteiligten Akteure abhängt, könnte man, wenn auch manchmal mit schwerem Herzen, vom Demokratieprinzip innerhalb der Problemanalyse sprechen.

Wie aber könnten nun Problembeschreibungen aussehen, die die oben genannten Forderungen erfüllen? Nachfolgend seien einige Beispiele genannt:

Schülerinnen und Schüler erzielen keine hinreichend großen Lernfortschritte (dies kann an allen Schularten der Fall sein!), weil

- sie über kein hinreichendes Vorwissen verfügen,
- sie kein Interesse am Fach zeigen,
- der Unterricht keine hinreichende Lebensweltorientierung anbietet,
- Schülerinnen und Schüler nicht anerkannt werden,
- die Schule kein lernförderliches Klima aufweist (z.B. mangelnde oder mangelhafte Fördermaterialien),

- die Ressourcen der Schule nicht ausreichend sind, um die Schülerinnen und Schüler zu fördern,
- keine Unterstützung angeboten wird, um die oben genannten Probleme zu bearbeiten
- ...

Eine solche Beschreibung ist zwar präziser, es wird aber sehr schnell deutlich, dass auch hier ein kaum zu bearbeitendes Bündel an Faktoren benannt werden kann. Zudem liegen die Faktoren auf sehr unterschiedlichen Ebenen des Schulsystems bzw. in der Verantwortlichkeit sehr unterschiedlicher Akteure, sodass nicht ein Akteur allein zur Bearbeitung des Problems ausreicht. Zudem setzt eine solche Beschreibung vor allem beim Lernprozess der einzelnen Schülerinnen und Schüler an und legt damit eine Individualisierung von Bildungserfolg nahe. Hierdurch kann es leicht zu wechselseitigen Beobachtungen und dem bekannten Spiel „organisierter Unverantwortlichkeit" (Beck, 1988) kommen.

Was ist also zu tun? Mein Vorschlag an dieser Stelle ist die Problembeschreibung gesellschaftstheoretisch zu fassen und das Problem in Anlehnung an Deweys Idee einer modernen Schule folgendermaßen zu formulieren:

> Das Problem besteht darin, dass Schule ihrer Aufgabe nach kompensatorischer Förderung der nachwachsenden Generation nicht gerecht wird und eben nicht der Ort eines chancengerechten Ausgleichs gesellschaftlicher Verhältnisse – wie im Grundgesetz gefordert – ist (Art 3 GG).

Der Vorteil einer solchen gesellschaftstheoretischen Beschreibung besteht in der Fokussierung auf das Teilsystem Schule und seine Relationen zur Umwelt. Damit geraten nicht nur Funktionszusammenhänge in den Blick, sondern auch Kämpfe um Anerkennung (Honneth, 2010) sowie kulturell erzeugte Ideen des gemeinschaftlichen Zusammenlebens (Schimank, 2015; Berkemeyer et al., im Ersch.) und der Bedeutung von schulischer Bildung hierfür. Diese Makroperspektive lenkt die Aufmerksamkeit auf die institutionelle Gestaltung des Teilsystems Schule und stellt die Beobachtung individueller Lernprozesse dahinter zurück. So wird die Frage zentral, ob das Schulsystem eine für eine moderne, sich als demokratisch verstehende, Gesellschaft angemessene Leistung erbringt. Dabei bezieht sich die Leistung des Systems auf Zugangsmöglichkeiten, Angebotsstrukturen, Lernmöglichkeiten, und letztlich auch auf Kompetenzen und Zertifikate (Berkemeyer, Bos & Manitius, 2012). Schule würde, wenn wir mit Dewey davon ausgehen, dass die schulische Bildung in die Gesellschaften hineinwirkt, in diesem Fall auch am Zustand der Gesellschaft insgesamt gemessen werden müssen. Wohl wissend, dass hier ein sehr hoher Anspruch formuliert wird, ist es letztlich nicht mehr als die Reformulierung des schulgesetzlichen Auftrages, wie er in den meisten Schulgesetzen in den ersten Paragraphen formuliert wird.

Akzeptieren wir diese Problembeschreibung einmal und nutzen sie für das weitere Vorgehen, so kann in Bezug auf die oben benannten Analysekategorien vorerst begründet spekuliert werden, dass

a) es aktuell vermutlich noch an der Bereitschaft mangelt, das Problem auf diese Weise zu beschreiben und es entsprechend zu lösen und darum Widerstände bearbeitet werden müssen. Mancher Kritiker wird aber vielleicht auch ein unlösbares Problem erblicken und vor Steuerungsversagen warnen. Dies mag der Fall sein, aber dann nur in Verbindung mit dem Wunsch, das Grundgesetz zu ändern.
b) das von mir beschriebene Problem überaus komplex ist, und zwar in jeder Hinsicht. Darum bedarf es auch integrierter Lösungsstrategien (ressortübergreifend sowie mehrebenen-politisch, also Kommune, Bundesland, Bund, EU), die ihrerseits wiederum problembehaftet sind, weil sie an Zuständigkeiten und Verantwortlichkeiten scheitern können.
c) Umfang und Reichweite des Problems groß sind. Es zieht sich durch die gesamte Institution Schule (Einzelorganisation, Schulaufsicht, Ministerium, Unterstützungsagenturen wie z.B. Landesinstitute, Schulinspektion o.ä.) und ist darum auch für alle Akteure als Herausforderung vorhanden, ungeachtet der jeweiligen diesbezüglichen Einschätzungen.
d) die Bearbeitung der „sozialen Frage“ als Steuerungsproblem zwar auch von monetären Ressourcen abhängig ist, mehr aber als von Ressourcen dürfte sie von der Haltung der Akteure abhängen.
e) die Interdependenzanalyse zeigt, wie oben schon angedeutet wurde, dass das Problem weit verzweigt ist. Diese Verzweigung beläuft sich nicht nur auf Bereiche innerhalb der Institution, sondern erstreckt sich auch in die anderen gesellschaftlichen Teilbereiche hinein.

5.2 Überlegungen zur Systematik von Unterstützungssystemen

Für die Bearbeitung von Problemen sind Unterstützungssysteme von zentraler Bedeutung. Unterstützungssysteme verfügen in der Regel über eine besondere Expertise; sie sind Expertensysteme. Diese zeichnen sich aber nicht mehr nur durch die Verfügung bestimmter Wissensinhalte aus, sondern vor allem dadurch, dass sie, vorausgesetzt es wird ihnen vertraut, Komplexität reduzieren (Stehr & Grundmann, 2010).

Unterstützungssysteme im Schulbereich sind diesbezüglich allerdings noch nicht systematisch, und vor allem wenig theoriebasiert, untersucht worden, sodass zur Systematisierung von Unterstützungssystemen nur wenige Arbeiten vorliegen. Berkemeyer (2011) hat vorgeschlagen, Unterstützungssysteme entlang der Kategorien kooperativ, kontrollierend, kompetitiv zu unterscheiden. In Bezug auf kontrollierende Unterstützungssysteme wie Schulinspektion und Leistungsmessungen konnte bislang vor allem festgestellt werden, dass wenig Wirkung von diesen Instrumenten ausgeht (Adenstedt, 2015). Kooperative Unterstützungssysteme, wie zum Beispiel (vor allem moderierte) schulische Netzwerke, können wirken, allerdings ist noch unklar wie stabil und nachhaltig diese Unterstützungsform ist (Berkemeyer, Bos, Jävrinen, Manitius & van Holt., 2015). Ebenfalls kooperativ sind Unterstützungssysteme, die freiwillige Beratung in den Mittelpunkt stellen. Hier konnten Tillmann, Dedering, Goecke und Rauh (2013) zeigen, dass externe Beraterinnen und Berater, ganz gleich ob pädagogisch oder unternehmerisch ausgerichtet, positiv von Schulleitungen wahrgenommen werden. In Bezug auf kompetitive Unterstützungssysteme, wie sie im Zuge der Schulprofilierung (z.B. Schulprogrammarbeit) vorzufinden sind, zeigen die Ergebnisse, dass eher wenig Wirkung erzeugt wird (Altrichter, Heinrich & Soukup-Altrichter, 2011). Es fällt auf, dass vor allem die Unterstützungssysteme positiv evaluiert sind, die auf Freiwilligkeit und Selbstkontrolle setzen. Dies dürfte kaum überraschen, da so die Möglichkeit, in den Komfortzonen der eigenen und organisationalen Entwicklung zu bleiben, relativ groß ist.

Wenngleich ein solcher Systematisierungsansatz gangbar erscheint, so wird durch die vorgenommene Kategorisierung der Blick immer nur auf jeweils ein Instrument gelenkt, ohne dabei Wechselwirkungen integrierter Unterstützungssysteme hinreichend zu berücksichtigen. Diese dürften ihre Wirkung vor allem dann entfalten, wenn ihnen Vertrauen entgegengebracht wird, was wiederum dadurch begünstigt werden dürfte, dass Vertrauen als sinnvoller Teil einer integrierten Qualitätssicherung konzipiert ist. Wie dies genauer aussehen könnte, soll nachfolgend mit einigen Beispielen angedeutet werden.

5.3 Unterstützungssysteme für die Bildungspolitik, -verwaltung und Einzelschule – systematisches Interventionscontrolling

Unterstützungssysteme werden zumeist mit der Unterstützung von Einzelschulen oder Lehrpersonen in Verbindung gebracht. Gerade aber in Ansätzen eines integrierten Qualitätsmanagements ist es von Bedeutung, dass alle Systemebenen unterstützt werden, also dass Komplexität im Gesamtsystem insgesamt reduziert wird. Komplexitätsreduktion bedeutet die Eingrenzung von zu treffenden Entscheidungen sowie die Einführung klarer Systemabläufe, die durch Entscheidungsprämissen verknüpft sind. Ein Instrumentarium, das diesen Anforderungen gerecht wird, ist das Interventionscontrolling. Der Ansatz des Interventionscontrollings verbindet bestehende Unterstützungsansätze der Neuen Steuerung (wie beispielsweise Schulinspektion, Bildungsmonitoring, Leistungsmessungen), verknüpft diese miteinander und setzt zugleich andere Akzente. Zunächst sei vorangestellt, dass Unterstützungssysteme letztlich die Entwicklung von Kindern und Jugendlichen unterstützen sollen und daher keinen Selbstzweck darstellen dürfen. In einem systematischen Interventionscontrolling wird die Beobachtung der Systemleistungen mit Interventionen verknüpft. Die Outputziele selbst sind in den Qualitätsrahmen der Länder formuliert oder werden in den Bildungsberichten der Länder beobachtet. Diese Verknüpfung stellt zugleich den wesentlichen Unterschied zu bisherigen Steuerungs- und Unterstützungsvorstellungen dar, die die Intervention der Schule überlassen und lediglich Ziele formulieren. Letzteres erscheint problematisch, da gefragt werden muss, ob die jeweilige Einzelschule überhaupt über die notwendigen Kapazitäten (Fertigkeiten, Motivation, Ressourcen) verfügt, um eine Intervention in Gang zu bringen. Darum ist, will man nicht in das Münchhausendilemma geraten, die Verantwortung für interventionsbedürftige Schulen zunächst systemimmanent zu verorten. Der Ansatz des Interventionscontrollings kann nun wie folgt vorgestellt werden:

Eine Schule erzeugt über einen Zeitraum von mehreren Jahren auffallend viele Schülerinnen und Schüler ohne Abschluss (Indikator Bildungsmonitoring). Zugleich sind die Leistungen der Schülerinnen und Schüler unterdurchschnittlich (Lernstandsdaten). Spätestens dieses gemeinsame Auftreten von Warnsignalen wird vom Controlling als Interventionsanlass erster Ordnung eingestuft. Dies bedeutet, dass die Daten gemeinsam mit Schulleitung und Schulaufsicht erörtert werden. Sind Gründe für schlechte Ergebnisse plausibel auszumachen, kann unmittelbar mit der Bearbeitung der Probleme begonnen werden. Finden sich keine akzeptablen Erklärungen für die vorliegenden Daten, dann greift die Intervention zweiter Ordnung. Diese kann als abgewandelte Form der Schulinspektion verstanden werden. Es geht nun jedoch nicht, wie bei der Schulinspektion, um eine vergleichende Einschätzung möglichst aller Schulen, sondern um eine organisationale Fallanalyse (Mohr, 2006), die Ursachen für das Abschneiden der Schule aufklärt und, anders als in den meisten Inspektionen, Lösungsstrategien mit der Schule erarbeitet und umsetzt.

In diesem Modell wird die Bildungsverwaltung durch das Controlling bei der Interventionsentscheidung unterstützt und die Schule durch eine Diagnose und das Interventionsteam, das eben nicht bei der Diagnose stehen bleibt, sondern gemeinsam mit Schulen arbeitet. Auf diese Weise können unnötige Umwege vermieden werden. Die Interventionsteams sollten dabei nicht ausschließlich dem Schulsystem angehören. Sie könnten zum Beispiel Hybridorganisationen zwischen Wissenschaft, Bildungsverwaltung und Professionsvertretungen angehören und auch um freie Anbieter ergänzt werden. Dies müsste im Einzelnen geprüft und in Feldversuchen erprobt werden. Eine solche Architektur ließe sich dann mit Willke (2014, S. 64) als System struktureller Kopplungen begreifen, die den Zweck haben, Kontingenz durch nicht kontingente Kopplungen zu reduzieren. Anders ausgedrückt werden durch strukturelle Kopplungen klare Verfahrensweisen etabliert, die mit zuverlässigen und transparenten Entscheidungen verbunden sind. Dies stellt mittelfristig auch eine zentrale Bedingung für den Aufbau von Vertrauen dar, was wiederum für den Erfolg eines solchen Systems insgesamt von Bedeutung ist. Wohl wissend, dass Schulen durchaus empfindlich auf externe Vermessungen reagieren (Brügelmann, 2015; Berkemeyer, 2012), sei nochmals auf die Dringlichkeit eines solchen Verfahrens hingewiesen, die mittlerweile auch von Autoren wie Nussbaum gesehen wird:

> „Die Tatsache der Pluralität von Fähigkeiten besagt nicht, dass nicht eine jede von ihnen einzeln gemessen werden kann. […]Die angemessene Antwort auf die Komplexität besteht folglich darin, energischer an der Bestimmung und Bemessung der relevanten Faktoren zu arbeiten." (Nussbaum, 2015, S. 67)

Es kann also im Grunde nicht mehr um die Frage gehen, ob etwas gemessen werden soll, um die Leistungsfähigkeit des Systems zu überprüfen, sondern nur noch um das Was und das Wie. Hier liegen bereits viele gute Ansätze im Schulsystem vor, wie das

Bildungsmonitoring und auch die Leistungsmessungen in den Länder zeigen. Freilich besteht auch hier weiterhin Verbesserungspotenzial.

5.4 Den Horizont erweitern – Handlungsoptionen von Interventionsteams

Interventionsteams sollten in diesem Konzept nicht nur als Trainer verstanden werden, die etwas vermitteln oder zeigen können. Sie sollten vielmehr als Agenten des schulgesetzlichen Auftrags interpretiert werden, die die Befugnisse haben, sehr weitreichende Maßnahmen der Restrukturierung von Einzelschulen vorzunehmen, die mitunter auch jenseits der üblichen Grammatik von Schule liegen können. Was ist hiermit gemeint? Die These ist, dass übliche Maßnahmen, die sich vor allem auf die Kompetenzen von Lehrkräften sowie die Strukturierung von Teams in Schulen richten, für spezifische Problemlagen nicht ausreichen und dass womöglich Schulen in Stadtteilen mit besonderem Erneuerungsbedarf in besonderer Weise durch strukturelle Innovationen und zusätzliche Ressourcen zu unterstützen sind. Dies soll abschließend an einigen wenigen Maßnahmen exemplarisch gezeigt werden.

Personal
Je nach analysierten Problemlagen muss darüber nachgedacht werden, ob Lehrkräfte allein ausreichend sind, um die Probleme in der Schule zu bearbeiten. Inklusionshelfer, Sonderpädagoginnen und Sozialpädagogen sind diesbezüglich bekannt und die Idee multiprofessioneller Teams in Schule nimmt immer mehr Raum ein. Doch sind noch weitere Ausdifferenzierungen denkbar. So könnten etwa Assistenzlehrkräfte herangezogen werden, um Aufsichtssituationen zu verbessern und um Zeit als Ressource in das System zu bringen. Zudem sollte auch über die zeitlich begrenzte, und auch nur mit bestimmten Stundenumfängen mögliche, Einbindung von Quereinsteigern, wie es zum Beispiel in der Schweiz praktiziert wird, nachgedacht werden. Solche Personengruppen können Know-How anbieten, das in dieser Form Lehrkräften nicht zur Verfügung steht. Zudem können sie den Schulalltag durch ergänzende Sprachcodes bereichern.

In Bezug auf das Personal ist auch grundsätzlich zu prüfen, wer den Anforderungen der schulischen Problemlagen gerecht werden kann. Strukturell betrachtet ist zum Beispiel auch zu klären, ob es an einer Schule zu viele Teilzeitstellen oder überdurchschnittlich viele Langzeiterkrankte gibt.

Struktur und Curriculum
Insbesondere an Schulen, an denen die basalen Kulturtechniken nicht hinreichend gelernt werden, muss die Struktur der Stundentafel radikal überdacht werden. Hier geht es um die Konzentration von Stunden, in denen die Basisfähigkeiten Schreiben, Lesen und Rechnen erworben werden sowie um Fachangebote, die den Schülerinnen und Schülern Erfahrungen ermöglichen, die das Selbstwertgefühl und Interesse an gemeinschaftlicher Verantwortung stärken. Dieses Fachangebot kann sich außerhalb der

bekannten Fachstrukturen bewegen, wie dies auch bereits von einigen Schulen praktiziert wird.

Kommunikation als soziales Handeln begreifen
Störungen der Kommunikation sind häufig Ursache und Folge schulischer Problemlagen. Darum erscheint es im Sinne kooperativen Handelns und kollektiven Lernens notwendig, Kommunikationsprozesse als Prozesse sozialen Handelns zu verstehen und sich der daraus resultierenden Konsequenzen bewusst zu werden (Habermas, 1989). Anerkennung der Kooperationspartner sowie Vertrauen in die Realisierbarkeit des schulischen Auftrags sind notwendige Voraussetzungen, um Veränderungsprozesse in Gang zu setzen. Allein auf Kommunikation zu setzen reicht aber nicht. Die oben erwähnten Maßnahmen müssen parallel eingeleitet werden. Zudem muss deutlich werden, dass das Unterstützungssystem sich faktisch um die Belange der Schule kümmert.

Es geht also insgesamt darum, die Arbeit mit den Schulen nicht mehr nur in den bekannten Bahnen zu denken, sondern darüber hinaus alle Möglichkeiten des Systems zu nutzen. Einiges mag rechtlich herausfordernd sein. Dies sollte aber nicht daran hindern, über solche und ähnliche Ansätze nachzudenken und sie auch zu erproben.

6. Zusammenfassung und Ausblick

Der Beitrag hat sich gegen die prominente Verwendung von Begriffen wie „Schulen in herausfordernden sozialen Lagen“ o.ä. gewendet, weil damit ein Kurzschluss in der Analyse schulischer Qualität nahe gelegt wird. Dabei wird behauptet, dass soziale Lagen an sich problematisch seien und die schulische Arbeit erheblich erschweren würden. Soziale Lagen sind aber kein Problem an sich, sondern zunächst eine Beschreibungsformel der Sozialwissenschaften. Hinter sozialen Lagen können statistisch gesehen vermehrt spezifische Probleme liegen, die den schulischen Erfolg auch beeinträchtigen können. Will man also von sozialwissenschaftlichen Beobachtungen auf pädagogische Handlungszusammenhänge schließen, müssten die Beobachtungskategorien deutlich verändert werden. Zudem entsteht der Eindruck, dass Lehrkräfte quasi ein Anrecht auf eine nicht herausfordernde Lage hätten. Hier ist ein basales Missverständnis innerhalb der aktuellen Debatte offensichtlich, da wir Schule immer noch im Sinne einer Mittelstandsnorm definieren. Wie gesagt, solche Kurzschlüsse liegen nahe, was nicht heißt, dass wir sie immer vorfinden.

Der Beitrag hat den Versuch unternommen eine gesellschaftstheoretisch sensible Position anzudeuten, die wieder verstärkt die Wechselwirkungen von Schule und Gesellschaft fokussiert. Dabei wurde auf die schultheoretischen Überlegungen Deweys zurückgegriffen, der die Schule als Moderator und Interventionsinstanz lokaler Gesellschaften verstanden und ihr so eine Entwicklungsfunktion moderner Gesellschaften zugeschrieben hat.

Dieser Gedanke wurde aufgegriffen und es wurde überlegt, wie sich das Schulsystem vor diesem Hintergrund weiterentwickeln kann. Insbesondere wurde dabei auf mögliche Unterstützungssysteme eingegangen. Als Beispiel wurde ein integriertes Interventionscontrolling vorgestellt. Ob ein solches Unterstützungssystem erfolgreich ist, kann theoretisch behauptet werden, muss sich aber ohne Zweifel einer empirischen Untersuchung unterziehen. Ob die Länder den Mut haben werden solche Formen struktureller Kopplung, die klare Beobachtungen, Interventionen und Konsequenzen vorsehen, zu implementieren, bleibt abzuwarten. Ob ein solches System auch noch auf seine Wirksamkeit hin überprüft wird, darf angesichts aktueller Tendenzen des Nicht-Wissen-Wollens in der Bildungspolitik und Bildungsadministration (man denke nur an die rigide Politik in Bezug auf bundesländervergleichender Studien) bezweifelt werden.

Sollten sich Bildungspolitik und Bildungsadministration im „Kampf um Anerkennung" doch genötigt fühlen, sich ernsthaft um den schulgesetzlichen Auftrag zu kümmern, also vor allem auch die institutionelle Diskriminierung im Schulsystem anzugehen und sie nicht länger hinter schillernden Bezeichnungen wie „herausfordernder sozialer Lage" zu verstecken, könnte das Schulsystem doch noch zu einem Teilsystem der Gesellschaft werden, das auch eine Entwicklungsfunktion für die Gesellschaft übernimmt.

Wenn es künftig um die Frage geht, inwieweit es der Schule und dem Schulsystem gelungen ist, den Effekt der sozialen Herkunft auf den Bildungserfolg zu reduzieren, haben wir einen sinnvollen Beobachtungspunkt gefunden. Und wenn von dieser Beobachtung aus die Systemstruktur komponiert wird, dann können wir vielleicht mit einer Schule rechnen, die Gesellschaft insgesamt weiterentwickelt. Unnötig ist dann eine Stigmatisierung durch die Bezeichnung von sozialen Lagen und die damit verbundene Gelegenheit, Verantwortung an *die* Gesellschaft abzugeben. Die Verantwortung für Kinder und Jugendliche liegt zwar nach wie vor, grundgesetzlich geschützt, natürlich bei den Eltern, aber an vielen Stunden des Tages eben auch und vor allem bei den Schulen und dem Schulsystem. Diese dabei zu unterstützen, den schulischen Auftrag im Sinne des Grundgesetzes wahrzunehmen, ist daher die große Herausforderung kommender Schulreformen. Mögliche erste Schritte hierzu hat der Beitrag aufzuzeigen versucht.

Literatur

Adenstedt, K. (2015). *Schulentwicklungsberatung: Zwischen staatlicher Steuerung und einzelschulischer Entwicklung: Untersuchungen zu Bedarf und Gestalt eines Unterstützungsinstruments*. Bad Heilbrunn: Klinkhardt.

Altrichter, H., Heinrich, M. & Soukup-Altrichter, K. (Hrsg.). (2011). *Schulentwicklung durch Schulprofilierung*. Wiesbaden: VS Verlag.

Beck, U. (1988). *Gegengifte. Die organisierte Unverantwortlichkeit*. Frankfurt a. M.: Suhrkamp.

Berkemeyer, N. (2011). Unterstützungssysteme der Schulentwicklung zwischen Konkurrenz, Kooperation und Kontrolle. In H. Altrichter & C. Helm (Hrsg.), *Akteure und Instrumente der Schulentwicklung* (S. 115–127). Baltmannsweiler: Schneider.

Berkemeyer, N. (2012). Die Neue Steuerung. Eine Frage gemeinsamer Verantwortung? [Schule vermessen]. *Friedrich Jahresheft, 30*, 48–49.

Berkemeyer, N. (im Ersch.). Anthropologie „Neuer Steuerung". Ein Essay über implizite und explizite Menschenbilder und deren Potenziale für die Steuerungsforschung im Schulsystem. In J. Sandop, E. D. Röhrig & R. Winkels (Hrsg.), *Menschenbilder in Schule und Unterricht.* Weinheim und Basel: Beltz.

Berkemeyer, N., Bos, W., Hermstein, B., Abendroth, S. & Semper, I. (im Ersch.). Chancenspiegel - eine Zwischenbilanz. Zur Chancengerechtigkeit und Leistungsfähigkeit der deutschen Schulsysteme seit 2002. Gütersloh: Verlag Bertelsmann Stiftung.

Berkemeyer, N., Bos, W., Järvinen, H., Manitius, V. & van Holt, N. (Hrsg.). (2015). *Netzwerkbasierte Unterrichtsentwicklung.* Münster: Waxmann.

Berkemeyer N., Bos, W. & Manitius, V. (2012). *Chancenspiegel. Zur Leistungsfähigkeit und Chancengerechtigkeit der deutschen Schulsysteme.* Gütersloh: Verlag Bertelsmann Stiftung.

Berkemeyer, N., Hermstein, B. & Manitius, V. (2015). Auf dem Weg zu einer raumorientierten Schulsystemforschung. *Zeitschrift für Pädagogik, 62* (1), 48–61.

Berkemeyer, N., Hermstein, B. & Manitius, V. (2016). Raum als Kategorie einer bildungssoziologischen Schulforschung. In T. Coelen, A. J. Heinrich & A. Million (Hrsg.), *Stadtbaustein Bildung* (S. 331–340). Wiesbaden: VS Verlag.

Berkemeyer, N. & Meißner, S. (im Ersch.). Soziale Ungleichheiten im Schulsystem und das Desiderat einer Soziologie der Schule. In M. S. Baader & T. Freytag (Hrsg.), *Bildung und Ungleichheit in Deutschland.* Wiesbaden: Springer VS.

Bernfeld, S. (2000). *Sisyphos. Oder die Grenzen der Erziehung.* Frankfurt a.M.: Suhrkamp.

Bourdieu, P. (2002). *Das Elend der Welt.* Konstanz: UVK.

Bourdieu, P. & Waquant, L. (1996). *Reflexive Anthropologie.* Frankfurt a.M.: Suhrkamp.

Bronfenbrenner, J. (1980). Ökologie der menschlichen Entwicklung. Frankfurt a.M.: Fischer.

Brügelmann, H. P. (2015). *Vermessene Schule.* Weinheim und Basel: Beltz.

Dewey, J. (1993). *Demokratie und Erziehung.* Weinheim und Basel: Beltz.

Ditton, H. (2016). Der Beitrag von Schule und Lehrern zur Reproduktion sozialer Ungleichheit. In R. Becker & W. Lauterbach (Hrsg.), *Bildung als Privileg* (5. Aufl., S. 281–313). Wiesbaden: Springer VS.

Dose, N. (2003). Trends und Herausforderungen der modernen Steuerungstheorie. In E. Grande & R. Prätorius (Hrsg.), *Politische Steuerung und neue Staatlichkeit* (S. 19–55). Baden Baden: Nomos.

Emmerich, M. (2016). Organisierte Erziehung und kategoriale Ungleichheit. In R. J. Leemann, C. Imdorf, J. W. Powell & M. Sertl (Hrsg.), *Wie Bildung organisiert wird. Soziologische Analysen zu Schule, Berufsbildung, Hochschule und Weiterbildung* (S. 126–146). Weinheim und Basel: Beltz Juventa.

Giddens, A. (1988). *Die Konstitution der Gesellschaft.* Frankfurt a.M.: Campus.

Grundgesetz für die Bundesrepublik Deutschland in der im Bundesgesetzblatt Teil III, Gliederungsnummer 100-1, veröffentlichten bereinigten Fassung [zuletzt durch Artikel 1 des Gesetzes vom 23. Dezember 2014 (BGB I I, S. 2438) geändert].

Habermas, J. (1989). *Vorstudien und Ergänzungen zur Theorie des kommunikativen Handelns.* Frankfurt a.M.: Suhrkamp.

Honneth, A. (2010). *Kampf um Anerkennung. Zur moralischen Grammatik sozialer Konflikte. Mit einem neuen Nachwort.* Frankfurt a.M.: Suhrkamp.

Honneth, A. (2011). *Das Recht der Freiheit. Grundriss einer demokratischenSittlichkeit.* Frankfurt a.M.: Suhrkamp.

Hradil, S. (2005). *Soziale Ungleichheit in Deutschland* (8. Aufl.). Wiesbaden: VS Verlag.

Kühn, S. M. (2014). Gymnasiale Strukturreform und individuelle Förderung. *Die Deutsche Schule, 106* (2), 119–140.

Lessenich, S. (2012). *Theorien des Sozialstaats*. Hamburg: Junius.
Manitius, V., Berkemeyer, N., Jungermann, A., & Bos, W. (2013). Regionale Bildungsbüros als Boundary Spanner – Ergebnisse aus einer Bestandsaufnahme zu den Regionalen Bildungsbüros in NRW. *Die Deutsche Schule, 3* (105), 276–295.
Mohr, G. (2006). *Systemische Organisationsanalyse: Dynamiken und Grundlagen der Organisationsentwicklung*. Bergisch Gladbach: EHP.
Neuberger, O. (2002). *Führen und führen lassen* (6. völlig neue u. erw. Aufl.). Stuttgart: UTB.
Nussbaum, M. (2015). *Fähigkeiten schaffen*. München: Verlag Karl Alber.
Regionalverband Ruhr (Hrsg.). (2012). *Bildungsbericht Ruhr*. Münster: Waxmann.
Schimank, U. (2015). Grundriss einer integrativen Theorie der modernen Gesellschaft. *Zeitschrift für Theoretische Soziologie, 4* (2), 236–268.
Schneider, R. (2010). *Forschendes Lernen in der Lehrerausbildung. Entwicklung einer Neukonzeption von Praxisstudien am Beispiel des Curriculumbausteins „Schulentwicklung". Eine empirisch-qualitative Untersuchung zur Ermittlung hochschuldidaktischer Potentiale*. Saarbrücken: Südwestdeutscher Verlag für Hochschulschriften.
Stadt Mannheim (Hrsg.). (2013). *Vom Ziel her denken. 2. Mannheimer Bildungsbericht 2013*. Stadt Mannheim.
Stehr, N. & Grundmann, R. (2010). *Expertenwissen. Die Kultur und die Macht von Experten, Beratern und Ratgebern*. Weilerswist: Velbrück Wissenschaft.
Tillmann, K. J., Dedering, K., Goecke, M. & Rauh, M. (2013). Unternehmensberater und -beraterinnen in öffentlichen Schulen. *Die Deutsche Schule, 105* (3), 258–274.
Van Ackeren, I. (2008). Schulentwicklung in benachteiligten Regionen. Eine exemplarische Bestandsaufnahme von Forschungsbefunden und Steuerungsstrategien. In W. Lohfeld (Hrsg.), *Gute Schule in schlechter Gesellschaft* (S. 47–58). Wiesbaden: VS Verlag.
Willke, H. (2014). *Regieren*. Wiesbaden: SpringerVS.